【当代华语世界人文历史丛书】

共产世界大历史

一个革命理想的形成与破灭

A Macrohistory of the Communist World

—*The Making and Unmaking of a Revolutionary Ideal*

吕正理 著

By C L Lu

【当代华语世界人文历史丛书】

学术顾问：黎安友、郭汤姆

主　　编：荣　伟

助理编辑：小　由

Academic Adviser: Andrew J. Nathan, Tom Kellogg
Chief Editor:　　　David Rong
Assistant Editor:　　Shani
Published by Bouden House, New York

ISBN:　979-8-90257-030-1 (Paperback)
　　　　979-8-90257-031-8 (eBook)

The Macrohistory of the Communist World
　—*The Making and Unmaking of a Revolutionary Ideal*
By C L Lu

共产世界大历史——一个革命理想的形成与破灭
作　者：吕正理

出　版：博登书屋·纽约（Bouden House·New York）
邮　箱：boudenhouse@gmail.com
发　行：谷歌图书（电子版）、亚马逊（纸质版）
版　次：2026 年 3 月　第 1 版 第 1 次印刷
字　数：340 千字
定　价：$45.00 美元

作者介绍

吕正理

1950 年生于台湾桃园大溪，清华大学化学系及化学研究所毕业；曾任跨国企业英商卜内门化学公司台湾分公司（ICI Taiwan）总经理及中国卜内门化学公司（ICI China）董事总经理，负责扩展该公司在中国的贸易及投资。2000 年后转为从事企业顾问工作，先后服务近二十家台商客户，协助其在中国及东南亚地区进行拓展、组织再造及策略并购，业余研究历史。现专事写作。

2010 年出版第一本著作《另眼看历史：一部有关中、日、韩、台湾及周边世界的多角互动历史》，荣获 2011 年台北国际书展大奖；2015 年，该书以《东亚大历史》为名在中国出简体版，亦广获好评。

2016 年，出版第二本著作《从困境中奋起——另眼看 1945 年后的东亚史》，以接续前书。

2020 年 7 月，出版第三本著作《共产世界大历史：一部有关共产主义及共产党两百年的兴衰史》；2025 年 6 月，为因应国际局势急遽变化而将该书改写再版，并将书名改为《共产世界大历史：一个革命理想的形成与破灭》，同时出英文版"A Macrohistory of the Communist World: The Making and Unmaking of a Revolutionary Ideal"。本书为该书再经增订新修的简体版。

上述三本著作同属"另眼看历史"系列作品。

目　录

序一

从共产党的历史来认清共产党的本质

吴国光

美国斯坦福大学中国经济与制度研究中心高级研究员

曾为中共中央总书记赵紫阳讲话撰稿人

共产党是一种非常具有迷惑性的东西，在某种情况下甚至可以是很有魅力的东西——如果不是很有迷惑性乃至具有某种魅力，它也许反不可能在中国和人类历史上制造出如此深重巨大的灾难。要看清共产党，必须去惑、怯魅，否则不仅难以透视共产党的本质，甚至还会把共产党的罪恶看作它的优势与荣耀，把它所制造的灾难当作成就与伟业。可是，这样的去惑与怯魅并不是一件容易的事情，不是仅靠正义感与道德指责就可以完成的艰巨任务——对华语世界的读者来说，似乎尤其如此。世界共产主义垮台已经三十多年，华语世界里仍然弥漫着对于共产党的肯定与赞美，甚至进一步把共产党那一套看作人类的希望所在。为什么会出现这样背离常识、现实与人类文明基本准则的荒唐认知？怎样才能使华语世界走出持续已经一个世纪的共产党梦魇？如何让因被共产党持续洗脑而大脑基本功能严重受损的人们进入康复过程并逐渐重返人类思维的正常状态？吕正理先生的《共产世界大历史》这部书，为回答上述问题提供了启发，因为这部书本身就是对共产党现象去惑怯魅的有益尝试。

这部书叙述了共产党在人类历史上兴起与发展、崩溃与残喘的整个经历，而从共产党本身的历史来看共产党可以说是对共产党这一现象去惑怯魅的最好方法之一。这种全景式梳理共产世界的历史的巨著，在华语之外的世界已经有了一些，书的质量也都很好。但是，由于语言的障碍，还由于专业领域的区隔，也许还由于出版市场的考虑，这些书在华语世界的影响似乎很是有限。这样，现在手头这部书的价值就彰显出来了。首先，这是中文原创，应该更为贴近华语读者的关心和认知。其次，作者本人写这本书的过程，看来就是通过阅读、梳理和分析共产党的历史来深入认识共产党的过程——我非常看重这种过程，因为这展示了人们不必是专业研究者也一样可以通过了解共产党的历史而看穿共产党本质的可能，这从而具有广泛的对于共产党"去惑、怯魅"的效能。共产党很重视自己的历史，也喜欢宣传自己的历史，因此总是为了共产党的政治需要而粉饰、删改、扭曲自己的历史。但是，如果你对共产党的历史本身有追根寻源的能力，共产党的本来面目也就可以被揭露出来了。

本书作者做的就是这样一项工程。作者不是从专业研究的角度进行这项工程；他是从一个具有基本良知和良好教育的普通人的眼光来进行这项工程，他的研究成果因此应该容易为具有基本良知和良好教育的普通人所接受。

共产党的迷惑性或魅力的来源之一，在于其高扬的理想、漂亮的口号、美妙的说辞。这些东西中，充满了虚饰、蛊惑、诡辩与欺骗。如果只拿这些东西去和共产党所批判的东西相对照，你可能会感觉共产党说得很有道理。比如说，共产党对资本主义与民主制度的弊端的批判，并非全无道理，甚至很有力量。但是，如果拿这些去和共产党自己的历史相对照呢？那你会很容易就发现，共产党制度比它所批判的那些东西都更为根深柢固并灾难深重地具有那些弊端，共产党所鼓吹的用来克服那些弊端的东西反而制造出更为无可救药并毁灭人性的灾难。

这里其实蕴含了认识论的许多深刻道理，包括社会问题上完美理想所总是具有的欺骗性，也包括认识事物时应该反求诸己即诉诸对于那一事物本身的观察、特别是对其论述与实践之间的吻合程度的观察、对其历史一贯性（中国民间称之为"合订本"）的观察等等。在这些意义上，历史都是最好的认识途径：历史是实践的记录，也是最大的"合订本"。共产党是不是总在撒谎？看一看它所说与所做之间的差距就知道了，看一看它前天、昨天和今天的作为之间的差距就知道了。对于一时一地一事，共产党可以很有迷惑性；看到历时各地多事，你就会看到共产党最会自己打自己的嘴巴。对于那些被共产党严重洗脑的读者，看到别人打共产党的嘴巴，他/她可能会反感，反而可能更加本能相信共产党、拥护共产党；看到共产党自己打自己的嘴巴，他们应该会清醒一些了吧？不然，那就是他们也在自己打自己的嘴巴，那可能就不是认识问题而是另有所图了。

用理想蛊惑人，自己反而践踏这一理想；有力地批判敌人的罪恶，自己反而制造更大更深的罪恶——这是共产党的历史实践的一个基本特点，也是共产党本身的世界观与认识论所必然带来的后果。为什么会这样？一旦提出这个问题，那就有了进一步深入认识共产党的基础了。从了解共产党的历史开始认清共产党的本质，这是对共产党"去惑、怯魅"的基础课。吕正理先生的《共产世界大历史》这部书是我们学习这一基础课的很好的参考书，因此谨作序推荐如上。

2026 年 2 月

序二

你还相信共产党吗？

明居正

台湾大学政治学系名誉教授

将近 180 年前，当马克思正式发表他的《共产党宣言》时，欧洲乃至全世界不知有多少知识分子被这本书迷惑了。马克思用极具煽动性的文字描述了工人阶级的痛苦、资本主义的残暴不仁以及人类社会发展的最高阶段等等。最后，他提出了如何终结人类社会不幸的药方：必须是一场暴力的无产阶级世界革命。

这个革命在俄罗斯、在欧洲、在亚洲、最后在中国都爆发了。当然这些革命的过程并不完全像马克思当年所想像的，但是一个一个共产政权毕竟成立了，许多人也把这些共产政权幻想成当年马克思所许诺的人间天堂。

但是在其后的一百多年中，这些人间天堂经历了一次又一次幻灭：列宁对于国内及党内反对派的残酷镇压、斯大林的大整肃、打败纳粹后苏联对于东欧的帝国主义扩张，以及苏联及东欧多年的残暴统治与经济衰颓等皆是着例。

令人不解的是，当 1949 年中共政权成立时，许多中国人甚至国际人士竟完全忘记了当年苏联及东欧的教训，自欺欺人的说："新中国诞生了！"可是现实是残酷的。在中共当政的 70 多年中，他们的幻想同样经历了一次又一次的打击：五大运动、三大改造、反右运动、大跃进、大饥荒、文化大革命、斗争四人帮、天安门大屠杀以及残酷镇压法轮功，等等。

1991 年，在东欧的共产政权先后瓦解之后，苏联也瓦解了；但是中共政权却意外地存活下来。在它重新推动改革开放十余年后，又加入了世界贸易组织，这使得大陆的经济快速发展，逐步成为世界第二大经济体，同时也成为世界工厂与世界市场。这又使得许多人得到一个错误的结论：共产党可以搞开明专制，这对于大陆的经济发展是有帮助的；而共产中国的经济发展对于世界经济是有重大贡献的。但是他们完全忽略了这种表面的发展背后的惨痛代价：中共权贵阶级的骇人贪腐、底层人民被恶劣剥削的深重痛苦、高压统治对一般百姓的残酷压迫以及竭泽而渔发展策略所造成的环境污染等。

习近平上台后十余年来推动的政策加重了这些错误：反腐败愈反愈腐，底层人民被盘剥更形严重，因为社会不公、司法不公而必须加强维稳镇压，更无论加速发展而加深的环境破坏。这些问题当然并非中国所独有，但是中国共产党的一党专政却以惊人的速度加重了以上的负面发展。

那么中国大陆内部以及包含台湾在内的国际社会，为什么还有许多人不知道或者是视而不见呢？因为马克思、列宁以降，共产党人非常注重宣传与洗脑，这使得许多人或者被蛊惑、或者自愿迎合，而被动甚至主动的为共产党人宣传。究其实，就是因为许多人不了解共产主义的真相以及共产党人的真实企图。

最近几年来，由于中共政权在政治上、外交上、军事上以及国际贸易上的张牙舞爪，使人们逐渐认清了共产党的真面目，而开始在国际社会上形成一股反共产、反专制的浪潮，吕正理先生这本新版《共产世界大历史：一个革命理想的形成与破灭》的推出，恰逢其时的又为这股浪潮做了一个有力的推动。我相信，许多人在读完这本书之后，会彼此相问："你还相信共产党吗？"

2025 年 4 月 3 日

作者自序

这本书原本是以中文繁体版在台湾出版的，如今能以简体版在纽约出版，又在美国、欧洲及世界上其他地区发行，我真是高兴极了。我之所以写这本书，必须从我个人的一段特殊经历开始说起。

1995 年，我离开台湾，转任为一家我已服务多年的跨国化学公司的中国地区负责人。我的任务是帮助公司加速扩充在中国的业务及投资活动。我有一些客户早已到中国投资，并且规模都远远大于他们在台湾的工厂。一些还没有去的，到这时也纷纷决定跟着我去。当时，中国正要进入改革开放的高峰期，港商、台商及外国企业正在蜂拥而入。世界各国的政府及人民大多以为中国如果经济改革成功，将来极有可能也会进行政治体制改革，迟早要放弃马列主义。我当时也是同样的看法，所以欣然赴任。

我虽然在大学时学的是化学，后来从商，业余的最爱其实是研究历史，当然很高兴这时有机会亲身参与中国正在发生中的历史转变。不过我自认对共产党的历史所知有限，所以有一天在北京办公室和一位同事说话时，就请她在下班回家时顺道帮我去书店买一套书。她问我买什么？我说买一套四卷本的《毛泽东选集》。不料她大吃一惊，说："我们这里现在已经没人读这些书了。"旁边有几位其他同事听到了，也一样非常惊讶，说同样的话。

这件事我至今记忆犹新。当时我的公司所聘的员工都是中国一流大学的毕业生，所以在我的认知里，这一问一答清楚地说明了一件事：其实不只是外国人，连中国本地的菁英份子对于国家未来的走向也有一种"想当然耳"的假设，或说是一种期望。

我在几年后虽然换了工作，转而成为一名专业的企业顾问，大多时间也还是在中国大陆各地，而以我的观察，人们对于中国未来的看法基本上并没有什么大的改变。中共虽然始终自称其所奉行的是"有中国特色的社会主义"，一般人都说那就是资本主义。1989年发生的六四血腥镇压学生事件其实不远，但人们几乎不再提起。不过我必须说，每当我坐车经过天安门，再多看见一次毛主席的巨幅画像高挂在上面，对于中共政权将来放弃马列主义的可能性就多一分怀疑。我常常有机会和中共的中央政府及地方官员接触，但坦白地说，这些接触多半也只是增加我的怀疑。

我的怀疑促使我决定多花一些时间研究共产主义及共产党，尤其是与马克思、列宁、斯大林，以及与苏共、东欧共产国家有关的历史。我知道，如果我研究的范围始终局限于与毛泽东及中共有关的历史，我将永远看不清楚中共。我既是置身于中国的改革开放之中，最好也能比较一下中国与苏联所进行的改革开放究竟有何不同。我很幸运能同时从中国、台湾及世界各国得到不同来源的书和刊物，这些帮助我清楚地知道，原来中国和苏联的改革开放是走在不同的方向，并分别导致后来发生的三件大事——中国的六四事件、东欧的民主化革命及苏联解体。从这三件大事，我又渐渐得到一种看法：中共自以为改革开放成功，但由于邓小平从一开始就决定改革只做一半，事实上只是把问题延后。中共不可能永远一面继续经济改革，一面又坚持共产党一党专政的政治体制不变。事实上，以刘晓波为首的一群知识分子早已大胆地提出《零八宪章》的主张，只是刘晓波不幸被捕，终身受到监禁至死。

当中共总书记习近平于2017年底第二任期开始后明确地表示决定走回头路，回归到马列主义及毛路线时，确实是出乎国内外大多数人的意外，但对于我来说，已经不是意外。中共既是难以割舍既得利益，不愿放弃一党专政，就只能回归到马列主义。

不过我还是必须承认自己曾经误判很多年，所以即便比很多人早认错也不过是五十步笑百步，并没有什么值得庆幸或骄傲的。但我认为，人们之所以如此容易误判，是因为对中共没有足够的认知。而以我的观察，中共改变路线虽然使得很多人失望，在民主国家中大部分的人对中共的认知并没有增加多少，对于共产党的本质尤其缺乏应有的认识，这就使得很多人容易继续误判。因而我认为，如何能使得人们更加了解中共是一件极为重要的事，而我或许可以把过去研究共产党的心得拿出来做一些贡献。2016 年初，我遂决定写一本有关共产世界的历史，写我所知道的，所有与共产主义、共产党有关的思想、历史人物及历史事件。

我当然希望这本书不只能给学者专家参考，也能给一般大众读。为了达到这双重的目的，首先，我为自己订立一条规则：我将力求客观，无论是在叙述史实时，或是在引述其他学者专家的叙述及观点，我将尽可能避免表示我自己的意见；因为我知道，如果我把自己的主观看法与客观叙述同时摆在一起，很有可能混淆读者，使得他们不知道何者是我的叙述，何者是我的个人意见，这就影响到他们下自己的结论。当然，我也知道人类无不受到自己的潜意识影响，无论如何都不可能做到绝对客观，但我总是尽力，至少求得相对客观。

其次，我要求自己必须把书写得浅显、活泼、有趣，最好能让读者觉得像在读小说一样，但务必根据史实。事实上，我读书常有一种感觉：真实的历史故事往往比小说杜撰的情节还要曲折感人。

几年前，我也曾采取类似的写法出版过一本书《另眼看历史》（后来在北京出版简体版，书名改为《东亚大历史》），主要叙述中国、日本、韩国及台湾等四个东亚国家及周边地区数千年来的历史互动，很幸运地在两岸都获得许多读者喜爱及鼓励，这使我有信心写这本新书。

＊　＊　＊

事实上，美中关系在我开始写书后不久就已经急遽恶化。特朗普（Donald Trump）在竞选总统期间强烈批评中共，在当选后不久就对中国发起贸易战。2020 年 7 月，美国国务卿蓬佩奥（Mike Pompeo）在加州以〈共产中国与自由世界的未来〉为题发表公开演讲，被英国广播公司（BBC）及其他媒体称为"新铁幕演说"，或"新冷战演说"。我的新书在蓬佩奥发表演讲之前三星期出版，正逢其时，所以也获得许多读者喜爱及鼓励。

但我还是希望这本书能有更多人读，而不是只有台湾的读者，我尤其希望中国的读者和英文读者也能读到。不过我很清楚，这本书在中国根本不可能出版，所以只能寄望出版英文版。我于是邀请三位来自美国、英国的专家，一起合作把这本书翻成英文，前后两年多。在此期间，由于国际间发生许多重大的变化（如中国大国崛起、俄乌爆发战争、新冷战等），都与本书的主题息息相关，不能不考虑纳入英文版中。同时，我也读了不少新书及新史料，获知部分历史学者的新发现、新见解，其中有不少是来自旧苏联的档案解密，或其他私人档案、史料的开放及发表。我很高兴，因为藉着这些新书、新史料，我也能补充解释一些原先我只知其然，而不知其所以然的历史事件。到最后，由于改动的部分非常多，我干脆决定与英文版同步出版中文繁体的增订新修版。唯一的遗憾是，我还是无法出中文简体版。

但我没有想到，原来在纽约竟有一家博登书屋，专门出版在中国无法出版的中文简体版书。不过我很幸运，由于一个奇特的机缘，经由一位朋友的引介，突然间我也能出中文简体版了，并能经由网路在全球发行，只是中国国内的读者暂时还无法读到我的书，除非翻墙。

* * *

本书分为五部分，分别是共产世界的形成、扩张、分裂、崩解，以及崩解之后。这五个阶段的分界点是 1917 年，1953 年，1978 年及 1989/1991 年。以我个人的看法，这四个分界点决定了整个共产世界发展的历史脉络。

1917 年，列宁领导布尔什维克发动俄国十月革命，建立世界上第一个共产国家。马克思与恩格斯虽然在此之前七十年就已经共同发表《共产党宣言》，吹响了共产革命的号角，如果没有列宁，共产革命恐怕永远没有成功的机会。

1953 年，斯大林去世。在他生前，共产世界已经急遽地扩张。列宁虽然早在建国之后就决定要输出共产革命到全世界，其实只是播种而已。斯大林却在二次大战后不久就将东欧国家都关入"铁幕"，又支持毛泽东打赢中国内战，建立中华人民共和国。但由于赫鲁晓夫于斯大林死后在苏共二十大做祕密报告时严厉批判斯大林，并主张"和平过渡"，导致苏共与中共的对立及分裂，不过两者仍然各自积极输出革命。因而，对共产世界而言，此后是分裂与持续扩张的阶段。

1978 年，即是中国的文化大革命结束两年后，邓小平宣布改革开放。从 1985 年起，苏共新任的总书记戈尔巴乔夫也决定开始改革开放。两个共产世界的领导人之所以都决定改革开放，原因一样：共产主义的体制问题如果不修正，就已经无路可走，更何况还有无止境地输出革命，以及与美国为首的民主国家之间的对抗，也都是无法继续承担的重担。

中国与苏联分别进行改革开放的结果，就是如前所述，1989 年至 1991 年之间发生的三件大事：中国的六四事件，东欧八国的民主化革命，以及苏联解体。这三件事究竟应当解读为中共及苏共的成功，或是失败，我将不在这里多谈，而留到后记中再讨论。不过必须指出，经过如此重大的变故之后，无论是中国、东欧八国或前苏联的十五个加盟共和国无可避免都将面临种种的危机与困难，必须各自寻求解决之道。这些国家的后续发展又对整个世界产生巨大的冲击，并且影响到今天。也因此，本书在第四部分叙述完共产世界的崩解之后，必须再用第五部分叙述这些国家的后续发展。

＊　＊　＊

回顾共产主义之所以兴起，主要是因为资本主义在工业革命后迅速发展，带来极端的贫富不均，使得全世界有良知的知识分子无不起而挞伐。许多怀抱着追求公平、正义的有志青年更是纷纷投入各种社会主义及共产主义的大旗之下，为扶弱济贫的理想而奋斗。然而，为什么苏联从列宁 1917 年建国到 1991 年解体，只有短短 74 年呢？又为什么东欧各国的共产党比苏共更早就纷纷垮台呢？

事实上，从马克思在世时一直到今天，曾经批评、反对共产主义，或预言共产政权必定不能长久的政治家、学者、历史家极多。其中有

x

从资本主义观点出发，也有从自由派或社会主义的观点出发；但我以为，最值得注意的是一些原本在马克思主义阵营中，后来却坚决反对共产政权的人，例如：曾被列宁尊为老师的"俄国马克思主义之父"普列汉诺夫（Georgi Plekhanov），列宁昔日的革命同志，孟什维克派的领袖马尔托夫（Julius Martov）等人所说的话。不过我更想引述的是南斯拉夫著名的异议分子吉拉斯（Milovan Djilas）的批评，因为从历史看，他的批评影响最大。

吉拉斯（1911—1995）原本是南斯拉夫共产党领导人铁托（Josip Broz Tito）的忠实革命伙伴，与铁托一起为实现马克思主义的理想而奋斗，后来又支持铁托一同对抗斯大林，与其决裂，曾经一度被认为是铁托的接班人。然而，后来他却对共产主义逐渐产生根本性的怀疑，竟在自己所主持的报纸上连续发表被认为有"修正主义"倾向的文章，其中不仅建议从计划经济改为部分经济自由化，又主张停止共产党一党专政，改采多党制。铁托无法忍耐，将他下狱。不料吉拉斯在入狱前已经交付给纽约的出版商一份手稿，在 1957 年出版，书名为《新阶级：共产主义的分析》（*The New Class: An Analysis of the Communist System*），其中批评共产党是自欺欺人，最终不过是打造出一批贪图物质享受，贪污腐败的一个新的特权阶级官僚，他称之为"新阶级"。

吉拉斯在牢里被关了十五年后出狱，又出版他在狱中历尽千辛万苦而写成的另一本《不完美的社会》（*The Unperfect Society - Beyond the New Class*），其中说："共产主义下的所有权是一头怪物，在形式上是社会的和国家的，实际上是由党的官僚来管理和操纵，这是共产主义失败的根由。"

许多历史家认为，正因为吉拉斯是世界上第一个公开主张共产党必须"结束　党专政"的人，所以对后世的影响最大。事实上，如果我们只以一句话总结东欧在 1989 年爆发民主化革命及苏联在 1991 年解体的经过，那就是：在这些国家里总共有超过 30 个共产党被迫结束一党专政。吉拉斯所提出的主张，不过三十几年后就已经成真。

如果我们将共产国家定义为"宪法中规定共产党一党专政"的国家，那么今天全世界只剩下四个共产国家：中国、越南、寮国及古巴。不过世界上还有一些国家虽然不是由共产党一党专政，却是由某一政党、或由某一独裁者统治的极权国家，如俄罗斯、白俄罗斯、北韩及若干位于中亚地区的前苏联加盟共和国。直接地说，这些共产国家或极权国家大多是在旧冷战结束之后因某些因素而未能转变为民主国家，而新冷战也正是形成于这些国家与民主国家之间。

那么未来究竟会如何发展呢？事实上，我一向敬畏历史，因为历史总是充满了惊奇，有种种的意外可能发生。一场战争、一次选举、一桩婚姻、或是一个人突然死亡，其结果都可能改变历史。因而，我自认不能，也不愿对未来做任何揣测。

话说回来，未来会如何虽然无法预料，但我相信一件事：人们可以在种种的可能当中做选择。我也相信，人们越能明白过去的历史，就越能洞悉现在为何如此，也越清楚自己未来应该选择走上什么样的路，不选什么样的路。英国前首相丘吉尔（Winston Churchill）曾经说："你往后能看多远，就能往前看多远。"就是这个意思。我衷心地希望这本书也能帮助读者们往后、往前看得更远。

吕正理

2026 年春，于台北

致　谢

　　这本书是以我在 2020 年出版的《共产世界大历史》一书原版为基础，经过修订、更新、重新编排及改写而再版，所以我首先还是要感谢五年前帮忙促成这本书原版出版的许多朋友们，其中包括出身史丹佛大学历史系，对俄国史、东亚史及共产主义都有深入研究的孙隆基教授，远流出版社的董事长王荣文先生、出版总监林馨琴女士及责任编辑杨伊琳小姐，以及一手包办绘制所有地图的杨景涵小姐（我的外甥女）。

　　关于新版，我同样要感谢前述的孙隆基教授。如我在原版序里所说，我们两人的思想及理念其实有相当大的差距，但当我遇到与马克思、列宁有关的理论问题时，他仍然是我求教的对象。事实上，我一向认为，一个人如果希望避免所写的书太过主观，正应该多多和自己的理念不同的专家学者讨论。另外，我也要谢谢史丹佛大学胡佛研究所的资深研究员郭岱君博士。郭博士专精近代东亚史，特别是有关中日战争及国共内战。关于这一方面，我在写书时常有一些问题百思不解，幸好有她所写的，或主编的书可读，我也曾向她当面求教而得到极好的答案。除了以上两位，我曾请教过的人其实还不少，不过我就不一一列举。

　　但我必须指出，由于这本书叙述的范围太广，综合叙述并不容易。幸而这世界上有很多不同领域的学者专家著书立说，在网路时代很容易找到或买到他们的著作，更可以找到许多不同的版本、不同的说法来对照、比较，深入研究。为此，我要对所有我列在参考书目上的作者们致上我最大的敬意。

　　我很幸运能同步进行这本书的英文版及中文繁体版的写作，又几乎同时出版。 关于英文版，首先我要感谢台湾书林书店的董事长苏正隆先生及责任编辑的刘纯瑀小姐。苏先生同时也是负责出版、行销的加拿大 Lynx Publishing 的董事长。其次，我要感谢来自美国，帮忙进行本书英文翻译的 Tim Smith 及 Michael Nakhiengchanh，以及来自英国，负责校定的 Ian Maxwell。我特别要感谢 Ian Maxwell，经过他的校定之后的英文版是如此地精准、典雅而流畅，使我喜不自胜。事实上，这个翻译团队也是苏正隆先生帮忙召集、组织成军的，所以我又要谢谢他一次。

另外，我也要感谢一位来自美国，热心自愿当本书第一个校阅读者（proofreader）的 Alan Adam 先生。Alan 虽然不是专业的历史家，对美国、苏联、东西欧及共产党的历史却无比熟悉。他在读后与我和 Ian 逐章讨论，不仅挑出其中许多错误，提出许多建议，最后又写一封信给我，其中赞扬这本书既具有教育性，写作处理也相当公正、平衡而客观，翻译更是出色。虽然我知道他说这些话不免有些客气，我还是因此增加不少对这本书的信心。

关于中文繁体版，我要再一次感谢远流出版公司的董事长王荣文先生，以及责任编辑沈依静小姐。沈小姐实际上不但负责编辑，也协调与出版、行销等所有相关事务，对本书出版贡献极大。

国立台湾大学政治学系名誉教授明居正先生对共产主义理论有深入的研究，是一位备受尊敬的学者，也是国际知名的政治评论家，在百忙之中竟首肯答应为本书写中文序及英文序，实是让我喜出望外，也无比荣耀，我在此诚挚地感谢他。

纽约有一家博登书屋出版社，于 2020 年协助备受尊敬的北京清华大学法学教授许章润先生出版其在中国被禁止而无法出版的一本书，并借此契机成立。很荣幸，我的新书中文简体版也由博登书屋出版。在此感谢该书屋的社长荣伟先生和编辑们，以及介绍我们认识的作家朋友鲍承谟先生。同时，我也要借此表达我对许章润教授的尊敬。

承蒙美国斯坦福大学中国经济与制度研究中心高级研究员吴国光教授首肯，为本书简体版写序，更是我本人及拙著极大的荣耀。吴国光教授早年曾任《人民日报》的编辑、评论员，写过许多脍炙人口的文章；也曾是"中共中央政治体制改革研讨小组"的一员，直接参与改革开放的工作，又曾担任中共中央总书记赵紫阳的讲话撰稿人；现在更是美国学界中一位重量级的著名学者。吴教授的序文对本书的称赞之语，使我愧不敢当，为此我更要诚挚地感谢他。

我也要借此感谢所有在我写书、出书过程当中给我鼓励、帮助及指引的朋友们。这些人其实非常多，多到我数不清，不过我在此只能稍举其中一小部分，其中包括：台湾大学新闻研究所名誉教授张锦华博士、台积电文教基金会董事陈健邦先生、前国科会副主委廖俊臣教授（我的舅舅）、清华大学人社学院院长李卓颖博士、政治大学社科学院院长杨婉莹博士、亚太坚韧研究基金会执行长林夏如女士、前新竹教育大学校长曾宪政先生、台北市立建国中学历史老师黄春木先生、我的清华同班同学陈基成先生、两位清华学弟吕志鹏、戴兆群，还有美国著名的出版人 Mr. Peter Osnos，著名的学者兼作家 Prof. Orville Schelle，等等。

最后，我要感谢这本书的读者们，正是因为有广大的读者的支持及鼓励，才会有许多作者满怀热情继续不断地写作，有许多出版社努力不懈继续不断地出版好书。

第一部

共产世界的形成

（1917 年之前）

第 1 章

从《乌托邦》到《国富论》

1917 年，俄国发生二月革命，接着又爆发十月革命，世界上第一个共产国家就此诞生。此后二十世纪的世界史，可说就是资本主义和共产主义对抗的历史，一直到 1989 年东欧发生剧变及 1991 年苏联解体；但到了二十一世纪二〇年代的今天，看来也还没有完全结束。

一般认为，二月革命是由资产阶级领导的革命，十月革命却是无产阶级革命。在此之前，欧洲发生过的革命大多是贵族革命或资产阶级革命。其中虽然也曾发生过几次无产阶级革命，但全部失败。十月革命却是欧洲历史上第一次成功的无产阶级革命，因此意义重大。

不过严格地说，二月革命并不完全是资产阶级革命，因为其中也有许多无产阶级（工人及叛变的水兵）参与其中。列宁在八个月后才又率领布尔什维克党一同鼓动工人、水兵发起十月革命，推翻由资产阶级组建的临时政府。事实上，在此之前发生过的资产阶级革命大多也有无产阶级参与其中，只是在革命成功后无产阶级大多默默接受由资产阶级独享革命的果实。其中也有几次无产阶级与资产阶级在革命之后发生冲突，结果却遭到镇压而惨败。总之，资产阶级革命与无产阶级革命之间的界线并不是太清楚。资产阶级革命必须要有无产阶级共同出力才能推翻贵族阶级（国王、贵族和教会）的统治；从另一方面说，无产阶级不太可能跳过资产阶级革命的阶段而独力直接推翻贵族统治。

但究竟资产阶级与无产阶级是如何共同推翻贵族阶级的统治，又如何在过程中产生对立呢？本章在一开始，必须先从两者的名称及其起源说起。

资产阶级与无产阶级

"无产阶级"（proletariat）这个词来自法国，而又源自更早的古罗马时代，意指那些除了子嗣（proles）之外，没有其他土地或财产的人，在经济意义上属于社会最低阶层。在所有的欧洲国家里，一直以来无产阶级指的大多是依附在贵族大地主底下的农民或农奴；十八世纪工业革命开始后，才包括了越来越多工厂里的工人。

"资产阶级"（bourgeoisie）也是来自法国，但出现得比较晚，十一世纪起才在欧洲流行。当时有一些木匠、铁匠、其他工匠及手工业、自由业和小商人聚集在一些四周有围墙的小城（bourg）里，形成市集。这些人因而被称为 bourgeoisie，不过只能说是"小资产阶级"，完全无法与掌控经济的贵族相抗衡。但有一部份小资产阶级经过几代累积财产，渐渐形成"中产阶级"，对贵族产生威胁。到了十三、四世纪，在意大利北部有一些城邦，如威尼斯（Venice）、佛罗伦萨（Florence）、热那亚（Genova）；西欧、北欧也有一些城市，如荷兰的安特卫普（Antwerpen）、法国的巴黎和英国的伦敦，逐渐发展出蓬勃的商品经济。许多大贸易商、大银行家开始出现，形成"大资产阶级"，对贵族的威胁就更大了。

以威尼斯为例。当时商人联合募集资金向政府租船，甚至自行造船，用以载运货物往来，进行贸易，获利惊人。威尼斯人也发展出一种新的商业组织，称为"公司"（Compagnia），对外招募股东，目的是分担风险。各种不同的行业又分别组织"行会"（Guild），以保护共同的利益。威尼斯商人甚至拥有强大的武力，所以无往不利，执地中海商业的牛耳。

从政治上来看，威尼斯也另有独特之处——由于威尼斯是一个共和国，总督虽掌大权，却是经由选举产生，并受到由金主及各行会组织的多层议会监督，这在当时欧洲其他地方几乎都是闻所未闻的。

圈地运动与“乌托邦”的理念

与意大利城邦发展几乎同时，英国及部分其他欧洲国家也由于土地兼并而出现另一种型态的资产阶级。在这些国家里，国王把土地分封给领主，领主又分给小领主。各领主在自己的庄园里盖巨宅和教堂，保留一部分树林、草地及公用牧场，将其余的土地分成数百个或上千个长条，拨给佃农耕作。佃农在收成后必须向领主缴纳田赋。依法佃农并没有其分得的份地的所有权，但有耕作权，并可代代相传。佃农也为领主及教会保留的土地无偿耕作。如此数百年，大致上各自相安无事。到了 1235 年，英国国王却突然发布一个《墨顿法令》（*Statute of Merton*），允许领主圈占部分公有地。“圈地运动”于是开始。到后来，有许多佃农竟也被剥夺其份地的耕作权，这些耕地大部分转为养羊。

为什么养羊呢？因为随着贸易蓬勃发展，羊毛及毛纺织品成为英国获利最丰厚的出口商品。两英亩的土地用于耕作，不如一英亩用于养羊。其结果是越来越多农民失去土地，转而为领主养羊，剪羊毛，剥羊皮，或沦为纺织工厂的低薪工人。但有更多人失业，一家人无以维生，社会于是逐渐动荡不安。

对于社会上的不公不义，英国有一位政治家托马斯·莫尔（Thomas More）十分不以为然。他在 1516 年出版一本虚构的小说《乌托邦》（*Utopia*），其中强烈指责圈地运动的结果是“羊吃人”。莫尔也在书中提出自己的理想社会，描绘那是一个小国家，人口不多，人人爱好和平，男女平等，宗教自由。最重要的是所有财产都是共有的，人人都参加劳动而共享生产成果，并按需要公平分配，所以也没有失业问题。《乌托邦》对后世的影响非常巨大。近代的社会主义、共产主义的思想都受其启发。

与《乌托邦》出版几乎同时，欧洲也发生宗教改革运动，由马丁路德（Martin Luther）发起，主要是反抗腐败的教会。继马丁路德之后，由加尔文（John Calvin）发起的另一个新教加尔文派也在瑞士、荷兰、英格兰及苏格兰迅速发展。另有英国国王亨利八世（Henry VIII）也决定创立英国新教，表面上是因为不满罗马教会不准他和皇后离婚而另娶，实际上利益冲突也是原因。

英国在圈地运动开始后不久就发生大规模的农民叛乱。国王迫于形势，不得不改采反圈地的政策。但过了一段时间，贵族们忍耐不住，又对国王施压，要求解禁。其结果是英国在圈地及反圈地之间摇摆一百年。在此期间，有一部份非贵族出身的平民也纷纷加入圈地运动，因而成为地主，势力逐渐大了起来，是新起的中、小资产阶级。

资产阶级加速兴起——大航海时代的来临及荷兰证券交易所的设立

十五世纪初起，葡萄牙有一位恩里克王子（Infante D. Henrique）开始主导在非洲西岸海上探索的冒险行动。中国在明成祖时派郑和下西洋，大约也在同一时候。郑和的宝船最远曾经到达非洲东岸的摩加迪沙（Mogadishu），但在 1430 年最后一次出航后，中国就不再派船队出远洋了。恩里克王子的探索却没有停止，而是一路往南，并在西非建立了一些初期的殖民地。到了十五世纪末，就出现了迪亚士（Bartolomeu Dias）、哥伦布（Christopher Columbus）及达伽马（Vasco da Gama）等著名的航海家，先后率领船队完成绕过非洲最南端的好望角（Cape Hope）、发现美洲新大陆及抵达印度西南海岸的壮举。欧洲其他各国唯恐落后，纷纷跟进，大航海时代于是来临。

经过一百年，欧洲各国在非洲、美洲及亚洲竞争越趋激烈。1600年，英国女王伊丽莎白一世（Elizabeth I）发给一家新成立的英国东印度公司（East India Company）特许权状，给予贸易独占特权，又准其发行股票以募集资金。荷兰人于是也在 1602 年成立荷兰东印度公司（Dutch East India Company, VOC），将原有十四家分散的公司全部并入，并在首都阿姆斯特丹（Amsterdam）设立全世界第一个正规的证券交易所。资产阶级的时代于是宣告来临。

　　欧洲各国的人民经由投资买卖股票，累积财富，造就越来越多的资产阶级。这些人有钱之后，就想要提升自己的政治地位，以确保其生命、财产及其他权益，于是开始挑战王室、贵族及教会所代表的封建势力。平民百姓受到资产阶级怂恿，大多也站在资产阶级一方。

发生在欧洲及美国的四次资产阶级革命

　　欧洲最早发生的资产阶级革命是荷兰人从 1568 年起为脱离西班牙统治而进行的独立战争。西班牙人以天主教为国教，迫害大多信奉基督教加尔文（Calvinism）教派的荷兰人，又强征重税。荷兰人忍无可忍，遂起而抗暴，要求独立，经过约四十年的苦战，最终迫使西班牙人在 1609 年签署停战协定而建立了"荷兰共和国"（Dutch Republic）。值得注意的是，这时离前述阿姆斯特丹证券交易所成立只有七年。

　　继荷兰独立战争后，英国发生两次内战，原因都是国会与国王发生冲突。不过其中也有宗教因素。英国有许多属于加尔文新教改革派的清教徒（Puritan），由于遭到王室主持的英国新教迫害，有一部分人决定逃往欧洲，也有逃往北美洲，但也有一部份人决定留下来反抗。

　　英国的国会原本只有由贵族和教会领袖组成的单一国会，后来改为两院制，其中上议院仍由贵族和教士组成，下议院却是由各地方推选的代表组成。后来有越来越多的新起资产阶级进入下议院担任议员，对国王就不恭敬了。1642 年，英国国王查理一世（Charles I）强行要求人民加税，下议院拒绝接受，第一次内战于是爆发，史称"清教徒革命"。战争开打后，叛军由克伦威尔（Oliver Cromwell）率领，势如破竹。查理一世两度兵败被俘，竟被下议院设立的法庭判处死刑，遭到砍头。克伦威尔从此摄政为王，却是一个更独裁的暴君。人民敢怒不敢言，在他死后又立查理一世的儿子为王。

　　1688 年，英国再度发生内战，史称"光荣革命"（Glorious Revolution），其过程和第一次内战几乎一样。国会推翻国王詹姆斯二世（James II）之后迎立他的女婿威廉三世和女儿玛丽（William and Mary）继位。但两人被要求签署一项《权利法案》（*The Bill of Rights*），同意接受对国王权力的约制。君主立宪制由此确立，国王只是象征性的国家领导人，议会才是最高的权力机构。

1775 年在美洲新大陆爆发的美国独立战争同样是一场资产阶级革命。在此之前到达北美的移民中，以英国人占多数，另外有法国、荷兰和西班牙人。来自不同国家的移民互争地盘，靠的都是母国派兵支援。经过一百多年，英国最终击败法国，独占十三州殖民地。但十三州的人民与企图对殖民地征收重税的英国政府之间不可避免接着发生冲突。"波士顿茶叶事件"之所以爆发也是为了抗税，正是独立战争的导火线之一。

十三洲民兵在华盛顿（George Washington）的领导下，获得法国、荷兰及西班牙出兵协助，最终取得胜利。后来又制订宪法，明确规定联邦政府是依据立法、行政、司法三权分立的原则建立的。

社会契约理论及民主、自由的思想

在前述的四次战争中，同时也发生思想方面的转变及剧烈论战，主要是讨论人民与国家之间的关系，其影响不亚于战争本身。

荷兰人在独立战争初期曾经发表一份《弃绝宣言》（*Act of Abjuration*）。其中说：

> 对于所有的人都是显而易见的，上帝让一个君主做为人民统治者是为了来保护人民不受压迫和暴力，如同牧羊人对他的羊群。君主是为了人民而生，要公平地治理，要爱护人民，支持人民，如同父亲对孩子，牧羊人对羊群一般。君主如果不是这样，而是反过来压迫人民，借机侵犯人民既有的习俗和权利，逼迫人民像奴隶一样地服从，那么他就再也不是君主，而是一个暴君，人民将不再视他为君主。

任何人如果仔细阅读美国国会在大约两百年后，也就是在 1776

年 7 月 4 日发表的《独立宣言》（*United States Declaration of Independence*）中的字句，就会发现和荷兰的《弃绝宣言》十分相似。

另外必须指出，在清教徒革命后有一位思想家霍布斯（Thomas Hobbes）出版了一本《利维坦》（*Leviathan*）。利维坦是《旧约圣经》里的一头巨大海怪，孔武有力，霍布斯借以比喻强而有力的政府。他认为，人民如果想要保护自己的生命及财产的安全，免于对战争的恐惧，就必须仰赖一个专制而有力的政府，并与政府达成某种社会契约，愿意放弃部分自由以换取保护。《利维坦》显然是为克伦威尔的独裁统治而辩护的。

但在光荣革命期间另有一位英国的思想家洛克（John Locke）也出版了一本《政府论》（*Two Treatises of Governments*），其理论与霍布斯正好相反。洛克主张，只有在取得人民的同意，并能充分保障人民拥有生命、自由及财产的自然权利时，政府才具有统治的正当性，否则人民便可起而推翻政府。

洛克出版的书对后来法国"启蒙运动"（Enlightenment）的三位巨人，卢梭（Jean-Jacques Rousseau），孟德斯鸠（Baron de Montesquieu）及伏尔泰（Voltaire）产生直接而巨大的影响。

卢梭根据洛克的理论写成《社会契约论》（*The Social Contract or Principles of Political Right*），主张政府的权力来自于人民。"主权在民"的思想由此奠定。孟德斯鸠也曾根据源自洛克的另一项理论修改，写成一本《论法的精神》（*The Spirit of Law*），主张国家必须让立法、行政、司法三权分开独立，互相制衡。伏尔泰更是一位名满欧洲的天才哲学家、诗人、历史家、小说家、剧作家。他坚决主张言论自由，激烈地批评法国的专政体制及天主教会。

启蒙运动是一场思想革命，首当其冲的却是远在大西洋对岸的北美。美国独立战争之所以爆发，受洛克及卢梭的影响更大于《弃绝宣言》。美国宪法中规定的三权分立原则，也是来自洛克及孟德斯鸠。但启蒙思想在北美新大陆开花结果之后，无疑也将回过头来冲击旧大陆，因而有法国大革命。

法国大革命（一）：从巴士底日到雅各宾党政变夺权

1788 年，法国由于春季干旱、夏季冰雹及冬季酷寒导致严重的饥荒，社会陷入动荡不安。在此之前，法国又因为长期卷入在海外殖民地的争夺战而导致财政枯竭。国王路易十六（Louis XVI）为了要向人民加税，并要求一向享有免税特权的贵族及教会也缴税，慎重其事下令召集教士、贵族及平民代表到凡尔赛宫（Palace of Versailles）开会，却遭到激烈的反对。平民与一部份教士及贵族共同成立一个"国民议会"，自认有权制订法律，并提出种种改革的要求。

路易十六大惊，下令关闭其开会的场所。结果国民议会五百多名代表大怒，找到附近的一个室内网球场继续开会，并声称不完成制订宪法绝不解散。国王于是下令军队进驻，却导致数千名市民暴动，于 1789 年 7 月 14 日冲入巴士底监狱（Prise de la Bastille），抢夺武器及弹药，然后宣布成立"巴黎公社"（Paris Commune），自行任命市长，组织国民自卫队。其他各大城市也起而响应。国王和王后因害怕而企图逃走，但在半路被拦截而遭到软禁。

在动乱中，出现许多不同派别的政治团体，其中最重要的是雅各宾派（Jacobin）及吉伦特派（Girondins）。雅各宾派成员大多是无产阶级，思想激进，在开会时通常坐在会场的左边。吉伦特派大多却是新起的资产阶级，开会时通常坐在会场的右边。后世有所谓的"左派"及"右派"，便是由此而来。国民会议很快就宣布废除封建制度，没收教会的财产，取消教士及贵族的特权，后来又通过一部新宪法，与美国一样是三权分立，不过采行与英国一样的君主立宪制，保留王室。法国大革命引起奥地利与普鲁士（Prussia）惊惧，决定联合出兵干涉。议会于是废黜路易十六，又号召人民加入义勇军，同时搜捕有通敌嫌疑的教士、贵族、保王党，杀一千三百多人。

义勇军组成后在前线击败普奥联军，解除危机。法国接着进行普选，选出一个新的国民公会（National Convention），是法国历史上第一个共和国，而由吉伦特居主导地位。吉伦特派为清除旧势力，又一次下令展开大屠杀，将嫌疑犯都送断头台处决，竟连路易十六也在 1793 年初以"叛国罪"被送上断头台。英国、西班牙、荷兰王室因而大受刺激，也出兵加入反法同盟。在危机中，雅各宾派却发起政变，利用大批赤贫的无裤套汉（sans-culotte）以暴力推翻吉伦特派，夺得政权。

法国大革命（二）：从罗伯斯比尔到拿破仑

雅各宾党的罗伯斯比尔（Maximilien Robespierre）最终掌握大权，不但控制了立法机关国民公会，又兼管公共安全委员会，即是最高的行政及司法机关。罗伯斯比尔幼年时家贫，父母双亡，长大后靠奖学金苦学获得法律学位，受启蒙运动三巨人影响，矢志追求自由、平等，反对宗教。然而，在他前后执政的十个月中却是法国大革命最黑暗的时期，杀人最多，史称"恐怖统治"（Reign of Terror）。罗伯斯比尔简化公安委员会处置嫌疑犯的流程，任意将反对他的人，包括党内的同志，以毁谤共和国、散布谣言、囤积获利、贪污等罪名送上断头台，并且不一定要有充分的证据，也未必能获得允许辩护。最后，竟连比他资深，人望更高的丹敦（Georges Jacques Danton）也被以"贪污舞弊"的罪名送上断头台。

丹　敦

罗伯斯比尔

　　当时除了巴黎之外，其他各省、各城市也一样恐怖，全国竟成为一个巨大的屠宰场。不过国民公会的议员们这时无不心生恐惧，人人自危，最终也联合起来，于 1794 年发动政变，把罗伯斯比尔送上断头台。

法国大革命时的断头台前

　　值得注意的是，后世有许多历史家及思想家，如黑格尔（Georg W. F. Hegel）、波柏（Karl Raimund Popper）、罗素（Bertrand Russell），都曾研究过罗伯斯比尔的行为及其思想，认为他是受到卢梭的影响。如前所述，卢梭虽然接受洛克的思想，在个人权力方面的看法却和洛克有所不同。他提出一个"公共意志"（general will）的新理论，主张为了公共意志及整个社会可以牺牲个人的自由及人权，而法律就是公共意志的表达。但是当卢梭所称的公共意志在缺乏客观、理性基础的情况下被随意使用，无可避免地其结果就是雅各宾党的恐怖专政，而最终又将衍生为极权主义，包括极左的共产主义和极右的纳粹主义。

　　罗伯斯比尔死后，吉伦特派复起。资产阶级又重新执政，却无法阻止政权最终落入军人的手中。拿破仑（Napoléon Bonaparte）如横空出世，带领法军击退反法同盟各国联军，接着发动政变，废除国民公会，成立一个三人执政团，自任为第一执政。法国大革命于是落幕。1804 年底，拿破仑又经由人民公投接受加冕，成为“法兰西人的皇帝”。

但拿破仑野心勃勃，又一心要统一欧洲，因而在其后的十年间又与反法同盟继续作战。在其全盛期，奥地利国王被迫放弃已有千年历史的“神圣罗马帝国皇帝”的称号，并同意将其辖下“莱茵邦联”的一部份交由法国管控。普鲁士也不得不对法国臣服。拿破仑实际上已经直接或间接统治了大部分的欧洲。不过拿破仑在 1812 年 6 月率领六十万大军远征俄罗斯，却因寒冬很快到来，士卒冻饿不堪，只得撤退，结果遭到俄军追击，损失惨重。反法同盟于是也趁机出兵。拿破仑两次兵败，被流放到圣海伦纳岛（Saint Helena），最终死于岛上。

法国大革命及《民法典》分别对后世的影响

法国大革命是一场史无前例的革命。这是历史上第一次无产阶级在与资产阶级共同革命后推翻资产阶级的统治而执政。虽然无产阶级最后还是失败了，意义仍然极为重大。

日后俄国发生二月革命而成立由资产阶级组建的临时政府之后，列宁、托洛茨基又领导布尔什维克党及水兵、工人，发动十月革命推翻临时政府，正是法国大革命的翻版。只是列宁及其同志无疑已经从研究法国大革命，以及我们在下一章将要叙述的巴黎公社事件中学到教训，知道要如何避免重蹈其覆辙，不让资产阶级有机会复辟。另外我也必须指出，历史家一致认为拿破仑对后世的影响不仅是他在欧洲战场纵横驰骋，更在于全盛期间他所推动的种种制度改革。

拿破仑在开始执政之后，便已进行对内改革，其中包括保障人民的土地所有权，维护自由贸易，稳定货币，推广教育以及容许宗教信仰自由。这些都是人民所希望的，所以依拿破仑的说法，他并没有改变法国大革命的初衷。拿破仑又下令编定《民法典》（*Civil Code of the French*），或称《拿破仑法典》（*Napoleonic Code*），于 1804 年 3 月颁布后实施，时间在他称帝之前九个月。

《民法典》共有两千多条，其中对于民事及财产所有权相关，如婚姻、亲子、继承、契约、买卖、租赁、合伙等权利，都有明确的规定。这部法典不仅对法国产生关键的影响，也随着拿破仑大军所至，到处传播。欧洲各国后来不得不以之为范本，也各自仿效编撰，古老的封建制度于是逐渐走入历史。拿破仑虽然未能以武力统一欧洲，却可说是以这部法典统一了欧洲。

工业革命

前述的五次革命战争，基本上已经为欧洲封建王权让位给资产阶级铺好了一半的道路。但资本主义后来之所以能继续发展，又遍及全世界，主要还是靠两件事：首先，是由工业革命提供的强大引擎；其次，是由《国富论》（*The Wealth of Nations*）提供的理论基础。以下先说工业革命。

工业革命的历史，是一部人类在短短几十年内快速发明许多革命性的机器的历史。本书不拟一一列举什么人发明了什么机器，而只指出其中两个最重要的里程碑：1764 年哈格里夫斯（James Hargreaves）发明珍妮纺纱机，以及 1769 年瓦特（James Watt）发明改良式的蒸气机。

珍妮纺纱机的发明大大提高了棉纺的生产效率，从原本一个人操作一台、两台发展到二十台、一百台，同时带动后来织布机、轧棉机的发明。资本家纷纷投入资金，购买原料及机器设备，大幅增加生产，雇用大批工人。英国人进口棉花因而惊人地大幅成长。美国人也决定大量种植棉花，大量出口，以取代原有的亚、非殖民地供应棉花的地位。又由于生产棉花需要大量的人工，贩卖黑奴也发展成为蓬勃的国际贸易事业。美国前后进口约五十万名黑奴，一直到 1808 年才决定立法禁止。中、南美洲国家却还是继续进口，最后达到一千万名以上。一般估计，黑奴在到达之前至少有十分之二在半途中病死，受伤而死，或被凌虐致死，贩卖黑奴因而是最为残酷不仁的事业之一。

接着说蒸气机。瓦特发明新式蒸气机后，工厂的动力问题获得极大的改善，资本家于是盖了更多工厂。英国的史蒂文生（George

Stephenson）在 1814 年发明蒸汽火车头之后，资本家又开始追逐"运河热"（Canal Mania）及"铁路热"（Railway Mania），并大量开采煤矿、铁矿，从事炼铁、炼钢。英国的工业革命由此蓬勃发展，同时也迅速发展了军事工业。英国在 1842 年对中国发动鸦片战争，正是靠着船坚炮利。德国、法国及美国于是也纷纷向英国学习，引进技术，唯恐落后。

亚当·斯密与《国富论》

就在工业革命发端后不久，英国的亚当·斯密（Adam Smith）于 1776 年，也就是美国宣告独立这一年，发表《国富论》，奠定自由经济的理论基础。斯密分析英国之所以领先世界各国，主要原因在于分工及交易。他以制针工厂为例，说明如果将其制造细分为多段不同的步骤，分由各种不同的专业工人负责，可以提高效率至百倍、千倍。斯密又指出，工业发展不但需要专业化，也须经由交易而各自得到各自所需的物品。

斯密又说，人类无论从事什么经济活动，基本上都只为了一个赚钱的目的。市场经济看似混乱，却是由一双"看不见的手"在指引。只要是市场需要的，就有人会投入生产，但是产品一旦过剩，价格便会降低。价格如果降到无利可图，投资自然停止。每个人的出发点虽然都是自利，却在不知不觉中增进了人类社会的福祉。因此，斯密批评当时各国流行的重商主义（Mercantilism）对进出口贸易的管制及高关税，认为政府若想要国家富裕，就不要干涉经济，而要自由放任（laissez-faire）。斯密另有一个重要的理论，认为国家财富的增长最后乃是决定于资本的不断累积。

斯密出生于苏格兰，曾担任大学教授，也曾到欧洲各国游历，并与各国的产、官、学人士交往。他在伦敦时，也曾经应美国的开国元勋富兰克林（Benjamin Franklin）之邀，为其诵读《国富论》的初稿，并参考富兰克林和其他人的意见改写。《国富论》出版后，在英国、欧洲大陆及北美洲都获得高度赞誉。

　　除了亚当. 斯密之外，欧洲后来也出现许多重要的古典政治经济学者，例如法国的萨伊（Jean Baptiste Say）和英国的李嘉图（David Ricardo），分别提出理论支持斯密的主张，资本主义的基础由此获得进一步巩固。

从卢德运动到乌托邦社会主义

　　亚当·斯密发表《国富论》时，自认其经济理论必能增进人类的福祉，不料资本主义后来却造成社会上严重的贫富不均，资本家竟被普遍认为是为富不仁。事实上，工业革命带来的负面冲击在他生前就已经出现。以珍妮纺纱机的发明为例，许多原本熟练的手工业者发现，无论自己如何努力都无法与之竞争，因而不得不离家到工厂里去当工人。但资本家为了获利，无不尽力降低成本，因而工人只能在恶劣的环境下工作，支领微薄的工资，大多无法维持一家的温饱，不得不将妻子和未成年的孩子也送到工厂里当女工、童工，领一半或更少的薪水。有些童工甚至不满十岁，发育不良，面黄肌瘦。工人的愤恨逐渐累积，于是开始寻找宣泄口。

　　1779 年，也就是《国富论》发表后仅仅三年，英国发生一个"卢德事件"。有一位名叫卢德（Ned Ludd）的工人由于痛恨机器，竟拿起铁锤，将两座纺纱机砸毁。自此以后，在英国诺丁汉（Nottingham）、蓝开夏（Lancashire）一带普遍发生类似的事件。卢德分子通常在黄昏或夜晚集结，携带铁锤、棍棒袭击工厂，毁坏机器，又威胁企业

卢德运动

主的安全。不过由于资产阶级所控制的英国国会下令镇压，卢德分子纷纷遭到逮捕、判刑，或流放到海外，卢德运动在不久后就迅速消退。

当时也有一部分工人企图成立工会，集体向企业主要求加薪，减少工时，并改善工作环境。英国政府却宣告工会组织为非法，甚至派军队进驻工业地带以保护工厂及企业主。总之，由于劳工组织的力量始终微弱，贫富悬殊的现象遂持续扩大。当欧洲各国的工业发展渐渐追上英国之后，工人也是一样无力反抗企业主的剥削。欧洲一部分有良心的知识分子因而心生怜悯，起而批判，提出各种改革的主张，包括各种形式的社会主义（socialism）及共产主义（communism）。其中最早出现的，是所谓的"乌托邦社会主义"（Utopian Socialism）。

乌托邦社会主义有三位代表性的人物，分别是英国的欧文（Robert Owen），法国的圣西门（St. Simon）和傅立叶（Charles Fourier）。他们的主张和前述十六世纪初莫尔的乌托邦理念相近，都是所有的人共有财产，共同劳动，共享成果。

以欧文为例。他从小家境贫穷，十岁就离家去做学徒，成年后却能在岳父及朋友支持下在苏格兰开设一个纺纱厂，有二千个工人。欧文决心在自己的工厂里进行试验，在改善工人的工作环境同时也提高工厂管理的效率，在增加工人的工资同时也逐步减少工人的工时。欧文又为员工的小孩开办一所托儿所和一间学校，并且在工厂里开设合作商店，大量采购质优而便宜的食物及消费品，再以平价卖给员工，如此减轻他们经济负担。

社会主义的先驱欧文

欧文的改革获得极大的成功，在国内外渐有名气，于是也应邀到美国印第安纳州去进行新实验，不幸却失败了。根据一位欧文的信徒后来的回忆，失败大致可归纳为两个原因：一是人性，因为一般人大多好逸恶劳，不想比别人工作辛苦，却不甘享受比别人少；二是制度，由于没有任何人名下拥有任何东西，也就没有人必须负什么责任。实验因而从头就注定失败。

综合以上，在十九世纪前段无产阶级是完全处于弱势，而资产阶级的力量却在不断地上升。因而，当初拿破仑挑战欧洲各国的封建势力虽然失败，到了 1830 年代却有新一轮的资产阶级革命浪潮发生。

1830 年代的欧洲革命浪潮

回溯历史，昔日拿破仑大军所至，在其所占领的地方废除原有的封建制度，实施《民法典》，对欧洲人民产生极大的影响。各国人民眼见法国士兵为红、白、蓝三色国旗奋不顾身，也开始有了"民族国家"的观念。奥地利首相梅特涅（Klemens von Metternich）为此不安，决定要恢复被拿破仑破坏的旧秩序。

梅特涅特别担心日耳曼及意大利将来都有脱离奥地利的危险，因而在收复全部"莱茵邦联"后下令严禁各邦互相结盟，又把意大利分拆为十几个小王国，并且派重兵严密把守。至于法国，梅特涅的办法是立路易十六的弟弟路易十八（Louis XVIII）为王，让波旁王朝（Maison de Bourbon）复辟。

梅特涅的作法激怒了各国人民及志士。因而，在意大利有一个秘密组织烧炭党（Carbonari）出现，又有马志尼（Giuseppe Mazzini）、加里波的（Giuseppe Garibaldi）等革命志士继起，组织"青年意大利党"，誓言要建立一个统一的意大利。在德意志，也有一位哲学家费希特（Johann G Fichte）发表《告德意志国民书》，提倡国家主义，逐渐获得越来越多人民认同。

在法国，路易十八尚能获得部分民心，但其弟查理十世（Charles X）继位之后竟发布命令限制宗教信仰及言论出版自由，又剥夺大部分资产阶级的选举资格。人民愤怒，于是在 1930 年 7 月起而抗暴。

查理十世在三天内就被迫下台，逃往国外。另一贵族出身的路易·菲利普一世（Louis-Philippe I）获得人民接纳继任为王，同意恢复三色国旗，恢复人民应有的自由，又大幅降低选举门槛，法国七月革命于是迅速落幕。

虽然如此，法国的革命已经在意大利到处点燃革命的火花，连罗马教皇领地都告急，奥地利却出兵一一将其扑灭。在德意志邦联，学生、知识分子及资产阶级也纷纷提出立宪改革及统一德国各邦的要求。但由于梅特涅对各邦严厉警告，普王威廉三世也不表支持，改革的愿望无法推动。

总之，意大利及德国资产阶级革命都因为遭到梅特涅阻挡，以失败告终，但可以预见，在日后必将再起。

布朗基领导法国无产阶级暴力革命

法国的七月革命也还有余波，因为资产阶级对新国王同意让步尚称满意，无产阶级却大大不满。工人们自认在革命后一无所得，而当时法国大部分的工厂环境恶劣，工时过长，工资微薄，已经达到无法养家活口的地步，于是起而罢工，又转为大暴动。其中以 1831 年及 1834 年两次里昂（Leon）丝织工人武装暴动最具规模，各有数千人与军警战斗，但都被镇压了。

到了 1839 年，又有极左派社会主义者布朗基（Louis Auguste Blanqui）在巴黎领导五百多人革命暴动，同样被镇压。一般认为，布朗基的思想源自法国大革命后期一位激进份子巴贝夫（Gracchus Babeuf）主张的"绝对平等主义"。巴贝夫又认为，必须建立一个有纪律的秘密组织以进行暴力革命，而由少数菁英领导。布朗基依此一原则在后来又多次领导革命暴动，但结果都失败，因而不断地进出监狱，却又不断地再起，已成为法国政府最头痛的革命份子，在本书下一章也将会再度出场。

第 2 章

马克思与欧洲的社会主义工人运动

如上一章所述，1830 年代欧洲的革命风潮虽然遭到挫败，在日后无可避免将再度爆发。不过由于日后共产主义的代表人物马克思也将参与此一革命运动，本章在一开始有必要先介绍马克思。

马克思的家世及其思想的形成

马克思（Karl Marx，1818—1883）出生于普鲁士下莱茵省的一个古城特里尔（Trier, Lower Rhein）。他的祖父和外祖父都是地位尊崇的世袭犹太拉比（Rabbi），即是精通《希伯来圣经》（*Hebrew Bible*）及犹太教律法的宗教领袖及精神导师。犹太人原本在普鲁士受到歧视，被严格禁止从事某些较好的职业，拿破仑却在占领莱茵省后颁布实施《民法典》，废除种族、宗教歧视，为犹太人敞开大门。但在拿破仑战败后，许多犹太人发现那道门又即将被关闭，不得不决定放弃原有的犹太姓名及信仰。马克思的父亲就是其中的一个例子，为了要当执业律师，不但改用德语新名字，又受洗改信路德新教，因而与父兄几乎断绝关系。

马克思的父亲及他在中学时的校长威斯特法伦（Ludwig von Westphalen）都有明显支持法国的理性主义及自由主义思想的倾向，对马克思无疑都产生极大的影响。威斯特法伦的女儿燕妮（Jenny）从年轻时就与马克思相熟。两人后来结婚，从此不离不弃，共同度过贫困的一生。

马克思就读柏林大学时，与当时青年黑格尔派的代表人物鲍威尔（Bruno Bauer）及费尔巴哈（Ludwig von Feuerbach）等人交往，受到影响更大。青年黑格尔派成员大多是唯心派哲学大师黑格尔（Georg W. F. Hegel）的学生，在黑格尔去世后却批评老师是在为腐败的教会护航。鲍威尔否认耶稣在历史上真正存在过。费尔巴哈主张无神论，说宗教不过是人类虚构的世界，用来蒙骗自己，以逃避现实；又说，宗教把神越是说得全知全能，人类就越是无知无能。

鲍威尔由于得罪教会及教育当局而在 1842 年遭到解任教职。马克思这时正好取得博士学位，原本是希望继续从事学术研究工作，却因鲍威尔事件而受到牵累，只得转而接受一家在科隆（Cologne）的《莱茵报》（*The Rheinische Zeitung*）的邀请，为其撰稿，不久后又接手成为主编。他那一支辛辣无比而似乎不计后果的笔立刻引起普鲁士政府的注意，下令对《莱茵报》加强检查。马克思却又写了几篇文章批评沙俄政府。沙皇获知后大怒，普鲁士政府只得应其要求关闭《莱茵报》，并将马克思驱逐出境。马克思被迫转往巴黎。在那里，马克思经常参加一个"正义者同盟"（League of the Just）的秘密聚会。这个组织是由许多德国流亡工人和小手工业者成立的，曾经在 1839 年参加布朗基领导的巴黎暴动。马克思与正义者同盟来往后，思想又逐渐倾向共产主义。

马克思在巴黎也曾经获得资助出版一份新刊物《德法年鉴》（German-French Annals），并发表两篇自己写的文章。其中有一篇是主张无神论，说"宗教是人民的鸦片"。《德法年鉴》不幸只出刊一期就无以为继，使得他不得不转而为其他刊物写稿。

当时在巴黎与马克思经常往来的人物中有两名是重要的无政府主义者：普鲁东（Pierre-Joseph Proudhon）以及巴枯宁（Michael Bakunin）。这两人都主张建立一个没有政府，绝对自由的社会，反对一切权威，废除一切财产继承权。普鲁东是法国人，曾经写过一本《什么是所有权？》，其中的名句是"财产就是犯罪"。巴枯宁出身俄国贵族，也曾在柏林加入青年黑格尔学派。沙俄政府对他警告无效后，直接将他的财产没收。巴枯宁从此成为流亡份子。

不过马克思在巴黎遇见的所有的人里面，最重要的是恩格斯。

马克思、恩格斯与"历史唯物论"

恩格斯（Friedrich Engels，1820—1895）比马克思小两岁，同样出生于莱茵省，父亲是一个从事纺织业的富商。恩格斯只有高中肄业学历，不过在服兵役期间曾在柏林大学旁听，也受到青年黑格尔学派的影响。后来他到父亲在英国曼彻斯特（Manchester）与人合伙的一个工厂担任经理，因而对英国工人的痛苦情况有相当的了解，并深表同情。恩格斯曾经投稿到马克思担任主编的《莱茵报》，但没有引起马克思的注意。1844 年初，马克思在巴黎时又收到恩格斯写的一篇批判英国资产阶级压榨工人的文章，决定刊登在他出刊唯一一期的《德法年鉴》上。到了 8 月，恩格斯决定到巴黎与马克思见面。两人从此建立起四十年不变的情谊及合作关系。不过恩格斯始终认为马克思是一个天才，自己只是在从旁协助。

马克思（左）和恩格斯（右）

1845 年初，马克思又遭到法国政府驱逐出境，不得不转到布鲁塞尔（Brussels）。不久后，他就与恩格斯合作共同完成一部著作《德意志意识形态》（*The German Ideology*），其中从黑格尔一路批判到鲍威尔、费尔巴哈。两人认为费尔巴哈的唯物论只是空谈，并没有注意到现实的政治、社会及经济层面，于是提出了自己的"历史唯物论"（Historical Materialism）。依马克思的解释，所谓的"历史唯物论"就是"应由经济关系及其发展来解释政治及历史，而不是相反。"或是说"并非意识决定生活，而是生活决定意识。"

《德意志意识形态》虽然当时并没有出版（一直到 1932 年才出版），后来却成为两人手中挥舞的一把利剑，企图用来改变世界。马克思在这时也写下一句名言："哲学家们只是用不同的方式解释世界，而问题在于改变世界。"后来就刻在他的墓碑上。

《共产党宣言》

马克思在布鲁塞尔居住期间也曾到英国访问，又经恩格斯介绍认识伦敦正义者同盟的领导人沙佩尔（Karl Schapper），并同意协助沙佩尔为其会员安排教育课程，以提升其知识及能力。沙佩尔又接受两人的建议，在英国、法国、比利时及德国之间建立联络管道，这就是后来的"共产主义通讯委员会"。

1847 年 6 月，正义者同盟在伦敦举行第一次会员代表大会时接受马克思的建议改名为"共产主义者同盟"。11 月底，马克思和恩格斯在该组织举行第二次代表大会时又获得委任负责共同撰写一份《共产党宣言》。

《共产党宣言》（*Manifesto of the Communist Party*）在 1848 年 2 月付印出版，共约一万五千字。全文的重点是述说无产阶级如何被资产阶级剥削，而共产党人必能帮助无产阶级消灭资产阶级所凭仗的私有制。以下是其中的片段：

> 至今一切社会的历史都是阶级斗争的历史。
>
> 自由民和奴隶、贵族和平民、领主和农奴、行会师傅和帮工，一句话，压迫者和被压迫者，始终处于相互对立的地位，……。从封建社会的灭亡中产生出来的现代资产阶级社

会并没有消灭阶级对立。它只是用新的阶级、新的压迫条件、新的斗争形式代替了旧的。整个社会日益分化为两大敌对的阵营，分裂为两大互相直接对立的阶级：资产阶级和无产阶级。……。

资产阶级，由于开拓了世界市场，使一切国家的生产和消费都成为世界性的了。……。这种专制制度越是公开地把营利宣布为自己的最终目的，它就越是可鄙、可恨和可恶。……。在当前同资产阶级对立的一切阶级中，只有无产阶级是真正革命的阶级。无产者必须摧毁至今保护和保障私有财产的一切。……。共产党人强调和坚持整个无产阶级共同的不分民族的利益……。

共产党人可以把自己的理论概括为一句话：消灭私有制。……。工人没有祖国。……。人对人的剥削一消灭，民族对民族的剥削就会随之消灭。

马、恩两人在《共产党宣言》里称自己所提出的共产主义是"科学的"，同时批判当时欧洲流行的其他社会主义，称那些是所谓的"反动的""保守的"或"空想的"；又说，共产党将依各国的国情弹性地采取不同的革命作法。例如，在法国要与社会党联合起来反对资产阶级；在德国要联合资产阶级去反对专制君主制。但共产党最终只有一个目的，就是要"用暴力推翻全部现存的社会制度"。

马克思与 1848 年的欧洲革命风潮

马克思和恩格斯正要开始撰写《共产党宣言》时，欧洲就已经继 1830 年革命之后出现新一波的革命风潮。瑞士首先在 1947 年 11 月爆发革命。意大利革命党接着在 1948 年 1 月起义，强迫西西里国王（King of Sicily）恢复宪法，然后米兰（Milan）、那不勒斯（Naples）等十几个城市也纷纷起来革命。紧接着，法国也在 2 月爆发革命，国王路易·菲利普一世被迫逃亡。国会中的保守党和社会党于是联合组织临时政府，废除王室，成立制宪会议。此后欧洲大陆其他国家，包括奥地利、普鲁士、德意志各邦及意大利也掀起一连串的武装革命。

马克思所居住的布鲁塞尔也发生暴动，比利时政府惊惧万分，在获知《共产党宣言》的内容后更是恐慌，立刻要求马克思在二十四小时内离境。不过法国刚成立的临时政府中的社会党对马克思却十分景仰，适时发出一封邀请函给马克思，其中说："自由的法兰西对您，以及那些为这个神圣事业，为所有兄弟般的事业奋斗的人们敞开了大门。"马克思于是欣然回到巴黎。

不料马克思到了巴黎竟眼睁睁地看见一出惨剧发生而无法阻止。当时巴黎有数百名德国流亡工人组织一个军团，每天在广场上进行操练，预备回德国参加革命。马克思却认为那是不必要的冒险，建议等待更好的时机。但这个军团在三月还是决定开拔回国，而不幸地果然在跨过边界后就被政府军歼灭。

马克思大失所望，却意外地收到他的母亲汇来的一笔大钱，说是预付给他继承的遗产，于是决定回德国在旧地科隆重新办一份报纸，命名为《新莱茵报》（*Neue Rheinische Zeitung*）。他一方面鼓吹无产阶级革命，另一方面主张无产阶级在此一阶段必须与资产阶级合作，以便共同推翻封建王权。

欧洲各国革命的结局

奥地利爆发革命后，其所统治的波希米亚（Bohemia，即是捷克）及匈牙利也都出现要求独立的革命军，却在不久后就分别遭到奥地利政府军及俄国出兵彻底击溃。

普鲁士爆发革命后，市民、工人、学生联合与军队发生激战。德意志各邦革命军也纷纷推翻封建政权，建立各自的新政府，并共同发起召开"法兰克福国民议会"，共有八百名代表，目的是讨论共同的命运。当时各邦都表示希望摆脱奥地利的控制，却为了是否奉普鲁士国王威廉四世为王而争论不下。威廉四世获知后也不悦，竟说不愿接受"从沟渠里捡起来的皇冠"。奥地利又不断地出言恫吓阻挠。各邦共同建立德意志帝国的提议于是胎死腹中。

意大利革命失败的消息最后传来。1849 年 3 月，以萨丁尼亚（Sardinia）为首的意大利各邦革命军四万人在诺瓦拉（Novara）与奥军七万人决战，结果大败。萨丁尼亚国王自认愧对国人，宣布退位。他的儿子伊曼纽二世（Vittorio Emanuele II）继位，与奥地利议和，但宁愿割地赔款也不肯废掉经过议会通过的宪法。奥地利不得已同意。伊曼纽二世从此成为意大利人民寄托未来国家统一的对象。

欧洲各国革命失败当然使得马克思失望，但另有一事却令他更痛心。

回溯法国二月革命后，临时政府中有一位阁员路易·布朗（Louis Branc）是知名的乌托邦社会主义者，主张人人都应当有工作，并认为工人有能力自行管理工厂。临时政府因而应他的要求设立一个国民工厂，以收容失业的工人。但不久后工厂内就聚集了数万人，其中有很多人每日领钱却无事可做，有事做的人领的钱也不比没事做的人领的钱多，因而也失去工作的热诚。同时，工人与临时政府之间对立日渐严重。路易·布朗无法在其中排解，只得辞职。

到了六月，临时政府宣称无法继续填补国民工厂的钱坑，决定予以关闭。巴黎于是发生大暴动。国民军奉命镇压。经过四天巷战，有 1,500 国民军及 3,000 名工人战死，另有数千名工人在被捕后遭到流放。马克思在巴黎时其实已经观察到国民工厂的情形，并且预言将会爆发一场无产阶级和资产阶级的公开斗争，不幸他的预言果然又成真，而以无产阶级惨败收场。

当年年底，法国举行普选，拿破仑的侄儿路易（Louis-Napoléon Bonaparte）被选为总统。后来他又经由公投被推举为皇帝，自称拿破仑三世。

马克思在伦敦

马克思所办的《新莱茵报》在欧洲革命运动爆发期间是支援革命声音最响亮而尖锐的报纸，却因为批评"法兰克福国民议会"过于软弱而遭到抵制，又因为坚持无产阶级革命不应冒不必要的危险，引起激进的德国工人组织不满，与其划清界线。报纸因而无以为继。普鲁士当局这时又下令将他驱逐出境，马克思只得关闭报纸，又转往巴黎。但法国政府也不准他停留在巴黎。马克思在欧洲大陆至此竟无处可去，只得在 1849 年 8 月乘船转往伦敦。他的太太燕妮在一个月后也带着三个小孩及肚子里另外一个尚未出生的宝宝到伦敦与他会合。马克思这时其实早已破产，身无分文，如果不是燕妮卖掉结婚时带来的银器，一家人还不知道怎样能到达伦敦。

马克思在伦敦也只能靠不定期为报纸杂志写稿，收入微少而不固定，被房东催讨租金或召来警察把他的一家人赶出去乃是常有的事，因而他们屡次搬家，越搬房子越小。根据普鲁士政府派去监视马克思的间谍所写的报告，他们的房子里所有的东西都是破破烂烂的，一切都是乱七八糟的。恩格斯原本在参加德国革命起义之后早已和父亲决裂，在此情形下只得低头和父亲和解，重新在曼彻斯特的纺织厂任职。通常他只留一小部分收入给自己，其余大部分拿来接济马克思和一些仍然愿意跟随马克思的难友们。恩格斯付出如此之多，但从两人留存至今的信看来，却从来没有抱怨过。

马克思虽然穷困，仍和沙沛尔等人定期举行会议，同时积极在欧洲大陆重新设立据点。马克思又亲自对德国工人上课、演讲，灌输工人们无产阶级革命的思想。他的态度严谨，与在家中忍受破烂脏乱完全不可同日而语。日后德国社会民主党的创始人之一李卜克内西（Wilhelm Liebknecht）便是在此时与马克思相识，从此成为他的忠实信徒。

马克思曾经多次提出"不断革命论"，这时仍是主张"要不断地进行革命，直到把一切大大小小的有产阶级的统治都消灭掉，直到无产阶级夺得国家政权，直到无产阶级的联合不只在一个国家内，并且在世界上所有国家内占统治地位。"但共产革命也不是一次到位，而是要分阶段进行，在初期或许支持资产阶级的革命，但要保持自己的独立性，适度保存实力，不做不必要的冒险。

然而如前所述，许多激进的工人团体并不同意这样的看法，因而就出现一个反马克思派，其中的领导人除了沙沛尔之外，主要是一位曾经于 1849 年在德国巴登（Baden）起义领导革命军的指挥官维利希（August Willich）。恩格斯也曾经在巴登参战，并担任维利希的副官，这时却坚定地和马克思站在一起，只是两人在激烈的内部斗争后不幸被迫从 1850 年 9 月起停止参加活动。马克思既失望，又无事可做，便决定以藏书丰富的大英博物馆图书室作为他的研究室。他每日废寝忘食地读书，做笔记，范围包括经济、历史、哲学、政治制度、农业、人口、货币，等等。由于英国是欧洲最早发展资本主义及议会政治的国家，又有齐全的相关统计资料，正可以提供他以"科学的"方法建立一套自己的理论体系，即是《资本论》（*Das Kapital*）。恩格斯对此不遗余力地表示支持，并不断地催促他早日完成巨著。然而由于马克思与燕妮长期贫病，《资本论》的写作一拖再拖，拖到 1867 年才出版。

《资本论》

《资本论》一共有三卷，1867 年出版的只是第一卷，也是马克思生前出版的唯一的一卷，内容讲述资本的生产过程。马克思死后，恩格斯才根据马克思的手稿整理，于 1885 年及 1894 年分别出版第二卷及第三卷，分别探讨资本的流通及分配过程。迟至 1905 年，才有一位德国社会民主党的重要成员考茨基（Karl Johann Kautsky）根据马克思的手稿编辑而出版《剩余价值理论》，被称为《资本论》的第四卷。

马克思申论，各种社会经济结构都包含两个部分，其一是"生产力"（包括人类用于生产的劳力、工具、机器、技术及其他资源）；其二是"生产关系"（即是经济的社会结构）。生产力与生产关系将遵循"正反合"的辩证法则，不断地出矛盾到统一。当新的技术发展出来后，旧有的经济制度与之产生矛盾，最终只能随着改变，发展出新的经济结构。更进一步说，人类的经济生活结构是下层的建筑物，变动在先，是主动的；人类的社会生活结构是上层的建筑物，变动在后，是被动的。

所谓的"剩余价值"（surplus value），就是一般人所称的利润（profit）。古典经济学家说，资本家为了制造商品而出资开工厂，支付工资给工人，支付地租给地主，又支付原料及其他成本、费用后，剩下来的就是利润，应该归于资本家。但马克思主张"劳动价值说"，认为劳动者贡献并不只在提供劳动价值，而是创造了商品的价值，所以资本家不应将"剩余价值"全部据为己有，并在其后扩大生产的过程中不断地将剩余价值累积资本化，否则无法分享的劳动者就将永远被剥削，没有翻身的一天。

《资本论》在后世的共产世界里无疑是一本圣经，其影响巨大无比，在列宁革命成功后却也不断地引起各方批评。本书在此当然无法引述所有的批评，却必须指出其中一个要点：马克思自称其理论是"科学"的，有许多学者却不同意。例如，著名的英国政治社会学家卡尔·波普尔（Karl Popper）在 1945 年出版《开放社会及其敌人》（*Open Society and its enemies*），主张所有的科学假设、理论或定律，都必须具有"可证伪性"（falsifiability），也就是说要有可能提供证明或反证。但马克思的理论却无法提供反证，不能说是科学的。

英国另有一位政治思想史家以赛亚·柏林（Isaiah Berlin），被称为最好的马克思传记作者之一。柏林却在他的名著《自由四论》（*Liberty: Incorporating Four Essays on Liberty*）中的一篇《历史必然性》里说，自然科学的显赫名声从一开始就被不少人滥用，科学方法却不可能在其合适的领域之外被使用而不产生完全的荒谬；又说，历史论述与自然科学是明显不同的领域，因而马克思主义努力想要将历史转变为科学的企图并未能成功。

意大利及德国追求统一的共同障碍

话说回来，马克思在伦敦大英博物馆图书室里埋首写作时并没有什么人注意。当时欧洲人注目的是另外两件大事：一件是意大利及德国各邦继续在为国家统一而奋斗不懈，另一件是社会主义工人运动在各国的发展也发生明显的变化。以下分别叙述，而先说前者。

萨丁尼亚国王伊曼纽二世自从与奥地利签订屈辱条约后，每日痛恨切齿，励精图治。他所任命的一位大臣加富尔（Camillo Benso Conte di Cavour）在发展农业、商业及工业取得惊人的成绩之后又升任为首相，于是开始扩充军备，并拓展外交，极力拉拢英国及法国。1853 年，克里米亚战争（Crimean War）爆发，萨丁尼亚人期盼复仇雪耻的机会于是来到。

俄、土之间为了宗教、种族问题及争夺巴尔干半岛（Balkan Peninsula）的控制权，在过去三百年来已经发生八次大战，这次是第九次。英、法两国这时为了避免俄国势力南向扩张，决定支持土耳其，对俄宣战。萨丁尼亚也决定参战。俄国遭到英、法、土、萨四国大军围攻，大败，只得同意撤出克里米亚。萨丁尼亚由此与英、法两国进一步交好，更与法国签订密约，协议将来共同对付奥地利。

1859 年，萨丁尼亚与奥地利再度兵戎相见，法国拿破仑三世如约亲率大军助阵，大破奥军。意大利南、北各地义勇军这时也纷纷起而推翻效忠于奥地利的各小国国王，奉萨丁尼亚为主。伊曼纽二世于是在 1861 年 3 月改国名为意大利王国，不过版图仍缺威尼斯及教皇领地两块。

1861 年对普鲁士而言也是一个关键年。威廉一世（Wilhelm I）即位，与其兄腓特烈·威廉四世（Friedrich Wilhelm IV）完全不同，一心要统一德意志，于是聘请军事家毛奇（Helmuth von Moltke）主持军务，又聘俾斯麦（Otto von Bismarck）为首相。俾斯麦在国会发表就职演讲时说："重大的问题不是演说和多数派决议所能解决的……，而是要用铁和血！"

"铁血宰相"于是开始对外发动战争，首先邀奥地利一同出兵丹麦，迫使丹麦割让两省。俾斯麦接着先和法、义分别签订密约，然后在 1866 年对奥地利发动战争。法国依约袖手旁观，意大利则又对奥地利宣战。战争因而以奥地利战败求和收场。

普奥战争爆发时，德意志北部各小邦纷纷出兵支持普军，在战后也都同意并入普鲁士。南部巴伐利亚（Bavaria）、巴登各邦在战争时却是站在奥地利一方，在战后也由于法国作梗而拒绝被并入普鲁士。另一方面，意大利依照与俾斯麦的协议而从奥地利取得威尼斯，只有教皇领地因为拿破仑三世坚持在其中驻军保护而仍然维持独立。普、意两国因而都认为，法国是其各自神圣的统一目标的新障碍，将来不免要与之决战。不过在继续述说后来的战争之前，有必要先叙述欧洲社会主义工人运动在此期间所发生的变化。

英国及德国的社会主义工人运动

欧洲社会主义工人运动发生的变化，最明显是在英国及德国；其中德国又受到英国影响，所以我们先说英国。

英国的资产阶级早在清教徒革命之后就已经掌控了国会，因而并不需要再发动什么革命。不过由于中产阶级越来越多，纷纷要求参政，国会只得在 1932 年通过一个改革法案，同意增加议会席次，并降低拥有土地或房产的人获得选举权的下限门槛。选民总数因而从 50 万增加至 81 万。中产阶级至此大多满意，工人却大为不满，继续发起抗争，不过并不像欧洲大陆工人运动那样进行暴力革命，基本上只是采取和平请愿的方式。

1839 年，英国工人团体递交一份由 125 万人签名的《人民宪章》（*The People's Charter*），其中建议凡是年满二十一岁的男子（不含女子）都有选举权，同时废除财产限制，却被英国国会否决。1842 年，英国工人再次请愿，又失败。1848 年欧洲大陆爆发革命风潮时，英国工人趁机又发起第三次请愿，号称有 570 万人在请愿书上签字，但又被国会否决。英国工人群情激愤，发动数十万人示威游行，但最后仍是以失败收场。宪章运动从此迅速消退。

但进入 1850 年代之后，英国工人越来越多，国会受到的压力也越来越大。英国工人这时又已组织各种不同行业的工会，并以罢工为手段，成功地争取到改善工作条件。1860 年，英国各行业的工会更成立了一个伦敦工人联合会（London Trade Council），并选举一位出身贫寒，但热心助人的鞋匠奥哲尔（George Odger）为领导人。这是英国工人团体踏出的极为重要的一步。

说到德国工人运动发展的历史，就必须提一位名叫拉萨尔（Ferdinand Lassalle，1825—1864）的关键人物。拉萨尔和马克思的家世及生平十分相似，同是犹太裔的德国人，出身富裕家庭，曾在柏林大学就读时研读黑格尔哲学，也曾流亡巴黎，又参加了共产主义者同盟。拉萨尔与马克思也经常书信往返，并曾互访，自称以马克思为师，却不赞同马克思所提倡的共产主义，而是提倡国家社会主义。他曾经写一封信给恩格斯，其中说："我的结论是没有比君主制度更具有未来性，更加有利，不过前提是它必须下定决心转变为社会主义的君主制。若能如此，我愿为其马前卒。"

拉萨尔无疑也受到英国工人和平抗争运动的影响。后来他获准回到柏林，而于 1863 年 5 月创立一个"全德意志工人联合会"（General German Workers' Association），主张以和平、合法的方式推动普选制度，让所有的成年男子，不论贫富，都一样有权参与选举。拉萨尔的主张引起俾斯麦高度注意，亲自写信邀他秘密会面，不止一次。俾斯麦当时正千方百计想要统一德国，认为拉萨尔能帮助他达到目的。

拉萨尔不幸在三十九岁时英年早逝。但在他死前，全德意志工人联合会（或称"拉萨尔派"）已有了四千多人。马克思的忠实信徒李卜克内西回到德国后也曾加入此一联合会，但后来因理念不同而带领一批人离去，其中包括倍倍尔（August Ferdinand Bebel）。

1964 年西德政府发行的拉萨尔逝世一百周年纪念邮票

倍倍尔出身贫寒，以木工为业，却自知没有受过良好的教育，因而以博学多闻的李卜克内西为师。两人遂于 1869 年共同在艾森纳赫（Eisenach）创立"德意志社会民主工党"（Social Democratic Worker's Party，或称为"艾森纳赫派"），并决定加入一个新近才成立的"国际工人协会"（The International Workingmen's Association），也就是后来通称的"第一国际"。

第一国际（First International）的成立

第一国际的成立与 1863 年波兰（Poland）爆发的革命有关。

波兰的近代史，是一页坎坷的历史。读者只要翻开地图，就可看见波兰北滨波罗的海（Baltic Sea），西、南、东分别与普鲁士、奥地利、俄国三个强国为邻。其战略地位十分重要，本身却是相对弱小，因而难免引起觊觎。波兰虽然在十六世纪时和其邻近的立陶宛（Lithuania）共同组成联合王国，也曾经强大过，却在 1772 至 1795 年间被普鲁士、奥地利、俄国联手三次瓜分，之后波兰就亡国了。在 1830 年及 1848 年欧洲两次革命浪潮中，波兰爱国志士趁机发动革命，但都失败。

欧洲国家大多早已废除农奴制，俄国是最后的一个，在 1861 年初终于也不得不下令废除，却仍保留在其统治下的波兰地区的农奴制。波兰因而又爆发革命。俄国出动大军镇压，波兰起义军不敌，只能改采游击战。

波兰革命引起全欧洲各国工人团体同情，前述的英国工联领袖奥哲尔因而发起英、法、德、意等国的工人代表共两千人，于 1864 年 9 月在伦敦圣马丁大会堂（St. Martin's Hall）召开大会。会中决议成立一个国际工人协会，选奥哲尔为主席。马克思和恩格斯也受邀参加，并受命草拟组织章程。马克思又被选入中央委员会，兼任德国通讯书记。第一国际成立后开始支援各国各行业工人组织的罢工运动，以共同对抗财雄势大的资本家，初期相当的成功，因而加入者众。据《泰晤士报》（*The Times*）估计，到 1869 年会员已有五十万人。

除了波兰之外，第一国际也关注爱尔兰（Ireland）。回溯当初清教徒革命后，克伦威尔也强行把爱尔兰并入英国，爱尔兰许多信仰天主教的农民被迫把土地转给新教徒，而沦为佃农或农奴。此后两百多年中，发生二十几次饥荒。英国国会却在 1815 年通过一个新的"谷物法案"（Corn Laws），对进口的所有谷物征收极高的进口税，又限制进口数量，被许多人认为是恶政，爱尔兰人尤其痛恨。1845 年起，爱尔兰更因马铃薯病害而导致前所未有的大饥荒，使得人民大量死亡，或逃往国外（主要是美国）。第二年，英国国会发生激辩，最终投票决定废除此一恶法。然而，饥荒仍是无法停止，竟使得爱尔兰的人口在其后三十年间从八百万降到五百万。

爱尔兰人对此忍无可忍，因而在 1958 年有一个"爱尔兰共和兄弟会"（The Irish Republican Brotherhood）的秘密组织成立，企图采取暴力手段以达到追求独立，脱离英国统治的目的。英国政府派军警大肆镇压，缉捕嫌疑份子。 1867 年 10 月，有三名爱尔兰共和兄弟会成员被捕，随后在曼彻斯特被当众绞死，爱尔兰民情激愤，称之为"曼彻斯特三圣徒"。马克思也带着小女儿参加第一国际发起的示威游行。

普法战争及巴黎公社事件

回来述说德、法之间的问题。俾斯麦既是认为法国阻挡德意志的统一，便等待机会要与法国一战，而机会在 1868 年终于出现。当时西班牙人废黜了一个位造成国家二十几年长期混乱，属于法国波旁王朝的女王，却决定迎立一位普鲁士霍亨索伦家族（Hohenzollerns）的亲王为国王，因而引起法国人极端不快。俾斯麦借机在此争端中极尽挑拨，结果使得法国人与德国人之间敌意更深，法国国会竟因而通过决议，向普鲁士宣战。

俾斯麦蓄意挑起战争，等的就是这一刻，立即请威廉一世御驾亲征，出动八十万大军。这时德意志南部各邦也决定参战。九月初，毛奇率普军大败法军于色当（Sedan），俘虏十万人，连拿破仑三世本人和法军统帅麦克马洪（Patrice MacMahon）也被俘。

巴黎市民大惊，决定成立"国民议会"，恢复共和体制，选出一位老政治家梯也尔（Adolphe Thiers）为"国防政府"执政。这时前述的极左派社会主义革命份子布朗基也回到巴黎，并呼吁国人起而保卫国家，又协助政府招募工人和平民，成立了一支三十万人的国民自卫军，最终守住了被围困的巴黎。两国在第二年初达成停战协定，法国同意赔偿五十亿法郎，并忍痛割让亚尔萨斯（Alsace）和洛林（Loraine）两省。

德意志南部各邦这时也终于同意尊奉威廉一世为王，威廉一世于是在凡尔赛宫内举行就任皇帝大典，同时宣告成立德意志帝国。德国就此完成统一。然而法国受此大辱，与德国之间的仇恨已无法化解。

普法战争爆发后，由于法国将在罗马的驻军撤回，意大利王国于是下令进军罗马，将这最后一块土地收进版图之中。

回溯巴黎被德军包围时，有一事十分诡异。当时梯也尔所领导的保守派不但控制国民议会，也控制了政府，而国民自卫军的指挥权却落在布朗基领导的激进社会党员手中。布朗基在过去四十年中无时无刻不想以暴力手段推翻政府，梯也尔当然不会不知道。布朗基当然也不会忘记 1848 年国民工厂工人在"六月起义"事件惨遭屠杀的往事。双方因而都在暗中戒备提防，气氛更加紧张。社会党人坚决反对梯也尔与俾斯麦谈和，说谈和即是投降，主张对普鲁士继续作战，但国会最后仍通过和议。同时，有国会议员提议政府在签定和议后停发国民自卫军每日的薪饷。士兵们又惊又怒，布朗基于是发出一份《有关武装起义的指示》的文件，详述如何发动革命，如何建立无产阶级专政。不料梯也尔先下手为强，竟趁布朗基不备时，将他逮捕囚禁，接着下令强制收缴国民自卫军手中的武器和大炮。

政府在收缴枪炮时遭到强烈的抵抗，内战立刻爆发。这时政府军大部分还在德军的俘虏营中，梯也尔所属的军力薄弱，无法与国民自卫军对敌，只得逃离巴黎，把政府迁到西郊的凡尔赛宫。巴黎市民这时如 1789 年大革命时一样成立公社，又举行投票选举缺席的布朗基为议会主席，此后一方面与梯也尔谈判释放布朗基的条件，另一方面逐日发布新法令，进行社会改革，例如接管私营企业，给予妇女参政权，抚恤伤亡将士的遗族，等等。公社又仿效当年法国大革命成立公安委员会，将原政府官员、资产阶级以及许多无辜的市民逮捕入狱或处死，并没收其财产。

路易斯·布朗基

　　德国原本宣称在法国内战中将保持中立，暗中却应梯也尔所请迅速释放法国战俘。麦克马宏立刻率领十万政府军攻打巴黎，情势于是逆转。政府军击溃国民自卫军，又攻破城门，之后开始进行大屠杀，为期一周。据估计约有三万人死亡。巴黎城内许多建筑物毁于炮火，部分自卫军及其妻女在临死又四处纵火焚烧，到最后只有少数古迹，例如巴黎圣母院，幸免于难。

马克思、恩格斯对巴黎公社事件的评论

　　巴黎公社从 1871 年 3 月成立，到 5 月被消灭，总共只存在短短七十二天，但在马克思、恩格斯和日后其他共产世界的领导人眼中，意义却极为重大。事实上，马克思在普法战争开始之后曾经两次以国际工人协会的名义发表文章，提出警告，说法国工人阶级正处于极大的危机中，因为既不能在大故当前时推翻政府，又要小心避免受政府的欺骗。事件结束后，马克思又写了一篇《法兰西内战》，以国际工人协会总委员会的名义发表，其中赞扬"工人的巴黎及其公社将永远作为新社会的光辉先驱受人敬仰"；反之，"那些杀害它的刽子手

们已经被历史永远钉在耻辱柱上"。

不过马克思也指出，巴黎公社的主事者在整个事件中犯了许多致命的错误。其中最大的错误是他们本应趁梯也尔及所谓的"地主议会"毫无防御力量时立即进军凡尔赛，一举予以彻底消灭，却浪费许多时间在选举、开会，以及和敌人谈判，结果中了梯也尔的缓兵之计，后悔莫及。恩格斯也指出，公社明明已经控制了法兰西银行，其中有数十亿法郎，却完全不知道要派兵保护，以致于被敌方趁机搬走。

总之，马克思和恩格斯认为巴黎公社同时犯了许多错误，而最大的错误是对阶级敌人过于宽大。日后领导俄国十月革命的列宁、托洛茨基等人也都自称从研究巴黎公社的失败吸取到重大的教训，那就是绝不让对手有机会接管政权。

另有一事必须指出。马克思虽然早就看出问题，又对法国工人提出种种的警告，最终却只能眼睁睁地看着悲剧上演，心中愤恨可以想见。因而，这篇文章里出现许多谩骂、污蔑的文字，被认为是他发表过的文章中最情绪化，最不客观的一篇。在当时，有一部分国际工人协会的成员立即表示不能同意其内容，奥哲尔甚至不惜辞去第一国际主席的职务，与国际工人协会切割，并要求《法兰西内战》刊印第二版时必须把他的名字从总委员会名单中抽掉。

第一国际解散

奥哲尔之所以决定与国际工人协会切割，原因其实不难明白：英国的政治风向使得他没有选择。早在 1867 年，英国工人经过多年的奋斗，终于取得重大的突破。国会通过一项《改革法案》，再度放宽选举权的个人财务门槛，使得全国有资格投票的选民从一百万人一下子增加到两百万人。这是由于工人团体取得国会中保守党（Tory）支持的结果。英国人民选择以缓和的方式改善贫富不均的态度越来越明显，共产主义越来越不受欢迎。

共产主义在英国不受欢迎另有一个明确的证据。《资本论》第一卷于 1867 年先以德文版出版，法文版和俄文版也都在 1872 年出版了，但英国的出版商始终拒绝发行英文版，最后出版时是 1886 年，马克思那时已经死去三年。

国际工人协会不仅在英国不受欢迎，也被欧洲大陆各国政府视为心腹之患，强力镇压，因而在 1872 年 9 月在海牙（The Hague）召开大会时，不得不决定将总委员会从伦敦迁往美国纽约。当时巴枯宁因故没有参加大会，马克思趁机提议将巴枯宁逐出协会，并且获得通过。

马克思之所以必欲将巴枯宁逐出第一国际而后快，是因为巴枯宁不断地公开表示反对马克思主张独裁方式的共产革命。巴枯宁说："这种革命独裁统治与现代政权之间的区别，只不过是外部骗局而已，二者本质上都是少数人借人民之名对多数人实施的一种专制统治——以多数人的愚蠢和少数人的超群智慧为名——因此是同样反动。……。他们的目标是摧毁现有的秩序，不过只是为了在废墟上建立起自己的严苛统治。"马克思认为这对共产革命无疑已经形成一股破坏力量。

话说回来，国际工人协会总委员会迁到美国后也无以为继，最后不得不在 1876 年 5 月宣告解散。各国工人组织从此各自为政，一直到 1889 年 7 月才又有第二国际成立。

英国选举制度的进一步发展——兼述费边社及工党

巴黎公社事件后，英国人民及政府都体认到必须更进一步推动民主选举。这时的执政党自由党（Liberal Party）因而在 1872 年先推动一个法案，将选举改为无记名投票，又在 1884 年支持通过另一个新法案，使得人民中又新增两百万人获得选举权，其中大多是农民。此后三十几年间，英国的选举办法又一再修改，越改越宽，门槛越低。今日世界上有许多国家实施选举制度，其中举凡普选、选举区划定、妇女投票权等办法，大多是从英国开始的。但有一事必须一提。英国著名的思想家约翰·弥尔（John Stuart Mill，通称小弥尔）认为民主选举未必没有缺点；例如，他认为人民的知识水平是选举制度能否成功的关键因素，因而主张给予受过较高教育的人额外的选票。但至今并没有任何一个民主国家采用此一建议。

同样在 1884 年，伦敦有一个"费边社"（Fabian Society）成立，对英国的民主政治产生极大的影响。费边（Quintus Fabius Maximus Verrucous）是古罗马的一位名将，以迂回及迟滞战术成功对抗北非迦太基（Carthage）的威胁而闻名，从不冒险做孤注一掷之举。费边社因而是希望以缓和渐进的方法从事改革，寻求最终实现完美的社会主义。

费边社一开始是由十几个政府官员和高级知识分子发起的。成员中最著名的有韦伯夫妇（Beatrice and Sydney Webb）、萧伯纳（Bernard Shaw）及威尔斯（H.G. Wells）等。其成员思想其实都不同，不过大多主张致力于和平立法以增进工人的福利，改善其生活，同时兼顾经济体系的效率。

费边社后来直接促成英国工党在 1900 年成立，并逐渐取代自由党，而与保守党并列为国会中两大政党。

倍倍尔与德国社会民主党

对德国的社会主义工人来说，英国工人以和平方式取得更多参政权的过程始终是一个指引，因而也继续采取和平方式奋斗，道路虽然崎岖，最终也同样达到目的。

如前所述，倍倍尔与李卜克内西共同成立社会主义爱森纳赫派，并决定加入第一国际。不过普法战争在第二年爆发，两人公然主张反战，结果竟都以"阴谋叛乱"的罪名被处两年徒刑。巴黎公社事件后，俾斯麦担心德国有一天将发生类似的事，对社会主义者采取更加高压的政策，结果反而促使爱森纳赫派与拉萨尔派于 1875 年合并成为"德国社会主义工人党"以共同对抗政府，并且转而反对君主制。这与拉萨尔当初创党的理念已经背道而驰。

1878 年，俾斯麦趁年老体衰的德皇威廉一世遭到暴徒枪击，差点丧命的时候促使国会通过《反社会主义法》，禁止未经核准的集会、演讲及出版，禁止工会未经核准罢工，又关闭国内四十几家报纸。但倍倍尔下令党员改采秘密活动、设立国外据点及其他迂回的方式因应，躲开政府压迫，并且在选举中获得越来越多选票。俾斯麦显然已经无法阻止其蓬勃发展。

到了 1890 年，国会终于决定不再延长《反社会主义法》，社会主义工人党于是进行大改组，改称社会民主党（Social Democratic Party，简称社民党、SPD），并一跃而为国会中第二大党。俾斯麦对社会主义的高压政策彻底失败。同时，威廉一世的孙子威廉二世继任后也不愿让俾斯麦继续担任宰相。俾斯麦至此只能辞职下台。

社民党此后一直是德国的两大主要政党之一，如果从拉萨尔创党时起算，至今已超过一百六十年。

第 3 章

列宁与俄国的二月革命、十月革命

马克思一生中不断地宣扬无产阶级革命，却几乎不提俄国，因为在他的观念里，俄国是一个封建落后的农业社会，既没有什么资本家开工厂，也没有什么被剥削的工人，哪来的无产阶级革命？然而，世界上第一个成功的无产阶级革命，即是 1917 年发生的十月革命，偏偏是在马克思认为最不可能的俄国发生了。这是为什么呢？

事实上，早期俄国虽然没有什么被剥削的工人，沙皇却是欧洲最专制独裁的君主，在农村里又有数以百万计境况悲惨，令人同情的农奴。这正是俄国最早发生革命运动的两个主要根源，并为其后的无产阶级革命领路。因而，本章必须先从一个企图推翻沙皇的"十二月党人案"开始说起。

"十二月党人案"及其影响

如第一章所述，拿破仑远征俄国，结果溃败，接着沙皇派俄军跟着欧洲各国军队一起打到巴黎。但败北的法国却将"自由、平等、博爱"及"君主立宪"的观念传播给战胜国的军队和人民。俄国军队中的青年军官有一部份出身贵族，对欧洲革命思想早有接触，到了法国亲历其境，受到更大的冲击，回国后就成立了革命党，决心推翻帝制。1825 年 12 月，革命党趁沙皇驾崩时发动三千人武装起义，结果失败，五名主事的军官被公开绞死，其余大多被杀或被流放。

"十二月党人案"震惊整个俄国。新任沙皇尼古拉一世（Nicholas I）因而决定以高压统治。具体地说，包括设立秘密警察，在西伯利亚广设集中营，加强出版品检查制度，禁止学生到西欧留学，禁止大学里开哲学相关的课程，又企图利用东正教加强控制人民的思想。当时俄国的知识分子无法反抗政府，只能用笔写作以表达抗议。他们唾弃陈腐的贵族文学，转而描绘现实的世界，主要在于揭露政府官员的腐败、贪婪、无知，以及农奴的悲惨状况。

俄国其实和英国及欧洲大陆一样，从中古世纪时起土地就集中在贵族领主的手中，农民只能在其份地上耕作，很少人能拥有自己的土地。十七世纪初罗曼诺夫王朝（Romanov Dynasty）建立后，土地集中的情况更是严重，有越来越多的农民沦为农奴。到后来，地主不但强迫农奴劳役，取去大部分的收成，还可以任意鞭打农奴，或把农奴卖掉。农奴如果反抗，地主可以将他绞死，或活活烧死。农民逃亡如果被捕获，连人带家眷和财产都一起归还原地主。如此不公不义之事，社会上一部分有良心的知识分子实在看不下去，批评地主是"贪婪的野兽，不知足的吸血虫"。

在这些知识分子里，有一位名叫赫尔岑（Alexander I. Herzen），曾是俄国文坛的一位耀眼明星，后来却被迫流亡国外。1856 年起，他开始在伦敦出版一份名为《钟声》（俄文 *Kolokol*）的杂志，并秘密偷运回俄国贩售。此一杂志不久后就受到广大的读者热烈欢迎，连王公贵族的子弟也常常聚在一起诵读。举一个例，俄国鼎鼎大名的无政府主义者克鲁泡特金（Peter Kropotkin）在自传里说，他原本出身王室，但十几岁在军校中就读时便是每期都读《钟声》，所以在成年后决定投身于革命，不惜放弃亲王的身份。

赫尔岑清楚地知道，俄国的问题并不是工人，而是要如何解放农奴。他也知道，俄国的农村里有一种称为村社（mir）的自治组织，是由农民自己选举领导及干部，负责协调公共事务，并与地主沟通。因而他认为或许可以引入自由、平等的观念，设法排除地主的宰制，而以村社为基础，不必经由资本主义的阶段直接促成社会主义社会。

民粹主义、虚无主义及涅洽耶夫的《革命者的教义问答》

当时也有一本《现代人》（*The Contemporary*）杂志，提倡文学、艺术理论及进步的思想，引领时代风潮，由一位别林斯基（Vissarion Belinsky）主编，后来由车尔尼雪夫斯基（Nikolay G. Chernyshevsky）接任；两人都被奉为青年导师。车尔尼雪夫斯基也曾和同志们讨论，获得和赫尔岑几乎一样的看法。这种思想被称为"民粹主义"（Narodnism，或 Populism）。民粹指的是人民，特别是农民。民粹主义者认为，知识分子都欠人民的债，有义务指导并协助人民建立公平和正义的社会。

正当民粹主义的革命思想大起时，尼古拉一世在 1855 年驾崩。他的儿子亚历山大二世（Alexander II）继位后突然决定变法进行改革，下令成立地方议会，逐步推动地方自治；又允许司法独立，让法官独立公正判案；另外又推动军队、教育、工业等等的改革。但新政中最重要的，是在 1861 年 2 月宣布废止农奴制。亚历山大二世曾经引用赫尔岑的话，说："与其等待它从下面出现，还不如马上从上面发起。"然而由于贵族拼命反对，亚历山大二世又个性犹豫，沙俄政府最后公布的办法问题丛生，其中最严重的是土地移转的价格订得太高，以致于农民在法律上虽然取得自由，并没有能力取得土地，因而只能继续为地主做苦力而不得温饱。农民大失所望，于是暴动频繁。

同样在 1861 年，圣彼得堡有一个秘密组织成立，称为"土地与自由协会"，要求政府立刻把土地和真正的自由还给农民。据说这是由车尔尼雪夫斯基创立的。但在第二年圣彼得堡发生一件纵火大案，沙俄政府借机诬指车尔尼雪夫斯基涉案，将他逮捕后判处流放西伯利亚。在此之后，革命越来越有暴力的倾向，一个被称为"虚无主义"（Nihilism）的思想逐渐兴起。

"虚无主义"的特点是否认上帝，否认沙皇，否认旧社会、旧思想，对于缓慢的改革不存幻想，主张以暴力革命打倒一切权威，并且自认不受任何道德拘束。俄国有一些流传后世的文学巨着，如屠格涅夫（Ivan S. Turgenev）的长篇小说《父与子》，杜思妥也夫斯基（Fyodor M. Dostoevsky）的《罪与罚》，都是以虚无主义者为原型而写的，描绘极为生动。不过如果要在俄国当时的现实社会中举出一名代表人物，那就非涅恰耶夫（Sergey Nechayev）莫属。

涅洽耶夫出身贫寒，父母原本都是农奴，成年后参加革命组织，后来他到瑞士去求见无政府主义革命运动的领导者巴枯宁，获得拨给钜款回到俄国发展革命运动。但巴枯宁后来渐渐与其疏远，因为他发现涅洽耶夫是一个为达目的而不择手段的危险人物。这从涅洽耶夫写的一本小册子《革命者的教义问答》（*Catechism of a Revolutionary*）里可以清楚看见。书中的部分摘要如下：

> — 革命者是自我献身受难的人。他没有自己的利益、自己的事务、自己的感情、自己的爱好、自己的财产，甚至没有自己的名字。他的存在只是为了一个目的，一个思想，一个激情，就是革命。
>
> — 他和社会秩序、整个文明世界及其一切法律、礼节、习惯和道德都完全断绝联系。他是这个文明世界的无情敌人，活着只是为了要破坏它。
>
> — 他鄙视舆论，憎恶社会道德。对他来说，凡是能促进革命成功的，就是道德；凡是阻碍革命的，就是罪恶。
>
> — 为了达到无情破坏的目的，革命者可以，并且应该假装成与他的本来面目完全不同的人生活在社会上，潜入一切上等阶级和中等阶级的地方……。

涅洽耶夫在 1869 年因为杀害一名拒绝听从指挥的部属而遭到警方追捕，不得不逃亡国外，但在两年后落网，被引渡回国，最终死于狱中。然而，他所留下的《革命者的教义问答》对于后世的影响却是巨大无比。有人称涅洽耶夫是"布尔什维克之前的布尔什维克"，因为日后的列宁及许多布尔什维克党人也是同样为达目的不择手段。列宁曾经赞美涅洽耶夫，说他有"超人的组织天才，到处建立谋叛工作的特殊能力，以及使其思想永久深入人的记忆中的才能"。

巴枯宁（左）与涅恰耶夫（右）

　　话说回来，当虚无主义盛行时，民粹主义也同样蓬勃发展。1874 年夏天，俄国出现一个澎湃汹涌的 "到民间去！" 运动（"Going to the People"）。数以千计的男女知识青年蜂拥到农村中去宣传赫尔岑及车尔尼雪夫斯基的革命思想；其中许多人是贵族、将军和仕绅家庭的子女。当时俄国上流社会崇尚法国风，常聘请法国人当家庭教师，因而法国自由、平等的价值观早已进入贵族家庭。

　　这些青年男女刻意换上农民的衣服，其中有人教农民读书识字，有人提供医疗服务，有人卷起袖子帮农民各种农忙，不过同时也分发革命的小册子。不料有少数农民心生猜疑，竟向警方举报，结果有八百多人遭到逮捕，其中一百九十三人被送交法庭公开审讯。但法庭同情这些学生，判决大多数人无罪释放。不料沙皇竟命令警察又逮捕这些人，把他们全部流放到西伯利亚。

俄国马克思主义组织 "劳动解放社" 的成立

　　"193 人案" 使得民粹主义者倍感挫折，其中一部份人愤而转向虚无主义的暴力革命。当时有一位革命理论家特卡切夫（Peter Tkachev）引用前述巴贝夫、布朗基的观点，主张革命必须是有组织、有纪律的行动，由少数人指挥，其领导人必须要有权威。虚无主义者却大多只是盲目地各自进行暗杀及恐怖活动，认为只要除去沙皇和少数高官，便可达到推翻专制政府的目的。其中有人策划行刺亚历山大二世，不只一次。亚历山大二世震怒，下令大举逮捕民粹党人，立即判处坐牢、流放或死刑。

民粹主义者也有一部份人不同意激进派的作法，认为恐怖行动不但虚耗革命力量，又招来政府报复，其中的代表人物是出身鞑靼贵族家庭，却拒绝贵族身份的普列汉诺夫（Georgi Plekhanov）。两派为此不断争论，而各持己见，最后的结果是分裂。激进派决定另组一个"民意党"（People's Will），继续恐怖行动。沙俄政府下令彻底镇压。一时之间风声鹤唳。普列汉诺夫也被追缉，只得避居瑞士，与阿克雪里罗得（Pavel Axelrod）及查苏利奇（Vera Zasulich）等同志聚在一起。

阿克雪里罗得曾经参加过巴枯宁的无政府革命组织，也曾加入土地与自由协会的革命运动。普列汉诺夫受其影响，决定放弃在大学的学业而投身于革命。查苏利奇曾经因为持枪近距离射伤一位恶名昭彰的圣彼得堡警察总监，却获得法院判决无罪而名噪全国。

普列汉诺夫等人在瑞士的初期其实仍不确定要如何继续革命。原先他们以为俄国可以利用村社帮助农村迈向社会主义的社会，但村社似乎正在瓦解中。由于俄国的资本主义水平还远远落后于西欧，工人阶级的力量也很薄弱。查苏利奇为此代表众人写一封信给马克思，请问他究竟俄国村社的命运将会如何？俄国是否要等几十年，等到资本主义达到一定的水平之后再来发动无产阶级革命？马克思在收到信后，慎重地回了一封信说，村社虽然有可能是俄国社会重生的支点，但如果不能发挥其功能，俄国还是只有等到资本主义发展起来之后才会经由无产阶级革命达到社会主义社会。

原本《共产党宣言》在出版后不久已经由巴枯宁翻译成俄文，但普列汉诺夫决定重新翻译，并请马克思为1882年新出的俄文版写序。普列汉诺夫又在次年公开宣告与民粹主义分道扬镳，并与查苏利奇及阿克雪里罗得在日内瓦共同创立一个"劳动解放社"（Emancipation of Laboure）。这个组织从此成为俄国马克思主义革命的领导中心。

列宁的家世

回来说俄国发生的一件大事。1881 年 3 月，民意党人经过多次努力，终于如愿刺杀了沙皇，但民意党也为此付出巨大的代价。新沙皇亚历山大三世（Alexander III）继任后，命令全面缉捕暴力份子。民意党人被拘捕殆尽，许多人被处死，但仍决定不顾生死，继续招收热血青年参加暗杀行动。

六年后同一天，圣彼得堡又发生一起企图以炸弹炸死新沙皇未遂的案子。犯案的七个人都是圣彼得堡大学的学生，被捕不久后就都被绞死。在过去六年中发生企图刺杀新沙皇的案子其实很多，所以这件案子不能说有什么特别。但以结果论，此一案件却是改变俄国，甚至改变整个世界历史的一件大事，因为在七个犯案的学生中有一位名叫亚历山大·乌里扬诺夫（Alexander Ulyanov），正是列宁的大哥。

列宁当时只有十七岁，还在中学里读书。他从小崇拜大哥，因而亚历山大突然犯案被绞死对列宁冲击之大，不可言喻。有人说，列宁心中决意要推翻沙俄，想要报复的烈火从此燃起，不曾停熄。

由于列宁实在太重要，本章在此必须先稍微介绍他的家世。

列宁（Vladimir Lenin，本名 Vladimir Ilich Ulyanov，1870—1924）生于伏尔加河（Volga River）中游的西姆比尔斯克省（Simbirsk，现称 Ulyanovsk）。他的父亲曾任该省的教育总监，有鞑靼人的血统，所以列宁遗传了部分蒙古人的外貌，高颧骨、扁鼻子、小眼睛。他的母亲有德国血统，出身地主家庭，聪明、好学、正直而意志坚强，注重儿女的教育。列宁和兄弟姊妹共六人从小一同过着相亲相爱的快乐童年，只不过在亚历山大死后，一家人都成为革命党。

列宁从小智力就已经远远超出同龄的人，并显示出无论做什么事都有先做准备的习惯，周密而有系统。列宁的中学校长是他的父母的好友，竟甘冒危险而为列宁写推荐信，使得列宁获准进入喀山大学。不久后，列宁却因为参加抗议政府的学生集会而被开除，只得在后来以自学的学历参加国家考试，取得等同大学毕业的学位，然后到萨马拉（Samara）担任一家律师事务所的助理，

列宁参加共产主义革命运动

俄国国内这时正面临一个关键的转变期，资本主义来得非常快。十几年前，农民即使离开农村，到都市也找不到工作；但这时全国光是大工厂和铁路工人就已经超过一百五十万。不过工人的工作条件，包括工时、工资、工作场所及家人的生活状况，和先前英国、法国、德国的情形一样恶劣；于是同样有人开始捣毁机器、怠工、罢工，或发起工人运动。普列汉诺夫领导的劳动解放社因而不断地壮大，马克思主义已逐渐成为俄国主流的革命思想之一。

列宁虽然痛恨大哥之死，并不认同大哥参加刺杀沙皇的作法。他参加萨马拉的秘密马克思主义小组，又遍读马克思、恩格斯及普列汉诺夫等人的著作之后，认为共产革命才是推翻沙皇的正确途径。1893年8月，列宁转到圣彼得堡，立刻引人注意。一位知名的革命分子在听了他的辩论及演讲后说："这是一位看得很远的人物，我们之中没有一个赶得上。"

1895 年，列宁到瑞士会见普列汉诺夫及阿克雪里罗得之后，被委任与一位同志马尔托夫（Jules Martov）共同办一份新报纸。不料创刊号还在印刷中两人就被捕，后来都被判处充军。但列宁的充军之地是在西伯利亚之南，气候舒适宜人；马尔托夫的充军地却是在西伯利亚之北，靠近北极圈，寒冷至极。两人其实犯一样的罪，处境却天差地别，原因是马尔托夫是犹太籍，一向被歧视。

列宁在充军期间也没有被强迫做苦工，还能领到生活费，并携同妻子克鲁普斯卡娅（Nadezhda Krupskaya）及岳母同往。克鲁普斯卡娅还替他安排远程借书，又帮他以化名在报纸和杂志上发表评论，出版著作。因而，曾有一位知名的台湾学者郑学稼指出，比起列宁后来

建立的苏维埃政权的牢狱来说，沙俄政权的牢狱可算是天堂。

"第二国际" 的成立及共产主义阵营的分裂

1900 年初，列宁与马尔托夫都充军三年期满而获得释放，回到圣彼得堡。不过本书在叙述两人如何继续参加革命运动之前，有必要先补述欧洲各国的社会主义工人运动在过去十几年间的发展。

首先要指出，各国的工人组织正在迅速复起。自从德国社会主义工人党于 1875 年成立之后，欧洲和美国也纷纷出现采用类似名称的社会主义工人政党，例如：马克思的女婿拉法格（Paul Lafargue）参加的法国工人党；由恩格斯的好友魏德迈（Joseph Weydemeyer）和佐尔格（Friedrich Sorge）创立的美国社会主义劳工党（Socialist Labor Party）；以及上述的俄国劳动解放社。

1889 年 7 月 14 日，也就是法国大革命一百周年纪念日，来自二十二国，约四百名代表齐集巴黎，召开国际社会主义代表大会。"第二国际" 由此成立，距离第一国际解散只有十三年。事实上，这个会议是恩格斯催生的。当时法国工人党里有一个 "可能派"，主张走议会和平路线就有可能取得政权，并不一定要进行武装革命，并预备联合其他各国的社会主义政党在巴黎开大会。恩格斯获悉后大惊，深恐马克思主义派失去主导权，于是火急地促请召开另一会议，并选在可能派举行会议同一天。可能派发起的组织因而受制无法发展。

1890 年，德国社会主义工人党又经由改组而成立一个新的社会民主党。该党的创党领袖倍倍尔和李卜克内西是第二国际实质上的主导者，党内又有考茨基和伯恩斯坦（Eduard Bernstein）两位备受各国马克思主义者尊敬的理论家，不料在 1895 年内部竟发生分裂，而分裂的原因来自伯恩斯坦。

伯恩斯坦出身自由主义的犹太家庭，也曾因参加社会主义工人党而被迫流亡伦敦，因而与部分英国费边社成员密切来往，受到影响，对马克思主义逐渐产生怀疑，只是在恩格斯在世时并未公开提出。不过当恩格斯在 1895 年 8 月去世后，伯恩斯坦就宣称资本主义未必会像马克思预料那样自动失败，经由议会立法改革也极可能以和平渐进的方法达到社会主义社会的目标。倍倍尔、考茨基等人因而愤怒，痛斥伯恩斯坦是"修正主义者"（revisionist）。但伯恩斯坦坚持己见，又在 1899 年集结其言论，出版了一本《社会主义的前提和社会民主党的任务》（*The Prerequisites for Socialism and the Tasks of Social Democracy*），更引发论战及思想混乱。

最早的修正主义者伯恩斯坦

欧洲其他各国的马克思主义者一向唯德国社民党马首是瞻，自然也跟着发生混乱。其中俄国也出现两个"修正主义派"，一个是"经济主义派"，另一个是"工人事业派"。经济主义派宣称工人斗争的目的是改善自己的物质条件，所以不需政治斗争，主张放弃以武装革命手段推翻资本主义。工人事业派主张马克思主义者不应站在工人前面，而应跟在自发的工人运动后面，如此一来劳动解放社的领导角色就被否定了。劳动解放社的领导人大惊，痛斥两派的言论，并与其中一部分人切割。

列宁主办《火星报》，托洛茨基受邀加入

俄国马克思主义革命党人虽然理念分歧，却有一个共识，就是要组织一个统一的政党。1898 年 8 月，来自全国各地的代表共九人集会于白俄罗斯的首府明斯克（Minsk），宣布成立"俄国社会民主工党"。不料由于有密探参加，与会九人之中有八人在会后竟遭到逮捕。俄国社会民主工党因而刚刚诞生就夭折了，使得革命党人无不气馁。

列宁正是在这样的情况下回到圣彼得堡，与马尔托夫重逢，并决定在国外再办一份报纸，在国内外发行。日内瓦的劳动解放社领导人

也被邀请，欣然同意加入。这份新刊物于 1900 年 12 月创刊，取名为《火星报》（Iskra），意思是"星星之火，可以燎原"。尽管俄国社会民主工党实质上不存在，《火星报》被认为是其机关报，而由列宁主编。列宁却决定把编辑部搬到慕尼黑（Munich），又在两年后搬到更远的伦敦；一般认为，主要原因是列宁与普列汉诺夫不睦，又有意大权独揽。直到又过了一年，由于众意难违，他才同意搬回日内瓦。但列宁的知名度在此期间已经逐渐超越了普列汉诺夫。

普列汉诺夫（左），列宁（中）及马尔托夫（右）

1902 年 3 月，列宁出版一本小册子《怎么办？我们运动中的迫切问题》（*What Is to Be Done? Burning Questions of Our Movement*），被认为是宣告"列宁主义"诞生。什么是列宁主义？简单地说，就是马克思主义再加上一个理念：无产阶级革命要由少数的职业革命家来领导。

1902 年另有一件大事，就是列宁邀请托洛茨基到伦敦来协助办报。

托洛茨基（Leon Trotsky，1879—1940）生于俄国赫尔松省（Kherson）的一个犹太富农之家。他在读大学时就积极投入革命运动，结果被捕，获判流放西伯利亚。但他很快又因从事革命运动而被通缉，于是又辗转逃到萨马拉，参加革命党及《火星报》的工作，获得萨马拉工作站主持人激赏。列宁因而得知，邀他到伦敦来一起工作。托洛茨基既能写文章，又善于辩论，也能完成列宁交付的募款使命，因而很快地就崭露头角。

关于"党纪高于民主、人权原则"的决议

1903 年 7 月，由《火星报》成员主导的"火星派"邀集各方代表在布鲁塞尔召开俄国社会民主工党第二次代表大会，距离上回在明斯克召开的结局悲惨的第一次大会已有五年。但大会只开了两周代表们就被驱逐出境，只得转到伦敦继续开会。

大会由普列汉诺夫担任主席，列宁是副主席之一。出席者四十四人，其中有三十三人属于火星派。俄国共产革命由少数职业革命家控制绝大多数的工人阶级的情况这时已经十分明显。不过开会时马尔托夫和列宁却为了招收党员究竟应该采取什么样的标准而发生严重的争执。马尔托夫主张应当宽松，列宁却批评马尔托夫的宽松建议必将导致革命失败。两人互不相让，最后只得表决，结果马尔托夫的意见获得通过。不过令人惊奇的是一向与列宁不和的普列汉诺夫竟支持列宁，而被认为是列宁亲信的托洛茨基竟反对列宁的主张。

当时也讨论另一重要议题。列宁当时主张必须有严格的纪律，又认为革命的领导者必须能行使绝对的权威，许多党员表示反对。有一位化名为波萨多夫斯基（Posadovsky）的党员于是起而为列宁辩解，说："要么，我们党的政策必须服从于这样或那样的基本民主原则，承认其绝对的价值；要么，所有的民主原则必须毫无例外地服从我们党的目标。我确定我自己是倾向于后一种意见。绝对没有什么民主原则能使我们不须服从党的目标。"有人大声问："那么人格的尊严呢？"波萨多夫斯基回答："为求完成社会革命，一个革命政党必须只考虑如何才能达成目标。"

在激烈的讨论中，普列汉诺夫竟也表示支持列宁的主张，说："革命的成功是最高的法律。"大会最后就以此做成决议。许多年后，英国俄裔的思想史巨擘以赛亚·柏林指出，此一决议标志了一个改变世界历史的关键点。俄国社会民主工党将列宁的主张以白纸黑字写在的会议记录上，意味此后为了革命的需要，民主、自由、人权及

任何其他东西都可以牺牲。

布尔什维克派与孟什维克派的分裂

列宁接着又提出一项缩编《火星报》编辑部的建议，也引起马尔托夫等人不满，认为列宁有意排挤查苏利奇、阿克雪里罗得等老一辈的革命家。但普列汉诺夫竟又一次支持列宁，使得提案通过。从此以后，列宁就自称其所领导的是党内的多数派，也就是布尔什维克派（Bolshevik）；反之，马尔托夫领导的是少数派，也就是孟什维克派（Menshevik）。

不过在大会结束之后有一个惊人的事发生，普列汉诺夫竟公开承认自己在大会期间是被列宁拉拢并利用了。众人于是纷纷痛斥列宁。托洛茨基也斥责列宁是法国大革命时的罗伯斯比尔，有一种"代替"的逻辑，具体地说就是"以党的组织代替整个党，再以中央委员会代替党组织，最后是由一个独裁者代替中央委员会。"列宁只得辞去在《火星报》的职务，不过私下又召集自己的班底，并招收许多新人。俄国社会民主工党于是正式分裂。

但社会民主工党即使不分裂，也只能算是俄国第三大的革命党。当时另有"立宪民主派"和"社会革命党"，对沙俄政府威胁更大。"立宪民主派"主张建立立宪政府，成员大多是资产阶级，包括新起的地主、工业家、律师、医生等等，其领导人是著名的历史学家米留科夫（Pavel Milyukov）。社会革命党就是原本已经沈寂的民粹主义派，这时成立一个由热血青年组成的"战斗团"，专门暗杀保守顽固的政府官员，前后杀了教育、内政、警察首长，甚至总理。

亚历山大三世在此期间积极鼓励西欧的资本家到俄国投资，俄国工业生产随之飞跃成长。然而如马克思预言，资本主义越是快速发展，工人运动越加激烈，村社越快瓦解，社会越是动荡不安。1894 年，亚历山大三世驾崩，尼古拉二世（Nicholas II）继位，同时也接收了上述种种问题。但他生性优柔寡断，提不出任何能因应的办法，因而不但人民失望，许多盼望改革的新兴资本家也失望。其中有人决定加入立宪民主派，也有人决定资助社会革命党及社会民主工党。罗曼诺夫王朝的前景因而看来已经十分黯淡了。

从日俄战争到 1905 年的俄国革命

罗曼诺夫王朝的丧钟第一次敲响，是 1904 年爆发的日俄战争。俄国与日本之所以会发生战争，是由于中国在清朝末年国家积弱，俄国与日本都企图掌控中国东北及其附庸国朝鲜的结果。

日本自从明治维新后，国力渐强，在 1894 年甲午战争中战胜，迫使清朝签订《马关条约》，同意赔款，撤出朝鲜，并割让辽东半岛及台湾。俄国却联合德、法两国横加干涉，迫使日本同意放弃辽东半岛。俄国自己却在 1900 年突然出兵强占中国东北，日本于是也出兵，双方于 1904 年爆发大战，结果日军大胜。俄国只得同意退出朝鲜及辽东半岛。

俄国人民受到日俄战争中战败的刺激，更要求加速改革，工潮也迅速扩大，结果导致 1905 年 1 月圣彼得堡发生一件惊人的事件。有一位加彭神父（Father Georgy Gapon）在一个星期日率领大批工人前往冬宫，要求向沙皇请愿，结果守卫军竟向工人开枪，造成一千人死亡，二千人受伤。

俄国著名的文学家高尔基（Maxim Gorky）正好在圣彼得堡，目睹惨案的经过，又惊又怒，立即发表演讲谴责政府，又说"流血星期日"将是俄国革命的开始，因而被捕，后来才因为外国的抗议而被释放。仍处于分裂中的布尔什维克和孟什维克派也相信俄国的革命就要开始了，不过他们大多被通缉，所以只能留在国外。但由于全国各大城市都掀起罢工潮，各省都发生农民暴动，军队也发生叛乱，政府不得不宣布部分的改革措施，其中包括将要成立国家杜马（Duma，即是议会）。到了十月，又颁布"诏书"，允诺给予人民信仰、言论、集会结社的自由，扩大选举权，并通令大赦。布派与孟派也因而决定捐弃成见，一同回国共谋大局。

圣彼得堡在工人大罢工时出现一个自发的"苏维埃"组织

（Soviet，意即会议），后来在莫斯科及其他城市也出现。托洛茨基在大赦前就冒险回国，参加了圣彼得堡苏维埃第一次大会。当大会代表们对沙皇的诏书齐声欢呼时，托洛茨基拿起一张诏书撕成碎片，说："看吧！只是一张纸。今天他给我们诏书，明天就收回它，并把它撕毁，就像我现在撕它一样。"托洛茨基被大会选为苏维埃主席，但在十二月初与一部分苏维埃委员一同被捕。

托洛茨基在法院开庭后公开揽下所有检察官起诉他企图"武装暴动"的指控，不过他又说："大多数人民都要推翻旧政府，欲达此目的，只有暴动。暴动的性质是革命的。"托洛茨基在法庭上的演讲轰动整个圣彼得堡，但法庭最后还是判处他充军到北极。

斯托雷平的改革

1906 年及 1907 年，布、孟两派在瑞典首都斯德哥尔摩及伦敦联合召开两次社会民主工党代表大会。许多后来俄国历史上的重要人物在这两次大会后开始崭露头角，其中包括加米涅夫（Lev Kamenev）、季诺维也夫（Grigory Zinoviev）、斯大林（Joseph Stalin）、捷尔任斯基（Feliks Dzierżyński）、拉狄克（Karl Radek）等。托洛茨基也从充军地逃脱而回来。社会民主工党由此团结又再次壮大，但俄国的革命情势却开始走入低潮，最主要的原因是沙皇任命了一位新总理斯托雷平（Pyotr Stolypin）。

斯托雷平的历代祖先在过去三百年里都是沙皇的重臣，他自己也在四十岁就担任省长。当 1905 年俄国全国暴动时，他又是少数能以铁腕镇压遏制暴乱的省长，因而得到沙皇宠信。

斯托雷平就任总理后就设立军事法庭以对付叛乱分子，立审立决，不到一年就将一千多名嫌犯送进刑场绞死。人民称那绞索是"斯托雷平的领带"。但他又在 1906 年 11 月开始推动"土地私有化"政策，允许土地自由买卖，目标是将土地尽速从贵族及大地主的手中转给农民，同时鼓励农民到西伯利亚垦荒。全国各地独立农户于是暴增。反之，暴动骤减。

1907 年 2 月，俄国举行第二杜马选举，社会革命党及社会民主工党在选举中都获得极大比例的议会席次。但斯托雷平认为第二杜马是一个红色杜马，悍然宣布将其解散，表示将另订时间改选第三杜马，同时公布有利于资产阶级的新选举法规。斯托雷平用什么理由解散第二杜马？那是因为他握有一些政党的不法行动证据，尤其是关于列宁领导的布尔什维克党的恶行。这就不能不提到一件发生在格鲁吉亚的首都第比利斯（Tbilisi, Georgia）的银行运钞车抢劫案

第比利斯银行运钞车抢案——兼述斯大林的早期革命生涯

俄国社会民主工党里设有一个"军事技术局"，专门负责制造炸弹，由列宁指挥，准备用来武装革命。但炸弹尚未用于革命，列宁就先用于抢劫，称之为"征收"，意味那是正当的行为。但孟什维克派坚决反对，并在斯德哥尔摩大会时提出禁令，并经表决无异议通过。不过列宁在后来仍是肆无忌惮地在各大城市进行"征收"。孟派大怒，在伦敦大会中又重提禁令。许多同志认为抢劫无异土匪的行径，不是革命党所当为，深以为耻。

然而仅仅两个月后，也就是在 1907 年 6 月，第比利斯银行运钞车抢案就发生了。该案是在白昼进行，由于抢匪火力强大，造成九十人死亡或受伤，共抢去三十四万卢布。抢匪由一名格鲁吉亚人加莫（Kamo）率领，背后也由格鲁吉亚人斯大林指挥，但最后的指使者是列宁。抢案发生后，轰动整个欧洲。孟派更是愤怒，坚持设立党法庭及专案调查组，并主张将斯大林开除党籍。但斯大林转到阿塞拜疆的首府巴库（Baku, Azerbaijan），仍是继续聚众抢劫、勒赎。

事实上，斯托雷平早已收到沙俄的秘密警察"奥哈兰那"（Okhrana）的报告，获知布派将有所行动。抢案发生后，斯托雷平得到更详细报告。但他按兵不动，一直等到布派在年底持抢来的大叠五百元大钞到国外各大都市的银行去兑现，欧洲各国警方才协助俄

国将浮出台面的涉案者全部拘捕。第二年春天，斯大林也在阿塞拜疆被捕。

由于斯大林无疑是共产世界历史上极为重要的一位人物，本书在此必须先简单叙述他的家世及其早期的革命生涯。

约瑟夫·斯大林（Joseph Stalin，1878–1953）出生于格鲁吉亚的哥里（Gori, Georgia），本姓朱加什维利（Dzhugashvili）。他的父亲和母亲都出身农奴家庭。斯大林是他们的第四个小孩，不过前面三个都早夭。斯大林的父亲在沙皇取消农奴制后学做鞋匠，收入不多，又酗酒，喝醉酒后就无端地毒打他。幸有他的母亲以针线活及帮佣贴补家庭收入，尽力保护儿子，又坚持让他入学读书。

从事革命运动中的斯大林

斯大林十六岁时获得第比利斯神学院的入学许可，他的母亲为此非常高兴，因为她虔诚信仰东正教，盼望有一天儿子会成为一名教士。但当时许多神学院是"造反的温床"，因而斯大林竟在还没有毕业就离开学校，秘密参加社会民主工党，负责组织工人罢工及示威游行活动，同时担任报纸的编辑。1902 年 4 月，斯大林第一次被捕入狱，遭流放到西伯利亚，但不久后就逃回格鲁吉亚。此后十几年间，他总是在被捕、坐监、流放、逃亡又被捕的循环中，前后七次。

当社会民主工党于 1903 年分裂为布、孟两派时，斯大林选择加入布派，这在当时的格鲁吉亚属于少数派。1905 年俄国发生革命暴乱。斯大林趁机抢夺军火库的枪械，组织战斗队，横行于地方，并开始接受列宁的指示以抢劫、勒索的方法来筹措资金，其中最为人所知的就是上述的第比里斯运钞车抢案。

斯托雷平之死——俄国从革命低潮到风暴再起

列宁不仅指使抢劫、勒索，还被德国警察破获印制假钞。当一位固定每月捐款给布派的工业大亨死后，列宁又指使两名年轻的同志诱娶他的两个女儿，其目的是为了要分得遗产。列宁的所作所为，解释了为什么布派有能力养活许多职业革命家。孟派却完全无法接受列宁如此这般地为达目的而不择手段，称他抢来或骗来的钱是"臭钱"，要求拿出来让一个公正的委员会保管，或是干脆烧掉。马尔托夫也为此写了一本小册子《救世主或毁灭者？》，痛斥列宁。

不过在斯托雷平的软硬两手策略之下，俄国的革命风潮已经急速冷却。根据统计，1905 年约有 300 万人罢工，但其后四年分别掉到只剩 100 万、40 万人、17 万及 6 万人。根据斯大林写的一份报告，圣彼得堡的社会民主工党人数在 1907 年还有八千人，到 1909 年就只剩下四百人了。孟派组织也在瓦解中。

后世有很多俄国人民及学者都认为，斯托雷平是俄国历史上最卓越的政治家之一。在他就任总理之后不到两年，原本乱到不能再乱的局势就转为风平浪静，工人不再罢工，农民不再暴动；同时谷物大幅增产，大量出口。西伯利亚铁路及政府补贴也带动数以百万计的农民移民前往垦荒。连列宁都说，斯托雷平如果一直继续执政下去，社会民主工党就只能停止革命。

然而，沙皇尼古拉二世由于听了许多谗言，渐渐相信斯托雷平不利于己，而于 1911 年 3 月迫使他辞职。

斯托雷平之所以下台，与沙皇沙后宠信一位"妖僧"拉斯普京（Grigory Rasputin）也有关。沙皇沙后生有一名男孩，是唯一的皇位继承人，却患血友病。拉斯普京经人推荐来为皇太子看病，虽未能治愈，却能减轻其痛苦，因而获得沙皇沙后宠信。但他装神弄鬼，又在外淫乱良家妇女。许多大臣具状密告沙皇，反而遭到罢官。斯托雷平无法坐视，也向沙皇呈递报告书，结果也遭到罢黜。又过半年，斯托雷平竟遭到一名刺客枪杀。此后拉斯普京更加肆无忌惮。

1912 年 4 月，在圣彼得堡东北数千公里外的勒拿河发生一件屠杀金矿工人的惨案（Lena Massacre）。矿场工人由于工作环境恶劣，工作长，工资低而发起大罢工，竟遭英、俄合资的企业主召来军队镇压，向群众开枪，结果造成数百人死亡。消息传到圣彼得堡后立刻引发二十万人大罢工，又蔓延到其他各城市。被斯托雷平压制已久的表面平静至此被打破，此后工潮没有停止过。

当时有一位名叫克伦斯基（Alexander Kerensky）的律师受杜马议会委托，远赴勒拿矿场调查此一案件，并写了一份翔实的报告，轰动一时，从此全国知名，后来又成为杜马议会的领袖之一。必须指出，克伦斯基和列宁一样也来自西姆比尔斯克。他的父亲，也就是当年列宁就读中学时的校长，曾在列宁的大哥被绞死后甘冒风险帮列宁写推荐信，使列宁得以进入大学读书。可惜克伦斯基年纪比列宁小十一岁，两人因而不熟，后来竟成为敌人，彼此互斗生死。

布派、孟派持续分裂

列宁虽然被孟派严厉指责，又被社会人士鄙视，但知识渊博，能力超群，身上又有钱，所以总是有一群死忠的跟随者。孟派中普列汉诺夫却在后来与马尔托夫发生摩擦，因而宣布退出报纸的编辑部。列宁趁机写信拉拢普列汉诺夫，普列汉诺夫却拒绝，并说："列宁对团结的了解，恰如一个人对与一块面包团结的了解，那就是吞了它。"托洛茨基却还想调和各派，而于 1908 年在维也纳创办一份《真理报》（Pravda），邀请各派一起合作办报，但始终没有结果。总之，在斯托雷平当政期间不但俄国国内的革命运动急速降温，在国外的革命党也处于分裂的状态。

不过斯托雷平终于死了，布派与孟派都认为有机会再起，都决定重新召开大会。但列宁对孟派仍然不满，所以决定于 1912 年初在布拉格（Prague）召开布派单独的会议，除了原有班底之外，有奥尔忠尼启则（Sergo Ordzhonikidze）、布哈林（Nikolai Bukharin）及斯维尔德洛夫（Yakov Sverdlov）等新人参加。奥尔忠尼启则和斯大林一样来自乔治亚，两人关系密切。布哈林是理论家，斯维尔德洛夫有组织长才，两人都是布派新起的明星，极受列宁器重。

列宁同时决定在圣彼得堡办一份新报纸，派刚好从流放地逃回的斯大林负责。新报纸取名为《真理报》，与前述托洛茨基办的报纸名字完全一样。托洛茨基强烈抗议，但列宁置之不理。托洛茨基大怒，与马尔托夫一起决定在维也纳共同召开一次没有布派参加的俄国社会民主工党会议。

由于俄国社会民主工党明显地严重分裂，第二国际决定派代表来调解，希望大家捐弃成见，团结一致。列宁却不接受。众人正在争论当中，第一次世界大战却突然爆发了。

第一次世界大战爆发

第一次世界大战之所以发生，原因很复杂，不过简单地说，远因是巴尔干半岛无比复杂的情势，近因是欧洲列强各自怀抱的争霸野心，而导火线是萨拉热窝事件。

巴尔干半岛之所以复杂，是因为地小而种族繁多，又处于东正教（Eastern Orthodox Church）、伊斯兰教和天主教势力交错之地。整个半岛在先前数百年中是由信奉伊斯兰教的奥斯曼土耳其人（Ottoman Turks）统治，天主教及东正教徒都遭到迫害，所以不断有冲突发生。巴尔干半岛又是战略要地，东临黑海，南临地中海。因而，当鄂图曼土耳其的国力日衰后，俄国为寻找出海口就以保护东正教徒为由出兵南下。

如前所述，克里米亚战争正是俄、土之间在过去三百年爆发的第九次大战，而以俄国被围攻惨败收场。但俄国又在 1877 年出兵，挑起第十次大战，结果土耳其战败。这时德国已是欧洲陆上霸主，却不愿俄国太过扩张，决定逼使俄国同意将波士尼亚交由奥匈帝国托管。俄国因而与德国交恶，决定与在普法战争惨败而与德国结深仇大恨的法国结盟。

当时德国年轻的新皇帝威廉二世在把俾斯麦免职后已经目空一

切，又决定建造一支庞大的海军以与称雄海上的英国争逐。欧洲各国至此别无选择，只得跟着扩军，战争来临因而只是迟早的问题。

在巴尔干半岛上的塞尔维亚（Serbia）一向有并吞波士尼亚的野心，对于奥匈帝国自然痛恨不已。奥匈帝国的皇储斐迪南（Franz Ferdinand）夫妻因而于 1914 年 6 月访问波士尼亚首都萨拉热窝（Sarajevo, Bosnia）时遭到塞尔维亚人袭击而死。欧洲各国于是纷纷相互宣战，形成同盟国（德国、奥匈帝国、土耳其等）对抗协约国（英、法、俄、日、义及塞尔维亚等）的大战。

美国原本是保持中立，却因德国在公海上采用无限制潜艇战，导致许多美国商船被击沈，最终无法忍耐而于 1917 年 4 月对德国宣战，又在 1918 年初派兵大举进入欧洲战场。德国这时已是强弩之末，遂无法避免战败投降的命运。

由于本书主要是叙述与共产世界有关的历史，请恕我就不详述此一战争的过程及其他细节，而只专注于欧洲各国的共产党如何因应此一战争。

第二国际的左右分歧——支持或反对战争？

第一次大战爆发后不久，第二国际紧急邀请各国的代表在布鲁塞尔会商。列宁派代表在大会中主张各国的马克思主义党必须团结反战，因为这次大战从性质上讲是资本主义国家之间的侵略战争，无产阶级不能以爱国为理由而支持自己的国家去侵略别的国家。不料各国代表在大会中大多表示将支持本国对外国的战争，连普列汉诺夫和德国社会民主党的领袖也都发表民族主义的"护国"言论。列宁至为失望，因为在他看来等于背叛马克思主义。

列宁的言论虽然属于少数，并不孤单，因为马尔托夫、托洛茨基也都反战。在德国社会民主党里，后起的新秀卢森堡（Rosa Luxembourg）和卡尔·李卜克内西（Karl Libkenecht，威廉·李卜克内西之子，以下称小李卜克内西）也支持反战，不惜与党中央决裂。

列宁又开始以"帝国主义"形容资本主义，声称资本主义发展到那最后的阶段之后一切矛盾将更尖锐化，但社会主义终将起而代之。这时他虽然无法回国，却提出一个"变帝国主义战争为国内战争！"的口号。但他的言论在俄国国内引起一片混乱及叫骂。布派国内负责人加米涅夫在接到列宁的命令后就指示布派议员在杜马宣读反战宣言。沙俄政府大怒，下令封闭《真理报》，大肆搜捕加米涅夫及布党成员，并判处加米涅夫充军西伯利亚。

1915 年 9 月，列宁、托洛茨基及第二国际里坚持反战的十余国代表，共三十八人集会于瑞士的齐美尔瓦尔德（Zimmerwald）。列宁在会中主张立即发动内战，认为祖国战败反而有利于革命，又建议脱离第二国际而成立第三国际，但都被否决。与会代表虽然都反战，大多只同意号召各国工人抵制战争。

1917 年初，列宁又发表演讲，说他相信俄国如果战败，极有可能重演日俄战争后的 1905 年革命风潮。但他并不确定什么时候这件事才会发生。不料一个月后彼得格勒（即是圣彼得堡，于 1914 年大战爆发后改名）就发生革命，推翻了沙俄政府。

二月革命爆发，列宁搭乘"密封火车"返国

第一次大战爆发后，俄国前线战败的消息不断传来，后方又物资严重匮乏，造成人心浮动，社会不安。一部分王公大臣借机除去乱政的"妖僧"拉斯普京，但已无助于大局。1915 年参加罢工的人数竟超过五十万，第二年加倍。农民暴动同时在全国各地蔓延。

1917 年 2 月，克伦斯基突然在杜马议会中公然要求沙皇下台。沙后大怒，下令处死克伦斯基。但彼得格勒的工人、学生和百姓群起响应克伦斯基，迅速发起数十万人的示威游行。负责卫成首都的军队及喀琅施塔得海军基地（Kronstadt）的波罗的海舰队官兵竟也表示支持革命。工人、学生接着抢夺军械，攻占政府机关。沙皇至此只能宣布退位，已有三百零四年历史的罗曼诺夫王朝就此灭亡。

到了三月初，杜马议会成立一个临时政府，而完全由资产阶级掌控。例如，内阁总理李沃夫（Georgy Lvov）亲王，外交部长米留科

夫，司法部长克伦斯基都是立宪民主党人。工人和士兵在推翻沙皇的过程中虽是主要力量，在临时政府中却没有任何职位。不过临时政府对工人和士兵的苏维埃组织也不敢忽视，彼得格勒苏维埃执委会因而与临时政府同样有极大的影响力，形成后来列宁和托洛茨基所称的"双重政权"（dual power）。

这时克伦斯基既是临时政府的阁员，又受许多工人组织信赖，因而是负责协调双方的主要人物。沙皇退位后，全家被软禁。克伦斯基建议送他们到海外。英国和法国政府却都拒绝了。沙皇一家因而不幸无法逃过一年后的悲惨命运。

在国外，列宁、马尔托夫等人获知二月革命爆发后就想立刻回国，但想了很久也想不出如何可以在战争中安全地回到国内。后来有人提议以"换俘"为名借道德国，然后转经丹麦、瑞典、芬兰回国，列宁与马尔托夫欣然同意，于是派人与各国政府秘密联络，要求容许所有的俄国革命党人都携眷搭乘"密封火车"离开瑞士。所过任何国家都不接受检查护照及行李。德皇威廉二世、首相及参谋总长竟都欣然同意，因为他们认为这是削弱俄国，或让俄国退出战争最有可能的方法。传闻德国甚至秘密赠送列宁一笔金额极大的"路费"。

列宁所搭的"密封火车"回到彼得格勒时，已是四月初。普列汉诺夫比他早一天到，各界代表纷纷前去彼得格勒的芬兰火车站欢迎，由彼得格勒苏维埃代表致欢迎词。普列汉诺夫却一语不发，没有任何回应。欢迎的人群极为失望。布派有一位名叫施略普尼可夫（Alexander Schlubnikov）的干部目睹其事，第二天在芬兰站的前一站上火车，先向列宁报告情况。列宁到了芬兰站，苏维埃代表同样致欢迎词，列宁立刻致答词，然后走出火车站外，站在一辆铁甲车上发表演说，号召群众为社会主义革命继续奋斗，获得聚集在广场的群众如雷的掌声。

《四月提纲》、七月事变及八月叛乱

列宁在回国之前曾经写了一篇《双重政权》刊登在《真理报》上。

他说，二月革命造成"双重政权"的情形在历史上并不是没有先例；法国在普法战争战败后便是由资产阶级控制的国民议会及无产阶级组织的巴黎公社同时存在，其结果却是导致无产阶级被清洗的惨剧。俄国的工农兵因而必须发动无产阶级革命，立即推翻临时政府，以建立自己的政权。

但列宁发现支持他的人并不多。布党中有许多人都主张与临时政府合作，认为俄国仍然处于资产阶级革命的阶段，发动无产阶级革命的时间尚未到来。列宁却又发表一篇《四月提纲》，主张拒绝临时政府，拒绝议会共和体制，要求把国家权力移转到工人代表苏维埃，要求俄国退出战争。不料加米涅夫竟在《真理报》上代表所有反对列宁的同志们发表声明，说列宁的主张只代表他个人的意见。

列宁无法说服高级干部，决定诉诸党员和群众，对工人和士兵发表一连串的演讲，但不成功。不过托洛茨基正好这时回到国内，并表态支持列宁。两人最终合力扭转局势，赢得胜利。

回溯二月革命爆发时，托洛茨基正在美国而决定立刻搭船回国，不料在半途中被英国海军扣留，当作德国间谍关入战俘营中。彼得格勒苏维埃立即要求英国政府放人。列宁也在《真理报》上撰文，说不明白前彼得格勒苏维埃主席怎么会被认定是德国的间谍？到了五月初，托洛茨基终于获释回到俄国，受到彼得格勒苏维埃工人盛大的欢迎。托洛茨基当众斥责临时政府是资产阶级的俘虏，所以拯救俄国的唯一办法就是把政权全部归于苏维埃。托洛茨基与列宁的观点既然一致，两人之间就有宽广的合作空间。

当时临时政府主张继续战争，结果对德作战数度遭到大败。据统计，至 1916 年底已有 400 多万人伤亡，占参战人数的四分之一。士兵因而厌战、畏战，其不满的情绪又从前线传到后方，民心因而迅速趋向反战。1917 年 6 月，彼得格勒出现一次约四十万人的大游行，群众手中拿的标语，正是布派的口号"结束战争！""面包、和平和自由！"及"一切政权归苏维埃！"

虽然反战情绪极为强烈，临时政府却在七月镇压一次大规模的示威游行，杀数百人。克伦斯基原本担任战争部长，这时借机逼李沃夫下台而接任内阁总理，又派军警封闭布党中央委员会及《真理报》，逮捕了包括托洛茨基在内许多人。列宁幸而逃脱。

不过就在这时临时政府却开始发生分裂。陆军总司令科尔尼洛夫（Lavr Kornilov）在协助克伦斯基镇压叛乱后，又进一步要求克伦斯基取缔彼得格勒苏维埃，但被拒绝。结果科尔尼洛夫竟在八月叛变，直接派军队驱散彼得格勒苏维埃，又发兵向临时政府所在地进军。克伦斯基无计可施，只得接受孟党的建议向布党求援，并同意把监狱里的布党全部放出来。布党立即号召工人和士兵组织"赤卫队"，又命令叛军中的革命分子游说长官及同袍抗命，弃械投降。结果叛军在顷刻间土崩瓦解，科尔尼洛夫被逮捕入狱。

到了九月，托洛茨基再度被选为彼得格勒苏维埃主席。当他走上台时，全场欢声雷动。布党随后在其他各大城市的苏维埃也获得控制权。克伦斯基这时威信已失，却仍发出通知，表示将召开共和国的预备会议，请各党派代表参加。列宁却在布党开会时表示不同意，认为无产阶级革命的条件已经成熟，必须立即武装起义，但又因季诺维也夫、加米涅夫带头表示反对，连斯大林和其他人也附和而遭到否决。

十月革命

到了十月初，突然有传闻德军已经在芬兰湾出现，彼得格勒人民开始惊惶。克伦斯基这时提议放弃彼得格勒，迁都到莫斯科。布党认为这是克伦斯基的诡计，要借机打击彼得格勒的革命势力。托洛茨基发表演讲，慷慨激昂，誓言不与背叛人民的政府共存。列宁于是召集布党会议，经过十小时辩论，这次终于以 10 比 2 表决通过发动武装起义，而反对的两个人仍是季诺维也夫和加米涅夫。

决议既定，托洛茨基便受命成立一个"革命军事委员会"。彼得格勒驻军立刻宣布不接受克伦斯基的开拔令，克琅斯塔得水兵也表示支持。托洛茨基于是下令克琅斯塔得水兵派军舰驶入彼得格勒港，又命令效忠布党的军队和工人赤卫队进攻临时政府所在的"冬宫"。

10 月 25 日凌晨，起义的部队占领邮局、电话局、火车站及其他重要地点，几乎没有遭遇任何抵抗。上午十时，革命军事委员会发布列宁起草的"告俄国公民书"，宣告推翻临时政府。到了下午，列宁与托洛茨基一同出席彼得格勒苏维埃召开的会议。列宁发表演讲，说：

> 同志们！布尔什维克常说必然到来的工农革命已经实现了。
>
> 这个工农革命的意义是什么呢？这个革命的意义首先在于我们将有苏维埃政府，我们将有自己的，完全不要资产阶级参加的政权机构。被压迫的群众自己会创造政权，会连根拔除旧的国家机器而建立以苏维埃组织为代表的新的管理机关。

列宁同时发布《和平法令》及《土地法令》。前者斥责帝国主义的战争，要求各国停战；后者规定土地国有，无偿没收皇室、贵族、教会和大地主的土地，交由各地苏维埃公平分配。

在此必须说明一事。俄国这时尚未采用现今世界通行的格里历（Gregorian Calendar），而是沿用古罗马的儒略历（Julian Calendar）。两者在 1917 年相差约十三天。因而，俄国所谓的"十月革命"是依旧制，换算格里历是在十一月。上述的"二月革命"，换算格里历是在三月。十月革命后，布党从次年元旦起改用格里历。

第二部

共产世界的扩张

（1917—1953）

第 4 章

从列宁的一党专政到斯大林的大清洗

列宁及其领导的布尔什维克党人发动十月革命，建立了世界上第一个共产主义国家，自然无不欣喜。然而，许多与列宁已经分道扬镳的昔日革命同志，如普列汉诺夫、马尔托夫及高尔基，对俄国的未来却都公开表示悲观。

以普列汉诺夫为例。当时他已病重将死，但勉强发表最后一篇文章，标题是〈给彼得格勒工人的公开信〉，其中说："俄国还不具备无产阶级专政必要的经济条件，劳动阶级也还没有准备好；此时布尔什维克强取政权将只会把俄国推入一个历史的大灾难，最终将带来极大的悲剧。"他又预言俄国无产阶级将无法完成社会革命，只会带来内战，而让二月革命取得的成果倒退。

列宁也知道必须准备应付可能爆发的内战，但另有两个难题也要处理：首先，究竟要建立什么样的新政府？其次，要如何结束与德国的战争？

列宁拒绝联合政府，签《布列斯特条约》

关于新政府，列宁在革命之前既是主张一切权力都归苏维埃，在工人赤卫队攻打冬宫当晚就立刻召开全俄苏维埃大会。但由于布党在大会中占六成以上席位，孟党和其他各党所提的议案大多遭到反对，愤而退出。布党于是快速通过各项组织法，又通过各人民委员会（即是内阁部会）首长的名单：列宁自任人民委员会主席，李可夫、托洛茨基、斯大林分别为内政、外交及民族人民委员，等等。但已退席的反对派拒绝承认这些任命的合法性。

　　列宁又表示支持召开"立宪会议"，并同意在十一月中先举办选举，又说将完全服从人民的选择。不料选举结果布党竟然遭到大败，只取得不到四分之一的席位，社会革命党、立宪民主党及孟党于是要求组织联合政府，并要求将列宁及托洛茨基排除于政府之外。这时加米涅夫、季诺维也夫及一部份布党中央委员竟表示同意。列宁和托洛茨基大怒，坚决主张把赞同成立联合政府者全部开除党籍，最终获得多数人支持，迫使主要的反对者辞职，加米涅夫担任的全俄苏维埃执委会主席职位也由斯维尔德洛夫取代。

　　1918 年 1 月，立宪会议开议，布党代表却在会议半途迳自离席，留下其他各党的代表继续开会。第二天，各党代表又到开会地点，却发现会场大门已经上锁，等于解散立宪会议。各党严重抗议，列宁却不再理会。

　　关于苏维埃俄国（简称苏俄）与德国之间的战争要如何结束，德国要求苏俄割地赔款。列宁这时正在为准备组建军队以对付内战，自认无法同时与德军作战，主张照单全给。党员却大多不同意，主张继续作战，或以拖待变。但德国不许苏俄拖延，大举出兵。列宁又说："没有军队而拒绝签订屈辱的和约，就是冒险。"众人只得同意列宁派代表与德国于 1918 年 3 月在布列斯特•立托夫斯克（Brest-Litovsk）签订和约。

　　当初布党主张退出战争，前提是"不割地，不赔款"，到头来竟还是被迫割去三分之一人口居住的土地及其上的农业、工业、煤矿、铁矿生产，再加六十亿马克。面对外界的指责，列宁辩称此时退让只是为了保存实力，丢掉的将来还有机会拿回来。列宁说的话在八个月后果然应验，德国战败投降，苏俄立刻宣布废除《布列斯特条约》。

内战及红色恐怖

　　内战爆发后，反新政府的"白军"背后是由包括保皇党、立宪派、企业家等资产阶级支持。白军最早是以旧沙俄和临时政府的部队为核心，后来又强征农民，因而规模迅速扩大，形成东、西、南三个大集团，分别由高尔察克（Aleksandr Kolchak）、尤登尼奇（Nikolay N. Yudenich）、邓尼金（Anton Denikin）率领。但三者各自为战，并没有统一的指挥系统。

列宁立刻决定迁都莫斯科，并组建"红军"，任命托洛茨基为"最高战争会议"主席。红军原先是以工人赤卫队为核心，后来又招募工人和农民入伍，并强征资产阶级担任后援及贱役；此后一路膨胀，从最初数万人增加到两年后的三百万。至于中高级军官，除了少数是共产党员出身，大多是从沙俄时代的军官中征调，例如日后的名将图哈切夫斯基（Mikhayl N. Tukhachevsky）及布琼尼（Semyon M. Budyonny）。为了确保这些前沙俄将校不会叛逃，就把他们的家属集中起来，当作人质严密监管，同时在军中各级指挥官的左右都安插一名"政委"。这些政委握有生杀大权，在必要时可以直接掏出手枪处决指挥官。

托洛茨基在内战中担任最高战争会议主席

列宁又决定成立一个秘密警察组织"契卡"（Cheka），指定捷尔任斯基（Feliks E. Dzerzhinsky）负责组建。捷尔任斯基出身波兰贵族，十八岁起就参加革命，在前半生也和许多同志一样不断地在被捕、流放、逃脱、被捕的循环中，并因屡遭奥哈兰那刑求，以致于脸颊受损，腿部伤残。但他可能没有料想到，自己的后半生竟都是在主持和奥哈兰那一样的秘密机关。

契卡成立后就随着内战扩大而迅速膨胀。当时社会革命党被宣布为非法，于是决定重启在沙俄时代的暗杀行动，派杀手杀害政府官员、外国大使，甚至刺杀了彼得格勒的契卡首领。后来列宁在莫斯科参观一家工厂时竟也遭到一名女杀手卡普兰（Fanyu Kaplan）枪击，险些丧命。同一时间，斯维尔德洛夫也遇刺，幸而不死，于是立刻宣称将对敌人采取无情的反制。

从此时起，契卡就铺天盖地地进行"红色恐怖"运动，捕捉并杀害所谓的"反革命份子"，主要的对象就是社会革命党和无政府主义者。新成立的革命法庭也和契卡充分配合，草草审判，甚至未经审判就将一些嫌犯集体处决。后来竟连孟党也被宣告为非法，使得列宁不得不私下劝马尔托夫为了安全而远赴国外。据估计，契卡在内战期间处死十几万人，但也有人估计达到一百万人。

捷克军团的传奇及沙皇全家遇害的悲剧

回溯第一次大战爆发后，有一部份在俄国乌克兰地区的捷克人及斯洛伐克人发起成立志愿军，由捷克流亡领袖马萨里克（Tomáš G. Masaryk）协助向沙皇请求，获得允许协同俄军对抗同盟国。由于他们作战勇猛，奋不顾身，屡战屡胜，后来又获准吸收战俘中的捷克及斯洛伐克人，规模竟从原先只有七百人一路膨胀到1917年底的四万人，被称为"捷克军团"（Czechoslovak Legion）。

这时马萨里克又为捷克军团与苏俄当局协商，获得同意让所有的人搭乘西伯利亚铁路火车到海参威（Vladivostok），再搭船到法国，预备继续对德作战。不料有一个意外事件发生。一列载满捷克军人的东向火车在车里雅宾斯克（Chelyabinsk）停靠时，正与一列载着奥匈帝国战俘的西向火车相会。双方发生斗殴。一名捷克士兵打死一名匈牙利人而被逮捕后，被当地的法庭判处死刑。捷克军团立刻暴动，占领车里雅宾斯克。托洛茨基大怒，命令捷克军团解除武装。不料捷克军团拒绝，竟开始协助白军，大败红军。

1918 年 7 月，捷克军团与白俄军队联合进逼叶卡捷琳堡（Yekaterinburg），正是逊位的沙皇尼古拉二世全家被软禁之处。结果负责监管的契卡人员竟奉命将沙皇、沙后及子女共七人全数枪杀，又刻意毁尸灭迹。

关于此一惨剧，列宁的政府从来就否认涉案，但尼古拉二世及其子女的遗体后来在 1991 年被发现，并经 DNA 检验判定身份无误，证实全部遭到杀害。如此惨剧，一般认为是因为列宁怕万一沙皇被救出，白军极可能从分裂转为统一，对刚刚建立的苏维埃政权不利。

协约国出兵干涉及撤退——兼述共产国际的成立

捷克军团在攻占叶卡捷琳堡后不久就完全控制了西伯利亚铁路沿线。协约国大喜，而这时欧战也已接近尾声，于是纷纷决定出兵，意图将新生的红色政权扼杀在襁褓之中。英军绕道北冰洋登陆，日军从海参威登陆，法军也在乌克兰支援白军的邓尼金部队。

1919 年 8 至 10 月间是俄共政权最危险的时候，基辅（Kyiv）、察里津（Tsaritsyn）、乌拉尔（Ural）及高加索（Caucasus）地区都已失守，莫斯科和彼得格勒也岌岌可危。不过这时托洛茨基负责的红军已经完成训练及整编，战局开始逆转。捷克军团与红军大战，屡战屡败，损失惨重。红军中最杰出的一位将领是获得托洛茨基拔擢，年仅二十六岁的图哈切夫斯基，不但击溃高尔查克所部，接着又大败邓尼金部队，解莫斯科之危。托洛茨基自己在内战中将一辆专列火车改造为总指挥部，日夜坐镇其上，随时奔赴最关键的战场，这时又亲赴彼得格勒指挥红军击退尤登尼奇。

到了 1920 年初，捷克军团无心继续作战，于是和红军达成协议，自行安排分批从海参威搭船回国。据统计，捷克军团最后竟有将近七万人撤离俄国而回到祖国，其中包括超过一万名妇女及儿童。协约国在捷克军团撤离后也纷纷决定撤军。白军三支军队最终也都溃散。

　　协约国之所以决定撤军，另有一个原因。如前所述，列宁早已有意成立"第三国际"，于是成立一个小组，专门组训各国干涉军的战俘，灌输其共产主义思想，然后让这些人回到原有的军队里，或直接回国内鼓吹反战及革命思想。英、法等国大惊，决定加速将军队撤出俄国。

　　列宁又决定在欧洲各国鼓动极左派社会主义者另组共产党。1918 年一整年当中，芬兰、奥地利、匈牙利、希腊、波兰、荷兰、德国先后有共产党成立，并于 1919 年 3 月派代表五十人齐集于莫斯科，参加共产国际（Communist International，简称 Comintern，即是第三国际）成立大会。列宁指定两位同为犹太裔的季诺维也夫（乌克兰人）及拉迪克（波兰人）分别担任共产国际主席及书记。大会之后，在 1919 年又有南斯拉夫、保加利亚、丹麦、美国、墨西哥等国家成立共产党。亚洲最早的共产党是 1920 年成立的印尼、印度、伊朗及土耳其共产党。中国共产党及日本共产党分别成立于 1921 年及 1922 年。至于朝鲜、越南、马来西亚和菲律宾共产党，那就更晚了。

凡尔赛和约（Treaty of Versailles）及其影响

　　正当俄国内战时，第一次世界大战也于 1918 年 11 月结束。协约国在巴黎召开和会，经过冗长的讨论，最后于 1919 年 6 月与德国签订《凡尔赛和约》（*Treaty of Versailles*），又与奥地利、土耳其分别签订和约。

　　对于如何处置战败国，美、英、法三国的态度完全不同。法国主张以最严厉的手段惩罚德国，并确保德国从此无法再度强大。英国却主张适可而止。美国总统威尔逊（Thomas Woodrow Wilson）亲自率团参加巴黎和会，但他的着眼点并不在于如何惩罚战败国，而是要如何建立战后的秩序。早在战争尚未结束前，威尔逊就发表一项〈十四点和平原则〉，其中重点在于"民族自决"，让各国人民依其意愿决定自己的前途。威尔逊又建议成立"国际联盟"（League of Nations）以维护未来的国际秩序及和平。

　　然而，《凡尔赛和约》的最后版本却是采纳大部分法国的主张，要求德国赔款竟高达二千亿马克。这个数字即便是分几十年付款，又在后来不断地下修，仍是远远超过德国所能负担的程度。德国也被迫归还在普法战争后所占领的亚尔萨斯和洛林两省，其海外殖民地又被瓜分殆尽。

　　对于许多德国人来说，《凡尔赛和约》是一项奇耻大辱，因而从签约之日起就没有想要遵守，只想尽速重建强大的德国。许多历史家认为，《凡尔赛和约》无疑已为日后的第二次世界大战埋下种子。更糟的是，美国国会竟否决威尔逊的提议，拒绝签署《凡尔赛和约》，也拒绝参加国际联盟。英国既无美国做后盾，当然无意帮法国强逼德国，法国也就不可能单独强逼德国遵守和约。

德国社民党的分裂及德共革命的失败

　　事实上，德国在战败后就已经开始大乱，而其乱源必须先从社会民主党的分裂说起。如前所述，自从伯恩斯坦提出"修正主义"后，德国社民党中主张放弃武装革命，改走议会路线的右派就逐渐成为主流，并成功地使得社民党在战前成为国会最大党。大战开始后，社民党右派的党魁艾伯特（Friedrich Ebert）不但支持对外发动战争，又强迫党员在国会投票时支持政府发行战争公债。但党内以小李卜克内西、卢森堡为首的左派认为此举无疑已经背叛了马克思主义，于是宣布脱党，同时成立一个"斯巴达克同盟"（Spartacus League）的组织以宣传反帝战争，又号召罢工以抵制政府。两人因而数度被捕入狱。

　　到了战争末期，德国总理冯·巴登亲王（Max von Baden）已知德国必败，决定让位给艾伯特以便与协约国谈判停战，并接受艾伯特的提议建请德皇退位。但德国右翼军人大多是保皇派，对此至为不满。另一方面，极左的斯巴达克同盟在 1917 年俄国十月革命爆发后，决定仿效布尔什维克的做法在德国各大城市成立工人及士兵苏维埃组织。德国国内左右对立的态势于是更尖锐化。

1918 年 11 月初，也就是德国仍在与协约国讨论停战条款时，北部基尔（Kiel）海军基地突然发生兵变。全国各地革命随之而起，如野火燎原。德皇只得宣布退位，逃到荷兰。其他各邦君主也纷纷宣布退位。德国的旧势力和资产阶级眼见共产革命来势汹汹，担心将会像俄国革命一样发展，于是与艾伯特共同支持右翼军人组织义勇军，招募前线归来的官兵以镇压共产革命。义勇军中最强大的一支是极右派的"自由军团"（Freikorps）。

十二月底，斯巴达克同盟与另一从社民党中分裂出的独立社会民主党共同成立"德国共产党"，并发起武装起义，结果遭到自由军团痛击。才刚出狱不久的小李卜克内西和卢森堡这时也参加起义，却双双被捕，又遭到酷刑，最后被处死。此后德共余党仍在各地不断起义，但都遭到镇压。其中最著名的是在 1919 年 4 月建立的巴伐利亚苏维埃共和国，但不到两个月就被消灭了。

在无比混乱的局势中，艾伯特于威玛（Weimar）召开制宪会议，通过宪法。德国威玛共和国由此诞生，艾伯特获选为首任总统。

德国社会民主党的分裂；左起，艾伯特、卢森堡及李卜克内西

从波兰革命到波苏战争

第一次大战期间及大战后，除了俄国、德国之外，另有匈牙利也发生共产革命。一位名叫贝拉孔（Bela Kun）的共产党员获得列宁承

诺支持，率领同志回到首都布达佩斯（Budapest），在 1919 年 3 月建立了一个苏维埃共和国，但只撑了四个多月就失败了。列宁为什么没有依照承诺支援贝拉孔呢？那是因为当时苏俄不只内战升高，与波兰也正要打一场大战，完全没有可能出兵到匈牙利。

如前所述，波兰由于被俄、德、奥三国瓜分，至此时亡国已有一百二十几年，全国人民无不热切盼望重建国家。德、奥是战败国，收回失土已经不成问题，但被俄国强占的领土都在乌克兰和白俄罗斯境内，而这两个国家在不久之后极可能又会被苏俄并吞，要如何讨回呢？

波兰这时的主要领导人是毕苏斯基，有趣的是他的出身背景与列宁竟也有关系，请容我简单介绍。

如我在第三章所述，列宁的大哥亚历山大在 1887 年因为犯下刺杀沙皇的大案而被绞死，并连累全家人。当时亚历山大在圣彼得堡赁屋而居，房东是一位波兰人，连带被判处流放西伯利亚十五年。房东有一位弟弟，名叫约瑟夫·毕苏斯基（Józef Piłsudski），年仅二十岁，与该案本应没有关系，却也被判处五年流放。后来当列宁在俄国从事革命时，约瑟夫·毕苏斯基也参加波兰革命党，渐渐成为领导人，誓言建立自己的武力以重建国家。1908 年 9 月，毕苏斯基仿效一年前发生的第比里斯银行运钞车抢案，率领同志在立陶宛境内抢劫一辆俄国火车，抢得二十万卢布钜款，又声称将把这笔钱用于招训军队，为革命做准备。

第一次大战爆发后，毕苏斯基率领军队一万人加入同盟国阵营，但不与英、法敌对，只攻击俄军。不过他在大战结束前四个月预见同盟国即将战败，为了避免在战后成为战败国，断然下令所属军队不再为同盟国效命。德国军方大怒，却无法强迫他改变心意，只得将他逮捕入狱。

德国战败投降前，毕苏斯基获释出狱，于是反过来接收德军的武器、辎重，实力更强。当时波兰国内、外的革命组织都请他担任总统或总理，毕苏斯基却只接受担任军事部长，不过终其一生却是波兰实际的国家领导人。

1919 年春天，波兰和乌克兰为大战后边界如何划定的问题而爆发战争，结果波兰大胜。不过毕苏斯基立刻与乌克兰独立运动组织和解。事实上，他一直有一个"海间联邦"的想法，希望波兰能与乌克兰、白俄罗斯和波罗的海三小国在各自独立后能一起建立一个从黑海到波罗的海之间的联盟，如此可以避免将来又遭到俄国或德国侵略，重蹈痛苦的历史。

但乌克兰这时已经成为俄国红军和白军的战场，而协约国要求波兰帮白军打红军，毕苏斯基考虑再三之后却决定保持中立。不料当红军最终击溃白军后列宁竟决定出兵前往德国，以支援被镇压而仍在奋战中的德国共产党人，有一部份红军将领甚至主张打到巴黎。但不管是到德国或法国都必须经过波兰，波苏战争因而无法避免，双方各自集结超过五十万人的军队。

大战开始后，波兰与乌克兰独立运动联军率先攻入基辅，接着却战败。图哈切夫斯基命令红军追击，一路追至华沙，又跨过流经华沙的维斯杜拉河（Vistula River）绕到后方，对华沙形成包围之势。红军另一名大将布琼尼也奉命率兵立即赶到华沙合力夹击。当时国际观察家都认为华沙岌岌可危，毫无希望。不料布琼尼的军队竟在半路上延搁而来不及赶到华沙，图哈切夫斯基的军队却已太过深入，因而遭到围攻，大败，有十几万人或死或伤，或被俘，只剩两万多人逃回。布琼尼的军队随后也被击溃，同样损失惨重。

波兰这次意外的胜利被历史家称为"维斯杜拉河上的奇迹"，对欧洲近代历史产生重大的影响。红军之败，使得列宁不得不同意与波兰停战，此后也无法再出兵西欧。毕苏斯基为波兰建立不世的功勋，但由于乌克兰和白俄罗斯仍在苏俄掌控之中，他企图要建立海间联邦的理想也无法实现。也因此，波兰在二十年后仍是无法逃脱被德国和苏联瓜分的历史宿命。

斯大林与托洛茨基之间的矛盾

许多历史家一致认为，红军华沙之败主因是布琼尼与图哈切夫斯基一向不和，而在两人背后的斯大林与托洛茨基也不和。列宁在后来召开会议检讨时，斯大林与托洛茨基更是互相指责。托洛茨基痛斥布琼尼应能却未能及时支援图哈切夫斯基，斯大林却说是图哈切夫斯基自己贪功冒进。到最后列宁只得打圆场，说自己也有误判，败战的检讨因而不了了之。

斯大林与托洛茨基为什么不和呢？原因很多，但主要是在两个方面。

首先是历史问题。自从布、孟两派于 1903 年分裂后，托洛茨基有十几年时间与列宁分道扬镳，一直到十月革命前三个月才加入布党，所以被布党内许多人认为是外人而不是同志。反之，斯大林在 1903 年就已加入布党。

其次牵涉到争夺大位的问题。列宁在 1918 年 8 月遇刺之后健康开始恶化，曾经数度发病，一般人猜测可能活不长。在许多可能的接班人当中，托洛茨基由于在十月革命及内战中都居功厥伟，最被看好。但也因为如此，许多有野心想要承继大位的人就以托洛茨基为假想敌，要将他拉下马，并且有拉帮结派的现象。斯大林自然也是其中的一个。

这两个主要原因当然就导致其他种种的冲突。例如，托洛茨基决定征调大批沙俄时代的军官担任红军指挥官或参谋，许多布党党员却群起反对，认为旧俄军官投诚之后将来还是极可能反叛，设置政委以监视指挥官的办法未必有用。这些人在军中于是渐渐形成一个"军事反对派"。斯大林虽然没有直接参与其中，对托洛茨基担任"最高战争会议"主席却是明显不服，也不听号令。

1918 年 6 月，斯大林下令在察里津逮捕许多"有嫌疑的"旧俄军官，以极其残忍的手法严刑逼供，最后竟处决了一百多人。问题是红军在所有的战场都战果辉煌，唯独在斯大林负责的西南面日益恶

化。托洛茨基因而忍无可忍，直接请列宁将斯大林召回莫斯科。斯大林与托洛茨基之间的芥蒂从此就更深了

俄共独裁体制的形成及斯大林权力的膨胀

由于内战开打，列宁的权力自然达到高峰，布尔什维克也越来越朝独裁体制的方向发展，史达林的权力也随之不断地膨胀。这可以从俄共（布）召开的第七次代表大会（七大）到十大的组织及人事变化清楚地看见。

"俄共（布）"的全名是俄国共产党（布尔什维克）。1918 年 3 月，列宁在召开布尔什维克党七大时决定将党名改称为共产党，但仍保留布尔什维克的名称在后面。不过本书以下只简称为"俄共"。

苏共部分重要党员于参加八大会后合影（共 20 人，其中除了列宁、斯大林之外，余 18 人中有 11 人后来都遭到处决或自杀）

1919 年 3 月，俄共八大召开前夕，斯维尔德洛夫突患急病而死。斯维尔德洛夫既非理论家，也无华丽的口才和文笔，却有组织长才，

并且身兼许多要职而应付裕如，已渐渐成为列宁的左右手，却不幸以三十四岁英年早逝。史达林却正是在这时候被调回莫斯科，因而就有很多的机会。许多史家认为，如果斯维尔德洛夫不是如此早逝，后来的历史可能就不一样了。

八大决定在组织上做重大的改变，除了原有的中央委员会，一口气增设了三个局处，分别是政治局、组织局及中央书记处。中委会每两周开一次会，其间如有紧急的事务由政治局讨论决定，政治局因而成为权力核心。组织局有权决定省级以下的组织及任免官员，但须政治局批准。中央书记处负责党的日常行政工作。另外，在政府部门中增加一个"工农检察委员会"，负责监督各政府机关的滥权及贪污的行为。

列宁既是中央委员会主席，又是政治局主席，权力因而更加扩大。托洛茨基和史达林都是政治局委员，都在权力核心内。但托洛茨基忙于战争，除了兼任交通人民委员会之外无法分身担任其他职务，史达林却同时兼任组织局委员，又兼工农检察委员会人民委员，既能影响人事任命，又可借机排除异己，因而得以开始广植党羽。

不过当时有一个由老布尔什维克组成的"民主集中派"，认为党和政府权力太过集中，在 1920 年 3 月召开九大时要求回归集体领导，却遭到列宁否决。

红军镇压喀琅斯塔得水兵及坦波夫农民叛乱

俄国的内战使得全国粮食生产严重下滑，九大之后更是短缺。红军却派出"征粮队"到处向农民强征谷物，以致于不只人和畜生吃不饱，到隔年春天要播种也没有足够的种子。部分地区农民开始抗拒征粮，潜伏地下的社会革命党及孟什维克党人趁机鼓动，全国各地农民暴动风潮于是大起。其中在莫斯科东南方约五百公里的坦波夫省（Tampov）出现规模最大的起义。

1921 年，粮食短缺进一步恶化为大饥荒，导致全年有五百万人饿死。早在二月底，彼得格勒工人就因为饥饿而发起大罢工。政府不得不紧急运送粮食到彼得格勒才勉强阻止罢工扩大。不料喀琅斯塔得的水兵也发生哗变，竟组织临时革命委员会。列宁大惊，命令托洛茨基派图哈切夫斯基率领六万红军前去镇压，前后九天，时间刚好和三月起召开的十大重叠。据估计当时喀琅斯塔得水兵有二千人被杀，二千人受伤，四千人投降，另有七千人逃往芬兰。

三个月后，托洛茨基又命令图哈切夫斯基率领红军以大炮、机关枪对付坦波夫的农民，杀一万五千人，另有五万多人被送往集中营。

回溯往事，十月革命之所以能成功，关键是彼得格勒工人及喀琅斯塔得水兵的支持；托洛茨基又是获得两者支持的关键人物。然而，布尔什维克建立政权后不到四年，竟发生彼得格勒工人罢工，接着血洗喀琅斯塔得的水兵及坦波夫农民。普列汉诺夫及高尔基在十月革命后预言布尔什维克将会把俄国推入一个大灾难、大悲剧，列宁和他的助手可能犯一切的罪恶，不幸果然成真。

新经济政策及工人反对派的抗争

回溯内战初起时，列宁决定采行"战时共产主义"，除了征粮，也下令把工业全部国有化，禁止私人贸易，甚至将铁路、水运也都军事化。

内战结束后，托洛茨基及一部份党员建议停止征粮而改采其他办法，却被列宁否决。但列宁在喀琅斯塔得及坦波夫事件后已经明白无法继续战时共产主义，因而在十大指示通过"新经济政策"，废止征粮而代之以征收谷物税，允许农民在缴纳一定比率的粮食之后可以自行处理余粮，并在市场上自由交换。

新经济政策也包括工业方面的改革，具体地说，就是容许资本家经营各种企业，来和国营企业或各种生产合作社竞争。不过列宁又说这些只是从权之计，最后的目标仍是要引导到国家资本主义，消灭个体经济。

然而，许多共产党员完全无法接受新经济政策的大转弯。他们担心如此一来贫农将遭到富农压迫，国营企业将无法与资本主义企业竞争；许多工人将被剥削，甚至失业。当时有一个由五金职工会主席施略普尼可夫及全俄职工会主席托姆斯基（Mikhail Tomsky）共同领导的"工人反对派"，认为如此一来布尔什维克革命的初衷将丧失殆尽。列宁刚开始还勉强劝说反对者，但在劝说无效后竟直接"清党"；据估计，在 1921 年一年里共清除了十五万名党员。列宁同时将施略普尼可夫及托姆斯基免职，分别派往德国及中亚的突厥斯坦（Turkestan）共和国任职，等于被流放。

托姆斯基被整肃后，开始软化。施略普尼可夫却坚决不屈，与其他同志联名写了一份"二十二人宣言书"，向第三国际控告俄共及列宁，在其中特别指出，当时在各级党部书记中，真正工人出身的寥寥无几。回顾十月革命后，德国社民党的考茨基曾经写一本小册子，其中说列宁所谓的"无产阶级专政"最终只会变成少数共产党员"对无产阶级专政"，到这时已成为事实。

列宁收到宣言书后大怒，却不得不同意由多国共产党员代表组成一个调查委员会。然而第三国际背后实际上就是由俄共主导，所以调查当然不会有任何结果。但列宁余怒未消，在 1922 年 3 月召开十一大时，直接将在宣言书上签名的二十二人中的十九人开除党籍，只刻意保留施略普尼可夫及其他二人。

斯大林时代的来临及"苏联"的成立

列宁在晚年健康越来越恶化，也越来越暴躁，越加独裁，已经听不进逆耳忠言。一部份能察言观色，小心伺候的人因而获得重用。斯大林也逐渐获得宠信，水涨船高。十一大时，史达林获得列宁提名担任中央书记处的总书记，仍兼所有其他原来的职务，地位在这时到达顶点。但列宁在两个月后突然中风，经过抢救后虽然神智仍然清醒，却只能静养，斯大林的时代于是隐隐来临。

列宁开始养病后，季诺维也夫、加米涅夫和斯大林三人结为同党，史称"三巨头"，目标是共同对付托洛茨基。但也正是在这段期间，列宁对斯大林开始感到不安，其中最主要的导火线是格鲁吉亚事件。不过如果要清楚说明此事，就必须从列宁的"民族自决"政策说起。

　　十月革命后，列宁便已针对沙俄原先的少数民族及附庸国提出一项"民族自决"的政策。但列宁所定义的民族自决并不是放任不管，而是有条件，必须是成立共产主义苏维埃形式的政府。当红军在内战中获胜后，白俄罗斯、乌克兰及外高加索三国（亚美尼亚、阿塞拜疆及格鲁吉亚）都分别成立了苏维埃政府。其中的格鲁吉亚苏维埃政府却是由孟什维克党建立的，这使得出生于格鲁吉亚，却一向与格鲁吉亚孟什维克党敌对的斯大林极为憎恶。

　　1921 年 2 月，斯大林命令奥尔忠尼启则率领红军进入格鲁吉亚，攻陷第比里斯，改立一个布尔什维克苏维埃政府。孟什维克党人纷纷逃亡。四个月后，斯大林以胜利者之姿衣锦还乡，召集布党大会，大谈将成立一个由外高加索三国组成的联邦苏维埃共和国，不料与会众人既惊又怒。原来在外高加索三个民族中，阿萨拜疆人信奉伊斯兰教，亚美尼亚人信奉东正教，二者时有冲突；格鲁吉亚人却是大多信奉基督教，与前两者也是水火不容；斯大林却声称要把三者合而为一。会议于是不欢而散。

　　格鲁吉亚人畏惧斯大林，但不服，决定请求列宁介入。列宁请捷尔任斯基进行调查，获得报告表示支持斯大林，因而也同意斯大林的意见。但格鲁吉亚人仍然不服，暗中派代表去见正在休养中的列宁，提出种种受到迫害的报告及佐证资料，列宁大惊。当时斯大林也奉列宁之命正在草拟有关各自治共和国、自治区共同成立"苏维埃社会主义共和国联盟"（Union of Soviet Socialist Republics，简称 USSR，即是"苏联"）的方案，其中已经建议把外高加索合并为一个加盟国。列宁知道后，直接写信给政治局，不但斥责奥尔忠尼启则在乔治亚的暴行，又表示不能接受斯大林拟议的草案。不料斯大林竟直接反驳列宁，语气强硬，这是先前从未发生的事。

　　列宁于是决定结束养病，回到莫斯科，又参加开会、办公，却在不久后第二次中风，竟无法行动。两周后，即是 1922 年 12 月 30 日，史达林迳自宣布成立苏联，由俄罗斯、白俄罗斯、乌克兰、外高加索四个加盟国代表签字。至于乌兹别克斯坦、哈萨克斯坦、土库曼斯坦、吉尔吉斯斯坦和塔吉克斯坦等中亚五国，因为有部分内战仍在进行，情况复杂，在后来数年中才陆续加入苏联。

列宁的遗嘱

列宁在第二次中风后决定以口述请秘书打字，写一封《给代表大会的信》。这就是一般所称的《列宁遗嘱》，其中明显表示他对斯大林的失望，但也表达他担心斯大林和托洛茨基之间的矛盾可能导致的后果。以下是其中片段：

> 斯大林同志担任总书记后，手中紧握无限的权力，但我不确定他是否能时时审慎地使用那权力。另一方面，托洛茨基同志……就个人而言无疑是现今中委会里最能干的人，但也表现出太过自信，并且显现出过度被纯粹行政事务所吸引的倾向。

> 这两位中委会里最能干的领导人的两种性格，很可能在不经意中导致分裂。如果我们的党没有采取防范的步骤，分裂是可能出人意外地发生。

> 我不再批评其他中委会成员的个人性格，我只想提醒大家，季诺维也夫和加米涅夫在十月革命的事件当然不是偶然的，但要少用这事来攻击他们个人，正如不可以攻击托洛茨基过去不是布尔什维克主义者。

> ……布哈林不只是党里最有价值，最重要的理论家，也是全党里最受喜爱的人，但如果把他的理论观点归为完全的马克思主义者就得要做极大的保留，因为他带有某种学究气（他从来就没学会辩证法，我想也从来没有完全懂得）。

过了一天，他又在遗嘱后面追加一段文字："斯大林太粗暴，这缺点在我们共产主义者之间虽然可以忍受，但在担任总书记的人身上是不能容忍的。因此我建议同志们想一个办法撤掉斯大林总书记的职位，另外找一位来代替。"

到了三月初，列宁获知斯大林曾经在电话中粗鲁地痛骂并恐吓克鲁普斯卡娅，大怒，写信要求斯大林道歉。斯大林却回信表示不承认有什么错误，也不知道问题出在哪里。列宁更怒，请托洛茨基在即将召开的十二大会议中为格鲁吉亚人仗义执言，并和他一起"准备一颗真正的炸弹"以打击斯大林。

从十二大到列宁病逝及托洛茨基的节节败退

然而，命运似乎眷顾着斯大林。列宁在不久后第三次中风，这次竟连话都说不出口，也无法参加俄共于 1923 年 4 月召开的十二大。托洛茨基这时发现自己势孤力单，既不敢替格鲁吉亚人说什么话，也不敢引爆列宁所说的炸弹。格鲁吉亚人因而在开会时被严厉地斥责，又在会后遭到整肃。

十二大开会时也讨论到新经济政策。由于列宁缺席，许多老党员就放胆批判新经济政策是恢复资本主义，是对无产阶级的新剥削，但也遭到斥责。实际上，自从实施新经济政策以来，国营企业无法和资本家的企业竞争，其结果是库存堆满仓库，工人工资低，失业严重。在农业方面虽然谷物丰收，却因价格极低而使得小农、贫农无不叫苦。托洛茨基对这些情形其实也很清楚，却没有发言支持这些老党员。

托洛茨基在十二大时显然是选择避免与三巨头发生冲突。三巨头在会后却决定要削减他的军权，派斯大林的亲信伏罗希洛夫参加他一向把持的军事委员会。托洛茨基这时才暴怒，公开批评党内不民主及经济失策。老布尔什维克们见状大喜，也共同写了一份"四十六人声明书"以响应托洛茨基。

不料命运似乎又一次眷顾着斯大林。十月底某日，托洛茨基在一次猎野鸭时双腿浸泡在冰冷的沼泽中过久，结果竟引起严重的寒热病而无法再参加党内的会议。三巨头于是借机处分在"四十六人声明书"上签名的老同志，又撤换托洛茨基在红军中的许多部属。

　　托洛茨基无可奈何，只得接受医师的建议决定前往高加索地区去养病。但就在他动身后没几天，列宁突因病情恶化而于 1924 年 1 月 21 日去世。托洛茨基在半路上得知后致电党中央问何时举行葬礼。斯大林回电说将于星期六举行，又说他必定无法赶到，建议他不必赶回莫斯科。实际上，葬礼是在星期日（1 月 27 日）举行。托洛茨基却听信斯大林的话而直奔高加索。

　　历史家一致认为，托洛茨基犯了极大的错误。当时在许多知识分子、工人和士兵的心目中，托洛茨基是 "列宁第二"，斯大林无法与之相比。但在列宁的葬礼上，托洛茨基竟缺席了，这对他的伤害之大实是无法估计。

　　然而斯大林万万没有想到，列宁在死前竟留有遗嘱。列宁的葬礼之后，克鲁普斯卡娅决定把遗嘱交给中央委员会。斯大林拿到遗嘱，展开一读，立刻脸色苍白，表示要辞总书记。但季诺维也夫和加米涅夫都建议他不必立刻辞职，应当暂时保密，等以后再来讨论。克鲁普斯卡娅反对，但是没有用。

　　四个月后，俄共党中央举行秘密会议讨论列宁遗嘱，但结论还是一样。托洛茨基这时已经返回，却也一样沈默不语。到了 5 月下旬，俄共召开十三大，会中决定选举斯大林续任总书记，但是完全不提列宁遗嘱之事。

　　有一部份史家评论整个事件，说列宁在遗嘱里不只攻击斯大林，对托洛茨基、季诺维也夫、加米涅夫及布哈林也都有负面的批评，所以众人都不愿多谈遗嘱。在此情形下，克鲁普斯卡娅无论如何反对当然也是无效。

"不断革命论" 和 "一国社会主义" 的争论

　　列宁死后约半年，斯大林突然提出一个 "一国社会主义"（socialism in one country）的理论，说苏联可以单独建立一个社会主义国家，并不一定要在其他国家里鼓动革命。托洛茨基原本在列宁死后一直保持沉默，这时却无法忍耐，随即发表一篇〈十月革命的教训〉，其中重申他自己一向主张的"不断革命论"。三巨头接着也都发表论文驳斥托洛茨基，说他企图站在列宁主义的旗帜下反列宁，但"一国社会主义"和"不断革命论"势不两立。一场大论战于是轰轰烈烈地展开。

什么是"不断革命论"呢？事实上，马克思、恩格斯当年发表《共产党宣言》时已经指出，无产阶级工人必须不断革命，将所有的大、小资产阶级都逐出统治地位之外，并且要在全世界所有主要国家中不断地革命。托洛茨基也主张，俄国无产阶级革命虽然成功，却无法独自建立社会主义社会，除非能让革命之火燎原，使得世界各国革命都成功，才能确保俄国革命的成果。

但斯大林认为国内、外的环境已经不同，世界革命已经没有机会。苏联由于在内战中遭到严重破坏，只能集中力量先在国内加速经济建设，以增强国力。斯大林的主张后来也获得布哈林的支持，托洛茨基因而遭到围攻，迅速败下阵来，在 1925 年 1 月被解除军委主席的职位，由伏龙芝（Mikhail Frunze）取代。不过俄共内部的斗争并没有因此停止，而是继续分裂。

苏联的经济政策路线之争与内部的持续恶斗

三巨头在合力扳倒了共同的敌人托洛茨基之后，便开始分裂，其争论的主题是在新经济政策，而布哈林也还是其中要角。布哈林认为，若要经济发展成功，必须使市场规律发生作用。在农业方面，他建议一方面继续让富农尽量发财，另一方面以组织合作社的方式扶植中农、贫农。在工业方面，他主张国家只要控制重工业，可允许轻工业自由生产，在市场自由交换。

但季诺维也夫和加米涅夫两人坚决反对，批评布哈林过于右倾。斯大林在迅速形成的"右派"与"新反对派"之间明显地支持右派。1925 年 12 月俄共召开十四大时，两派剧烈辩论，又都撕破脸，引述列宁遗嘱中的负面批评彼此互相攻讦。不过由于斯大林已经掌控大多数与会的代表，最后投票自然是大胜。大会同时通过决议，将"一国社会主义"理论列为党纲。"新反对派"以惨败收场。

附带说明，十四大开会时俄共决定改名为全联盟共产党（布尔什维克），简称"联共（布）"。一直到 1952 年，也就是斯大林死前的一年，联共（布）才又改名为"苏联共产党"，简称"苏共"。总之，联共（布）的时代可说是贯穿斯大林统治的时代。

回来说季诺维也夫，原本他兼任列宁格勒的党部主委及苏维埃主席，在大败后两个职位竟都被拔除，改由斯大林的大将基洛夫（Sergei Kirov）取代。加米涅夫同样丢掉在莫斯科的所有职位。两人不得不去敲托洛茨基的门，建议三人一起联合反对斯大林。无奈三人仍然无法与斯大林匹敌，不久后就一起被逐出政治局。季诺维也夫竟连担任多年的第三国际主席职位也被布哈林取代。到了 1926 年 7 月，捷尔任斯基突然暴毙，斯大林立刻安排自己的人马接管所有的特务机关，势力更大。

到了 1927 年，国外连续发生两个大事件，又使得托洛茨基得以借机攻击斯大林。其中第一件是 4 月发生于中国的"国民党清党事件"；第二件是英国在 5 月以苏联涉嫌介入英国大罢工事件为由，宣布与苏联断交。其中第一件的重要性不亚于第二件，但由于内容复杂，又牵涉到中国，请容我在下一章再详细叙述。以下只说明第二件。

英国大罢工事件与托洛茨基的流亡

英国大罢工的原因起于劳资冲突。1925 年起，由于英国出口的煤炭价格大跌，矿主要求工人接受降低工资，同时延长工时。矿工断然拒绝。矿主无法支撑，威胁要关闭矿场。英国政府为缓和争端不得已同意提供补助金给矿主，同时委任一个公正独立的委员会进行调查。但补助金在九个月后用完，劳资争端依旧。这时委员会提出报告，称英国矿场有七成以上严重亏损，如照现状经营将无法继续。煤矿工人却发起全国大罢工，声称"工资一分钱都不能少！"，矿主也都准备歇业。英国总工会却突然插手进来，以支持煤炭工人为由号召电气、铁路、建筑、印刷等其他工会加入，发起总罢工。

总罢工于 1926 年 5 月开始，有超过一百五十万人参加。在全国一片混乱中，社会舆论明显地倾向反对过激的罢工行为，连在野的工党也不支持。英国总工会最后只得停止总罢工，留下矿工单独继续和矿主对峙，但矿工最后还是不得不同意回去工作，或被解雇。

但总罢工另有余波。1927 年 5 月，英国宣布与苏联断交，理由是查获苏联职工会与英国总工会来往的邮电，证明苏联非法介入英国总罢工。苏联这时正想和资本主义国家合作以加速工业发展，却因此事而遭到极大的打击。

托洛茨基这时以同时发生在中国和英国的两件事为由攻击斯大林和布哈林，说两人必须为错误的政策及失败负责；又说，如果苏联与外国发生战争，他就要求改组无能的政府，言下之意是要重掌红军。斯大林大怒，斥责托洛茨基与外国勾结。双方的斗争由此白热化，而在十月革命十周年纪念日红场举行庆祝大会时达到最高峰。托派份子手持标语，高喊口号，与斯大林的支持者大打出手。但斯大林下令军警进场镇压"暴动"，又在事后命令秘密警察追捕托派份子，同时召开临时会议，将托洛茨基、季诺维也夫都开除党籍。

许多西方国家为此额手称庆，因为他们在斯大林和托洛茨基之间无疑比较害怕后者。《纽约时报》（*New York Times*）在第二年元旦刊出的一篇文章里说"今年过新年最快乐的事，莫过于托洛茨基被共产党开除"，明显地代表了这样的观点。

1928 年，斯大林又下令将托洛茨基流放到哈萨克。托洛茨基却仍做困兽之斗，在流放地纠集其支持者继续反抗斯大林，每日对外写信、发电报，发表文章。斯大林对他一再警告无效，却又不敢公然杀害他，最后决定强制把他驱逐出境。但托洛茨基到了国外之后更是在各国建立托派组织，一面继续誓言要埋葬资本主义，一面积极进行反斯大林的活动。斯大林这时才后悔不该把托洛茨基送到国外，但已经来不及了。

斯大林停止新经济政策，改采计划经济

斯大林斗倒托洛茨基之后，却突然转向，决定要结束新经济政策而改采计划经济。他的决定与两个事件有关。

首先，斯大林无法忘记当年俄国内战期间西方国家出兵干涉，认为西方国家始终对苏联怀有敌意，而英国决定断交对他是一项新的刺激。再加上，在此之前数年中意大利墨索里尼（Benito Mussolini）所领导的国家法西斯党（National Fascist Party）及德国希特勒（Adolf Hitler）所领导的纳粹党（Nazi Party）开始兴起，而都以共产党为敌，更使得斯大林有危机感。他认为苏联太落后，有必要集中资源加速建立国家的经济及军事力量，以确保国家安全。

其次，在 1928 年初苏联全国各大城市突然发生严重的粮食短缺，斯大林因而命令各级官员到农村去强制征粮，却遭到农民强烈抵抗。斯大林因而决定亲自到西伯利亚去征粮，结果竟搜出惊人数量的谷物。斯大林勃然大怒，认定富农都是投机份子，必须将土地集中，改采农业集体化。

但斯大林的决定遭到布哈林强烈地反对。布哈林说，强制推动农业集体化将引起所有的农民反抗，必将伤害农村经济。农业如果失败，也将无法筹出资金来加速进行工业化。在工业政策上，布哈林也反对斯大林优先发展重工业的想法，认为必须同时兼顾与民生有关的轻工业。

布哈林与斯大林激烈争论的结果是斯大林将布哈林及支持他的李可夫和托姆斯基都打成"布哈林集团"，全部逐出政治局，又强逼三人写悔过信，并发动一场全国性的"反右倾份子运动"，无数人因而遭到迫害。同时，斯大林在 1929 年 4 月宣布实施第一个五年计划（回溯 1928 年起至 1932 年），其重点就是发展农业集体化及推动重化工业。

那么苏联第一个五年经济计划的结果如何呢？以下我用一些具体的数字向读者说明。

　　苏联原有富农约一百五十万户，中农一千五百万户，贫农五百万户。斯大林下令没收富农所有的土地、财产，将其流放，其中也有遭到杀害或自杀的。必须指出，这些富农大多并非世袭的贵族，而是在新经济政策实施之后才靠自己勤劳节俭而发家致富的，不料在国家政策一旦改变后竟招致祸端。至于中农大多也在遭到清算之后和贫农一起被纳入国营的集体农场。

　　但斯大林忽略了农民的天性是希望拥有自己的土地，当集体农场一切归公，便怠工反抗，所以粮食生产不增反减。这种情况在牲畜的数目可以看得更清楚：1928 年农家饲养的牛、猪、马的数目分别为 7000 万、2600 万、3400 万头，到 1933 年数目却全都减半。农民宁愿将牲畜宰来自己吃也不愿意和他人分享。在此情况之下，苏联却又强征粮食出口，以便取得资金向美国、德国进口工业化所需的机器设备。饥荒于是无法避免。据估计，五年内有将近一千万人饿死，其中将近半数在号称为谷仓的乌克兰地区。

　　那么工业发展又如何呢？从重工业看，苏联总共进行了 1,500 个建设项目，原先极端落后的各城市在 1933 年竟出现了许多钢铁厂、机械厂、汽车厂、拖拉机厂、水电站、肥料厂及化学厂。重化工业的基础由此奠定，国防工业也由此逐步建立。然而，同一时期苏联在轻工业的投资却只有重化工业的六分之一。又由于工人只能领取微薄的工资，生活困苦，消费不足，大多也是消极怠工。

　　虽然人民活困苦，斯大林在第一次五年计划又继续推动第二次五年计划（1933—1937），以及第三次、第四次，不容任何人以任何理由反对。

从柳廷事件、斯大林妻子的自杀事件到基洛夫事件

　　斯大林无疑自认其政策有利于国家社会，但在一部分老布尔什维克看来却是倒行逆施，忍不住批评，其中包括许多军中将领及部会首长。曾经担任过军队指挥官及"红星杂志"（Red Star，红军官方报纸）的一名副总编辑柳廷（Martemyan Ryutin）是反对最激烈的代表

人物。他在报纸上发表文章严厉批评斯大林的集体化政策之后被开除党籍，于是又写了一份两百页的论文，在党内大量传发，甚至连季诺维也夫、加米涅夫及李可夫等高层都收到这份文件。论文中列举斯大林的错误，称斯大林是"革命和党的掘墓人"，要求放慢工业化的速度，结束国营农场，回到个体农业，恢复党内民主，又主张将斯大林免职。

斯大林获报之后大怒，下令逮捕柳廷及其同党，又在政治局会议中提议将柳廷处死，不料竟被否决。斯大林更怒，而当他发现有许多他极度信赖，以为是忠心不二的干部，如政治局委员兼列宁格勒党委第一书记基洛夫，竟也投下反对票时，更是愤怒。

不久后，斯大林家中发生一件悲剧。他的妻子，年仅三十二岁的娜杰日达（Nadezhda Alliluyeva），竟举枪自杀身亡。娜杰日达是斯大林在革命年代的老友的女儿，在婚后甚少外出，却和常来他们家中的苏共高层官员都熟。她和小孩们特别喜欢风趣的布哈林。但在斯大林将政敌一一斗倒后，来家里的老朋友越来越少，使她怅然若失。斯大林对待布哈林的方法尤其使得她困惑。

1929 年，娜杰日达获得斯大林同意到莫斯科工业学院去上学，开始交了一些朋友。不过当时她的同学大多不知道她的身份，所以她不但亲耳听到有些人在谈论工厂工人的悲哀和日益严重的大饥荒，也亲眼目睹有同学接到家书后一边读一边流眼泪。她大为不安，于是将她所见所闻告诉斯大林。不料斯大林竟派人去监视那些同学，有人还被抓去审问。娜杰日达大怒，开始与丈夫争吵，有时甚至不顾场合。两人在 1932 年十月革命十五周年的宴会上当众大吵一架；过两天，又于午夜时分在家中吵了一架之后，娜杰日达竟举枪自尽。

斯大林在妻子死后向政治局请辞总书记，但获得挽留。许多历史家认为，柳廷事件及娜杰日达之死对斯大林造成极大的影响，揭开其心理的黑暗面。

两年后，列宁格勒发生一件惊人的大案，基洛夫竟遭到谋杀。后世有很多史家认为"基洛夫案"是大清洗的前奏，而基洛夫之死很可能是出于斯大林的阴谋。这些史家的结论大多是根据二十几年后的苏共总书记赫鲁晓夫（Nikita Khrushchev）下令成立的一个特别委员会所做的调查报告。这份报告的结论是：显然有人在背后帮助尼古拉耶夫（Leonid Nikolayev）——一名矮小、瘦弱、身体有缺陷，同时又失业，因而内心愤怒的凶手——于光天化日之下进入列宁格勒党委办公大楼，在走廊上从背后直接枪杀基洛夫。所有相关的保安人员在不久后都离奇死亡，凶手也在草草审讯后于一个月内就被处决。总之，此一案件可说是疑点重重，并且不排除内务部（NKVD）人民委员雅戈达（Genrikh Yagoda）涉入其中。内务部是在基洛夫案发生前四个月才由斯大林下令整并原先的契卡、秘密警察及其他情治单位而成立的。

斯大林（右）、基洛夫（中）与米高扬（左）

　　一般认为，基洛夫之所以死于非命，是因为他虽然是斯大林手下的大将，却有自己的原则，并非对斯大林一味盲从。前述基洛夫反对处死柳廷，即是一例。基洛夫又甚受许多老布尔什维克拥戴，使得斯大林产生疑忌。

莫斯科三次大审判

斯大林在基洛夫案发生后立刻指示修改法令，规定政治谋杀案件必须加速侦察、送审；不必为犯人聘请辩护律师，也不一定要公开审讯。一经审判有罪，可立即处决。新法颁布后，一年内全国有将近二十万人被捕。新任列宁格勒党委书记日丹诺夫（Andrei Zhdanov）同时奉令整肃基洛夫的旧部，也就是所谓的列宁格勒反对派。斯大林又指示清党，两年内开除一百五十万名党员的党籍。

1936 年 8 月，斯大林下令把季诺维也夫、加米涅夫及其他老布尔什维克共十六人送交军事法庭。这是第一次莫斯科大审判。法庭指控被告与流亡国外的叛徒托洛茨基勾结，或是充当外国的间谍。十六名被告全部服罪，并在开庭后一周内全部被处决。

四个月后，斯大林公布新宪法，确立苏联是一个工农社会主义国家，由共产党一党专政。斯大林自诩这是世界上"最民主的宪法"。事实上，几乎所有的选举都只有一个候选人，人民并没有什么选择。

1937 年 1 月，第二次大审判开庭，拉狄克等十七名老布尔什维克被指控是"反苏维埃托洛茨基中心"的领导人，勾结德国和日本，阴谋推翻政府。所有的被告都争相认罪，自我诽谤，并在宣判后迅速被枪决，只有四人获判有期徒刑，逃过一死。两次大审判后，老布尔什维克都陷入极度恐慌。史达林的同乡兼老友，重工业人民委员奥尔忠尼启则与斯大林大吵一架，然后自杀而死。

1938 年 3 月，第三次莫斯科大审判开始。这次共有二十一名被告，而主角是布哈林、李可夫及雅戈达三人。所有的被告也都争相承认有罪。前人民委员会主席李可夫承认自己是波兰的间谍。布哈林也承认自己是托洛茨基集团的一份子，要求对自己从重量刑。至于前内务部人民委员雅戈达则是因为奉命对布哈林、李可夫案进行调查，竟称无何实据，宣布结束调查；结果斯大林大怒，将他免职下狱，以叶若夫（Nikolai Yezhov）取而代之。

为什么三次大审判的被告明知将要被处极刑，却都服罪呢？那是因为当时这些人的家属大多已被扣留当作人质，只能以认罪换取其家属的安全。然而，他们的家属的结果究竟如何，其实也没有人能保证。

为什么被告们又都承认与托洛茨基勾结，或做外国的间谍呢？原因是斯大林心目中最大的敌人始终是托洛茨基，害怕国内有人配合他反叛自己。斯大林在国外也有很多假想敌，包括英、法、美、日、波兰等，不过他更担心的是德国，因为德国政权这时已经落入纳粹党的手中。

从纳粹执政到德、意、日结盟

前述墨索里尼之所以能迅速崛起，并掌控国会，主要是受到深具恐共心理的意大利皇室、贵族及资产阶级的支持。不料墨索里尼竟在1925 年宣布法西斯党之外的所有政党都是非法，迫使人民接受其独裁统治。

至于希特勒及其所领导的纳粹党之所以兴起，主要是利用德国人对一次大战败战的不甘和耻辱，以及战后狂贬的马克致使中产阶级的财富荡然无存，无不痛恨。不过由于美国后来对德国提供钜额贷款，使得德国的经济快速复兴，纳粹党并没有继续扩大。

然而好景不长，美国华尔街股市突然在 1929 年 10 月一夕崩盘，导致世界性的经济大恐慌。德国经济依赖出口到美国至深，因而受到重伤，导致许多人失业，或瞬间破产。纳粹党于是又再度活跃起来。不过纳粹党之所以能完全掌控德国政权，有几个重要原因，以下分阶段概述。

首先，纳粹党一向宣传德国人种的优越性，而犹太人是德国社会的寄生虫。纳粹党说，马克思主义是犹太人创立的，犹太人又控制了德国报纸，并且在大战期间鼓动频繁的罢工，重创国家经济，严重打击民心士气；国家因而是在最紧要关头上被从背后插上一刀。这种"刀刺在背"说法是由一战时的德军参谋本部重要的领导人鲁登道夫将军（Erich Ludendorff）首先提出的，其目的是在为自己败战的耻辱寻找借口，而违背事实。不过战后许多德国军人对此却深信不疑，因而对共产党、社民党及犹太人深具仇恨。

刀刺在背图

　　其次，当时的德国总统及国防军领导人，即是一战时的德军最高统帅兴登堡（Paul von Hindenburg），不满当初德皇被强逼退位，计划以多次解散国会，重新选举的方式弱化国会，然后趁机发动政变以达成复辟的目的。但其结果竟使得纳粹党从一个小党经过历次选举一路扶摇直上，成为全国第二大党；而德国共产党也大有斩获，是全国第三大党。

　　第三，斯大林在这时竟指示德共必须联合纳粹党以抵制第一大党社民党，又在街头运动中联合纳粹党以对抗社民党。纳粹党有了德共支持，因而声势大涨，最后压过社民党，在 1932 年成为第一大党；希特勒也在 1933 年初获得兴登堡任命为总理。

　　不料在希特勒上台后不久，突然发生一个国会大楼纵火的意外事件。希特勒立即宣称这是共产党的阴谋，宣布进入紧急状况，下令在一夜之间逮捕了四千名共产党员及左派政治人物。日后有许多历史家认为，国会纵火案是纳粹党自导自演。斯大林当初之所以指示德共支持纳粹党，一般认为是由于德共与社民党在 1918 年德国革命时结下的历史仇恨。国会纵火案发生后，斯大林才知道自己错了，但已经太迟。

　　国会纵火案后，希特勒又提出一项《授权法》（*Enabling Act of 1933*），要求总理有权不经国会同意迳行颁布法律，竟获得一部份小党同意而获得通过。社民党和其他党派至此已经难逃被关闭的命运。

到了 1933 年 7 月，纳粹党已是德国唯一合法的政党。德国国防军也向希特勒宣誓效忠。

兴登堡在 1934 年 8 月病逝，希特勒这时决定不再有新总统，而任命自己为国家"元首"，从此集党、政、军大权于一身，接着又大幅扩军，并命令国防军开入莱茵非军事区。凡此种种，都是《凡尔赛和约》禁止的，但当时英、法两国政府态度软弱，竟都默许了。

1936 年 10 月，希特勒与墨索里尼建立外交同盟条约；一个月后，又和日本签订《反共产国际协定》。三个法西斯国家随时可能进一步建立军事同盟，不由得英、法两国心惊胆战。斯大林也意识到东、西两面受敌的危险越来越近。一部份历史家认为，斯大林正是因此决定要整肃异己，以确定在战争来临时不会有人反叛。因而，苏联不只有三次大审判，还有大清洗。

斯大林的大清洗——兼述图哈切夫斯基之死

大清洗与莫斯科三次大审判的时间重叠，都在 1936 年到 1938 年之间，后者可说是前者的一部份。但须指出，三次大审判时由于被告身份特殊，斯大林刻意安排公开审判，受害者总共也只有区区五十四人。大清洗的案件却大多是秘密审判，草草结案，又牵连极广，所以受害者多到无法统计。不过勉强估计，有五百万人被捕，其中约五十万人遭到处决，其余不是坐牢，就是被流放、劳改。为此斯大林下令在全国各地建造数以百计的劳改营，由一个名为古拉格（Gulag）的机构统辖。这时劳改营的数目已经十倍于列宁时。

斯大林首创"人民敌人"这个名词，戴在大清洗中被他迫害的党、政、军同志头上。关于党和政，根据日后赫鲁晓夫指派的特别委员会的调查，当初出席苏共十七大的 1,966 名代表中，有 1,108 人被捕；在 139 名中央委员及候补委员中，有 98 人被捕。至于军，最具代表性的案例莫过于红军名将图哈切夫斯基在 1937 年 6 月被指控为德国间谍，以"叛国罪"交付一个特别法庭进行秘密审判，并且在不久之后就遭到枪决。

　　图哈切夫斯基之所以遭难，是因为斯大林获得情报，说有一批以图哈切夫斯基为首的苏联将领及老布尔什维克正在密谋发动政变，并勾结德国军方。斯大林犹豫了大约一年，最终还是决定下手。但有资料显示，许多有关图哈切夫斯基谋反的文件和谣传大多是德国人假造的。斯大林生性多疑，正好中计。希特勒及德军将领向来忌惮图哈切夫斯基，在获知他死后，无不大喜。

　　然而，图哈切夫斯基之死只是斯大林清洗军队的开始，此后两年内又有三万多名军官被处决，其层级包括旅长、师长、军长，一直到集团军司令，以及各级政委。回溯图哈切夫斯基被处死之前两年，斯大林才把他和伏罗希洛夫、布琼尼、布柳赫尔（Vasily Blyukher）及叶戈罗夫（Alexander Yegorov）等人一起捧为苏联红军的五大元帅，不料五人之中除了与斯大林渊源较深的伏罗希洛夫、布琼尼之外，其余三人最后都在大清洗中死于非命。

苏联红军五大元帅：图哈切夫斯基（前左）、伏罗希洛夫（前中）、叶戈罗夫（前右）、布琼尼（后左）及布柳赫尔（后右）。其中三人（图哈切夫斯基、叶戈罗夫、布柳赫尔）后来在大清洗中都遭到处决

　　但斯大林在军中大规模地清洗并不是不需要付出代价，而其代价之沈重在第六章将要叙述的第二次世界大战中可以明显地看出。不过在讨论第二次世界大战之前，本书要在第五章里先叙述另一件大事，即是中国共产党的萌芽及其成长，因为这件事无论是对第二次大战，或是对整个世界的历史发展，都将发生极为根本性的影响。

第 5 章

中国共产党在苏联扶植之下的萌芽及成长

如上一章所述，斯大林在列宁去世之后提出"一国社会主义"的主张，说苏联可以单独建立一个社会主义国家，并不一定要在其他的国家里鼓动共产革命。西方国家对此当然是欢迎之至。

但实际上，苏联只是暂缓在欧洲输出革命，并不曾停止在亚洲发展；而在亚洲国家中，斯大林最关注的莫过于土地最广，人口最多的中国。因而，本章在此必须先简略地回顾一下中国的近代历史。

中国是一个文明古国，在很长的期间里也曾是一个文化、经济及技术强权，但在西方国家主导文艺复兴运动及工业革命之后，就相对显得守旧而落后，因而在清朝末年屡次与列强发生战争而战败。其中最为人所知的是两次鸦片战争（第一次 1839—1842，第二次 1856—1860）、中日甲午战争（1894—1895）及八国联军之役（1900—1901）。清朝又屡次被迫签订屈辱的条约，割地赔款，并给予列强特权，包括在许多城市中划出"租界"给外国自行管辖，国人深以为耻。

1911 年，中国各省同时爆发"辛亥革命"，迫使清朝最后一位皇帝溥仪退位，并公推最早倡议革命的"国民党"总裁孙逸仙（1866—1925，或称孙文、孙中山）担任新政府的临时总统。孙逸仙却为了避免内战，不得不在议和过程中同意把临时总统的位置让给仍然掌控清朝北洋军队的袁世凯。

不料在四年后，袁世凯竟强行复辟要当皇帝，结果遭到反对，引发内战，最终演变成各地军阀割据。其中最强的仍是北洋军阀，在北京建立"北洋政府"。孙中山虽然继续担任国民党总裁，实际上既没有地位，没有钱，也没有武力。中国从经济方面看，在列强的压迫之下仍是次殖民地；而从农业及社会方面看，大致是由各地方少数的乡绅兼大地主剥削贫农及佃农，贫富不均极为严重。

从五四运动到中国共产党的成立

1917 年 1 月，有一位曾经留学日本的陈独秀获聘为北京大学文科学长，并且将他原本在上海所办的一份《新青年》杂志迁到北京，又获得著名的留美博士胡适及许多知识界菁英加入，共同提倡"新文化运动"，高举民主（即"德先生"）、科学（即"赛先生"）、自由、平等的大旗，获得全国青年热烈响应。

俄国十月革命后，北京大学有一位图书馆馆长李大钊开始热心倡导马克思主义。陈独秀受李大钊影响，又和他合办另一本《每周评论》杂志，内容转为与思想、政治有关，主要是宣传马克思主义，批判资本主义对工人的剥削，又主张青年学生应该学习俄国的民粹主义思想，为农民流血、流汗。

第一次大战结束后，北洋政府派代表参加 1919 年 1 月在巴黎举行的和会，要求取消列强在中国的所有特权。协约国却说中国虽然对德宣战，并没有真正出过力，只是忙于内战，因而拒绝中国的主张。中国代表据理力争，说在战争期间有十几万名华工远渡重洋，应英、法两国招募以填补其后方的劳动力，也上前线修筑工事、搬运弹药，等等，不能说没有贡献。但巴黎和会最终仍是决定将德国原先在山东的特殊权益转让给日本。此一消息传回中国后，引爆"五四运动"。北京各大学学生三千多人发起游行示威，高呼"外抗强权，内除国贼！"的口号。全国各地罢工、罢课、罢市。北洋政府被迫命令出席巴黎和会的代表拒签《凡尔赛和约》。

三个月后，苏俄代理外交部长加拉罕（Lev M. Karakhan）突然发布一项声明，宣称愿意取消先前中国与沙俄签订的不平等条约，放弃所有的特权，又说愿意协助中国抵抗列强的侵略。一般认为，当时苏俄正在内战中，又被列强围剿，所以此举是刻意要对中国示好，以避免中国支持白军对抗红军。中国人民这时大多仍为国家在巴黎和会中所受的屈辱而愤恨不已，自然被苏俄的友善声明打动。共产主义在中国扩展的契机于是来到。

1920 年 3 月，共产国际远东局派吴廷康（G. N. Voitinsky）到中国，目的是寻找革命的伙伴。吴廷康在拜访了一些军阀、政客、学者之后，建议与陈独秀及李大钊合作。共产国际接受他的建议，并同意提供所有的经费。

1921 年 7 月，中国共产党第一次全国代表大会在上海法租界举行。当时党员人数还很少，只有五十几人，由来自各地的十二名代表开会，其中后来比较知名的有李达、张国焘、毛泽东等。共产国际派马林（Maring，原名 Henk Sneevliet）为代表列席。陈独秀并没有亲自与会，只派了一个代表参加，但还是被选为中央局书记。

马林的经历十分特别。他原本是荷兰的社会民主党党员，而对荷属东印度公司在殖民地的贪婪剥削极为不满，于 1913 年直接到印尼参加当地的独立运动，与殖民政府公然对抗。社民党反对他的作法，马林就转而加入荷兰共产党，而继续与印尼的独立运动合作，但在 1918 年被殖民政府强迫遣返荷兰。1920 年，马林到莫斯科参加第二次共产国际大会。列宁与他见面谈话后大喜，委请他到中国协助成立共产党。

“勤工俭学”与周恩来、邓小平、毛泽东

共产国际也在巴黎、东京招收中国留学生，成立共产主义小组。巴黎的共产主义小组是在 1920 年 7 月成立的，有蔡和森、李维汉、赵世炎、周恩来、邓小平等人陆续加入。这些人都是以参加“勤工俭学”的方式到法国的。

“勤工俭学”是在辛亥革命后由国民党要员李石曾、吴稚晖和蔡元培（后来担任北京大学校长）等人发起的一项运动，目标是招收并协助有志留学的学生到法国，一面进入中学、大学读书，一面到工厂工作。勤工俭学立意虽然良善，不幸选在最不好的时机，因为当大批中国留学生到达时，正是战后法国经济最萧条的时候。许多工厂被迫

关闭，安排中国留学生找工作自然极为困难。中国留学生原本就是打算半工半读，带来的存款有限，所以不久后就陷入恐慌。共产国际这时正想吸收中国的青年加入，在巴黎的留学生于是成为理想的对象。周恩来、邓小平就是因此而加入共产党。

周恩来（1898—1976）生于江苏淮安的一个书香世家，原籍却是以出产酒和"师爷"闻名的浙江绍兴。后来有学者评论，认为周恩来有绍兴师爷的性格，精明干练，但不是领袖。他在著名的南开中学毕业后到日本准备考大学，却考不上。后来五四运动爆发，周恩来回到国内领导学生罢课游行及请愿，结果被逮捕，坐了几个月牢。出狱后，他很幸运地获得母校南开中学的师长资助，坐船到法国参加勤工俭学。但由于前述的景气问题，只做了没多久的粗活就失业了，于是成为最早被共产国际吸收的学生之一，并负责中国共产党巴黎支部，后来又升任为中国共产党欧洲支部领导人。许多他领导过的勤工俭学生在后来都成为中共建国的元老，其中包括李富春、李维汉、蔡畅、陈毅、聂荣臻、邓小平、朱德等。

邓小平（1904–1997）出生于四川的古城广安的一户殷实农家，到法国勤工俭学时只有十六岁。由于带的盘缠有限，他只读了五个月中学就辍学转到钢铁厂、橡胶厂做苦工，但不久后失业，被迫和其他数百名勤工俭学生挤在临时搭盖的帐棚里，饱尝脏臭、饥饿与穷困，因而也被吸收加入中共。后来他担任中共旅欧支部出版刊物《赤光》的刻写、油印及编辑工作，从此与周恩来建立彼此"兄弟般的情谊"，长达五十几年。

值得注意的是，在法国的勤工俭学生中以湖南人为最多，其中大多又与日后中共的领导人毛泽东（1893—1976）关系密切。毛泽东生于现今的湖南省湘潭市所辖的韶山市。他的父亲是一个刻薄而暴躁的富农，不只虐待长工，也逼他和弟弟做苦工，又时常打骂。但毛从小叛逆，时时起而反抗。毛曾在私塾读书，熟读儒家的经典《四书》《五经》，但喜欢的是《水浒传》《三国演义》《西游记》等中国古典章回小说，尤其喜欢其中的造反及权谋奇计。

由于被逼在家务农，毛泽东在二十岁时才考进免费的湖南长沙第一师范学校。在校期间他和蔡和森、李维汉等人共同成立《新民学会》，彼此激励进取。当他们得知有勤工俭学计划后，就积极讨论如何借此机会去留学。蔡和森和妹妹、女友及李维汉因而成为最早留法的一批勤工俭学生。他们又成立法国《新民学会》组织，并与毛泽东书信来往，一同协助其他人前往法国，使得勤工俭学的学生中的湖南人最后达到四百余人。

毛自己却选择不出国留学，而是到北京，在北大图书馆里担任管理员。当时的馆长就是李大钊。五四运动爆发后，毛回到湖南发起运动响应，不过终究无用。但他后来又与一部份同志一起创立湖南共产主义小组，也因此应邀参加中国共产党第一次代表大会，是最早的党员之一。

里昂中法大学事件及其影响

1921 年初，巴黎有五百名勤工俭学生由于境况恶劣，所获援助却是有限，愤而包围中国领事馆，并殴打公使及部分馆员。巴黎警察随即强制驱离学生，逮捕其中若干人。但中国领事馆不堪留学生日日抗议，只得同意发给每人每日五法郎，并劝学生们想办法回国。后来虽然有一部份学生获得捐款救济而顺利回国，却还是有很多人回不了家，于是继续抗争，结果导致九月爆发的"里昂中法大学事件"。

中法大学是中、法两国之间的一个新计划，由吴稚晖在国内募资，里昂市长承诺拨给校舍供中国的留学生就读及居住。不过法国人坚持中法大学的学生必须经由严格的考试及调查后才能录取，拒绝从勤工俭学学生中招募，理由是其中有许多人已经加入共产党，其志已不在读书。勤工俭学学生大怒，由周恩来策动发起斗争，直接到里昂进占中法大学的宿舍及餐厅。不料法国警察在半夜展开围捕，抓到一百零四名学生后，直接押解上船，送回中国。周恩来由于留在巴黎负责与共产国际联系，所以没有被捕。

这一百多人回到中国时是 1921 年底，立刻使得成立不到一年的中国共产党党员人数暴增到将近两百人。次年七月，中国共产党又在上海举行第二次全国代表大会。陈独秀这次亲自参加了会议，并被选为中央委员会的书记。

留法学生回国后，与一部份留学苏俄的学生（如刘少奇）及国内的党员合流，中国国内的劳工运动由此迅速展开，其中重要的有香港码头工人罢工、江西安源煤矿及铁路罢工、河北开滦煤矿罢工，以及京汉铁路工人罢工。但所有的工人运动最后都遭到镇压而失败。

从国民党第一次联俄容共到黄埔军校的成立

1920 年 11 月，孙中山获得广东一名军阀陈炯明的支持，共同在广州成立一个军政府。陈炯明早先曾经加入孙中山的革命组织"同盟会"，也参加了辛亥革命，这时虽然割据一方，却是少数仍然愿意支持孙中山的军阀。当时共产国际的代表马林认为可以利用孙中山的名望来加速中共的成长，也与孙中山接触，提议双方合作，却被孙中山拒绝。

然而，陈炯明与孙中山的政治理念并不相同；陈炯明主张"联省自治"，类似美国的联邦体制，孙中山却一心一意要以武力统一国家，并一再要求陈炯明出兵北伐，但陈炯明不同意。两人冲突的结果是孙中山于 1922 年 6 月被驱离广东，因而愤懑，旁徨无计。正在此时，苏俄又派一名全权代表越飞（Adolph A. Joffe）到上海，再度提议与孙中山合作。孙中山虽仍有所保留，态度已经软化。

马林于是在中共中央开会时提出讨论与国民党合作的可能性，不料遭到陈独秀、蔡和森等人一致反对，但到最后，中共所有党员还是不得不服从共产国际的命令。1923 年 1 月，孙中山与越飞在上海共同发布公报。孙中山同意接受苏俄的协助，以完成中国统一；越飞重申愿意抛弃帝俄时代对华的不平等条约，但保留军队留驻外蒙古。国民党"联俄容共"的政策由此确立。值得注意的是，孙中山特别声明共产主义及苏维埃制度并不适用于中国，越飞对此也表示同意。根据双方协议，中国共产党员随后都以个人身份加入国民党。

　　必须指出，当时托洛茨基也反对国共合作，却被斯大林和布哈林否决了。

　　国共决定合作后，孙中山也获得一部分南方势力加盟，协助他驱逐陈炯明，重新回到广州，于是开始建立自己的军政府。共产国际这时也派鲍罗廷（Mikhail M. Borodin）于七月到广州，担任政治顾问，以协助孙中山彻底改造国民党，并且同意孙中山派军政府参谋长蒋介石率团到俄国考察三个月。

孙中山（左）与鲍罗廷（右）。中图为 1924 年孙中山任命鲍罗廷为军政府革命委员会顾问的大元帅令

　　根据美国一位俄裔的历史学者潘佐夫（Alexander Pantzov）近年来研究俄罗斯国家档案馆收藏、解密的史料，所写的一本蒋介石传记，蒋介石到达莫斯科后原本是受到热烈的欢迎，但是当他提出一项以外蒙古为基地南下的作战计划后，东道主却立刻转而完全冷落他。蒋介石愤怒至极，在回国后写了一份报告给孙中山，其中说苏俄对中国的唯一方针是建立以中共为正统的政权，不相信国民党可以与之始终合作。国民党当时也有一部份人和蒋介石一样对苏俄持有负面看法，孙中山却认为国民党不能不倚赖莫斯科的援助以进行革命大业，但可以与其合作而不受其掌控，因而仍是坚持联俄容共。但孙中山没有料到，自己在一年半后竟会染病身死，所以国共合作后来的发展已经不是他所能掌控的了。

　　蒋介石（1887—1976）的家乡在浙江省奉化县。他曾留学日本，在就读士官学校时认识孙中山的亲信陈其美，经其介绍加入"同盟会"。陈其美是中国秘密帮会"青帮"的重要头领之一。1911 年辛亥革命爆发后，蒋介石立刻回国协助陈其美领导的上海及浙江起义，自此渐渐为孙中山所倚重。蒋介石虽然反对联俄容共，甚至不惜请辞回乡，孙中山却拒绝他辞职，反而坚持任命他为黄埔陆军军官学校校长。

　　黄埔军校设于珠江口的一个岛上，于 1924 年 6 月开办，是国共合作的重中之重。国共两党后来的重要军事将领中有很多是该校训练出来的学生，两党有许多要员也在该校任职。国民党除了派蒋介石担任校长之外，又派廖仲恺为党代表，戴季陶为政治部主任，另派其他人担任各部门主任；但副手大多由共产党员担任，例如：政治部副主任周恩来及教授部副主任叶剑英。不过由于戴季陶在任很短，所以周恩来在回国不久后就是政治部主任了。毛泽东也加入国民党，后来被任命为代理宣传部部长，同时负责训练、组织农民运动。

　　苏俄同意支付黄埔军校所有的经费，又运来枪炮弹药及轻型飞机，并派加伦（Galen）将军担任军政府的军事顾问，率领约一百多人的顾问团。加伦本名布柳赫尔，是俄国内战期间的红军名将，与图哈切夫斯基、布琼尼齐名，在上一章已经提到过。

蒋介石（左）、周恩来（中）及布柳赫尔（中）分别担任黄埔军校校长、政治部主任及国民党的军政府军事顾问团团长

孙中山之死、国民党内部的分裂及各地爆发的工人运动风潮

国共合作之后，广州军政府开始壮大，并与英国商人所支持的广州商团发生武力冲突；孙中山再请与其结盟的南方势力出兵，又命令蒋介石率领黄埔军校学生军与其会合，竟一举击败商团的一万多人部队。

孙中山这时应北洋政府邀请到北京商谈国是，临行发表宣言，主张召开国会，反对军阀，声称要打倒帝国主义，北洋政府、各地方势力及外国人都嗤之以鼻。但忽然传来消息，蒋介石在苏联顾问的协助之下，又率领南方数省武力与学生军共同击溃陈炯明的七万人部队。各方都大吃一惊，不敢再轻视南方政府。孙中山却突然染病，经诊断为肝癌，而于 1925 年 3 月病逝。北京城万人空巷，夹道送别。

回溯国共合作后，由于中共加速扩大工人运动，又在各大城市的外资工厂鼓动罢工，引爆全国各地的反日、反英风潮；国民党内部左、右两派为此已发生剧烈的争执，孙中山之死不幸更是国民党内部分裂的开始。

1925 年 5 月底，上海发生一起"五卅惨案"。一名共产党员顾正红在上海租界一家日本人开设的棉纱棉布厂内率领工人罢工，与日本管理者起冲突，竟遭到枪杀。上海数千学生及工人为此举行示威游行，要求收回租界，英国巡捕竟又直接开枪，造成数十人死伤。五卅惨案引起中国全民激愤，据估计总共有超过一千万人在各大城市起而响应；其中最为人所知的是六月下旬在广州和香港爆发的"省港大罢工"，有二十几万工人参加，并延续十六个月之久，导致香港经济瞬间暴落，当年进出口贸易减少一半。

省港大罢工爆发后数天，周恩来也策划并领导十几万人在广州沙基租界游行示威，结果又遭英、法守军开枪射击，造成约六十人死亡，数百人轻重伤。针对此一"沙基惨案"，广州军政府和英、法政府代表互相指责；国民党内右派也严厉批判中共的作法过激，左派却

不以为然。

当时左派的代表是廖仲恺；右派的代表是胡汉民；汪兆铭（汪精卫）介于其中。广州军政府于七月改组为国民政府，由汪精卫担任主席，内部斗争却更激烈。廖仲恺竟遭数名暴徒乱枪打死，胡汉民又被汪精卫、蒋介石、鲍罗廷联合指控涉嫌，遭到软禁。其他右派分子纷纷逃走避难。

1926 年 3 月，又有"中山舰事件"爆发。蒋介石指称一名与汪精卫亲密的苏联顾问阴谋策动在一艘军舰上暗杀他，要求鲍罗廷解任该顾问，又未经汪精卫同意就直接宣布戒严。汪精卫愤而以出国就医为名退出政府。陈独秀原本就不赞成国共合作，这时更无法忍受，建议中共退出国民党。鲍罗廷却选择向蒋介石让步，坚持利用国民党继续发展。

国民革命军北伐及国民党清共、分共

国共虽有矛盾，目标仍是一致指向北方。1926 年 6 月，蒋介石率领国民革命军开始北伐。当时广西实力派人物李宗仁与白崇禧（桂系）也率部参加北伐。国民革命军一共有八个军，约十几万人，每一个军都有俄国顾问，由加伦将军负责总策划。革命军势如破竹，于半年之内席卷华南各省；国民政府随之搬到武汉，但左、右派之间的斗争却越来越激烈。

国民革命军每克复一座城市，共产党便发动群众排外运动。各城市外侨纷纷撤退到上海，达数万人。1927 年 3 月，革命军占领南京。共产党又发起排外运动，造成外国使馆、教堂、医院及学校被毁损，许多洋人及传教士被杀害。英、法舰艇被迫发炮护侨，声称不惜以武力干涉。蒋介石这时也公开指责左派分子的行动过激，明显地表示要与左派决裂。

三月底，国民革命军攻克上海。中共立即派周恩来到上海组织工人纠察队，传闻将直接攻占租界。蒋介石却公开保证不以任何武力方式改变租界的地位。国民党右派见到蒋介石公然与左派决裂，立即邀请蒋介石一同召开紧急会议，决定进行"清党"，也就是清除国民党内的共产党。

4 月 6 日，不久前才进占北京的东北军阀张作霖在取得各国领事馆同意之后，派兵直接进入苏联的使馆，搜获大批涉及秘密颠覆活动的文件，又捕获躲藏在使馆中的李大钊及其他二十余名中共份子。所有被捕者在三周后都被处以绞刑，罪名是"里通外国"。

蒋介石获知发生在北京的事件后更是警觉，于是在 4 月 12 日下令上海卫戍司令白崇禧派军警镇压工人纠察队，又请青帮、洪门等帮会及各国驻上海的军队共同加入"剿赤"行动。中共发动更多工人、学生举行集会、请愿、抗议，达到十万人，但蒋介石下令士兵持枪直接扫射，杀数千人。国民党右派同时在全国各大都市展开全面清党。

蒋介石与国民党右派接着共同成立南京政府，同时下令通缉鲍罗廷及近两百名中共首要分子。武汉政府大怒，宣布开除蒋介石党籍，称他是"总理之叛徒、本党之败类"。国民党于是正式分裂，南京方面以胡汉民为党主席；武汉方面以刚刚从莫斯科回国不久的汪精卫为党主席，而听命于苏联顾问。但武汉政府这时又开始分裂。

回溯当年三月，毛泽东曾写一篇《湖南农民运动考察报告》，其中说农村人口中分贫农、中农、富农及地主，而贫农占七成，又最听共产党的话，所以要让贫农做革命的先锋，以打倒土豪劣绅。毛又说："农村革命是农民阶级推翻封建地主阶级的权力的革命。农民若不用极大的力量，绝不能推翻几千年根深蒂固的地主权力。……。质言之，每个农村都必须造成一个短期间的恐怖现象，若非如此绝不能打倒绅权。"共产国际的新代表罗易（Manabendra Nath Roy）支持毛的主张，于四月底中共召开五大时要求加速进行土地革命。陈独秀和鲍罗廷却都反对，却不得不听命于罗易。

然而，许多武汉政权的军官发现，共产党竟派党员到他们的家乡去，带领贫农，以极其残酷的手段斗争、杀害他们的父兄亲友，没收他们的田产，因而群情激愤，导致发生多次兵变。汪精卫为此担心，质问罗易，罗易于是出示共产国际的指示文件给汪精卫看，不料汪精卫在看见这些文件之后更是惊惧，不久后就宣布"分共"，驱逐苏联顾问。中共也立刻宣称武汉政府是"反革命"。

国民党右派先清共，左派后分共，双方歧见既已消失，于是复合而建立统一的国民政府，定都南京。

1927 年中共的武装暴动及毛泽东建立的井冈山根据地

自从孙中山决定联俄容共时起，斯大林就开始每年拨钜款支持国民政府，结果不幸导致前述"四一二事件"及后续的种种失败。但斯大林仍不愿放弃，派他的乔治亚同乡罗明纳兹（V. Lominadze）接替罗易，又命令中共发起武装革命，设法攻取根据地。

1927 年 8 月 1 日，周恩来、朱德、叶挺等人奉令率领两万人发起"八一南昌起义"，但三天后就失败了。几天后，罗明纳兹召开一次会议，将失败的责任推给已经辞职而没有出席的总书记陈独秀，批评他是"右倾机会主义者"，而改由曾经留学苏联的瞿秋白主持。陈独秀却拒绝认错，转而在 1929 年与一部份同志成立托派组织，因而被自己所创办的中共开除党籍。

在前述的会议中，罗明纳兹又转达斯大林的指令，要求在中国各地进行土地革命，并发动武装夺权。毛泽东于是建议也在湖南发动"秋收起义"，但在遭到国民党军队击败后就放弃原先要攻打湖南省会长沙的计划，转而带领部队逃入在湖南江西边界的井冈山。罗明纳兹得知后，至为不满，撤除他的政治局候补委员职位。但毛在上了井冈山之后就在附近各城乡没收地主、富农的土地，分配给贫农、佃农。毛接着又召开多次"万人大会"，以血腥恐怖

被自己所创办的中共开除党籍的陈独秀

的手法处死所谓的"土豪"，并强迫民众到场观看，目的正是要造成他在先前有关农民报告中所说的恐怖现象。

中共在 1927 年发动的暴动中另有 12 月叶挺、张太雷、叶剑英领导的"广州起义"，堪称是大暴动，并成立了一个广州苏维埃政府。但英、美、法、日都派军舰及军队帮助国民党收复广州。张太雷及部众数千人被杀。

至此，中共发动的数十次暴动几乎都失败，只有井冈山屹立不摇。此后一年中，朱德、陈毅及彭德怀先后率领残部前来会合，井冈山因而在日后被称为中共的第一个革命根据地。斯大林也因此渐渐注意到，毛泽东虽然不太听话，又常自作主张，却可能是一个"能成事"的人。

1928 年 6 月，中共奉命在莫斯科召开第六次代表大会，重要党员除了少数留在国内，共有一百四十二名代表参加。毛虽未与会，仍被升任为二十三名中央委员会委员之一。当时布哈林已经取代季诺维也夫担任共产国际主席，所以应邀发表演讲，讲题是《中国革命与中国共产党的任务》。斯大林也接见与会代表，指示尽速重建红军，并向外扩张。

国民革命军继续北伐及日本对中国统一的阻挠

回来说国民党的内斗。国民党左、右两派虽然成立联合政府，却与蒋介石都有宿仇，于是联合逼迫蒋辞去北伐军总司令的职位。但蒋在下台后仍然牢牢掌握其黄埔嫡系部队，又于 1927 年 12 月与宋美龄结婚。宋美龄的家族在中国堪称第一显赫，无人能比。她的父亲宋嘉澍是孙中山革命最主要的经济支持者之一；大姐宋蔼龄嫁给中国巨富之一孔祥熙；二姐宋庆龄嫁给孙中山，被称为"国母"。蒋宋联姻的意义因而不比寻常。南京政府又缺钱，因而不得不请蒋复职，继续北伐。

不过这时北伐前景已被一片乌云笼罩。日本刚上任的新首相田中义一原本是陆军大将，认为中国的排外风潮炽烈，而其主要原因是之前的日本政府过于软弱，于是在上任后便派军队到山东，声称要保护当地日本侨民的权益。对于中国东北（即是满州），田中也主张采取强硬的政策。

蒋介石的北伐军到了山东济南后与日军发生冲突，据估计中国军民死亡三千多人。中国政府特派员与日军交涉，竟也被射杀。中国称此事件为"五三惨案"，但蒋介石不愿扩大与日本的争端，下令北伐军绕道往北。不过这时日本关东军竟在中国东北沈阳附近的皇姑屯车站预埋炸弹，炸死东北军阀张作霖。"皇姑屯事件"震惊国际。

张作霖原本是马贼出身，因接受日本协助而称霸东北，后来却不愿进一步接受扶植以脱离中国而自行独立，关东军因而决定要置他于死地，然后趁乱夺取东北。张作霖的部属却拥护他的儿子张学良控制了东北，又不顾日本的威胁而与南京政府议和，在 1928 年底改插国民政府的青天白日国旗。中国统一后，欧、美各国都宣布承认国民政府，只有日本不肯。

实际上，日本在明治维新成功后，军部大多由出身长洲藩（今山口县）的军人掌控，逐渐不受政府节制，而强行把国家带上对外侵略的不归路。1929 年美国华尔街股市崩盘后，极度倚赖出口的日本也受到冲击，导致军国主义更是狂飙，比意大利、德国兴起的法西斯主义有过之而无不及。

1931 年 9 月，日本军部决定以武力占领中国东北，因而有"九一八事变"爆发。关东军在奉天（今辽宁省沈阳市）附近的柳条湖爆破南满铁路，却指称是中国东北军蓄意破坏，以此为借口出兵攻打沈阳、长春等地。张学良却命令军队"不抵抗"，关东军于是轻易地在三个月内占领整个东北。

中国的两种内战——蒋介石分兵对付各路军阀及共产党

张学良为何命令东北军不抵抗？因为他接到蒋介石的指示就是

不抵抗。蒋介石又为什么指示张学良不抵抗？因为这时他正在分别与各路军阀及共产党作战，也就是同时陷入两种内战中。

蒋介石之所以和各路军阀进行内战，是因为当初他的北伐军除了黄埔嫡系之外，也包括西南、西北等几个地方军阀的部队，而在张学良的东北军归附后，各路军阀只是握手言和，割据的局面仍然不变。蒋介石于是以国家财力有限为由，要求各路军阀接受裁军；各路军阀却以蒋的裁军方案不公为由，拒绝接受，组成反蒋联盟。中国的大内战"中原大战"因而在 1930 年 5 月爆发，双方军队各有至少六十万人，鏖战剧烈。

张学良的东北军原本保持中立，后来却突然倒向蒋介石，出兵帮助政府军。反蒋联盟因而败北求和，但只是表面归顺，实际上仍然各自割据。不久后，由于国民党右派与蒋介石又起争执，其成员纷纷南下与地方军阀李宗仁另组广州政府。反蒋势力于是又一次集结，预备与蒋介石再战一场。

但如前所述，中共这时正以井冈山为根据地企图向外发展，而由于蒋介石忙于内战，遂得以迅速扩张。到了 1930 年初，中共已经据有江西周边四省的边界地方一百二十个县。毛泽东的一位湖南同乡，也曾在巴黎参加勤工俭学的李立三，在中共开始壮大起来之后当权，决定改采"都市路线"攻取城市。毛反对无效，结果红军在各城市起义都遭致惨败。共产国际不满，又将李立三拔除，改由周恩来、瞿秋白先后主持。但蒋介石这时已经清楚地看见共产党势力再起，于是在 1930 年 10 月下令出动十几万大军围剿江西苏维埃，结果却大败。

蒋介石五次剿共——兼述中共内部的斗争及日本对中国的侵略

蒋介石在第一次围剿中共失败后，又发动两次围剿，规模一次比一次大，但都以失败收场。蒋介石大惊，决心再调大军围剿。不料前述的九一八事变突然爆发。蒋介石只得与广州政府会商，要求一致对外。广州政府却坚持要他辞职下台，蒋只得如其所愿辞职。但李宗仁接手之后派出大军与日军在上海激战，大败，又只得回来请蒋介石复出。蒋于是调派嫡系中央军驰援，但同样战败，只得接受外国调停，与日军签署停战协定。

事实上，蒋介石早已决定采取"先安内，后攘外"的策略，认定共产党是心腹之患，必定要先彻底消灭然后才能全力抵御日本的侵略，因而在与日军谈和之后立即出动五十万大军对中共进行第四次围剿，但不幸又以惨败收场。

必须说明，在蒋介石发动第四次围剿之前，中共内部已经发生了剧烈的权力斗争。如前所述，中共于 1928 年在莫斯科召开六大时，应邀讲话的布哈林还是和斯大林站在一条线。斯大林后来却政策大转弯，不但整肃布哈林，又发动"反右倾运动"，并且派亲信米夫（Pavel Mif）到上海改组中共中央，罢黜瞿秋白，改而支持在莫斯科留学的王明（陈绍禹）及博古（秦邦宪）上台，所谓的"苏联国际派"于是开始掌权，改走左倾路线。

但王明与毛泽东明显不合。对于如何对抗国军围剿，两人意见也不同。毛一贯主张诱敌深入的游击战，王明却坚持正面进行阵地战。结果毛被迫交出军队指挥权，又被送到福建汀州的一个医院里去"疗养"。周恩来与朱德于是接手指挥红军，并击退国军第四次围剿。毛因而更是遭到冷落。许多研究中共的史家说，毛为此次被夺权痛恨不已，那些在这时反对他的人在日后大多遭到严厉报复。周恩来终其一生也被迫为此不知对毛认错几十回。

不过这时日本对中国的野心也在膨涨中。1932 年 3 月，日本在中国东北成立"满洲国"，请清朝末代皇帝溥仪担任傀儡皇帝，又鼓励日本百姓大批移民到满州国，据估计在其后十年间约有一百五十万移民。中国政府向国际联盟控诉日本侵略。国际联盟派调查团调查的结果指出日本并不是如其所宣称只是为了自卫，而是明显的侵略者。日本大怒，宣布退出国际联盟。德国和意大利不久后也跟着退出国际联盟。第二次世界大战从这时起其实已经无可避免了。

1933 年 1 月起，关东军又出兵南向，到达热河，进犯长城。中、日激战数月后，又签停战协定，并划定以长城为界。

蒋介石在四次剿共失败后，决定聘德国素负盛名的军事家塞克特上将（Hans von Seeckt）为顾问，请其协助制订对中共进行第五次围剿的战略。1933 年 10 月起，国军动员将近一百万人，加上两百架飞机，重炮一千五百余门，决心要将共产党消灭干净。中共领导人博古及苏联军事顾问李德（原名 Otto Braun）这时与王明一样决定与政府军正面决战，结果大败，死伤惨重。1934 年 10 月，红军被迫撤出中央苏区。其他各苏维埃区的红军也被围剿，纷纷逃窜。

红军"长征"

红军主力从江西、湖南先往西逃，到达贵州、云南之后，转而向北，经过四川、甘肃，最后到达陕西北部。中共的历史称此次的全面溃逃为"长征"，沿路经过十一省，全程一万二千五百公里，一路上为逃避政府军和地方军的截堵追击而攀山越水，备极艰难。

红军之所以溃败，大部分党员都认为是博古和李德的领导路线错误所致。毛在逃亡时更是一路串连同志，批评国际派只会背诵马列主义教条，完全不切实际。1935 年 1 月，红军到达贵州遵义，当权派被迫召开中共中央会议，并作自我检讨。结果李德被夺去军权，毛获任为政治局常委，协助周恩来负责军务。张闻天取代博古担任的中共中央总书记。"遵义会议"是中共建党以来第一次脱离共产国际的指挥而自行决定大事，又是毛泽东进入权力核心的起点，对中共而言意义极为重大。

同年十月，毛泽东、周恩来历尽千辛万苦，终于抵达陕北红区，而跟随的中央红军竟只剩下八千人。当时陕北红区的领导人刘志丹、高冈、习仲勋等人因为遭到上级"肃反"，正在狱中，并且遭到刑求，有生命之虞。他们在中央红军抵达后被释放，于是公开表示拥护党中央。中共中央至此总算在陕北延安取得一个新的根据地，其后又有各路红军逐渐加入，中共也重新与苏联取得联络。毛在这时实质上已经成为中共最高的领导人，位在周恩来之上，斯大林也指示《真理报》在报导中称他为"中国人民的领袖"。

关于肃反，在此也必须说明。国民党为了要剿共，曾经成立一个组织以渗透中共，名为"AB 团"。AB 的意思有不同的解读，不过简单地说就是反布尔什维克（Anti-Bolshevik）。为此中共决定于 1930 年 5 月在所有的苏维埃区进行"肃 AB 团运动"，简称"肃反"。但肃反往往成为党内各派系清除异己的工具。以毛泽东为例，在不久后便以肃反为名在自己统辖的四万红军中处决四千多人。1930 年底至 1931 年初之间，江西苏区有一支红二十军的干部甚至由于反抗毛而遭到极为残酷的刑求，竟导致全军叛变，史称"富田事变"。但红二十军最后下场凄惨，军长李文林及其属下七百多名各级领导人都被处决，全军有超过一万人死于非命。

从西安事变、国民党第二次联俄容共到中日爆发全面战争

毛泽东在陕北立定脚跟后，蒋介石仍不肯放过，命令张学良派东北军去围剿。张学良在九一八事变时因不抵抗日军而被舆论讥嘲，这时却带兵剿共，又引起全国舆论不满。中共借机宣传"停止内战，一致抗日"的口号，向蒋介石提出要求第二次国共合作，说国难当前，不应互相残杀。中共又暗中游说东北军将领，说蒋介石派东北军对付共军，是使得二者两败俱伤的阴谋，东北军因而军心动摇。张学良与周恩来秘密会面后，竟也被说动，劝蒋介石停止剿共。蒋介石大怒，斥责张学良意志不坚，威胁要将他撤职。张学良又惊又怒，在 1936 年 12 月蒋介石到西安开会时就发动兵变，劫持蒋介石。

"西安事变"的消息传出，震惊中国及全世界。毛泽东及其他中共领导人都大喜，要求张学良立刻处死蒋介石。不料共产国际主席季米特洛夫（Georgi Dimitrov）奉斯大林之命拍电报给毛泽东，措辞严厉，指示中共必须阻止张学良杀害蒋介石，而与国民政府一致抗日。

同时，斯大林命令《真理报》发布新闻及评论，明白表示支持蒋介石，痛斥张学良敌我不分，发动政变等于是帮助日本侵略中国。

斯大林为什么要保护蒋介石？一般认为，那是因为他已看见纳粹德国即将成为苏联的大敌，如果日本轻易地征服中国，苏联将有立即被东西夹攻的危险，所以必须帮助中国抵抗日本；他又认定蒋介石是唯一能领导中国各方共同抗日的领袖，而不是中共。

根据美国史学家科特金（Stephen Kotkin）在其所著《斯大林等待希特勒》书中的叙述，季米特洛夫在日记中说，斯大林半夜打电话给他，问是不是他授权发动西安事变，又说那是任何人对日本所能做出的最大的贡献；第二天，斯大林又召见季米特洛夫，当着所有苏共政治局成员面前交给他一封已经拟好的电报，命令他直接发给中共。毛泽东收到电报后愤恨至极，却不得不遵命请周恩来立刻前往西安调解。蒋介石被逼无奈，也只得签字同意张学良和周恩来所提的条件：“停止剿共，改组政府，共同抗日”。

西安事变后，中共与各路军阀都同意建立抗日统一战线，蒋介石被公推为统帅，对日本自然就不再让步了。1937 年 7 月，中国与日本军队在河北省宛平县的芦沟桥发生冲突，随即扩大为全面性的中日战争。“七七事变”（或称为“芦沟桥事件”）爆发之后数月间，日军就陆续攻陷了北平、天津、上海及南京，并在南京城里奸淫妇女，屠杀百姓，竟连婴儿也不免。“南京大屠杀”事件在当时及后来都喧腾中外，但关于死亡人数的估计向来有极大的争议，从三万人到三十万人以上都有人提出；不过一般认为，二次大战后为审判战犯而在东京成立的远东国际军事法庭所认定的至少二十万人，应该是比较可信的数字。

欧洲各国这时正面临轴心国的威胁，已经自顾不暇；而美国的民意倾向孤立主义，政府只得保持中立。只有苏联在七七事变后一个多月就和中国签订《中苏互不侵犯条约》，又同意提供中国五千万美金贷款，用以购买飞机、大炮。斯大林还派出空军志愿队“正义之剑”以协助中国脆弱的空防。当时德国并不赞成日本侵略中国，说中国又一次联俄容共是被日本逼出来的；又说中国与苏俄关系越近，越有被赤化的危险，届时德、义、日三国在一年前签订防共协定的目的就完全丧失了。但日本军部自信满满，说是三个月内就能迫使中国投降，并不理会德国的警告。

日军虽然不能如其所愿"三月亡华"，在战争开始一年后已经占据整个华北。蒋介石被迫迁都重庆。1938 年 5 月起的半年里，日军又在华中的徐州、武汉、长沙三次大会战中击溃中国军队。中国军队在其中每一次战役都死伤数十万人，损失惨重，岌岌可危。

日、苏之战——张鼓峰事件及诺门罕战役

斯大林虽然支持中国抗日，并没有直接出兵，怕过份刺激日本，日本却主动挑起两次冲突。其中第一次发生于 1938 年 7 月，地点在图们江出海口，日本占领的满州国的张鼓峰与苏联的哈桑湖（Lake Khasan）接壤之处，双方各自死伤约一、两千人，规模不算大。但 1939 年 5 月在外蒙古与满州国交界的诺门罕草原（Khalkhyn Gol）爆发的第二次冲突却是大战役，双方各自出动了大约六万人。

回溯张鼓峰事件（或称哈桑湖战役）发生之前约一个半月，苏联有一位远东军区最高阶秘密警察，名叫留申可夫（Genrikh Lyushkov），由于害怕自己也即将遭到清洗，突然越过边界到满州国向日本投诚。日本人从他的口中得悉苏联在远东的军事布置，又获知那时外界还不清楚的恐怖大清洗的详情，又惊又喜。当时日本正与中国进行大战，军部不确定是否能分兵向北进攻苏联，在获得留申可夫的情报之后认定苏联军事将领大多被处决了，在远东的军力也不强，于是决定试探；因而，一般认为张鼓峰事件是日本进行试探的第一步，诺门罕战役是第二步。

留申可夫叛逃时，苏联远东军区的最高指挥官是布柳赫尔，也就是蒋介石当年北伐时的参谋长加伦将军。斯大林对布柳赫尔早已不信任，留申可夫叛逃后更怒，在张鼓峰之战尚未结束就解除他的指挥权，将他召回莫斯科，称他是"日本间谍"。布柳赫尔遭到新上任不

久的秘密警察头子贝利亚（Lavrentiy Beria）以酷刑逼供，拒绝认罪，但最后仍是被处死。他的属下各级军官也连带惨遭清洗，苏联远东军区指挥系统因而大乱，导致苏军在诺门罕战役开战后大败。

　　斯大林大惊，命令一向勇猛善战的朱可夫（Georgi Zhukov）接任为指挥官。朱可夫在到达诺门罕后立刻请求斯大林增派大批机械化部队、新型坦克、大炮及飞机，斯大林一一应允。朱可夫等布置完成后发起大进击，关东军大败。正在此时，苏联和德国也在密商签订互不侵犯条约及共同瓜分波兰的协议，欧战随之于 9 月初爆发。日本获知德国竟背弃已经签定的防共协定而与苏联结盟，大惊，不得不主动提议与苏联签订停火协议，从此决定放弃北进，而专注于研究如何南进，也就是派兵南下占领东南亚各国。斯大林于是也放心地将一部分在远东地区的军队调回，而专注于欧洲战场。

第 6 章

从第二次世界大战到东欧及中国共产政权的建立

第二次大战虽然是在 1939 年爆发，在 1945 年结束，对整个世界的影响至今却仍是非常巨大；有一部份历史家认为，其中最明显的影响之一就是使得共产主义及其势力范围在战后得以迅速地扩张。本章的目的就是针对与此相关的史实做概要的叙述、分析及整理。

但也由于本书是聚焦于与共产世界相关的历史，关于二战我就只略述其梗概而不详述其细节，还请读者见谅。

"慕尼黑会议"、《德苏互不侵犯条约》及《李宾特洛甫密约》

自从 1933 年希特勒出任德国总理，又逮捕国内所有的共产党人后，斯大林就不得不与西方国家加强联系，设法要与英、法两国结盟。英国和法国却认为，如果能尽量满足希特勒，或可避免战争而维持和平。这就是所谓的"绥靖主义"。因而，纳粹德国不但挥军进入莱茵非武装区，并吞了奥地利，又要求捷克割让苏台德地区（Sudety），理由是该区的居民大多是德裔。英、法两国却又在 1938 年 9 月召开"慕尼黑会议"时对希特勒让步，迫使捷克政府接受。依邱吉尔的说法，当时"英国政府的愚蠢和法国政府的软弱实是不可思议"。

慕尼黑会议时，苏联由于和捷克有同盟关系，就建议与英、法一起协助捷克对抗德国。英、法两国却充耳不闻，也不同意苏联参加慕尼黑会议。希特勒在开会时一再地对英国首相张伯伦（Neville Chamberlain）说，此后没有其他扩大领土的野心，并在备忘录上签了字。

不料只过了半年，希特勒又出兵把整个捷克并吞了。斯大林这时建议与英、法共同出兵保护波兰及罗马尼亚，竟又被拒绝。斯大林又惊又怒，这时才明白不能对英、法两国抱持什么期望，必须转而改变策略，设法缓和与德国的关系。1939 年 5 月，斯大林发布以莫洛托夫（Vyacheslav Molotov）代替李维诺夫（Maxim Litvinov）为外交部长。李维诺夫长期主管苏联外交事务，不过是一个犹太人，根本没有可能代表苏联与德国人谈判。改由莫洛托夫负责，便可以进行两面外交，不论和英国或德国结盟，都是胜局。

希特勒注意到莫洛托夫上台所代表的意义，立刻释出善意，又在八月派外交部长李宾特洛甫（Joachim von Ribbentrop）到莫斯科，同时提出一份《德苏互不侵犯条约》的草案。当时英国也派代表到莫斯科，但对苏联的态度依旧冷淡，斯大林于是毫不犹豫，立刻与德国签约，并且加签一份密约，决定共同瓜分波兰。苏联也曾向波兰表示希望结盟，波兰却只愿接受英国保护。斯大林认为波兰愚不可及，英国如此遥远，一旦有紧急状况根本救不了波兰。

斯大林当然知道德国提议签约只是权宜之计，终有一天纳粹党还是想要消灭共产党，但也只能先签约再说，因为没有更好的办法。希特勒也怕苏联与英、法签约，所以顾不得背弃与日本、意大利签定的防共协定。德、苏关系后来只维持一年半，不过这让斯大林获得一年半的时间来准备与德国打仗。

欧战爆发——从波兰、北欧、西欧、巴尔干至北非之战

德国与苏联签约后就在 9 月 1 日出动坦克，如闪电般地入侵波兰。英、法两国至此不得不对德国宣战，欧战于是爆发。苏联也在两周后进击波兰。波兰未料情势如此变化，无力抵抗，又一次惨遭瓜分而亡国。

苏联接着由国防部长伏罗希洛夫亲率五十万大军入侵芬兰，却惨遭击溃。斯大林在军中大规模清洗的后遗症于此一役中显现无疑。当年托洛茨基曾经讥刺伏罗希洛夫，说他最多只能带领五万人打仗，

也再一次获得证实。斯大林只好改以铁木辛哥（Semyon Timoshenko）接手，战局才逐渐好转。但芬兰只是一个蕞尔小国，动员全国三十几万人对苏联苦战也只能算是惨胜，不得不同意与苏联谈和。不过芬兰坚持只接受割地赔款，拒绝被并吞，苏联也接受了。

苏芬战争后，苏联又出兵到爱沙尼亚、拉脱维亚及立陶宛，逼迫三国签订互助友好条约。之后，斯大林决定改以铁木辛哥为国防部长，又命朱可夫为总参谋长。两人深知红军欠缺高素质的军官，大胆地劝斯大林把大清洗时被判刑的四千多名军官召回军队，又决定办理各种军官养成训练班。

德国进军波兰后，接着占领丹麦、挪威、荷兰、比利时，又联合意大利进攻法国。1940 年 6 月，德军攻陷巴黎，成立维琪傀儡政府（Régime de Vichy）。英、法、比、荷联军虽然战败，却紧急动员八百多艘大大小小的军舰、客轮、渔船、游艇及空中飞机掩护从法国北部的敦克尔克（Dunkirk）成功地将三十三万军队撤回英国，为日后反攻保留了实力。同时，戴高乐（Charles de Gaulle）也在伦敦成立法国流亡政府，继续对德国作战。

希特勒当然也想跨海一举消灭英国，无奈德国的陆军虽强，海军却远逊于英国。德国派飞机到英国本土上空进行轰炸，也无法迫使英国屈服。

1940 年 9 月，德、意、日三国代表在柏林签订同盟条约，正式成立"轴心国"军事同盟。德、意接着共同出兵，指向巴尔干半岛，巴尔干各国政府纷纷表示臣服。其中南斯拉夫的塞尔维亚籍国王也决定向希特勒投降，但人民走上街头示威反对，军人于是发起政变，推翻国王。希特勒立刻调集德国、意大利、匈牙利及保加利亚联军八十万人大举入侵，南斯拉夫政府军三十万人不战而降，国家于是被四国支解，分别占领；但仍有一部份军队拒绝投降，逃入山区继续与占领军进行游击战。其中有两支最强大，一支是由米哈伊洛维奇（Draza Mihailovic）领导的"切特尼克"（Chetniks），属于右翼保皇派；另一支是由铁托（Josip Broz Tito）领导的左翼人民解放军。

意大利当时也出兵进攻希腊，但由于英国派空军、海军及地面部队前往支援希腊，意大利军队遭击溃，并且被围。希特勒不得不派兵驰援意大利，结果希腊不支而投降。墨索里尼同时出兵到北非及中东地区，但又不敌英军及法军，因而希特勒又不得不派兵驰援，深入北非及中东。

日苏签互不侵犯条约，德军进攻苏联及中日之战

轴心国签订军事同盟后，斯大林虽然不安，却认为有机会拉拢日本，因为日本在德、苏签订互不侵犯条约时，自认被德国出卖；日本怕苏联直接出兵协助中国，又计划出兵东南亚，也怕苏联在背后偷袭；双方因而一拍即合，于 1941 年 3 月签订了《日苏互不侵犯条约》。此一条约签订的时间点对苏联至为重要，因为希特勒在 6 月底就下令德军攻打苏联。

希特勒其实原本的计划是在春天开始进攻苏联，却因为被意大利拖进希腊、北非之战而延误了至少三个月。许多历史家认为，希特勒也因此重蹈拿破仑的覆辙，在挥军深入敌境后严冬已经来临，进退不得。但斯大林也以为希特勒必定是在春天发起进击，所以到了六月就断定德军将会等到明年才出动，竟不听铁木辛哥和朱可夫的建议，没有积极备战。因而，德军入侵后苏联立刻陷入慌乱。九月，基辅失守，列宁格勒被围；十月起，莫斯科也被围。

斯大林虽然陷入苦战，却庆幸在战争爆发前已经除去心腹之患托洛茨基。托洛茨基在世界各地辗转流亡将近十年，到 1937 年才决定在墨西哥落脚，并成立"第四国际"，与第三国际针锋相对，用以号召苏联人民起来推翻斯大林。斯大林如临大敌，下令设立专责对付托洛茨基的特务机构，对托洛茨基发起数次暗杀和直接攻击，都被躲过。然而，托洛茨基最后还是死于一名假扮为商人而接近他的苏联特务之手，时间正是德军闪电进攻苏联的前一个月。

在亚洲战场，中国对日战争早已十分危急，而唯一的外援苏联既是和日本签订互不侵犯条约，又遭到德军入侵，就在 1942 年初通知

中国停止所有的援助，使得中国的情况更加危急。当时日军已经占据中国整个东半部，封锁所有的出海口，中国只能靠一条铁路（滇越铁路）及一条公路（滇缅公路）分别从越南及缅甸运入战略物资，勉强支撑。但英国受到日本威胁，同意关闭滇缅公路。此举对中国而言，更是雪上加霜。

美国参战及第二次大战的逆转

美国当时的民意仍是倾向孤立主义。但罗斯福总统（Franklin D. Roosevelt）对中、日之战十分关注，怕中国顶不住，因而在 1939 年初开始提供第一批贷款 2,500 万美元，由中国以出口桐油抵偿。此举对中国而言，犹如雪中送炭。

罗斯福对欧战更是无法坐视，虽然不能直接参战，却在 1941 年 1 月向国会提出《租借法案》，要求"授予足够的权力及经费，以便制造各种的军需品与战争装备，供给那些正在与侵略者作战的国家。"德军大举进攻苏联后，美国也把苏联列入《租借法案》援助的对象。

罗斯福又鼓励陈纳德将军（Claire L. Chennault）吸收志愿退休的美国空军人员到中国加入"飞虎队"，以协助对日抗战。英国在美国的压力下，不久后也同意重开滇缅公路，使得中国重新得到补给，又喘过一口气。

对于日本，罗斯福逐渐实施禁运，刚开始只是禁运武器、弹药，后来追加禁运油品、废铁，到了 1941 年 7 月就对日本实施全面禁运。美国的态度转变后，日本军部认为与美国的战争已经无法避免，决定不宣而战，在 12 月 7 日突然发起偷袭美军太平洋舰队的基地珍珠港。美国完全没有防备，珍珠港内的所有的飞机几乎全部被炸毁，船舰几乎都沈没。两天后，英国的东洋舰队也遭到日本空袭，全军覆没。日本皇军接着迅速地进占关岛、香港、菲律宾、马来半岛、新加坡、爪哇及缅甸。

不料美国受到重创后很快地又站起来。仅仅八个月后，美国海军由尼米兹（Chester W. Nimitz, Sr.）指挥，在中途岛（Midway Islands）大败日本舰队，又在太平洋上各岛连战皆捷。原本在菲律宾巴丹战役（Battle of Bataan）遭到日本皇军彻底击溃的麦克阿瑟将军（Douglas MacArthur）也重整旗鼓，率兵从澳大利亚一路北上打回到菲律宾。

同一时间，苏联也与德国殊死战斗，在两年半中共发生三大围城战：莫斯科之战、列宁格勒之战及斯大林格勒之战。三次战役中苏联每次死伤及失踪人数加总都远超过一百万人，至为惨烈。不过由于天候严寒及补给困难，德军无法支撑，苏联从 1943 年下半年起已能反守为攻。

盟军这时也已进占中东、北非，又攻下意大利的西西里岛。意大利王国与盟军谈和，于 1943 年 9 月与盟军签订停战协议。但希特勒悍然派党卫军救出被软禁的墨索里尼，胁迫意大利共和军继续对同盟国作战。

中日战争期间中共的持续壮大及国共内斗

在中日战争期间，毛泽东与斯大林对于中共应该采取何种策略有截然不同的看法。斯大林希望中国拖住日本，指示中共积极配合蒋介石抗日；毛却认为中共不应和日军正面作战，只能消极地进行游击战，并且要在战争中设法壮大自己。刚开始时，中共高层如周恩来、朱德、彭德怀等都遵从共产国际的指示，不同意毛的主张。

1937 年 9 月，日军与国军大战于山西省的平型关，国军大败，死三万人。同一时间，中共八路军有一名师长林彪接受国军之邀，率领所属六千人参战，却取得大胜。毛认为共军参战违反他的指示，在内部至表不满，却指示对外大肆宣传，声称歼敌数千人，乃至一万人。但根据后来许多学者的研究（其中最具代表性的是由二十几名台湾、日本及中国学者共同撰写，郭岱君博士主编的一套《重探抗战史》），共军所谓的"平型关大捷"，并不是与日军战斗部队对决，而是伏击运送伤兵及补给的日军后勤部队，击毙对方最多也只有五百人。但无论真相为何，中共在夸大宣传后已获得国内外的广泛注意。

　　1937 年底，中共驻莫斯科代表王明奉斯大林之命回到延安，严厉批评毛未遵从斯大林"抗日高于一切"的指示。毛知道自己的地位受到严重的威胁，只得忍耐。但由于王明的靠山米夫被指为托派份子而遭到收押，又在 1939 年 7 月被判死刑确定，王明及其领导的"苏联国际派"的地位因而陡然下降。斯大林后来也改变心意，指示共产国际主席季米特洛夫派新任中共驻莫斯科代表王稼祥回到延安，明确地表示继续支持毛，毛的领导地位由此再一次获得确立。

　　中日战争开始时，中共兵力只有五、六万人，活动地区狭小。依毛的指示，中共一面对日进行游击战，一面扩充实力。经过三年，在华北的八路军已经有三、四十万人，控制两百多个县；另外在华中的新四军约有十万人，控制五十个县。当时由于日军在华北实施"三光政策"（即是杀光、烧光、抢光，日军称之为"烬灭作戦"），殃及无数百姓，引起共军将领彭德怀、刘伯承及邓小平等人不满，集结一百零四个团，约三十万人，于 1940 年 8 月起与日军大战三个多月，史称"百团大战"。据彭德怀说，结果造成日军及伪军（日本扶植的傀儡政府的军队）死伤三万多人。毛立即发贺电。事实上，彭德怀在开战前一再向毛请示，毛却没有回电作任何表示，彭德怀便直接发起战争。共军后来损失也极为惨重，至少是日军的损失加倍。毛的心中反而是愤怒已极，在日后清算彭德怀时将百团大战列为重大罪状之一。

　　但百团大战也让蒋介石清楚地看见共产党又坐大了，于是下令阻止其继续扩展。蒋介石原本就已经派大军包围陕北延安中共的根据地，从这时起又不断地增兵，后来竟增加到二十万人，引起国内舆论挞伐及盟国表示强烈不满。

　　当时在华北及华中的国军与共军也渐渐从缺乏互信及不断的冲突演变到大规模互相偷袭。1941 年初发生于江苏、安徽一带的"新四军事件"是其中最重大的一个事件。由于有一支国军遭到新四军的部队偷袭，死伤超过一万人，蒋介石大怒，下令国军包围新四军，俘虏九千人，并为"整肃军纪"而处决其中若干人。中共为此强烈表示抗议，却不提是谁先启衅，国内舆论又跟着攻击蒋介石，盟国对蒋更加不满。

滇缅之战及蒋介石与史迪威之间的冲突

珍珠港事变后，美国派史迪威（Joseph W. Stilwell）担任驻华美军司令，兼中印缅战区的参谋长，以协助蒋介石。如前所述，当时中国对外所有的交通都被日军封锁，滇缅公路又因日军南侵而被切断。为了要重开滇缅公路，蒋介石派远征军十万人进入缅甸，和一部份美军及英军共同作战，而由史迪威指挥。1942 年 4 月，远征军一名师长孙立人所辖的一个团，在英军的坦克及炮兵支援之下，于仁安羌取得大捷，以八百人击退数倍人数的日军而救出被围的英军约七千人。中国军队及盟军的士气大振。但在日军增援后，远征军战败，被迫撤退，有五万多人丧生，其中大部分竟是在蛮荒瘴厉的野人山中病死、饿死。蒋介石与史迪威为此互相指责，以致于关系恶劣。

史迪威后来又获得罗斯福同意，一面重整从缅甸逃至印度的残余中国部队，成立"新一军"，一面请蒋介石再派兵入缅，以便夹攻日军，但被蒋拒绝。史迪威因而对蒋更增恶感；反之，对中共却越来越有好感。当时美国派来中国的官员、顾问写给白宫及国务院的报告，大部分对蒋介石也是不利。

1943 年 5 月，斯大林宣布解散共产国际，停止输出革命。后来的历史家大多认为，其目的是在松懈美国及英国的防范，更要借由《租借法案》而获得更多的援助。但在当时美国官员大多却认为更没有理由不借重中共的力量参加抗日，史迪威也建议直接让中共投入滇缅之战。蒋介石更怒。

事实上，蒋介石曾经两次要求他的外交部长兼特使宋子文（蒋介石之妻宋美龄的哥哥）代为请求罗斯福撤换史迪威，但罗斯福不同意。到了八月，盟军决定以英国的海军上将蒙巴顿（Louis Mountbatten）为东南亚战区总司令（Supreme Allied Commander South East Asia），史迪威兼任其副手。由于东南亚战区与中印缅战区有部分重叠，宋子文于是在与蒋介石讨论后，第三度请求罗斯福另派其他人取代史迪威驻在中国，并取得罗斯福的同意。不料当宋子文于 10 月回到重庆时，蒋介石却说由于史迪威已经向他道歉，他决定允许史迪威继续留任。宋子文大怒，在与蒋介石剧烈争执之后，夺门而出。蒋介石也大怒，下令从此禁止宋子文参与任何政务，也不准他参加即将于 11 月举行的开罗会议。

必须指出，当时宋子文被公认是中国最杰出的一名外交官，在美国政界有极大的影响力，但他的姊妹宋蔼龄及宋美龄也都积极介入政治事务，毫无顾忌，并与他有部分冲突。根据一部分历史家的研究，蒋介石之所以改变决定而留任史迪威，正是由于宋氏姊妹的介入。

开罗会议、德黑兰会议与盟军的反攻

由于欧洲及亚洲的战况对同盟国逐渐有利，罗斯福建议与各盟邦领导人见面，以便商议如何合作加速结束战争，并讨论战后事宜。然而，由於斯大林拒绝与蒋介石一起开会，罗斯福只得于 1943 年 11 月在开罗（Cairo）先召开一次会议，邀请英国首相丘吉尔及蒋介石参加；几天后，又与丘吉尔及斯大林在德黑兰（Tehran）召开另一次会议。

美、英、中三国在开罗会议结束后共同发布宣言，其中主要内容为：要求日本无条件投降；日本必须将中国东北及台湾归还给中华民国；朝鲜应该恢复自由与独立；美国接受托管太平洋各个岛屿。对于中国及蒋介石本人而言，开罗会议无疑是极大的荣耀，因为长久以来，中国被认为是一个衰弱、贫穷、落后的国家，如今其领导人竟能在国际会议上与美国、英国的领导人平起平坐。然而，就实质而言，开罗会议却是中国及蒋介石极大的失败。

中国之所以能参加开罗会议，宋子文极力争取有极大的贡献，同时，他也参与讨论，并决定会议的议程。但美国及英国的代表却惊讶地发现宋子文竟然在开罗会议时缺席。与会的英、美两国将领更是失望、愤怒，因为在举行讨论共同军事战略的会议时，他们认为中国代表并未充分准备；在讨论到"反攻缅甸"的议题时，中国代表又刻意躲避。罗斯福也同样失望、不满，因而在后来举行德黑兰会议时同意邱吉尔及史达林所提出的"先欧后亚"的策略，取消原先讨论，可能在缅甸进行两栖登陆，与中国远征军共同夹击日本皇军的计划。罗斯福也更倾向认为蒋介石无心抗日，同意可以利用中共的力量来抗日。

德黑兰会议的主要决议是将共同成立联合国以代替国际联盟；同意苏联在战后可以获得部分波兰东部的土地；又决定将在欧洲选择某地开辟第二战场。依此决议，盟军后来选定于 1944 年 6 月 6 日（即是 D day）在法国北部的诺曼第（Normandy）抢滩登陆。随后攻克巴黎，并朝北方推进。德军也不得不分兵南下御敌，苏联红军所受的压力顿时减轻，于是出兵占领波兰，收复乌克兰、白俄罗斯，又逐步南下，直抵巴尔干半岛，占领所有的东欧国家。

从 1944 年初起，盟军在太平洋战场也大有进展，不但在海上击溃日本舰队，又逐渐收复一些在太平洋上及菲律宾南方的重要战略岛屿。从三月起到七月，在美国空军支援之下，英军在印缅边界进行的英帕尔战役（Battle of Impal）中取得决定性的胜利，歼灭日本皇军八万人。然而，盟军东南亚战区总司令蒙巴顿却在战后指称其副手史迪威对英军及其本人言语轻蔑，公开表示无法与其共事。罗斯福大惊，却仍然让史迪威留任。

回溯当年四月，蒋介石在罗斯福的压力之下不得不同意再增派精锐部队到缅甸，使得远征军的人数达到十六万人，全部配备最新的美式武器及装备。不料日军借机突然集结四十万大军在河南、湖南、广西战线同时发起大攻势，即所谓的"一号计划"。中国虽然有两百万国军奉命抵御，但装备训练远远落后，大败，死伤超过五十万人。罗斯福大惊，又担忧不已，亲拟一信要求蒋介石把军队的指挥权交给史迪威，并请史迪威当面把信交给蒋介石。不料蒋介石勃然大怒，回覆说宁愿脱离同盟国而独自抗日。至此，罗斯福只得派好友赫尔利（Patrick Jay Hurley，曾在艾森豪政府时担任战争部长）为特使，到中国进行调解。赫尔利写回来的报告最终促使罗斯福决定将史迪威调离，而以魏德迈（Albert C. Wedemeyer）继任为蒋介石的参谋长。

　　蒋介石担心日军的攻势将危及战时首都重庆，请魏德迈协助空运六万远征军精英部队回到中国，总算阻止了日军前进。其余的远征军仍然留在缅甸与英军、美军继续夹击日军，最后终于打通了滇缅公路，但时间已经是 1945 年初。

雅尔达会议及其影响

　　1945 年 2 月，罗斯福又与斯大林、丘吉尔一同在克里米亚半岛举行雅尔达会议（Yalta Conference）。当时德国败势已定，所以会议的重点是要如何处置战败的德国，而结论是：德国必须无条件投降，土地将分割为四块，由美、英、法、苏分别暂管。至于东欧国家，由于这时大部分已经被苏联所控制，斯大林建议先在这些国家里建立过渡性的政府，以后再"经由自由选举，尽快成立关心人民愿望的政府"。然而，这项承诺从来没有实现过，东欧国家后来都被关入"铁幕"之中。

　　事实上，东欧国家的命运从华沙发生的一个悲剧已能看见。回溯盟军发起诺曼第登陆后约两个月，英国与波兰流亡政府指示华沙地下反抗军起义，配合苏联军队从外面进击，计划共同歼灭德国占领军。不料当波兰地下军起义时，苏军竟在城外停止不进。结果波兰地下军四万人孤军奋战，被德军歼灭。罗斯福与丘吉尔大惊，这才知道斯大林早已扶植了一个受其控制的波兰民族解放组织"卢布林委员会"（Lublin Committee），所以根本不承认波兰流亡政府。苏军奉令止步，目的就是要等到德军把波兰地下军全部消灭，然后才进军，如此苏军便可单独解放华沙。后来当雅尔达会议讨论到波兰问题时，斯大林声称波兰是历来入侵苏联的走廊，所以不容谈判，不过愿意讨论成立联合政府。

　　对于日本，罗斯福十分头痛，因为日本皇军悍不畏死，即使战败到剩下最后一兵一卒也不投降，使得美军付出极大的代价。罗斯福又断定蒋介石没有能力击败日本，相信只有苏联早日参战才有可能提早结束战争，因而在雅尔达会议中近乎哀求苏联早日参战。结果是斯大林同意在欧战结束后三个月内出兵对日本作战，但要求恢复 1905 年日俄战争前俄国在中国辽东半岛的特权，又要求同意外蒙古维持独立，以及归还库页岛南部。其中前两项无疑将严重损害中国的权益，罗斯福却不跟蒋介石商讨就自作主张同意了。

罗斯福到达雅尔达时，其实已经重病在身，病容极为明显，却勉强成行。雅尔达会议后两个月，罗斯福去世，副总统杜鲁门（Harry S. Truman）继任。此后一个月内，意大利傀儡政府和纳粹德国先后投降。墨索里尼逃亡被捕后遭到枪决，希特勒于盟军攻入柏林后自杀。欧战结束。

后世的学者对于《雅尔达会议》及其密约的批评大多是负面的，认为罗斯福不只牺牲盟邦中国，也葬送了波兰、东德及所有的东欧国家。

1945 年 2 月雅尔达会议三巨头：丘吉尔（左），罗斯福（中）及斯大林（右）。罗斯福其实当时已重病在身，病容极为明显。

从波茨坦会议、美国投掷原子弹到日本投降

雅尔达会议后不久，日本皇军节节败退，却仍是丝毫没有投降的迹象。美国越是胜利越是害怕。美国军方估计，如果直接攻打日本本土，美军至少会死伤五十万人。杜鲁门不愿如此牺牲美国的子弟兵，因而和罗斯福一样不断地催促苏联对日宣战，但斯大林只是推托。

1945 年 7 月，美、英、苏三国又在柏林西郊召开"波茨坦会议"（Potsdam Conference），由于斯大林坚持，杜鲁门也不反对，蒋介石仍是无法派代表参加。美国这时急于把军队撤出欧洲，以便转到太平洋地区。但丘吉尔意识到美军一旦撤走就无法阻止苏联继续扩张到东欧以外的国家，因而请求杜鲁门在撤军之前先和斯大林谈判此一问题。不过斯大林这时态度已经变得十分强硬，杜鲁门和丘吉尔所能做的只有两件事：其一，是迫使苏联同意让盟军进入已经被红军占领的奥地利，与德国一样交由四国共管，这是奥地利最终免于被关入铁幕的关键；其二，是迫使铁托将南斯拉夫军队撤出意大利东北角的海港的里亚斯特（Trieste）。

波茨坦会议第二天（7 月 17 日），美国陆军部长史汀生（Henry Lewis Stimson）专程飞到波茨坦面见杜鲁门，报告说"小男孩生下来了"。史汀生所说的"小男孩"，就是原子弹。从 1939 年起，罗斯福就根据爱因斯坦（Albert Einstein）领衔的一群顶尖的科学家的建议，命令进行"曼哈顿计划"（Manhattan Project）。经过六年，花费二十亿美元，最后在新墨西哥州的一个沙漠中试爆原子弹成功。

丘吉尔后来在回忆录里写道，史汀生也向他简报有关小男孩的事，而当时他认为美国人已经不再需要苏联人参加对日作战了。但苏联这时已经在邻近满州国的边境上集结大军，并在 7 月 24 日的三方军事会议中宣称将在八月下半参战。由于当时美军高级将领大多仍是主张苏联参战，所以杜鲁门也没有提到不再需要苏联出兵，只是在会后才私下告诉斯大林有关原子弹的事，但仍未再多谈。7 月 26 日，美 国 、 英 国 和 中 国 联 合 发 表 《波 茨 坦 宣 言》（*The Potsdam*

Proclamation），再次呼吁日本无条件投降。由于苏联和日本签订的互不侵犯条约仍然有效，斯大林不便在《波茨坦宣言》上签名，所以反而是没有参加会议的蒋介石在上面具名。不过杜鲁门并未告知蒋介石有关原子弹之事。

然而，日本对《波茨坦宣言》置之不理，声称宁愿"一亿玉碎"，战至最后一兵一卒也不愿投降。杜鲁门却等不及要结束战争，下令于 8 月 6 日在广岛投掷一颗原子弹。瞬时间，方圆数公里内所有的建筑物都化为齑粉，造成十几万人伤亡。斯大林得知后，立刻对日宣战，并下令于 8 月 9 日凌晨起出动飞机、大炮及地面部队进入满州国。杜鲁门等了三天，还不见日本投降，又命令在长崎投下第二颗原子弹。至此日本不得不宣布无条件投降。8 月 15 日，裕仁天皇透过广播训令皇军全部放下武器。第二次世界大战至此全部结束。

苏联在二战后期迅速扩张其势力

第二次世界大战中，美国经由《租借法案》援助苏联的物资，总金额达到 113 亿美元，约占美国对外租借总金额的 23%。这些租借出去的金钱及物资大多是不必偿还的，其中包括食物、衣服、鞋子、汽油、飞机、坦克、卡车，以及用于生产后三者的材料。然而，二次大战后不久世界就逐渐分为资本主义及共产主义两个敌对的势力，分别以美国及苏联为首。但直接地说，苏联之所以在战后能强大到足以和美国抗衡，主要的原因是丘吉尔及罗斯福对斯大林的野心及善变未能及早认清，也未能及早因应。

举一个例，若无前述的盟军登陆诺曼第吸住德军主力，苏联红军就不可能轻易地占领所有的东欧国家。两个月后发生在波兰华沙的悲剧更是一项警讯，足以证明斯大林早先提出所谓的"一国社会主义"的主张，又在一年前解散共产国际，宣称不再输出革命，都只是假动作；实际上，这时他不但要在其所占领的国家里扶植共产政权，还要消灭非共产势力。

丘吉尔却还没有醒悟，这从他所写的回忆录里可以看得十分清楚。丘吉尔在其中说，他曾于 1944 年 10 月，也就是华沙事件后四个月，到莫斯科与斯大林讨论如何决定双方在巴尔干及其他各国的"发言权"，并在一张纸上写下：

罗马尼亚　 － 苏联 90%，其他国家 10%

希腊　　　 － 英国 90%（与美国一起），苏联 10%

南斯拉夫　 － 50%-50%

匈牙利　　 － 50%-50%

保加利亚　 － 苏联 75%，其他国家 25%

斯大林接过字条，立刻在上面画一个勾，表示同意。当时战争尚未结束，斯大林自然命令红军再多占土地，以增加将来在谈判桌上的筹码，而盟军也无法阻止。等到雅尔达会议召开时，斯大林便对罗斯福予取予求。斯大林又说，未来要在波兰及其他东欧国家成立经由自由选举产生联合政府，包容所有的政党，丘吉尔也深信不疑，因而回到伦敦后，在国会中发表演讲时竟说："我的印象是，斯大林元帅和苏联领导人希望与西方民主国家共同生活在光荣的友谊和平等之中。我也觉得他们言行一致。我不知道有任何政府，即使本身不利，仍比苏联政府更信守义务及责任。"

但丘吉尔终究还是知道自己错了。雅尔达会议后三个月，确切地说是德国投降后第五天，丘吉尔写一封信给刚上任不久的杜鲁门，说他对欧洲局势感到十分忧虑，因为："他们对雅尔达会议的决定作了曲解。……。他们将拉下一道铁幕。我们不知道这个铁幕后面将发生什么事。"杜鲁门接受他的请求，同意暂缓从欧洲撤军，也因此才有波茨坦会议，并阻止了共产势力在欧洲继续扩张，却已无法改变既成的事实。美国这时也才发现，千辛万苦终于击垮德国，结果却是出现一个更强大的敌人。

东欧铁幕降下

东欧国家在第二次大战后期既是被苏联红军占领，命运早已决定，剩下来的只是斯大林要如何在其中逐步建立其所扶植的共产政权。

事实上，斯大林的目标是将所有的东欧国家依照苏联本身的模式全部驯化为卫星国家。这些国家的国情虽然不同，后来被驯化为卫星国的过程却是大同小异。其步骤大致如下：首先，红军一旦进入后就不再撤出，以作为后续行动的后盾。其次，在当地组织一个完全服从莫斯科指令的共产党。第三，成立联合政府，然后伺机打压竞争的其他政党。第四，在共产党政权稳定后开始清洗党内异己。最后，通过新宪法，确立共产党一党专政。

这种卫星化的过程通常分数年完成，即是所谓的"腊肠战术"（Salami tactics），"像切腊肠一样，一段一段切"。过程既是大同小异，本书在此就不一一详述，只取几个国家为例说明：

● 波 兰

如前所述，波兰义勇军已经被歼灭，流亡政府成员后来应邀到莫斯科讨论所谓的联合政府时又大多被逮捕入狱，斯大林属意的"卢布林委员会"便受命组织新政府。但英国坚持送流亡的波兰人回国组织农民党，以与共产党公平竞争。1946 年，波兰通过企业国有化及土地改革政策。1947 年又举行大选，但由于共产党操控选举，农民党只获得极少的国会席次。农民党党魁后来害怕而逃亡，整个党于是被并入共产党。

波兰共产党党魁戈慕尔卡（Wladyslaw Gomulka）虽然表现得百依百顺，斯大林却还是认为他怀有民族主义思想，将他下狱，改以贝鲁特（Boleslaw Bierut）为总理。1952 年，波兰通过一党专政的新宪法，成立人民共和国。

● 匈牙利

1945 年 2 月，苏联红军解放布达佩斯（Budapest）。半年后，匈牙利举行大选，小店主党（Smallholder's Party）获得 57%选票，遥遥领先共产党的 17%，于是组阁。苏联占领军却将该党总书记下狱，罪名是"阴谋不利于占领军"，同时迫使内阁总理纳吉（Ferenc Nagy）辞职。政府又被迫通过银行国有化及计划经济体制。1947 年 8 月，共产党在占领军主导之下跃居第一大党，却仍然让小店主党员担任总统及总理。1948 年起，小店主党被并入共产党内，总统及总理都被撤换。1949 年 5 月，共产党在大选中获得完胜，但共产党内许多被认为偏离亲苏路线的党员开始被清洗，甚至被处决。最后，新宪法于 8 月通过。

● 捷克

1945 年 5 月，苏联红军解放布拉格（Prague），在第二年经由大选共组联合政府，由捷克流亡政府的领袖，前总统贝奈斯（Edvard Benes）及流亡莫斯科的共产党领导人哥特瓦尔德（Klement Gottwald）分别担任总统及总理。1947 年初起，许多平民及非共产党阁员遭到逮捕，到一年后内阁中只剩下外交部长马萨里克（Jan Masaryk，捷克国父马萨里克之子）一人不是共产党员。1948 年 3 月，马萨里克被发现身穿睡袍死在外交部大楼外的广场上，官方说他是从楼上的浴室窗子跳下自杀，但许多人认定他是遭到谋杀被推下来的。随后的大选中已经没有非共产党的候选人。哥特瓦尔德在贝奈斯病逝后继任为总统。

1951 年，斯大林指示整肃捷克共产党，逮捕包括总书记斯兰斯基（Rudolf Slansky）在内共十四名高干。这些人在狱中饱受苦刑，然后交付公开审判。审判前他们被迫一再排练自白口供，在审判时完全依照指示演出，但最后大多被处决。其中只有三人幸免一死，于日后述说在狱中的悲惨故事。

斯大林之所以严厉整肃上述几个国家的共产党，背后另有两个重大的原因：其一是马歇尔计划，其二是铁托事件。这两件事对共产世界及整个世界的局势发展都有极大的影响，所以必须详细说明。以下先说前者。

从凯南的"长电报"、马歇尔计划到冷战开始

二次大战中，斯大林对罗斯福百般要求，越到战争后期越是明显地贪得无厌。杜鲁门在波茨坦会议时是新上任，一时还无法掌握状况，只能追认罗斯福在雅尔达答应过的事。但斯大林野心勃勃，在囊括东欧之后又企图染指伊朗和土耳其。

伊朗是重要的产油国，美、英、苏在战争期间都以保护油源为名派兵进入伊朗。战争结束后，美、英两国依约撤军，苏联却不肯撤，反而借机要求与伊朗合办石油公司。苏联同时出兵到土耳其边界，企图迫使土耳其签约同意苏联取得博斯普鲁斯（Bosphorus）和达达尼尔（Dardanelles）海峡的控制权，以便从黑海自由通行到地中海。伊朗和土耳其都向美国求援。

白宫和国务院正在思考如何因应，却在 1946 年 2 月都收到一位驻苏联大使馆官员凯南（George Kennan）的五千多字"长电报"（Long Telegram），其中详述苏联在战后的形势，分析其背后的思维，预测其未来政策走向，并提出美国的因应之道。凯南说：

> "它（即苏联）对理智的逻辑无动于衷，对于武力的逻辑却高度敏感。由于这个原因，当它在任何时地遭遇到强大的阻力时，可能轻易地就退却了。所以，如果敌手有足够的力量并且明白表示预备出手，很少有必要真正去动手。"

凯南又认为，共产主义世界就像有害的寄生虫，靠吃有病的组织细胞维生；因此，美国不但要正视自己的内部问题，更要设法解决欧洲各国对国家安全的担忧，提供其必要的指引，不可冷漠地坐视战后欧洲社会中的诸多匮乏，以免苏联从中得利。"长电报"引起白宫和国务院超乎寻常的重视。

两周后，英国前首相丘吉尔在美国密苏里州富尔敦市（Fulton, Missouri）发表演说，讲题是〈和平的砥柱〉（The Sinews of Peace）。邱吉尔说：

从波罗的海边的斯德丁（Stettin）到亚得里亚海边的里雅斯德（Trieste），一道横贯欧洲大陆的铁幕已经降下。这道铁幕的后面散布着所有中欧、东欧古老国家的首都——华沙、柏林、布拉格、维也纳、布达佩斯、贝尔格勒、布加勒斯特和苏菲亚。这些著名的都市及其周边的居民无不位于我称之为苏联势力范围圈之内。……。

土耳其和波斯（即伊朗）已经接获来自莫斯科的一些令人震惊、困惑的要求，感受到重重的压力。我不相信苏联想要战争。他们要的是战争的果实，使其权力和信条得以无限扩张。我从此次大战中观察苏联，深信他们最尊敬的莫过于实力，而最缺乏敬意的莫过于软弱。

如前所述，丘吉尔其实早就在写信给杜鲁门时提到"铁幕"，不过这场演讲后"铁幕"二字才广为人知。不久后，杜鲁门就下令照会苏联，表明不惜以武力对付侵略。斯大林果然召回在伊朗和土耳其的军队。

继土耳其、伊朗之后，希腊也向美国告急。杜鲁门于是在1947年3月对美国国会发表一篇演讲，说美国必须阻止少数国家想要将自己的意志和生活方式强加在别的国家和人民身上，并且要求国会拨款美金四亿元，提供经济及军事援助给希腊、土耳其等国。美国决定对苏联的扩张采取"围堵政策"，便是由此开始。

三个月后，美国国务卿马歇尔又在哈佛大学发表演讲，提出一项复兴欧洲的计划。马歇尔说："我们的政策并不是要反对任何国家或主义，而是要对抗饥饿、贫穷、绝望和混乱。我们的目的应当是要恢复世界的经济运作，从而使自由体制赖以生存的政治和经济条件得以出现。"西欧各国于是开始从"马歇尔计划"（Marshall Plan）获得无偿的经济援助或贷款，由此迅速挥别贫穷和饥饿，从废墟中重新站起来。据统计，此一计划的总金额达到130亿美金。

马歇尔计划并未排除东欧国家，斯大林在一开始也允许波兰、捷克、南斯拉夫向美国提出申请。但他渐渐怀疑马歇尔计划的背后阴谋是引诱东欧国家脱离共产集团，于是断然禁止所有东欧国家参与。东欧各国大为不满，苏联因而也从 1947 年起开始提供贷款给各国。这就是所谓的"莫洛托夫计划"（Molotov Plan）。西方资本主义经济圈和东欧共产主义经济圈于是各自形成。

1949 年，美国又与西欧各国共同成立军事联盟，即是北大西洋公约组织（NATO，简称北约）。苏联与东欧各国也在六年后成立华沙公约（Warsaw Pact）组织，与北约对抗。双方壁垒分明，不过总是尽量避免大规模的军事冲突，以免引发第三次世界大战。因而，此后数十年美苏集团之间的冲突被称为"冷战"

"铁托事件"——苏联与南斯拉夫决裂

"铁托事件"是共产世界里的大事，更有必要从源头详细说明。

事实上，从第二次大战爆发时起，南斯拉夫在东欧八国之中就明显与其他七国不同。如前所述，南斯拉夫被轴心国支解后有一部份军队拒绝投降，退入山区组织游击队。英国决定支持其中由米哈伊洛维奇领导的"切特尼克"，苏联决定支持由铁托领导的南共人民解放军（以下称"南解"）。后来英国与苏联结盟，铁托同意与米哈伊洛维奇合作，但拒绝将南解的指挥权交给米哈伊洛维奇，结果双方发生武装冲突。斯大林劝狄托配合盟国，铁托却仍是不从。

必须指出，塞尔维亚人和克罗埃西亚人之间有历史仇恨。米哈伊洛维奇是塞尔维亚人，身为领袖却未阻止切特尼克中的极端份子杀害克罗埃西亚人。铁托是由克罗埃西亚及斯洛凡尼亚父母所生，但宣称各民族在团结一致对抗法西斯之际必须尊重彼此的独立性，因而获得南斯拉夫所有民族的反抗军加盟，声势越来越大，渐渐超过原来规模较大的切特尼克。但希特勒也注意到南解迅速膨胀，多次下令剿灭，不料都失败，于是义发动德国、意大利及巴尔干半岛上附从轴心国的军队数十万人联合围剿。南解虽然战败，仍然继续顽抗。

在战争中，罗斯福主张南斯拉夫将来应该接受流亡伦敦的南斯拉夫国王统治，斯大林也附和罗斯福的意见。铁托却断然拒绝，对斯大林反生恶感。

　　1944 年 5 月，丘吉尔根据接获的情报认定米哈伊洛维奇与敌人暗通，在英国国会中公开宣布改而支持铁托。米哈伊洛维奇被迫逃亡，后来被捕，遭到处决。铁托此后获得盟军提供"最大可能范围的物资供应"，实力更强，把轴心国军队数十万人拖住在南斯拉夫，为盟军立下大功。但日后有证据显示，丘吉尔是被潜伏的间谍所提供的假情报误导，以致于米哈伊洛维奇被陷害而丧命。

　　德国投降后，铁托如愿成立一个由六个加盟共和国组成的南斯拉夫联邦政府，却决定与斯大林保持距离，敬而远之。其主要原因有二：首先，他一向认为南斯拉夫是靠自己的力量挣脱法西斯的侵略而独立建国，而斯大林所提供的帮助不大；其次，他对斯大林不但有恶感，并且与日俱增。

　　如前所述，南斯拉夫军队在二战末期已经攻占了与意大利交界的里雅斯特港，却被英、美两国要求撤出，又因斯大林配合英、美两国施压而不得不忍痛放弃。铁托一向也支持希腊的共产游击队，在建国后更支持其积极发展，斯大林却因为受到杜鲁门警告又不表支持。铁托因而大怒，对斯大林出言不逊。当南斯拉夫希望加入马歇尔计划却被斯大林否决时，铁托就更愤怒了。

　　还有一事。南斯拉夫一向与邻国保加利亚、阿尔巴尼亚交好，史达林却时时防范他们过于亲近，不想看见南斯拉夫在共产阵营里以老二自居。铁托却还是取得阿尔巴尼亚同意让南斯拉夫派兵进驻，而在事前完全不和苏联商量。斯大林怒不可遏，铁托不得不派副手去向他解释，但拒绝道歉。斯大林更怒，扬言制裁；但铁托也被激怒，下令停止提供情报资料给"共产情报局"。

　　共产情报局成立于 1947 年 9 月，其目的是恢复一部份已经解散的共产国际的功能，借交换情报以加强控制东欧国家，其总部设在南斯拉夫的贝尔格勒。铁托拒绝合作等于要把共产情报局赶出去。斯大林再也无法忍耐，于 1948 年 3 月下令撤回数千名派到南斯拉夫支援的专家和军事顾问团，并对之采取经济封锁。他给铁托按上"背叛马列主义，采行民族主义的道路"的罪名，却对铁托无可奈何，因为铁托在南斯拉夫的地位无法撼动。然而，前述波兰、匈牙利和捷克共产党里有"铁托倾向"嫌疑的领导人就都惨遭清洗了。

美国一见铁托和斯大林决裂，立刻主动向南斯拉夫提供经济援助。铁托欣然接受，不过还是奉行马列主义，并没有加入西方阵营。

红太阳升起——中共的延安整风运动

类似铁托与斯大林之间的矛盾，也发生在毛泽东与斯大林之间。毛尤其痛恨斯大林在二次大战期间明白表示不支持他而支持蒋介石。毛也十分清楚，中共历任的领导人都是在斗争中下台的，所以即便斯大林承认他是中共的领袖，也只是暂时的。因而，毛决定趁着斯大林忙于战争时巩固自己的地位，以免将来被扳倒。这就是"延安整风运动"的背景。

整风运动是从 1942 年 2 月开始的。第一个被整的是作家王实味。由于毛泽东鼓励延安的知识分子批评共产党，表示愿意接受"除破坏团结者的恶意攻击以外的一切善意批评"，王实味就在报纸上发表一篇《野百合花》，在其中鼓吹平等、博爱及人道主义；又说，延安的等级制度有官僚化的趋向；"食分五等、衣着三色"；青年学生一天只得两餐稀粥，大人物却极尽享受，在大礼堂举行舞会，通宵达旦。王实味甚至说许多怀抱理想的知识分子对共产党无不失望，如果共产党不能改正许多黑暗面，"天是必然要塌下来的"。这是明显讥讽毛经常说的一句话"天是塌不下来的"。

《野百合花》轰动延安。许多人纷纷发表文章响应。不料毛大怒，说这并不是善意批评，而是恶意攻击，命令逮捕王实味，罪名有三条：反党份子、托派份子及国民党特务。许多人立刻与王实味划清界线。但毛泽东决定进一步整风，卜令成立一个特别机关，请党内第二号人物刘少奇及政治局委员兼中央情报部部长康生共同负责，而实际上由康生执行。

在整风运动中，康生要求党员参加学习马列主义，研读毛的著作，又逼所有干部反覆撰写反省报告和自传，诚实交代自己的过去（即是"审干"）；揪出托派、特务及反革命（即是"反奸"）；又说要拯救那些被认为"失足"的党员，使其重新做人（即是"治病救人"）。但康生采取的是严刑逼供的手法，使得许多党员身心严重受伤，或痛哭流涕，或精神失常。当时中共也在延安以外其他的根据地推动整风，据估计共有一万五千人受害。

毛又要求所有同志都要研读"毛泽东思想"。王明被迫率先表态要向毛泽东同志学习，周恩来、朱德、彭德怀、陈毅等人继之。周恩来说："我们党二十二年的历史，证明只有毛泽东同志的意见是贯穿整个历史时期，发展成为一条马列主义中国化，也就是中国共产主义的路线……。"

但毛又指示康生发起批判王明、博古的大会，迫使两人不断地写自我检讨材料。周恩来也被迫写反省笔记。斯大林获知延安的情况后，指示季米特洛夫于 1943 年底发电报给毛，斥责康生的作法。这时苏联对德国的战争已经明显逆转，斯大林的声望正达到顶峰，毛不敢不遵命，于是指示康生松手。

但毛仍然指示撰写《关于若干历史问题的决议》，批判中共历史上从陈独秀、瞿秋白、李立三到王明路线的种种错误，而只有"毛泽东思想"是正确的。1945 年 4 月，中共在延安举行第七次代表大会，会中确立"毛泽东思想"是党的

毛泽东（右）与周恩来（左）在延安

指导思想。毛在中国共产党里的领导地位从此不可动摇。

中国有一位学者高华所写的《红太阳是怎样升起的？》被公认是有关延安整风运动最翔实的一本名著。高华说"红太阳"由延安整风运动而升起，但又说："由毛泽东植入中共肌体的极左的审干、肃反政策，经过整风运动，演化为党的性格的一部份，对 1949 年后的中国带来长期不良的影响。"

回溯 1937 年，曾有一位美国的记者史诺（Edgar Snow）出版一本《红星照耀中国》（"*Red Star Over China*"，后来中文本改名为《西行漫记》），其中根据他在前一年到延安进行实地采访的所见所闻记述，并介绍包括毛泽东、周恩来、彭德怀等人的生平。该书在西方世界畅销一时，引起极大的轰动，许多好奇的西方读者从书中得到的印象是中共及其领导人只是志在从事土地改革的一群人，颇有好感。相对地，关于后来延安整风运动的情况在外界却始终鲜为人知。

迪克西使团访延安及赫尔利来华调解

延安整风期间，也正是前述的国共内战达到高峰的时候。美国总统罗斯福为此困扰，决定派副总统华莱士（Henry A Wallace）于 1944 年 6 月到中国进行调解，并设法促使中共更积极投入抗日战争。蒋介石被迫同意美国派一个"迪克西使团"（Dixie Mission）到延安考察。迪克西使团到延安后，受到中共热烈的欢迎。使团中有一名政治代表谢伟思（John S. Service）从此长期驻在延安，撰写许多观察报告，其中大多对中共有利。史迪威的部属中也有很多人同情中共，其中以戴维斯（John P. Davies, Jr.）为首，与谢伟思被合称为"戴谢集团"，对美国的中国政策产生极大的影响。

罗斯福后来又命赫尔利为特使在史迪威和蒋介石之间调解，并赋予调停国共冲突的任务。赫尔利受命后，决定先飞到莫斯科以探询苏联的态度。斯大林接见他，说苏联于 1943 年解散共产国际后，和中共已经没有联系，苏联将全力支持蒋介石领导中国对日抗战，不过建议考虑成立联合政府，容纳中共于其中。事实上，华莱士和其他许多美国官员也曾访问莫斯科，听到斯大林和莫洛托夫说同样的话。

赫尔利接着飞到重庆，如前所述说服了罗斯福撤换史迪威，蒋介石于是也同意他在国共间调解。赫尔利在延安短暂访问后，请周恩来一起到重庆，当面建议蒋介石停止国民党一党专政，改为成立联合政府；又建议公平分配中国从盟军得到的战略物资。但由于蒋介石坚持共军必须接受整编为正规国军，毛拒不接受，和谈遂陷入僵局。

回溯雅尔达会议时，罗斯福同意斯大林有关牺牲中国权益的密约条款，事后却没有告知蒋介石。罗斯福死后，杜鲁门才在五月下旬请赫尔利告知蒋介石密约的内容。蒋介石拒绝接受，却要求斯大林出兵东北协助中国，但斯大林说除非中国同意签约不愿出兵。七月初，蒋介石派外交部长宋子文和儿子蒋经国为代表到莫斯科与斯大林谈判，但未能达成协议。波茨坦会议结束后，杜鲁门又催促蒋介石与斯大林签约，以便苏联出兵。

蒋介石并不知道原子弹之事，也希望苏联参战，于是又派宋子文和蒋经国到莫斯科与斯大林谈判。不料斯大林在获悉美国投掷原子弹后，尚未签约就直接下令出兵中国东北。蒋介石大惊，不得不同意加速谈判，而于 8 月 14 日，即是日本宣布投降的前一天，签订《中苏友好同盟条约》。中国同意苏联取得在中国东北的特权，也承认外蒙古独立。斯大林也重申同意尊重中国的主权及领土完整，保证支持蒋介石统一中国，不提供武器给中共。斯大林又保证日本投降后三个星期内开始从东北撤军，并在三个月内完成。条约签订后，斯大林对毛泽东施压，要求他和蒋介石举行和谈。毛只得和周恩来一起飞往重庆。

国共内战爆发及马歇尔来华调解

国共代表谈了 43 天，在 10 月 10 日签订了《双十协定》，其中最重要的条款就是要避免内战。但双方互信早已荡然无存，所以停战只是空话。协定签订后的第二天，一场大内战正好打完，共军刘伯承、邓小平部队在山西上党击败国民党的阎锡山部队，击毙三万五千人。

　　国共争执的焦点是对日受降的问题。当时日军奉天皇饬令向蒋介石的部队投降，蒋介石命令共军不许擅动；毛泽东却拒绝接受蒋介石的命令，指示共军攻击日军，逼其投降，并收缴武器。不过日军在华派遣军总司令官冈村宁次支持蒋介石，命令日军抵抗共军逼降。

　　然而，共军这时在华北、华中已拥有近百万的正规军，国军精锐部队却大多在西南后方，对受降极为不利。魏德迈将军这时已经指示美军协助中国政府接收沿海的青岛、上海、广州等大城市，并同意以运输机、轮船协助运送国军到华北、华中。共军却全力阻挡，破坏华北、华中几条重要的铁路、公路，使得国军无法迅速移动到内陆。国共冲突于是急速升高。

　　此一恶化的情况使得杜鲁门决定再请地位崇隆的马歇尔将军（George C. Marshall）担任特使到中国调解。二战期间，马歇尔一直是美国的陆军参谋长，备受美国人尊敬；但马歇尔也一直是史迪威的顶头上司，并且始终支持马歇尔。因而，一般认为马歇尔不免受到史迪威事件的影响，使得他在抵达中国之前对蒋介石及中共已有一部分定见。

　　马歇尔到达后，国共立刻恢复谈判，并于 1946 年 1 月达成协议发出停战令。当时由于国军远远强于共军，所以停战令

1946 年马歇尔将军（前左）到中国，在蒋介石（前中）与毛泽东（前右）之间调停

被认为对共军有利。马歇尔又请国共与其他各党派代表共同举行"政治协商会议"，并达成共识，同意政治民主化，军队国家化，召开国民大会，制订宪法。然而，国共的军事冲突在协商中并没有停止过，在东北问题尤其严重。

东北的问题根源在苏联。当初斯大林承诺在受降后三个月内从东北撤军，后来却一直驻军不退。苏联远东军总司令马林诺夫斯基（R. Y. Malinovsky）下令将价值超过美金二十亿元的各种工厂设备当作战利品，全部拆卸后运回苏联，又一并掳走许多日本工程师。蒋介石派蒋经国随一个代表团前去要求国军接替苏联红军收回东北，马林诺夫斯基却一再推托阻挠，毛泽东趁机下令华北的共军急行军赶到东北，由林彪组建一支"东北民主联军"。依据毛自己发表的一篇文章，结果东北的共军从十几万人增加到五十万人。苏联红军又把投降的七十万日军的现代化武器装备转到共军的手里，共军由此迅速壮大起来。苏联于是撤军，但每撤离一地，共军随即进占，长春和沈阳遂先后落入共军手中。等到苏军完全撤出东北时，已是四月底，距离当初斯大林承诺完全撤出的日期超出将近五个月。

这时，国军在西南的精锐之师终于由美国以军舰运到秦皇岛，然后经山海关进入东北。五月，国军杜聿明率孙立人、陈明仁等将领指挥三十万大军在四平街和共军激战。共军大败，国军接着继续追击。不料马歇尔这时又强迫蒋介石发布第二次停战令，否则将中断供应国军武器。蒋介石不得不接受，但为此痛恨不已。事实上，马歇尔与蒋介石对国共内战的观念完全相反。马歇尔认为和谈是第一要务。蒋介石却认为中共只有彻底消灭一途，但被迫停止追击，共军因而又获得第二次喘息的机会。

国共此消彼长，情势逆转

话说回来，蒋介石政权的问题不只在战场，更在内部。首先，在党内可说是派系林立，其中所谓的"CC系"最跋扈，也最强硬，特别使得马歇尔反感。其次，在军中以陈诚为首的黄埔嫡系极端轻视地方军阀出身的非嫡系将官，如李宗仁。黄埔嫡系又排斥孙立人等少数外国军校毕业的将官。

孙立人毕业于美国维吉尼亚军校（Virginia Military Institute），如前所述曾在缅甸对日仁安羌之战大捷，一战成名，又在四平街之战建功，却在不久后被调离东北战场，改为主管训练。毛泽东为此欣喜庆贺。

陈诚在抗日战争结束后也曾奉命主持裁军，竟解散许多有功的游击队及所谓的"伪军"。数十万国军官兵顿时失业，于是愤而投奔共军。马歇尔协调国、共裁军时，陈诚又裁撤了许多非嫡系的所谓"杂牌军"。这些人大多也投奔了共产党。国共军力由此你消我长。

但一般认为，国民党最大的失败是失去民心。回溯抗战胜利后，国民党派到各地负责接收的官员大多任意以汉奸罪名逮捕人，借机搜刮、勒索。说是接收，其实是"劫收"。国军大多也是违法乱纪。相对地，共军要求士兵严守军纪，不可扰民，一再申明"三大纪律"和"八项注意"，获得百姓拥护。

此外，中共也发动舆论批评美国，说苏联已经撤军了，美国却还有大批部队留在中国，刻意挑动反美情绪。1946 年底，北京发生一起大学女生沈崇疑似被两名美国大兵强奸的案子。北京学生立即罢课，全国各地的学生同时响应，掀起前所未有的反美风潮。马歇尔原本早已灰心，于是辞职离华。事实上，沈崇案的背后并不简单，有许多疑点及争议，但至今真相未明。

马歇尔返回美国后不久被任命为国务卿，国共都大吃一惊。但国共内战这时再也无人阻挡，于是全面升高。毛泽东这时将共军改称为"人民解放军"，蒋介石也宣布全面动员勘乱。但总体而言，战况逐渐对国军不利。

1947 年 9 月，蒋介石派陈诚代替杜聿明到东北主持战局。这时孙立人已被调离，陈诚又以贪污罪查办陈明仁，导致军心不附。陈诚又宣布裁撤东北的杂牌军，数万名经过关东军严格训练的"伪满军"于是也纷纷投共。1947 年冬，国共又战于沈阳，国军大败。1948 年

3 月起，共军发起长春围城战，长达七个月。由于毛泽东指示务必"要使长春成为死城"，禁止所有的老百姓出城，据估计城内有超过三十万名无辜的男女老幼饿死，与先前南京大屠杀事件中遭到日军杀害的人几乎一样多。

中共建国，国民党退守台湾

国民党政权在财经方面更加失败。内战开始后，由于政府乱印钞票，造成恶性通货膨胀，法币（国民政府发行的钞票）对美金在两年内贬值达九百倍。公务员及升斗小民无不受害，豪富之家却借机操纵套利。其中尤以孔、宋两家最为不择手段，只有宋庆龄不齿自己家人的贪腐，选择与共产党站在一起。学生和百姓因而发起示威游行，浪潮汹涌。有识之士都认为国民党已经无药可救，共产党必然取得胜利。1948 年 8 月，国民政府眼见法币已经破产，又推出"金圆券"；为此蒋介石特派蒋经国到上海负责督导，同时管制经济及物价，声称"只打老虎，不拍苍蝇"；结果却彻底失败，而主要原因之一竟是蒋介石的妻子宋美龄横加干涉，公然回护孔、宋两家及其他特权份子。蒋经国不得不辞职，而金圆券在十个月内竟贬值将近十万倍，造成更大的风暴。许多百姓乖乖地依规定将私蓄的金银首饰都拿出来兑换金圆券，结果都在风暴中没顶，对政府最后的一点点向心力于是完全丧失。

与金圆券风暴同时，人民解放军开始在战场上取得决定性的胜利。1948 年 9 月起至年底，毛泽东指示陆续发起"辽沈战役""淮海战役"及"平津战役"，都获得大胜，总共歼灭国军超过一百二十万人。在此三大战役中，由农民组成的"支前民工"发挥了巨大无比的力量。以淮海战役为例，解放军只有六十几万正规军，少于国军八十万人，但据估计支前民工有五百四十万人，是正规解放军的九倍。民工协助架设电话，运送粮食、弹药，抢救伤兵；也有挖战壕，或挖深沟破坏道路，以阻滞国军机动部队前进；更有无数人上第一线冲锋。国军无论如何奋勇，事实上无法抵挡中共的"人海战术"。

农民为什么要帮助解放军？原因是共产党在东北、华北各苏维埃区、解放区进行激烈的土改运动，鼓动佃农、贫农清算地主、富农，没收其土地，又将阶级敌人扫地出门，打伤或打死，其身家性命就和共产党绑在一起了。许多农民又相信，共产党如果失败，国民党必将展开报复，因而只有拼死帮共产党打倒国民党。

国军之败，另一重要原因是在间谍战的失败。当时除了平民，也有部分党政要员早已被中共吸收，更有许多人的亲戚、子女加入共产党或其地下组织，为共产党工作，或搜集情报；因而，共产党对于国民党及国军的一举一动无不了如指掌，其影响极大。举一个例：1948年 11 月，在国民党内被称为蒋介石的"文胆"，地位极高的秘书长陈布雷，突然留下遗书而自杀；一般认为，陈布雷除了对时局深感绝望之外，也因为他的小女儿及女婿早就是地下共产党员，并且被破获。再举一例：1949 年 1 月，在平津战役的最后阶段，国军华北剿匪总司令傅作义的女儿傅东菊向其父表明自己是共产党员，劝其父投降；傅作义接受，共军于是不经战斗就进入北京城。

1949 年 4 月起，共军又渡过长江，席卷华南。蒋介石至此不得不辞去总统职位，由副总统李宗仁代理。国民党人大部分认为大势已去，决定投共。不过蒋介石已经暗中布置台湾以为退路，安排陈诚为台湾省主席。蒋介石又命令蒋经国前往上海，将库藏的黄金、白银和外币秘密运到台湾，据估计总共价值约为当时的美金五亿元，对后来的国民党台湾政权产生重要的稳定作用。

1949 年 10 月 1 日，毛泽东、刘少奇、周恩来以及其他中共的领导人站在北京紫禁城的城楼上，宣布成立"中华人民共和国"。到了12 月，蒋介石也宣布将"中华民国"政府迁到台北，继续统治台湾、澎湖，以及金门、马祖等外岛。海峡两岸从此处于分裂分治的状态。

第 7 章

中共建国后共产势力在东亚及东南亚地区的扩张

第二次大战结束之后，如前一章所述，美国由于惊觉东欧国家都迅速地被关入铁幕，决定对苏联采取围堵政策，结果虽然成功地阻止共产势力继续在西欧扩展，却无法阻止中共在中国的内战中获胜而取得政权。但中共建国之后，无疑将使得其邻近的东亚及东南亚地区国家也发生巨大的变化。本章的主旨就是为读者们归纳叙述这一连串的后续变化，而其中发生最早，且最为人所知的，就是韩战。

由于中共的领袖毛泽东是造成这些变化的主要因素，而史达林是背后的指导者，因而本章有必要先从毛泽东统治之下的新中国是什么样貌，以及毛泽东与史达林之间是何种关系说起。以下先说前者。

毛泽东统治下的新中国——新民主主义、土改运动及三反、五反

中共建国后也和东欧国家一样，刚开始并没有实施共产党一党专政，而是成立一个联合政府，同时延续内战期间马歇尔来华调解时成立的政治协商会议（"政协"），纳入各民主党派、产业界、文化界人士。中共又通过一个《共同纲领》，实质上就是临时宪法，其重点是采行"新民主主义"。

毛泽东其实早在 1940 年就提出过"新民主主义"这个名词，基本上是代表从资本主义到社会主义的一个过渡阶段。毛说，共产党在此阶段将领导工农阶级，联合小资产阶级及民族资产阶级，实行"人民民主专政"；在财经方面，原则上是不排斥私营企业及资本主义。

"新民主主义"与当年列宁在内战结束后所提出的"新经济政策"十分类似。当初列宁为权宜之计，允许"在相当的自由贸易基础上，复兴小资产阶级和资本主义"。只是列宁死后不过几年，史达林就开始向左转；而毛更快，在建国不到一年内就决定转到极左路线了。

1950 年 6 月，中共公布一项《土地改革法》，发动如狂风暴雨一般的土改运动，并且采取"村村见血"的残酷暴力手段，派大批的工作队到全国各地的农村，组织贫、下、中农及流氓、地痞，对所谓的"土豪劣绅"进行公审。土改运动在推动二年半后大致完成。据中共发布的资料，全国约 6,000 万户贫农、雇农原本只有 2 亿亩耕地，在斗争约 700 万户富农、地主之后增加为 7 亿亩；约 3,000 万户中农的耕地也从 4.6 亿亩增加为 6.7 亿亩。但同时约有 100 万至 500 万名富农、地主（根据不同来源估计）被斗争致死，或被判死刑，或自杀。

中共土改运动清算地主大会场景

中共的土改运动其实并不是从这时才开始，而是从二〇年代起就在其所控制的苏维埃地区开始实施。中共也曾于 1947 年 10 月在华北地区发布《中国土地法大纲（草案）》，强推土改运动，目的是为了在国共内战期间快速取得粮食供应。当时曾有一位名叫韩丁（William H. Hinton）的美国人在山西省潞城县张庄居住，目睹残酷的土改风暴发生的经过，在回国后写了一本《翻身——中国一个村庄的革命纪实》（*Fanshen: A Documentary of Revolution in a Chinese Village*）。"翻身"的意思，就是农民彻底打倒乡绅地主，从此出头天。但《翻身》这本书一直到 1966 年才获得出版，而许多西方人是在读了《翻身》之后才对中共的土改运动有了比较清楚的认识，不过已经是在中共建国十七年之后。

1951 年底起，中共又推出三反、五反运动。所谓的"三反"，是指反贪污、反浪费、反官僚主义；这是针对党政机关和国营企业的干部，也就是要清洗内部的阶级敌人。毛说："全国可能要枪毙一万到几万贪污犯才能解决问题。"最高领导人既然在数字上有明确的指示，各级政府只有努力达成，最好是超标，于是有所谓的"逼、供、信"，即是采取强逼的方法（主要是刑求）以取得供词，然后将供词当作证据，据以判罪。数十万人因而遭到调查，被判刑、处死或自杀。所谓的"五反"，是指反行贿、反偷漏税、反窃盗国家财产、反偷工减料和反盗窃国家经济情报；这是针对不法的资产阶级，也就是要整肃外部的敌人。毛长久以来对资产阶级的仇视，这时明显表露。他说："资产阶级……盛气凌人，向我们猖狂进攻起来。现在已经到时候了，要抓住资产阶级的小辫子，把它的气焰整下去，如果不把它整得灰溜溜、臭哄哄的，社会上的人都要倒向资产阶级方面去。"五反运动同样是采取"逼、供、信"，也同样有数十万人遭到调查，被判刑、处死或自杀。

毛泽东与斯大林的首次会面——兼述高饶事件

1949 年 12 月，史达林欢度七十大寿，全世界各国共产党的领袖都获邀参加庆祝大会，毛泽东也应邀参加。这时中共才刚击败国民党而建国，许多人都觉得难以置信，连斯大林都觉得意外，毛一时成为世人瞩目的焦点。然而，斯大林由于对前述的"铁托事件"始终耿耿于怀，连带也怀疑毛和铁托一样是一个民族主义者，而不是真正的马列主义者。毛也很清楚斯大林并不信任他，因而是怀着忐忑不安的心情乘坐长途专列火车到莫斯科，第一次见到斯大林。

不料斯大林在一开始对毛非常冷淡，并没有对他特别说什么，或特别表示什么。毛被安置在郊外的一栋别墅里，无人理睬，至为恼怒。但是当西方媒体发布新闻，猜测毛被软禁时，斯大林却立刻改变态度，指示《真理报》专访毛，又说先前苏联与蒋介石政权签定的《中苏友好同盟条约》对新中国不利，不如取消而另订一个新约。斯大林又同意对新中国提供三亿美元的低利贷款，承诺派技术专家到中国支援进行项目建设。毛大喜，于是发电报召请周恩来率团到莫斯科，和苏联正式谈判，最后签订了《中苏友好同盟互助条约》。

关于毛的莫斯科之行另有一事必须一提。回溯 1949 年 9 月，香港有一些资本家组团到东北访问，之后又到北京。毛接见后问他们旅行的观感。他们说，东北秩序井然，但完全没有中国的味道，反而像是苏联的土地，街道上所有高大的房屋上只看到悬挂史达林的巨幅肖像，毛主席的肖像一张也没有。到了 12 月，毛乘火车前往莫斯科，沿途经过沈阳，下车一看，果真只看到史达林的肖像。毛大怒，让人带话给东北局书记高岗，说东北现在还是属于中国的。

高岗当时在东北身兼各种要职，势力极大，又有野心，时常越过毛而直接联络，或写报告给斯大林，其中包括对一些中共高干的批评。毛将要离开莫斯科时，斯大林竟将高岗写给他的报告全部交给毛。没有人知道斯大林为什么要这样做，但高岗的命运因此早已决定，只是斯大林在世时，毛还不敢动手。

高冈与中共第二号人物刘少奇也有矛盾。当毛开始推动上述的极左政策时，刘少奇和周恩来的思想仍停留在巩固新民主主义的阶段，还在说应当允许资本家继续"剥削"失业的工人，也要继续鼓励农民雇工，不怕有人因此而发展成为富农。高岗是极左派，为此与刘少奇发生冲突，又向毛告状。毛大怒，决定要削夺刘、周的权力，在1952 年 8 月将邓小平、习仲勋（日后中共总书记习近平的父亲）、邓子恢、高岗和饶漱石等地方大员都调入北京中央，被百姓称为"五马进京"，一时喧腾。其中高岗分管原先周恩来掌管的政务院中将近一半的部会，尤其炙手可热。

1953 年 6 月，毛直接说从此不准再提新民主主义，声称"要在十到十五年使资本主义绝种"，又逼刘少奇再一次认错。高岗大喜，与饶漱石一起到处串连，有扳倒刘少奇，取而代之的企图。毛获得密报后大怒，又因史达林已经去世，遂决定反过来整肃高岗。1954 年 2 月，高、饶二人在毛授权由刘少奇、周恩来共同主持的一次会议中遭到严厉的批判；当晚高岗就在家中举枪自杀未遂，但几个月后仍是服下大量安眠药而死。

"总命令第一号"——决定东亚及东南亚各国命运的指令

本章在叙述二次大战后东亚及东南亚各国发生的后续变化之前，还要先提到一个关键事件："总命令第一号"（General Order NO.1）。日本投降后，杜鲁门任命麦克阿瑟为盟军最高司令官（Supreme Commander for the Allied Powers），负责接管日本；麦克阿瑟又依杜鲁门的指示发布此一命令，同时请日本天皇向日军发布同样的命令。"总命令第一号"的内容大致如下：

> 中国、台湾和北纬十六度以北的印度支那地区由蒋介石受降。满州、北纬三十八度以北的朝鲜、库页岛和千岛群岛，由苏联司令官受降。东南亚、北纬十六度以南的印度支那和从缅甸至所罗门群岛，由英国蒙巴顿勋爵或澳大利亚的司令官受降，其分界线由两人自行划定。日本、菲律宾以及北纬三十八度以南的朝鲜，由麦克阿瑟将军受降。

相信读者们不难看出，这道命令直接决定了其所涵盖地区各国的命运。

如上一章所述，苏联正是因为在满州单独受降，才能借机阻止国军接收东北，协助中共在国共内战中取得胜利，最终夺得政权。至于朝鲜半岛，由于是分别由美国和苏联在南、北受降，就直接导致后来的韩战及南、北韩分立。

　　日本本土既是由美军单独受降，麦克阿瑟又是后来日本最高的统治者，所以政治、社会都能获得稳定，经济也得以迅速复兴。台湾是由国民党的军队单独接收，所以在后来成为蒋介石从大陆战败后退守的基地，虽然继续受到中共的威胁，基本上已经安全了。至于东南亚地区各国的后续发展，同样受到受降的规定的直接影响，不过情况各自不同。

　　以下我就按顺序从北往南，再由东至西，一一叙述各国的情况，所以就先从朝鲜半岛说起。

韩战始末及其影响

　　韩战是紧接着中国内战之后影响整个世界的一次战争，有必要详细叙述，而若要详细叙述韩战，就必须从二次大战前朝鲜人的海外抗日运动说起。

　　回溯朝鲜半岛被日本殖民时，有许多爱国志士逃到海外进行各种不同的独立运动。其中有一部分人逃到中国，并在上海成立一个临时政府；其领导人金九主张采取暴力手段，曾经企图在东京炸死天皇不遂，却成功地炸死日本在中国派遣军的司令官，并且重伤日本驻华公使。蒋介石也曾协助金九组建一支韩裔的"光复军"，到二战末期已有数万人，预备将来回到韩国对日作战。不过有一位留美博士李承晚因为和本土派人士不合，后来被派到美国担任驻美代表。

　　另有一部分志士逃往苏联，被划归共产国际高丽支部管辖；还有一部分人到了中国东北，奉命加入中国共产党，这是因为共产国际一向有"一国一党"的规定。后日北韩的领导人金日成便是于 1931 年在满州加入中国共产党。金日成本名金成柱，幼年时跟着务农的父亲从出生地平壤移居到满州，在成年后参加东北抗日联军。1937 年，金日成率领部属越过边境回到北朝鲜，发起著名的"普天堡战役"，从此广为人知。

● 美、苏分占朝鲜半岛南、北

日本投降后，苏联及美国依据"总命令第一号"的规定以北纬三十八度线为界分别接收朝鲜半岛的北部及南部。苏联军队进驻平壤后，海外的共产党人纷纷归国，其中有苏联派、延安派、满州派，另外还有国内派，十分复杂。当时在北方另有一个由曹晚植领导，从事非暴力的民族独立运动的"朝鲜民主党"，规模远远超过共产党。曹晚植被称为"朝鲜的甘地"，备受人民尊敬。

在南方，这时也是党派林立，有右派、左派及中间派之分。金九所领导的原本是最大的派系，但由于美国军政府不承认金九的临时政府，又拒绝光复军回国，只准流亡人士以个人的名义申请回国，临时政府及光复军被迫解散。事实上，美国这时已经决定以李承晚为合作对象，紧急用专机送他回国。

1945 年 12 月，美、英、苏三国共同决议将韩国交付国际托管五年。在南方，民族主义意识强烈的金九立即发起罢市、罢工、罢课，声称凡是同意托管者都是民族的叛徒。美国军军政府大怒，对李承晚施压，要求解决，不久后一位支持金九的右派领袖竟遭暗杀而死。在北方，曹晚植也强烈反对托管，结果竟被苏联军部拘捕下狱，后来死于狱中。

美、苏虽然都支持托管，对于如何托管时却无法达成共识，于是各行其是。1946 年 2 月，苏联在北方成立一个"北朝鲜临时人民委员会"，以金日成为委员长，兼掌"北朝鲜劳动党"（以下称北劳党）。美国军政府也在南方成立一个"南朝鲜民主议院"，以李承晚为议长，金九为副议长。

苏联另外也在南方成立一个"南朝鲜劳动党"（以下称南劳党），由朴宪永领导，利用战后南韩人民普遍失业，以及由于天候干冷而导致的饥荒发起示威游行、罢工及农民运动。李承晚与美国军政府派军警强力镇压。据统计，在 1946 年发生至少一百七十起罢工事件，十二万人被捕，四千多人丧生。南方同时出现许多暴力的右翼组织，以恐怖手段暗杀左翼政治人物，袭击参加罢工的工人和抗争的农民。南朝鲜社会的意识形态逐渐产生歧异，朝两极发展。

当时金九与李承晚的思想歧异也很大。金九主张南、北合作，经由过渡政府而建立统一的国家；李承晚却认为这不过是为共产党制造机会。美国后来决定在南方单独进行选举，金九却还是反对，甚至率团到平壤，与金日成共同发表反对声明。但美国军政府仍依计划在1948 年 5 月举行大选，选出李承晚为大统领。同年 9 月，北韩也选出金日成为总理。南、北韩于是正式分裂。

● 韩战爆发

李承晚政权成立后所任命的官吏和警察大多贪污腐败，通货膨胀也日趋严重，使得人民更加不满。南劳党趁机扩大工农运动，与政府之间的斗争日趋惨烈，因而导致许多悲剧发生，其中以 1948 年 4 月爆发的"济州岛四三事件"最具代表性。济州岛上的居民多为贫农和佃农，因响应南劳党的号召而群起暴动，遭到政府军及右翼团体屠杀，结果有六万人遇害，占济州岛当时人口的五分之一，可谓惨绝人寰；岛上的农舍也几乎全部被焚毁。

次年 6 月，金九突然在自宅中遭到刺客枪杀，后来有证据显示此案与李承晚有关，是一件政治谋杀案。南韩的政治、社会由此更加动荡不安，因而使得金日成开始有吞并南方的野心。又过四个月，毛泽东在北京天安门上宣布建国，金日成受到刺激，更是强烈地向斯大林表示希望挥兵南下以统一朝鲜半岛。但斯大林担心北韩南侵将拖苏联下水，不表同意。毛泽东也不赞成，因为这时他是以跨海攻取台湾，消灭残余的蒋介石势力为优先，认为北韩南侵可能导致美国干涉攻台的计划。金日成因而无可奈何。

不料到了 1950 年 1 月，美国国务卿艾奇逊（Dean G. Acheson）突然在一次演讲中宣称，美国所关切的是一条从阿留申群岛（Aleutian Islands）、日本、冲绳到菲律宾的战略防线，"至于太平洋上其他的地区，很清楚地就没有人能够保证其安全而不遭到军事攻击。"从地图上看，台湾和朝鲜半岛都在这条防线之外，也就是都不在美国保证的防御范围之内。艾奇逊的声明完全出乎斯大林的意外，金日成也受到鼓舞，再一次向苏联提出请求。不久后，金日成和朴宪永就应邀前往莫斯科，向斯大林说李承晚政权已经遭到全民唾弃，在南韩潜伏的游击队二十万人正等待起义；又说美国并没有不计代价捍卫南韩的决心。

斯大林表示同意，但要求两人到北京去，看毛怎么说。金日成见到毛后，自信满满地说只要中国同意他出兵，北韩不需要什么帮助；美国必定不会参战，所以战争很快就可结束。毛并不同意他的说法，不过斯大林既然表态了，已经无从反对。金日成于是在 6 月 25 日下令出动十个步兵师和坦克、炮兵部队跨过北纬三十八度线，大举南侵。韩战爆发。北韩军三天内便攻占汉城。南韩军队一路败退，到 7 月底已经退到半岛南端，岌岌可危。

不料美国在北韩南侵后第三天就宣布出兵朝鲜半岛，派第八集团军从半岛南端登陆。联合国安理会也通过决议，要求各国派出部队，由杜鲁门提名的麦克阿瑟担任联军统帅。杜鲁门同时命令美国第七舰队驶入台湾海峡，以防备中共渡海攻击台湾。

● 美国参战

美国的迅速行动可说是完全出乎斯大林和金日成的意外。事实上，艾奇逊发表声明时，杜鲁门确实是支持他的看法。一般认为，美国当时还期望中共有可能和南斯拉夫一样会和与美国维持关系，而不是完全倒向苏联。但如前所述，艾奇逊发表声明后不到一个月中苏就在莫斯科签定和平友好条约，杜鲁门于是明白原先的期望完全不切实际。美国军方原本就不同意国务院的意见，这时鹰派主张更是占上风。麦克阿瑟也建议杜鲁门，说台湾是"不沉的航空母舰"，绝对不能落在共产党的手中。

当时美国国内麦卡锡主义也正在兴起。回溯 1949 年 8 月，艾奇逊也曾发表过一纸《中美关系白皮书》，辩称国共内战的失败完全是国民党和蒋介石的责任，与美国无关。参议员麦卡锡（Joseph Raymond McCarthy）却指出国务院里隐藏大量的共产党员，影响其对华政策，这才是美国"失去中国"的主因。

同时，刚就任为国务院特别顾问的杜勒斯（John Foster Dulles）也主张改变美国的政策。杜勒斯出身共和党的政治世家，强烈批判美国的围堵政策只是防御性的，主张改采攻击性的"回击"（rollback）以对付共产党，其主张迅速成为共和党一致的政策。杜鲁门虽是民主党籍的总统，也决定敦聘杜勒斯为特别顾问，请其献策。

总之，美国的东亚政策在韩战爆发前就已完全改变了，因而韩战爆发后杜鲁门不假思索就决定出兵介入。 9 月中，麦克阿瑟下令联军四万多人在仁川登陆，攻克汉城。北韩军南侵的部队被切断后路，于是崩溃，数万人被俘。麦克阿瑟接着下令联军继续北上，完全不理中国一再发出的警告，越过三十八度线打到北韩境内。金日成惊慌失措，紧急向斯大林和毛泽东求救。但斯大林回覆说北韩只能向中国求助，金日成只得火速派特使到北京。

● 中国志愿军抗美援朝，麦克阿瑟遭撤换

毛泽东立刻召开政治局会议讨论，但在两次开会时提议派军队到北韩竟都遭到反对，只好委婉地发电报给史达林说不能出兵。斯大林回电大表不满。毛只得召开第三次会议，并派专机把彭德怀从西安接到北京。彭德怀一向备受同志尊敬，直接发言表示支持出兵，与会众人只得同意。毛于是发布彭德怀为"抗美援朝人民志愿军"总司令。

关于毛泽东为什么决定出兵朝鲜，一般认为有以下三个主要原因。首先，毛担心北韩万一灭亡后"唇亡齿寒"，中国将更危险。其次，毛知道斯大林对他到这时还有很深的疑虑，所以这是他能否取得斯大林信任的一种测试。同时，新中国成立后需要苏联依其承诺援助进行各种项目建设，中国如不出兵，那些项目都可能喊停。最后，斯大林早在中国建国大典举行之前，就已经对毛派去见他的刘少奇说，

希望中国今后也帮助一些被殖民国家的独立革命运动。事实上，野心勃勃的毛正是希望成为此后在亚洲输出革命的领导人，所以在这时不论代价有多高，他也决定要出兵到北韩。

中国决定出兵后，斯大林同意提供中国大炮、坦克和全新的武器装备，也提供鸭绿江以北地区的空中掩护。至于鸭绿江以南所需的空防，在初期两、三个月中还无法提供，志愿军因而将有暴露在美军空中攻击之下的极大风险。彭德怀至为忧虑，但因军情紧急，也只能接受命令冒险率领志愿军三十万人悄悄地跨过鸭绿江。麦克阿瑟却误以为中国不会出兵，又自信满满地对杜鲁门说战争很快就会结束，不料联军攻到鸭绿江边正好落入彭德怀所设的陷阱，大败，溃不成军。中国志愿军与朝鲜联军追击，收复平壤。

杜鲁门大怒，于 1951 年 4 月下令将麦克阿瑟撤职，以李奇威（Matthew B. Ridgway）代替。事实上，杜鲁门对麦克阿瑟的不满已非一朝一夕，其细节本书在此不拟详述。不过简单地说，杜鲁门最怕的是韩战演变为美、苏之间的直接冲突，所以只想打一场"有限度的战争"。麦克阿瑟偏偏主张在中国大城市投掷原子弹，又建议邀请蒋介石派兵到朝鲜半岛参战，与他的原则正好相反。

● 韩战结束及其后续影响

彭德怀获胜后，原本希望暂时停留于三十八度线以北，却因斯大林和金日成透过毛泽东不断催逼，只得率大军渡过汉江。不料李奇威下令炸毁汉江大桥，截断其后路。中朝联军在敌人的飞机、大炮猛烈攻击下，伤亡惨重。彭德怀至此忍无可忍，紧急搭专机回到北京，在清晨直接闯入毛的卧室，请求允许将军队撤回三十八度线之北。毛不得不同意。

韩战由此转折，从攻城掠地的运动战转为持久的阵地战。不久后，双方代表开始在板门店举行和谈，但仍边谈边打。1953 年 3 月，斯大林病逝，意味战争即将结束。到了 7 月，北韩、中国及联合国代表签署了停战协定，同意南、北韩以北纬三十八度线为界，分别统治，等于回到了战争前的原点。

韩战是二次大战以来规模最大的一场战争。据估计，南北韩各有一百万人战死或失踪，平民死伤更多。战后到处满目疮痍，经济的损失无法估计。美军也有十五万人死亡或失踪，但花掉的战费达到两百五十亿美元，几乎是马歇尔计划的两倍。中国志愿军约有四十万人死亡或失踪。中国原本希望无偿取得苏联的坦克、飞机、武器及装备，但斯大林只同意借贷，据估计金额达到三十二亿卢布，还要加计利息，必须在日后分年偿还。这对中国无疑是极大的负担。 不过从中国出兵之日起，斯大林便下令加速协助中国推动电力、钢铁、煤炭、机械、化肥等项目建设，共五十项，后来都并入"第一期五年计划"（1953—1957）中。苏联又提供每年约十亿卢布的贷款，加速中国的经济发展。但中国与西方各国贸易的大门在韩战后也已经关闭，此后只能和共产集团往来。

韩战的另一重大影响是美国此后明显地越来越趋反共。艾森豪威尔于 1953 年 1 月就任总统，直接聘请杜勒斯为国务卿，以落实"回击"的策略。杜勒斯的弟弟艾伦（Allen W. Dulles）有丰富的谍报工作经验，艾森豪威尔将他升任为中央情报局（CIA）局长。两兄弟于是联手对付所谓"美国的敌人"。

二战前后日本共产党的盛衰

以下接着说日本的共产党。日本很早就有社会主义政党，主要由片山潜、幸德秋水、堺利彦等人领导；后二者合作将《共产党宣言》翻译成日文出版。幸德秋水的思想倾向无政府主义，被诬指企图刺杀天皇，因而遭到逮捕，与同志十二人一起被处决，史称"幸德大逆事件"。日本社会主义者从此销声匿迹。1922 年，日本共产党成立，但被宣布为非法，党员大多被捕，只得解散。1926 年，日共再度成立，不料两年后军人出身的新首相田中义一下令逮捕一千多名共产党员，其领导人德田球一也被捕，从此在牢中度过十八年。

如前所述，麦克阿瑟在日本投降后获任为盟军最高司令官，并成立总司令部（General Headquarters, GHQ）以接管日本。他到任后不久就下令逮捕主要战犯，并筹设一个远东军事法庭负责审判。天皇原本也被列为战犯之一，但麦克阿瑟从亲身接触中很快就得到一个结论：如果天皇作为战犯受审而被绞死，日本民众必将无法接受，很可能会爆发没完没了的战争，届时盟军即使有一百万人的部队也没有用。因而，军事裁判法庭尚未开庭，麦克阿瑟已经写报告给杜鲁门，表示不赞成审判天皇。

不过麦克阿瑟更重要的任务是改造日本。GHQ 因而颁布"五大改革"，其中包括给予妇女参政权，制订劳动组合法，给予劳工组织工会及罢工的权力，以及开放言论、集会、结社的自由。GHQ 又推动国会选举，修订新宪法，公职追放，解散财阀，等等。所谓的"公职追放"，就是要将那些被认定曾经协助军部发动战争的人一概排除在新政府之外。原本日本大选后应由胜选的鸠山一郎组阁，不料麦克阿瑟以一纸命令直接将鸠山追放，改由吉田茂接任首相。至于"财阀"，主要指三井、三菱、住友、安田等由家族掌控的日本大企业。这些财阀在战争期间大多从事于制造枪枝、大炮、坦克、飞机及军舰，被认为是军国主义的帮凶。GHQ 要求其自行解体，否则将被强制执行。

原本被禁止的日本共产党这时又成为合法的政党，前述的德田球一于是获释出狱。当时日本也和朝鲜半岛一样天候干冷而闹饥荒，德田对群众发表演讲，说"粮食比宪法重要！"，一下子获得许多饥饿的老百姓的支持。另有一名居留在延安多年的日共领导人野坂参三也与毛泽东握别，返回日本，受到民众盛大欢迎。日本共产党的声势于是扶摇直上。

由于谣传饥荒可能造成一千万人饿死，黑市米价飙涨，共产党借机鼓动二十几万人于 1946 年 5 月在东京都示威，宣称要解放日本。吉田茂请麦克阿瑟向杜鲁门总统求救，获得同意运送一百万吨粮食到日本，才解除了危机。日共接着又计划在第二年春天发动总罢工，号召日本所有工会的工人加入，预计将达到六百万人。但麦克阿瑟断然下令禁止罢工，一股赤焰狂潮因而暂时受挫。

不过 GHQ 的官员认为，日本农村以贫农、佃农居多，被大地主剥削，如不进行改革，共产党必将坐大。麦克阿瑟因而要求日本政府进行土地改革，强制收购地主的土地，再便宜卖给农民。日本推动农地改革五年后，全国的佃地只剩下十分之一。农业生产在十年内增加一倍。农地改革的成功也为日本后来社会稳定、经济起飞打下坚实的基础。

正当麦克阿瑟在雷厉风行地进行改造日本时，美国国务院突然派一位特使于 1948 年 3 月到东京，要求他立即改变对日本的占领政策。这位特使名叫乔治·凯南，正是前述撰写"长电报"，影响美国对苏联政策的关键人物。凯南说，冷战已经开始，美国决定对共产集团采取围堵政策，因而必须让日本加入资本主义阵营。凯南又传达了白宫对麦克阿瑟的指令，其要点为：各项改革与追放免职应适可而止；及早结束战犯审判；尽速复兴日本经济；尽快还政于日本政府；鼓励日本重整军备。总之，"复兴重于改革"，麦克阿瑟只能遵照新命令执行。财阀于是复起，许多战前的日本政治人物也纷纷再起。

美国又派了一位银行家道奇（Joseph M. Dodge）到日本协助进行财经改革，推动所谓的"道奇路线"。改革最终虽然成功地控制了极为严重的通货膨胀，在过程中政府却被迫裁撤大批的公务员，民间企业也纷纷倒闭，或大幅裁员，因而引发严重的劳资纠纷。日共于是又鼓动工会进行激烈的罢工及抗争，并导致数起惊人的意外事件发生。日本警方在调查后宣称这些事件都是共产党在背后指使的，并逮捕了二十几个嫌犯。媒体报导及社会舆论于是转向，使得日本百姓对共产党的印象迅速恶化。麦克阿瑟也大怒，发出指令驱逐所有公、私营企业里的共产党员。德田和野坂都被通缉，只得逃亡到中国。 到了 6 月底，韩战爆发，共产党在日本就完全消失了。

二次大战前后的台湾历史与共产党的关系

台湾在二次大战前后的历史与共产党也有相当的关连。

台湾在战前是日本的殖民地，有一部份台湾人为了提升文化，并向日本政府争取提高台湾人民的参政权，由两位仕绅林献堂和蒋渭水领导，在 1921 年成立了一个极有影响力的"文化协会"。不料由中共所扶植的一部份台籍共产党员逐渐渗透这个协会，竟在六年后夺取了其领导权；林、蒋两人愤而退出自己创办的协会，另创一个"台湾民众党"。

约一年后，台湾共产党于 1928 年 4 月在上海租界正式成立，其成员中最为人所知的是一位名叫谢雪红的年轻女子；由于家庭贫困，她在十来岁时两次沦为商人的小妾，后来却决定参加共产革命，并曾到莫斯科东方大学留学。但台共成立不久后成员就遭到租界的日本警察大举搜捕，谢雪红也被捕，又被强制遣返台湾。谢雪红不久后获得释放，于是决定与另一个较早成立的"台湾农民组合"合作，招募其成员加入台共，并协助该组合召开全岛大会。谢雪红同时也对台湾民众党进行渗透，蒋渭水受其影响也积极投入工农运动，结果导致台湾民众党在 1930 年发生分裂，林献堂愤而率众退党。到了 1931 年 2 月，日本总督府勒令台湾民众党解散；蒋渭水在不久后因病去世。

正当台湾民众党发生分裂时，台共也发生分裂。由于中共的介入，一部份台共极左派干部发起围剿谢雪红，并在 1931 年 5 月底通过决议将她开除党籍。不料日本特务警察早已侦知台共企图进行颠覆活动的详情，这时突然动手，逮捕谢雪红及所有斗争她的对手，台共组织瞬间瓦解。谢雪红系狱九年，一直到 1940 年才获得释放，却仍暗中活动。

日本战败后，陈仪奉蒋介石之命到台湾接收，却大量任用"外省人"（即大陆各省来台者）及"半山"（即台湾人曾到大陆为国民党工作者），极端歧视台湾人，又放纵部属贪污腐化，结党营私。台湾人民怨日深。谢雪红开始成立人民总工会、农民协会、学生联合会等群众组织。中共这时命令台共份子蔡孝干从延安回台湾负责发展台共组织，但台共主张台湾回归中国，谢雪红却主张台湾自治，两者水火不容，所以谢雪红拒绝接受台共的指导。

　　1947 年 2 月，台湾突然爆发"二二八事件"，仅仅为了一个警察查缉一名贩卖私烟的老妇人的事件便点燃了台湾全岛人民蓄积已久的怒火，一发不可收拾。陈仪表面上同意由台湾绅商名流组织一个"处理委员会"，以协助维持社会秩序，但在暗中以电报报告蒋介石，指称事件是因潜伏的共党分子勾结本地流氓而引起的，请"即派大军，以平匪氛"。当时蒋介石正忙于国共内战，收到报告后立刻派兵到台湾进行血腥镇压，然后展开"清乡"。其清洗对象不只是暴乱分子，也包括社会名流及知识分子，其中多为无辜，或被恶意陷害。被捕者大多遭到秘密审讯及毒打刑求，然后处死。死难人数据估计约在一万至三万之间。

　　当时也有极少数的台湾人武装反抗，其中最大的一支武力就是谢雪红所领导的"二七部队"，不过也只有数千人，实力薄弱，只支撑十天就溃败了。谢雪红逃到香港，后来又进入中国大陆，投靠中共。

　　二二八事件造成台湾的"本省人"和"外省人"之间严重分裂，其后遗症在后来数十年仍然无法消除。二二八事件也是台湾白色恐怖的滥觞。蒋介石自认在大陆失败的重大原因之一是共谍无所不在，因而命令台湾省主席兼警备总司令陈诚严防共谍和反蒋人士入境台湾，同时开始"扫红"，其对象因而是不论本省人或外省人。据估计，光是在 1949 年一年之间就逮捕一万多人，枪决了一千多人。其中"澎湖七一三事件"是外省人死亡最多，惨绝人寰的大案。

　　"澎湖七一三事件"的起因是山东烟台有八所中学，约八千名学生，由一位联合校长张敏之带领，乘船逃难到澎湖，要转到台湾本岛让学生继续读书、升学；不料驻防澎湖的国军在从大陆撤离时流失大量兵员，这时竟强行将学生留置，意欲迫使大部分学生充军。学生无不惊恐，张敏之起而率领学生反抗，竟被军方诬指为"匪谍"，多人遭到逮捕，酷刑逼供，有学生被装入布袋直接丢入海中。张敏之及另外六人最后也被押到台北刑场公开枪决。据估计"澎湖七一三事件"牵连约 100 至 300 人，被称为"外省人的二二八事件"，镇慑了所有来到台湾的外省人。

不过蒋介石也请陈诚主持土地改革，借镜 GHQ 在日本的经验将公有的及地主私有的农地逐步以有偿方式转到农民手中，改革同样极为成功，也同样为日后台湾的经济快速发展打下基础。有人评论，国民党如果在大陆早早进行和平的土地改革，或许不至于被共产党赶到台湾来。

苏共中央委员会国际部及共产情报局的对外颠覆活动

本章以下将分别详细讨论共产党如何在东南亚各国发展，但为了使读者更清楚了解其共同的背景，必须先说明两件事：第一，苏联究竟是以什么方式输出革命？第二，东南亚的独立运动。

如前所述，苏联在 1943 年宣布解散共产国际是为了要取悦于美国和英国的权宜之计，但其实并没有完全解散，而是在苏共中央委员会里成立一个新的"国际部"，以接收共产国际的资料及人员，只是规模相对缩小，工作更隐密，而其负责人就是原先主持共产国际的季米特洛夫。二战结束后，季米特洛夫回保加利亚担任共党总书记，斯大林改派理论大师苏斯洛夫（Mikhail Suslov）接掌国际部，实际上由副手波诺马瑞夫（Boris Ponomarev）负责执行。1955 年起，波诺马瑞夫正式升为国际部负责人，任期超过三十年，一直到 1986 年为止，实际上是苏共对外进行渗透颠覆工作的最主要的人物之一。

苏共国际部的主要工作是负责将莫斯科所有的指示、命令，包括文宣、情报及金钱，都传递给世界各国的共产党。苏联克勃格（KGB）、军事情报局、共产情报局（Cominform），以及其他涉及颠覆渗透工作的单位虽然各自活动，基本上都必须接受国际部发出的指导方针。

上述的共产情报局是在 1947 年 10 月由苏联与东欧各国共同成立的，由斯大林所任命的日丹诺夫（Andrei Zhdanov）主持，任务是协助世界上所有被殖民压迫的人民驱逐殖民者。自此以后，西欧各国的海外殖民地就开始发生一连串的叛乱，其中当然也包括东南亚。共产情报局的总部原本是设在贝尔格勒，后来因铁托与斯大林决裂而迁到莫斯科。

根据伦敦一位"冲突研究中心"的创办人柯洛齐（Brian Crosier）在他所写的一本《苏联帝国兴衰史》的说法，西方国家有很多小报都接受苏联的秘密津贴，知名的大报记者、撰稿人也有部分充当苏联的代理人。他们伪造或散布假新闻、假消息，影响社会舆论。苏联特务也搜集西方国家的政府官员、知识分子及有影响力的人士的生活细节，从中寻找可以用来敲诈、威胁特定对象的资料，使其不得不同意担任间谍。也有故意设局引诱，对象如果不慎入彀，就可能被箝制，从此为其所用。

苏共也成立了很多外围组织，大多以"世界"或"国际"为名，如世界工会联盟、世界和平大会、国际学生同盟等。其中世界工会联盟渗透到所有国家的总工会，影响极大。苏共又固定提供钜款给外国的共产党、左翼政党及进步人士，其经费由苏联及东欧各国分担。中共建国之后也提供资金、武器、训练及其他支援，以协助东南亚各国的共产党进行革命。

二次大战前后的东南亚独立运动及共产主义的影响

东南亚的近代史，直接地说就是被西方国家殖民统治的历史。马来亚、北婆罗洲、沙捞越、新加坡和缅甸是英国的殖民地。越南、柬埔寨和寮国合称法属印度支那，是法国的殖民地。印尼当时称为荷属东印度，是荷兰的殖民地。菲律宾原本是西班牙的殖民地，后来转到美国手中。只有泰国是英、法势力范围之间的一个缓冲区，幸免于被殖民。

西方国家通常都在殖民地选定一部分土着领袖，给予特权，使其分沾少许利益，愿意与殖民政府合作。但被殖民者也有很多人擎起民族主义大旗，从事独立运动，一心一意要把外国人赶出去。不幸的是，东南亚各国所有的独立运动直到十九世纪末都以失败收场。

社会主义及共产主义出现后，东南亚各国的独立运动开始有了不同的面貌。有一部分土着苏丹派其子女或族中的菁英到欧洲接受西式教育，受到革命思潮洗礼，回国后大多成为追求独立运动的中坚份子。同时也有一部分欧洲的白人社会主义者因为同情被殖民者而愿意直接帮助殖民地的独立运动。美国总统威尔逊提倡的"民族自决"也激励了很多人。

日本在二次大战时挥军南进，提出"大东亚共荣圈"的口号，声称"亚洲是亚洲人的亚洲"，获得东南亚各国许多人民响应，很快就一起合作把白人殖民者都赶出去。但是当美国带领盟军很快地回来反击日军时，各国的人民的反应就出现分歧，有人选择与皇军配合，也有人选择与盟军合作。斯大林虽然还未对日本宣战，却在暗中支持各国的共产党与盟军配合，对日军展开游击战。

日本投降后，依"总命令第一号"的规定，除了菲律宾之外，其他东南亚地区都由蒙巴顿将军受降。当时各国参加抗日战争者无不想要建立完全属于自己的独立国家，法国却一心想要回到法属印度支那重新建立殖民地，荷兰也想回到印尼，而蒙巴顿的决定是协助法军及荷军，战争于是无法避免。苏联及中共趁机介入，协助各国的独立运动，战争于是进一步扩大而复杂化。

美国在太平洋战争中派子弟兵到亚洲参战，出钱、出力最多。其目的当然不是要帮欧洲人在战后回到殖民地继续剥削，因而对法国及荷兰十分反感，决定置身事外。然而，当中国大陆变色后，美国渐渐看出东南亚各国也即将次第陷入共产党手中，只好改弦易辙，决定出手对抗共产党。

以上概略说完了共同背景，接着分述东南亚各国的情况，首先说菲律宾。

菲律宾虎克党的盛衰

在西班牙统治时期，菲律宾的土地和财富逐渐集中在各地世袭的少数几个大地主家族手中。他们和殖民政府充分配合，取得特权，分沾利益。贫农、佃农被压榨，愤恨不平，因而暴乱不断。美国从西班牙手中夺得菲律宾后，基本上仍是笼络大地主，菲律宾农村因而仍是贫富尖锐对立，正是共产主义扩张最佳的温床。1930 年，菲律宾共产党由共产国际扶植成立，但被殖民政府取缔，只能从事地下活动。此后美国的政策是逐步训练菲律宾人自治，助其制订宪法，选举总统，并于 1934 年承诺在十年后让菲律宾独立。

珍珠港事件爆发后，日本皇军迅速抵达菲律宾。美国派驻在菲律宾的麦克阿瑟将军率领美菲联军在巴丹半岛（Bataan Peninsula，在马尼拉之西）与日军奋战，大败，死伤约三万人。麦克阿瑟逃走，留下七万五千名士卒被日军强迫步行一百多公里到马尼拉附近的战俘营，结果因为饥渴，被凌虐，或被处决，竟有一半人死亡，史称"巴丹死亡行军"。麦克阿瑟誓言："我必回来。"两年后，麦克阿瑟率领美军卷土重来，并得"虎克军"（Hukbalahup，简称 Huks）之助，击溃日军。日本投降后，菲律宾由麦克阿瑟率领的美军单独受降，美国在次年，也就是 1946 年，实践其诺言让菲律宾独立。但菲律宾在独立后仍有余波。

"虎克军"是日军占领期间菲律宾最重要的一支抗日游击队，具有社会党及共产党的背景，其创始人是塔鲁克（Luis Taruc）；由于战后菲律宾大部分的农民依旧贫穷，塔鲁克遂领导农民继续与菲律宾新政府对抗。菲律宾新政府和虎克党多次谈判，但始终没有结果。1950 年起，菲律宾政府任命麦格塞塞（Ramon Magsaysay）为国防部长，又请美国派经验丰富的蓝斯岱上校（Edward Lansdale）为其参谋。麦格塞塞获得美国提供军事援助，得以强化武装力量；又与蓝斯岱共同建议美国及菲律宾政府提供农民土地、耕牛、食物、医疗及贷款，从根本上改善农民的生活。虎克军因而失去群众基础，逐渐转弱。1954 年，塔鲁克率部众接受政府招安，集体投降。

胡志明与越南的独立运动

东南亚地区在 1930 年除了菲律宾之外还有三个共产党成立，分别在越南、泰国及马来亚。其中的越南共产党是由胡志明创立的，后来改称印度支那共产党，将柬埔寨及寮国也纳入。到了 1951 年，印度支那共产党才又奉命分拆为越南劳动党、寮国人民党及高棉人民革命党。

胡志明（Ho Chi Min）出生时，越南是在法国殖民政府扶植的"阮朝"傀儡政权的统治之下。由于阮朝无力阻止法国人剥削越南百姓，胡志明至为痛恨，矢志终有一天要将法国殖民政府赶出去。他在1911 年搭乘一艘法国商船偷渡出国到欧洲，曾在伦敦、巴黎分别居住多年，以从事各种卑微的工作为生，刻苦自励。1918 年，胡志明加入法国社会党，两年后又成为从社会党中分裂出来的法国共产党创始会员，与当时在巴黎的周恩来、邓小平也有来往。

1923 年，胡志明前往莫斯科接受共产国际的训练，并在第二年被派到中国广州，在黄埔军校里担任鲍罗廷的翻译。由于当时国共合作，他也参加由一位越南革命家潘佩珠所领导的右派组织的活动。潘佩珠后来在上海租界被法国特务逮捕入狱，胡志明于是趁机接收他的组织。有一部份历史家怀疑潘佩珠是被胡志明密告而遭难，但没有足够的证据。

1941 年，胡志明成立"越南独立同盟会"（简称"越盟"），并回到阔别三十年的越南，率领范文同、武元甲和长征等干部配合中国军队对日抗战。美国参战后也拨给越盟武器，使其对法国维琪殖民政府和日军进行游击战。法国维琪政府在盟军登陆诺曼第后倒台，日军怕越南的法军可能倒戈，突然发动突袭，将所有的法军都关入俘虏营里。

日本投降后，胡志明在河内的巴亭广场举行群众大会，宣读《独立宣言》，声称越南从此脱离殖民统治。然而根据"总命令第一号"，越南受降是以北纬十六度线为界，由英军及中国军队分别在南北受降，越南是否能独立建国并不是胡志明所能掌控。不料英军登陆西贡后就立刻释放被关在日本俘虏营里的法军。法国同时从国内增兵，预备重建殖民地。

蒋介石这时指派一位名叫陈修和的将军为赴越南受降团的副团长，但实际负责，因为团长只是挂名，并未随团。陈修和是解放军名将陈毅的大哥，兄弟俩却各自在不同的阵营里。这时法国表示愿意废弃在中国的不平等条约，以换取中国军队撤出越南；而蒋介石关注的是国共内战，不愿与法国冲突，因而表示同意。陈修和与其部属却同情越盟，没有遵照蒋介石的指示，不但准许胡志明组织临时政府，又私下转送从日军收缴的武器给越盟，然后撤军。

1946 年底，越盟与法军在河内激战，结果战败，被迫撤出。法国为了取得越南人民的支持，请已退位的保大当皇帝，但仍只是傀儡。1949 年，中共在内战中获胜而建国，是影响越南此后战局的关键因素。斯大林在当年年底七十大寿时，胡志明与毛泽东都受邀前往莫斯科祝贺，于是趁机取得斯大林和毛承诺支援，获得供应十个师的武器装备。毛又先后派解放军名将陈赓和韦国清率领军事顾问团到越南，越盟于是渐渐在抗法战争中取得上风。

胡志明到北京访问毛泽东

1954 年 3 月起，武元甲率领越盟军队与法军大战于奠边府。法军大败，死伤及被俘共二万人。法国只得在其后举行的日内瓦会议中同意以北纬十七度为界，将越南分为南、北越，北越由越盟统治，南越由法国扶植的保大政权统治。事实上，法国这时已经决定撤出越南，由美国接手。日内瓦会议因而是美国介入越战的起始点，至关重要，不过也因此，请容我等到第 11 章叙述越战时再详述其经过及后续的发展。

二次大战前后的老挝、柬埔寨及泰国

二次大战前，老挝、柬埔寨的国王都是法国殖民政府的傀儡。日本占领了东南亚之后，仍然请他们当傀儡。日本投降后，两国的情况不同。以下先说老挝。

法国重回殖民地后，老挝国王表示愿意接受继续保护，王室中有一部份成员却不同意，于是发起"老挝伊沙拉"（Lao Issara，意为"自由老挝"）运动，领导对法抗战。不过伊沙拉军队屡战屡败，无以为继，只得在 1949 年宣布解散。

但王室中有一位名叫苏发努冯（Souphannou Vong）的亲王却决定加入老挝人民革命党，接受胡志明的协助成立"巴特寮"（Pathet Lao，巴特是国家的意思），与由法国支持（后来由美国接手）的老挝王国进行内战，长达二十余年。不过巴特寮真正的领导人并不是苏发努冯，而是老挝人民革命党总书记，兼任巴特寮国防部长的凯山•丰威汉（Kaysone Phomvihane）。

其次说柬埔寨。柬埔寨国王西哈努克（Norodom Sihanouk）是有长达一千多年历史的高棉王族的后裔，在法国重回殖民地时不愿继续当傀儡，决定出国流亡，临行前发表宣言，说"除非完全独立，将永不回到金边。"

法国在后来由于面临前述越盟的强力反抗，无法同时兼顾，不得不在 1953 年同意让柬埔寨完全独立。西哈努克于是如愿以偿，返回故土担任真正的国王。但还是不满足。两年后，他把国王的位置让给父亲，自行组织一个执政党，同时担任党魁和首相，企图透过党掌控一切。他又制造国内左、右的对立使其互相制肘，其中左派是由共产党所成立的"人民派"，右派的代表人物是陆军强人朗诺（Lon Nol）。在外交上，西哈努克宣称维持中立，但逐渐与美国关系恶化，而向中国倾斜。1960 年，西哈努克在父亲去世后决定不接任国王，自称是"国家元首"。

然而，由于老挝及柬埔寨的地理位置都与越南紧密相邻，受其影响自然极大，所以关于这两国的后续发展我将在叙述越战时再一并叙述。

说到泰国，虽然泰皇备受人民尊敬，国家的政权自 1930 年代以来却是一直掌控在右翼军人手中。二次大战时，泰国政府领导人銮披汶（Plaek Phibunsongkhram，简称 Phibun）决定与日本站在同一阵线，对英、美宣战，结果在战后被认定是战犯，被捕入狱。冷战开始后，美国却认为銮披汶反共立场坚定，强迫泰国政府把他释放出狱。銮披汶后来又领导右翼军人发动政变，从此长期执政。泰国共产党遭到右翼政府强力镇压，只能转入地下，是东南亚所有国家中最弱的共产党，据估计最多时也不曾超过三千人。因而，本书此后将略过泰共不再叙述。

二次大战前后的马来亚与马共的叛乱

马来亚共产党的历史十分复杂，而与华侨极为相关，所以必须先对华侨作一概述。十八、九世纪时，中国人大量移民海外，而大多到东南亚，其中南洋（主要指新加坡、马来亚、北婆罗洲和沙捞越）人口中的华侨比例尤其高。孙中山在中国领导革命时，南洋爱国的华侨踊跃捐款，中国国民党因而成立一个"南洋总工会"，是极重要的华侨社团。国民党联俄容共后，共产国际和中共也派员到马来亚成立"南洋共产党"。但随着中国国共分裂，南洋的国共也分裂。1930 年，共产国际决定解散南洋共产党，成立新的马来亚共产党，派胡志明为代表，到森美兰州（Negeri Sembilan）的一个橡胶园里主持成立大会。

中日战争爆发后，南洋华侨掀起反日运动。不料珍珠港事变后日军打到南洋，华侨立刻遭到报复。日军在新加坡及马来半岛进行"检证"，依其编列的名册清查，凡在名册上者一律处死，共约十五万人。因而，二次大战期间在马来亚选择武装抗日者大多是华人。游击队中最大的一支是由马来亚共产党主席莱特（Loi Tak）所领导，接受英国的援助。

日本战败后，英军返回马来亚，要求马共解除武装，但马共拒不接受。1946 年，英国计划成立一个"马来亚联盟"，宣称联盟中无论是马来人、华人或印度人都一律平等，同享公民权。但马来人群起反对，自认是原住民，应当享受特别待遇，向英国当局积极交涉，又成立一个全国性的组织"巫统"（UMNO）。当时华人和印度人大多有双重国籍，对母国关切的程度远超过居住国，所以在英国当局征询意见时大多不理。英国当局后来决定设立"马来亚联合邦"，其中高级官员都由英国人和马来人担任，又限制华人和印度人取得公民权的资格。等到新法律公布后，华人和印度人才发现自己成为二等公民，事态严重；但再想奋力补正错误以争取应有的权益，却已经来不及了。

这时马共内部发生一件大事。总书记莱特被怀疑过去曾经同时担任英国及日本的间谍，因畏惧而于 1947 年携带钜款潜逃。马共于是选举年仅二十四岁，激进派的陈平接任总书记。陈平领导马共进行罢工和恐怖暴力活动，许多橡胶园主、锡矿主和工商企业主遭到绑架、暗杀，使得马来人和华人都惊惧万分。英国当局因而宣布马来亚进入紧急状态。

中共建国后，马共更是获得强力支援而扩大，英国及马来政府大惊，因而在 1950 年任命布里格斯（Harold Briggs）将军负责围剿马共。为了截断马共获得粮食、补给和情报的管道，布里格斯强制马共活动频繁地区的农民及工人搬到政府所建的"新村"居住。据报导，三年内共建了五百个新村，收容五十万人，其中大多是华人。但由于马共叛乱的时间也长达将近三十年，所以我同样也将在第 11 章再继续叙述。

印尼的独立运动与印尼共产党的发展

二十世纪初，印尼爪哇出现一个同时具有商业及宗教色彩的"伊斯兰联盟"（Sarekat Islam），从 1913 年起由佐格罗阿米诺多（Oemar Said Tjokroaminoto）领导，没几年就超过一百万人，并开始从事反殖民运动。1913 年也有一位名叫史尼伟勒（Hendrik Sneevliet）的荷兰人到达印尼，也成立一个从事反殖民运动的组织，即是印尼共产党的前身。史尼伟勒获得佐格罗阿米诺多同意，让双方组织的成员可以加入对方，同时具有双重身份。不过荷兰殖民政府在 1918 年将史尼伟勒强制驱逐出境，又在 1921 年借故将佐格罗阿米诺多逮捕入狱。伊斯兰联盟中有很多人原本就反对共产党，更无法接受其激烈的斗争路线，因而在托克罗雅敏诺多入狱之后就将共产党员全部逐出。在此之后，伊斯兰联盟逐渐式微，印尼共产党独自发起大规模的农民起义、工人罢工，遭到荷兰殖民政府镇压，也被迫转入地下活动。

关于史尼伟勒，本书在第 5 章曾经介绍过，说他后来获得列宁赏识，被派到上海以"马林"的化名协助陈独秀成立中国共产党。马林后来也参与促成国共第一次合作，使得中共党员得以加入国民党，同时渗透国民党，这些其实都是当初他在印尼时的类似作法。

佐格罗阿米诺多有一名女婿，名叫苏加诺（Kusno Sukarno），在 1928 年创立印尼国民党（Partai National Indonesia），直接说要争取印尼独立。荷兰政府虽然将他下狱一年，却无法阻止他成为印尼的独立运动的第二代领袖。

日本皇军南下到印尼后，对苏加诺承诺在太平洋战争结束后将让印尼独立，以换取苏加诺同意协助维持治安，稳定石油、米粮等资源。苏加诺与反抗日军最激烈的印尼共产党游击队的领导人沙利佛丁（Amir Sjarifuddin）也有密切关系，曾经在沙利佛丁被日军捕获时积极营救，使得他幸免于死。日本战败后，印尼人立刻宣布独立，推举苏加诺为总统，哈达（Mohammad Hatta）为副总统，沙利佛丁任总理。不料英国决定协助荷兰重回殖民地，命令投降的日军不得将武器交给印尼人。正当印尼人为抢夺日军的武器而与英军爆发剧烈冲突时，荷兰派十二万大军到达，击败印尼军。

1948 年初，沙利佛丁负责与荷兰谈判，同意将一部份土邦划归荷兰统治，又同意各邦可自行决定是否要加入印尼共和国。人民大哗，拒绝接受此一协议，沙利佛丁被迫下台。一向反共的副总统哈达于是兼任总理，并在九月下令政府军攻击共军。共军逃往茉莉芬市（Madiun），哈达再派大军追击，杀一万人，俘虏三万人，连沙利佛丁也被杀。

"茉莉芬事件"对印尼共产党而言是巨大的打击，但也削弱了印尼本身的力量。荷兰人大喜，又一次出兵击溃印尼军，俘虏苏加诺和哈达。但美国对荷兰越来越无法忍耐，威胁要把荷兰剔出"马歇尔计划"援助的名单。荷兰只得释放苏加诺和哈达，并与印尼另签新约，同意撤出军队，承认印尼独立自主；印尼也同意偿付荷兰的军费，承诺将来与荷兰进行各种合作。

昂山与缅甸的独立运动

缅甸也曾拥有悠久的历史，但从十九世纪起就饱受英国侵略，最后一位国王锡袍（Thibaw）被英国人击败，遭到放逐，死于国外。此后缅甸独立运动便不曾停止。1940 年代缅甸独立运动的主角是由昂山（Aung San）领导的"自由联盟"，其中包括德钦党、共产党及其他党派。德钦党是民族主义者的组织，昂山是其领导人。"德钦"的意思是主人，意味要做自己的主人。缅甸共产党成立于 1939 年，昂山也曾入党，并担任第一届总书记，但后来决定退出。不过缅共领导人都还是昂山的革命伙伴。

昂山在寻找独立建国之路时曾与日本军部搭上线，同意接受协助组织一支军队，帮日军阻断中国的补给动脉滇缅公路。日本也承诺将协助缅甸驱逐英国人，并在战争结束后让缅甸独立。昂山于是率领"三十志士"到日本占领下的海南岛接受军事训练，在回国后又组建一支五万人的独立军，与日军并肩作战，迅速地击溃英军。然而，昂山逐渐认为日本宣传的大东亚共荣圈其实只是幌子，目的只是为了掠夺东南亚的丰富物资，如大米、锡矿、木材及石油；日本人又明显歧视其他亚洲人，所以缅甸脱离英国的统治之后不免仍要受日本宰制。昂山于是决定反过来和盟军合作，与英军并肩攻克仰光。不久后，日本就战败无条件投降了。

1947 年初，昂山到伦敦与英国首相艾德礼（Clement Attliee）签约，英国同意让缅甸独立。昂山回国后又在缅北掸邦的彬龙镇（Panglong）召集缅甸人数最多的缅族与其他掸族、钦族、克钦族、克伦族等少数民族所有的土司与会，宣布将以平等、自治及互相尊重为基础，共同建立一个多民族的联邦国家。这是缅甸历史上的一件划时代的大事，一千多年来第一次有这么多民族一同签订这样的和平共处条约。可惜三个月后，昂山竟在开会时遭到强行闯入的武装人员枪杀，死时只有三十二岁。

昂山之死使得彬龙会议中签定的协议成为一张废纸。由于继任的总理无力治国，几个月后克伦邦和缅共便开始叛乱，其他各邦继之。在混乱中，政权逐渐落入军事强人奈温（Ne Win）之手。奈温最后发动政变，此后成为缅甸长期的独裁统治者。

第三部

共产世界的分裂及持续扩张

（1953—1978）

第 8 章

从赫鲁晓夫的"去斯大林化"到毛泽东的
大跃进、大饥荒

斯大林担任苏共总书记前后共三十一年（1922—1953），在位期间把共产世界扩张到马克思及列宁都难以想像的地步。在他死后，共产世界却开始分裂，逐渐形成两个集团，分别由苏共及中共领导。不过两者在分裂当中也还是不断地在继续输出革命，各自扩张共产主义世界的版图，而与美国所领导的资本主义阵营继续对抗。本书第三部（第8—12章）主要就是叙述这一段历史，而首先要叙述的当然是斯大林之死。

克里姆林宫内的阴谋与斯大林之死

斯大林在 1953 年 3 月 5 日死于莫斯科，享年七十五岁。官方说他是死于脑溢血，实际上背后有很多曲折，不过一般历史家相信他的死因大致如下：

斯大林在死前几天有一晚在自己的别墅里和几位党内高层，包括贝利亚（Lavrentiy P. Beria）、马林科夫（Georgy M. Malenkov）及赫鲁晓夫，一起吃饭喝酒，都喝得醉醺醺的，一直到凌晨四点才散会。第二天早上他却迟迟未出房门。警卫人员不敢擅入，到当天晚上十点多才大胆开门进入，却发现他躺在地板上，已经昏迷而无法言语，于是以电话通知贝利亚和马林科夫。贝利业立刻命令警卫不许通知其他人，所以医生、赫鲁晓夫和其他人都是在第三天早上才赶到。因而，对斯大林的急救被严重延误。

有人怀疑斯大林是被贝利亚下毒，也有人怀疑当晚与斯大林在一起的几个人全都涉案，其原因与众人害怕斯大林越来越严重的疑心病有关。

　　回顾二次大战后，斯大林对身边的一些老同志渐渐不放心，决定逐一贬放。其中首当其冲的是红军参谋长朱可夫，被贬为边远地区的军区司令。接着是被认为可能是斯大林的接班人之一的日丹诺夫。他原本担任列宁格勒党委书记，奉调到莫斯科负责组织及意识形态工作；但如前所述，斯大林在 1948 年和铁托发生冲突，不得不把共产情报局迁离布加勒斯特，因而迁怒于日丹诺夫，将他撤职。日丹诺夫一向患有严重的心绞痛，这时又被请到一处风景优美的国家疗养院去调养，而由克里姆林宫派一群顶尖的医师前去会诊。不料几天后日丹诺夫就一命呜呼了。马林科夫及贝利亚一向与日丹诺夫不和，趁机取得斯大林的同意整肃他的旧部，即是所谓的"列宁格勒派"，据估计共有两千人，全部在遭到刑求之后又被囚禁，或流放，或被处死。

　　1949 年，长期担任外交部长的莫洛托夫也被解除职务，原因是他的妻子是犹太人。斯大林在晚年时反犹太情结日深一日，曾经说犹太人都是美国的走狗。莫洛托夫又被强迫离婚，他的妻子说："如果党认为有必要，我们就离婚吧。"但在离婚后还是被关入监狱。

　　1951 年，斯大林接获密报，说在他的家乡乔治亚有一群属于不同族群，说不同方言的明格列尔人（Mingrelian），由于有一个强硬的靠山，正在逐渐坐大，并且贪赃枉法。斯大林于是直接下令逮捕五百人，全部予以严刑拷打，逼供认罪。贝利亚正是那一个被指为靠山的明格列尔人，虽然没有被直接问罪，可能自认已经乌云罩顶，担心即将遭到整肃。

　　1952 年 10 月，苏共举行第十九届代表大会，斯大林突然决定取消政治局，同时设立中央委员会主席团，成员增加为二十五人，其中有很多是新面孔。党内高层猜测这意味斯大林准备随时撤换他们，无不忧心忡忡。

　　到了 1953 年初，苏联国安局突然宣称接获密报，断定当年日丹诺夫是死于医生故意误诊。当年为日丹诺夫诊治的医生全部被捕，并遭到严刑拷打，只得招供，并承认也害死过其他几位红军元帅、将军；全国于是掀起一场揭发无处不在的"白衣杀手"集团的政治运动。由于被捕的医生大多是犹太人，此一运动又扩大成为全国性的反犹运动。

总之，由于上述诸多的事件，苏联全国人民及苏共高层这时大多焦虑不安，担心又发生一次大清洗，不希望斯大林活太久。根据赫鲁晓夫的回忆录，斯大林在发病后还稍有知觉时，贝利亚就跪在地上，抓住他的手不住地亲吻；但当他失去知觉时，贝利亚就站起来，往地上吐口水。莫洛托夫也曾回忆说，贝利亚当时说了一句："我把他干掉了！我拯救了你们所有的人。"

"三头马车"集体领导及其间的斗争

斯大林死后，克里姆林宫形成一个集体领导的"三头马车"，由马林科夫担任部长会议主席，贝利亚担任副主席兼内务部、国安部部长，赫鲁晓夫担任苏共中央委员会第一书记。

事实上，斯大林死的时候苏联国内、外都处于困境。从外部说，冷战方兴未艾，与南斯拉夫关系恶劣。从内部看，农业凋敝，民生困苦，各地监狱人满为患，劳改营里还关着二百五十万人。三头马车因而决定大幅降低粮食和民生用品的价格；释放一百万名案情较轻，刑期较短的犯人；又下令停止调查"明格列尔人案""白衣杀手谋杀案"，以及其他缓和措施。

斯大林在世时，内务部和国安部是由不同的部长掌管，以便互相箝制。贝利亚原本只管内务部时已经人人惧怕，这时由于马林科夫的支持竟兼管两个部门，权力更大。但贝利亚似乎变了一个人，不仅主动提出前述的缓和措施，又自我限制内务部的职权。有部分历史家认为，贝利亚之所以有如此巨大的变化，是因为知道自己过去的形象恶劣，急于要洗刷。

这时发生一个大事件。东德共产党党魁乌布利希（Walter Ulbricht）正在推动加速社会主义化的政策，大幅提高企业税率，加速农业集体化，又强迫工厂工人加班而不加薪，引发人民剧烈抗拒。贝利亚听说后就请马林科夫电召乌布利希到莫斯科，严厉地斥责他，要求改采缓和的措施，但在指示的文件中并未提到必须取消增加工时而不加薪一事。乌布利希回国后自然是依指示发布公报。但东德人民对政府突然转向十分困惑，又愤怒政府并未取消加班不加薪的规定，结果导致三百名工人在 1953 年 6 月发起罢工，接着演变成全国数十万人参加反政府、反苏联的示威游行。苏联最后不得不出动坦克到东柏林，大举镇压，又枪决数十名领头份子，才平息了动乱。由于此一事件，莫斯科有一部份党内保守派开始担心贝利亚的冒进将危及共产党。

从左至右：米高扬、赫鲁晓夫、斯大林、马林可夫、贝利亚及莫洛托夫

　　贝利亚当时为了要争取大位也极力拉拢其他党内高层；例如，他把莫洛托夫的犹太妻子从劳改营里放出来，亲自送回给莫洛托夫。贝利亚同样也极力笼络赫鲁晓夫，赫鲁晓夫却不相信贝利亚，在暗中游说其他人一起除去他，最后竟连马林科夫也被说动。不过由于特务、警察都掌握在贝利亚手中，赫鲁晓夫和马林科夫只能在苏共召开主

席团会议时请朱可夫及其他高级将领率领亲信共十余人，暗中埋伏于会议室隔壁，伺机冲进去逮捕贝利亚。日后的苏共总书记勃列日涅夫（Leonid Brezhnev）也是埋伏人员之一。

贝利亚在当年年底就被处决了。在贝利亚倒台后，赫鲁晓夫又迫使马林科夫于 1955 年下台，由布尔加宁（Nikolai Bulganin）接任。赫鲁晓夫原先担任苏共第一书记而没有真正的权力，到这时党权才高于行政权。

赫鲁晓夫的出身背景、升迁之路及其反斯大林情结

赫鲁晓夫生于现今库尔斯克州（Kursk）的一个贫农之家，长大后曾经担任机械厂工人及矿工，后来加入红军，在退伍后担任党工，获得乌克兰党委书记卡冈诺维奇（Lazar Kaganovich）提拔，担任县委书记。1929 年，卡冈诺维奇调任莫斯科党委书记，赫鲁雪夫又跟着到莫斯科。如第 4 章所述，这时他也在莫斯科的一个工业学院里进修，因而认识斯大林的妻子娜杰日达。赫鲁晓夫自己后来在回忆录里说，娜杰日达是他的人生中的第一张"彩票"，使他因而认识了斯大林，获得赏识，从此青云直上。

赫鲁晓夫此后仍是一直跟着卡冈诺维奇，工作内容当然包括参加清洗"反革命份子"，以及迫害数以万计的富农。1938 年，也就是大清洗达到最高峰时，赫鲁晓夫被任命为乌克兰党委书记。1949 年，赫鲁晓夫被调到莫斯科担任市委书记，又一路升任为中央书记处书记、政治局委员，从此进入权力核心。

如前所述，在三头马车期间有一部份政治犯已经获得平反，但在平反的过程中有一个副作用正在逐渐发酵：由于大清洗的恐怖真相逐渐曝光，社会大众纷纷要求追究相关的责任。赫鲁晓夫掌权之后，原本只是把责任推给贝利亚，以及在他之前的雅戈达及叶若夫，但根据贝利亚被捕后受审讯时的供词，许多内务部的滥权和黑暗面显然与史达林脱不了干系。赫鲁晓夫于是下令成立特别委员会，负责调查真相。

赫鲁晓夫对斯大林另有一层反感。在大清洗的过程中，苏联官方出版一本《联共（布）党史简明教程》，完全按斯大林的指示编写、审定，发行超过四千万本。这本书被称为"共产主义的圣经"，是苏共党员和苏联学生都必须研读的材料，在书中斯大林被描写得和列宁一样神圣不可侵犯。一个造神运动于是兴起。当运动达到高峰时，赫鲁晓夫也跟着所有的人高呼口号："斯大林万岁！""斯大林，生身之父！"，后来却自称心中深以为耻。

赫鲁晓夫也曾在 1955 年 5 月率领一个代表团访问南斯拉夫，并以苏联新领导人的身份为当年两国交恶的往事向铁托道歉，表示愿意改善双边的关系。然而，当讨论到斯大林的暴政时，赫鲁晓夫又拿贝利亚当借口，铁托和他的同志们的反应却是哑然失笑，又反唇相讥。赫鲁晓夫因而越加认定，有必要揭露、谴责斯大林的暴行。

苏共二十大及赫鲁晓夫的《秘密报告》

赫鲁晓夫后来收到特别委员会的报告，发现越来越多有关史达林的暴行，于是向同志们提议在即将举行的苏共二十大中予以揭露。但同志们或多或少都曾经参与过迫害活动，一开始都担心被追查责任，因而都反对，但到最后还是勉强同意了。

苏共二十大是在 1956 年 2 月召开的，过程并无任何特别之事，不过当赫鲁晓夫做总结报告时，与会代表们都大吃一惊。赫鲁晓夫说，由于国际形势发生巨大变化，资本主义国家向社会主义过渡有可能不须经过武装起义，而可以采用和平的手段。这种"和平过渡"的说法其实在六十年前已由德国社民党的伯恩斯坦提出，被批为"修正主义"，但很多与会代表都是第一次听到。

到了二十大最后一天，2 月 24 日深夜，苏共所有的代表都被邀到会议大厅，听赫鲁晓夫宣读一份《秘密报告》。他整整讲了四小时，直到第二天清晨才结束。据说，赫鲁晓夫开始宣读后不久，所有的人就全部竖起耳朵，怕漏掉任何一句话。大厅一片肃静，静到连一根针掉到地上都可以听得到。

赫鲁晓夫报告的标题是《关于个人崇拜及其后果》，其中谴责个人崇拜，引述列宁在遗嘱里说斯大林如何粗暴，如何不适于担当国家领导人，又指控斯大林如何不择手段地迫害其所谓的"人民公敌"。报告的内容片段如下：

> 夸大某个人的作用，把他变成具有神仙般非凡品质的超人，是和马克思列宁主义的精神相违背的，是不能容许的。这个人似乎无所不知，洞察一切，能代替所有人的思考，能做一切事情，他的行为没有半点错误。多年来，我们养成了用这样的观点去看待人，具体地说就是这样看待斯大林的。……。

> "人民敌人"这个概念，实质上已经排除了任何思想斗争和就某些问题那怕是实际问题表达自己意见的可能性。定罪的主要依据，实质上唯一的证据就是被告本人的'自供'，然而这种'自供'后来经查明，乃是对被告施行肉刑逼出来的。……。

> 一个人的专横也就怂恿了另外一些人的专横，把成千的人大批逮捕和流放，不经法庭审讯和正规调查就处以死刑等等。……。

> 事实证明：许多滥用职权的事都是根据斯大林的指示做的，根本不顾党的准则和苏维埃法制。

最后，赫鲁晓夫呼吁所有人要根除个人崇拜，在共产党的组织中从上到下都必须严格遵守"集体领导"的原则。

《秘密报告》在苏联国内引起轩然大波。经过先前十几年的造神运动后，人民大多以为斯大林是一尊神，神圣不可侵犯，赫鲁雪夫的报告里却说史达林一无是处，又下令停止出版《联共（布）党史简明教程》。

从文化和艺术来说，《秘密报告》是"解冻"的开始。许多作家开始发表新的作品，新的杂志如雨后春笋出现。然而，以苏共主管意识形态的苏斯洛夫（Mikhail Suslov）为首的保守派势力强大，利用其职权在明里暗里极力阻挠"去斯大林化"运动。举一个例，1956 年有一名作家帕斯捷尔纳克（Boris Pasternak）写了一本小说《齐瓦哥医生》（Dr. Zhivago），内容叙述一段凄苦的三角恋爱。苏联当局却认为该书隐含对布尔什维克十月革命的批评，禁止其出版。该书后来却被送到国外，翻译成十几国文字，并在两年后获得诺贝尔文学奖。然而，苏联作家协会竟将帕斯捷尔纳克开除会籍。

《秘密报告》对中国的影响

苏共召开二十大时，有五十五个共产国家依惯例派代表参加。赫鲁晓夫宣读《秘密报告》时并没有邀请这些兄弟党，不过在报告后立即知会他们。

中国的代表团是由朱德和邓小平率领，读了报告后私下议论纷纷，但不敢公开表示意见。邓小平回到北京后立刻提出报告，毛泽东也立即召开会议，讨论要如何因应。毛说，赫鲁晓夫的报告"揭开了盖子"，同时也"捅了娄子"，让人们知道苏联和斯大林也不是不会犯错。毛又说，斯大林有功也有过，起码是七分功，三分过，并不是一点功劳也没有。他又说，这样大的事，苏联事前没有和任何兄弟党商量是非常不对的。

不过毛泽东同意大多数人的意见，认为还是应当支持苏共，因而亲自撰写一篇〈关于无产阶级专政的历史经验〉，在《人民日报》上刊出。文中赞扬苏共二十大有勇气揭露个人崇拜的问题；为吸取教训，必须重新学习马列主义，反对教条主义。赫鲁晓夫大喜，下令将全文翻译后在《真理报》上刊出，并印成小册子，发行二十万册。

同年九月，中共召开第八次代表大会。毛泽东在会中获选继续担任党、政、军的领导人，仍然大权在握。不过为了实践反对个人崇拜，大会决定修改党章，删除原先在"七大"时放进去的有关"毛泽东思想"的部分，并重申"集体领导"的原则。回溯八大之前的几年中，毛也曾想要推动极左的经济政策，但遭到刘少奇、周恩来坚决反对，称之为"冒进"。毛大怒，仍然执意推动，但到这时也只得停止。因而，八大实际上代表了中共的一次政策大转弯，明显地从先前的社会主义高潮中退烧。八大中另有一件事值得注意，就是毛决定成立一个新的书记处，以邓小平为总书记，并提升他为政治局常委之一。此后十年邓小平就成为毛的左右手，曾经被毛称为"副帅"，奉命执行毛的指令，推动毛发起的所有政治运动。

《秘密报告》对东欧的冲击——从波兰动乱到匈牙利革命

赫鲁晓夫的《秘密报告》曝光后，东欧各国也受到巨大的冲击。当年史达林在苏联进行大清洗时，东欧各国的领导人也都在国内进行大清洗，人民于是纷纷要求共产党为无辜受害的人进行平反，承认错误，也有要求摆脱苏联强加在他们头上的生活模式。其中波兰最早发生动乱。

波共总书记贝鲁特当时正因病住在莫斯科的医院里，读了《秘密报告》后竟因惊吓过度而一命呜呼，而由奥哈布（Edward Ochab）继任。赫鲁晓夫决定亲自去参加贝鲁特的葬礼。他在华沙向波兰人解释为什么要推行"去斯大林化"，说那是一个悲剧，因为斯大林自认种种残暴、无法无天及滥用权力的行为都是为了党的利益，为了要服务社会；然而，却使用错误的方式。

但愤怒的波兰人民完全无法接受赫鲁晓夫的说词。1956 年 6 月，波兰中西部的大城波兹南（Poznan）爆发一场大规模的罢工事件。数万人在游行后冲破监狱，抢夺武器。奥哈布立即下令军队前往镇压。但他自知无法平息动乱，自动辞职，请刚刚获得平反出狱的前总书记戈慕尔卡接任。两人立即改组政治局，又宣布将推动具体的改革政策，但完全没有知会苏联。赫鲁晓夫立刻指责两人在搞反革命，又命令军队开往波兰。但两人态度坚定，拒绝接受威胁。

波兰动乱的消息引起许多共产国家关注。毛泽东立刻召见苏联大使，直接说反对苏联出兵干涉波兰。赫鲁晓夫考虑再三，认为波兰领导人虽然强硬，还不至于脱离社会主义阵营，于是下令撤军。

波兰的问题虽然暂时解决，紧接着匈牙利也发生动乱。十月下旬，布达佩斯有大学生发起游行，结果竟聚集了二十万人。群众高呼和波兰一样的口号"俄国佬滚回去！"，又要求改革；但由于警察对学生开枪，立刻引发暴乱，斯大林的巨型铜像被推倒。这时匈牙利军方打开军械库，分发武器给学生和示威的群众。匈牙利总理也被迫辞职，由已被罢黜的前总理纳吉（Imre Nagy）回任。匈共总书记格罗（Erno Gero）慌忙请求苏联派军队进入布达佩斯。此举更是火上加油，各地于是掀起总罢工，但纳吉呼吁民众冷静。

这时苏共主管意识形态的政治局委员苏斯洛夫和副总理米高扬（Anastas H. Mikoyan）奉命一起到布达佩斯与纳吉会谈，并同意暂时撤出军队。纳吉却对外宣称将举行自由选举，结束一党专政。米高扬和苏斯洛夫当晚立即发电报给赫鲁晓夫，建议再度派兵。两天后，纳吉又宣布匈牙利将退出华沙公约组织。以结果论，此举犯了大错。

回顾 1949 年，美国领导西欧国家成立北大西洋公约，苏联则是等到 1955 年西德也决定加入北约之后才决定成立华沙公约组织，以确保共产主义国家的集体安全。波兰动乱当中，戈慕尔卡主动表示要留在华沙公约组织中，赫鲁晓夫虽然不满，尚可忍耐。如今纳吉竟然宣称要退出华沙公约，赫鲁晓夫和其他苏联的领导人就无法忍耐了，于是一致决定再度出兵镇压反革命。

由于情势无比严重，这时毛也应赫鲁晓夫之请派刘少奇、邓小平到莫斯科参加讨论，并指示两人要求苏联不干涉匈牙利。但在纳吉发表声明后，毛也改变主意，同意苏联的决定。赫鲁晓夫同时声称已经获得东欧所有国家的领导人的同意，于是下令调集坦克、大炮及机械化部队开始进行镇压。匈牙利军队在几天内就被击溃，革命以悲剧收场。

事实上，铁托曾经公开表示反对苏联出兵，后来纳吉逃进布达佩斯的南斯拉夫大使馆，铁托也指示给予政治庇护。不料纳吉竟相信匈共新任总书记卡达尔（János Kádár）的保证，以为可以安全回家，结果在离开使馆后就遭到逮捕。铁托大怒，向苏联提出强烈抗议，不过纳吉还是在一年多后被处决。

波匈事件对中国的影响——"反右运动"

在波、匈事件中，毛泽东的态度明显地是前后不一，但他在过程中已经认定过度地批判斯大林终将带给社会主义极大的危险。毛又认为，波、匈事件之所以发生是因为："东欧一些国家的基本问题就是阶级斗争没有搞好，那么多反革命没有搞掉，没有在阶级斗争中训练无产阶级认清敌我，分清是非。"因而，他决心要彻底清洗国内的反革命份子，同时也决定要先"引蛇出洞"。

回溯五○年代初期，毛曾经提出一个"双百政策"（"百花齐放"及"百家争鸣"），鼓励知识分子多多发表意见，有人于是应邀发言。其中有一位作家胡风最大胆，竟说共产党箝制思想，造成人民无法独立思考，窒息了文艺创作。不料毛大怒，下令逮捕胡风及其他九十几人，定性为"胡风反革命集团"，胡风被判处徒刑十四年。此后知识分子无不噤声，不敢再表示任何意见。

到这时，毛又公开表示希望各民主党派的知识分子放胆批评，大鸣大放，以协助共产党整风。但由于没有人敢表示意见，毛就又再保证，说："知无不言，言无不尽；言者无罪，闻者足戒；有则改之，无则加勉。"并下令将三份重要的报纸都转交民主党派主办，又指示中央统战部举办十几场座谈会，邀请知识分子参加。民主党派人士于是渐渐信以为真，又纷纷开始发言。

1957 年 5 月，中国民主同盟（"民盟"）的副主席兼《光明日报》社长章伯钧在一次座谈会上建议成立一个政治设计院来讨论一些政治上的基本问题。他又建议，大学里的党委制度应该检讨。章伯钧对改简体字也有意见，说如果文字改革问题等同于社会主义、共产主义，那么他没有意见；但如果只是文化问题，就应该多讨论。民盟另有一位副主席兼《文汇报》社长罗隆基也建议成立一个特别委员会，平反各种运动中的错误及偏差。章伯钧的"政治设计院"和罗隆基的"平反委员会"后来都分别成为他们被斗争的主要罪状。当时另有一位国际知名的甲骨文学者陈梦家也坚决反对简体字，后来也一样被清算。不过"大鸣大放"的最高点是《光明日报》总编辑储安平以〈向毛主席和周总理提些意见〉为题发表批判"党天下"的言论。他说：

> 解放以后，知识分子都热烈地拥护党，接受党的领导。但是这几年来党群关系并不好，而且成为我国政治生活中急需调整的一个问题。这个问题的关键究竟何在？据我看来，关键在"党天下"这个思想问题上。……。在全国范围内，不论大小单位，甚至一个科一个组，都要安排党员做头儿。事无巨细，都要看党的颜色行事，都要党员点头才算数，是不是太过分了一点？……。我认为这个党天下的思想问题是一切宗派主义现象的最终根源，是党和非党之间矛盾的基本所在。

储安平的意见全文刊登在报纸上，如石破天惊，震动朝野。毛也大惊、于是决定开始收网，在《人民日报》上发表一篇文章，其中说有少数人对社会主义口是心非，心里向往的其实是资本主义；这些人正在向共产党的领导权挑战，企图把社会主义的伟大事业打翻，拉着历史向后倒退，退到资产阶级专政。

"反右运动"的号角于是吹响，由当时的总书记邓小平负责执行，命令全国所有的政府机关、农村、工厂及各级学校都要揪出右派分子。据估计，全国被划为右派分子的人数达到五十五万人，全部被迫不断地参加开会，接受批评，直到愿意写检讨书上缴。有些人丢掉职位，有些被降级，大部分被强迫接受"劳动教养"。举一个例。《光明日报》总编辑储安平被撤职后，奉命在北京的一个小胡同里养羊，最后就失踪了。

反右运动中受害的不只是五十五万人，他们的家属、亲戚、朋友也连带受害，在生活、就学、就业都受到歧视。因而，全国有三百万人以上遭到连累。凡是不想受到连累的人，就必须主动举发右派分子及其"罪行"，与其划清界限。因而，为自保而出卖亲友、同志、长官、老师的例子不胜其数。第一号大右派分子章伯钧受到意想不到的出卖尤其多，不禁感叹这些人在决定出卖他之前"先要吃掉良心"。

然而，毛在发动"反右运动"之后却洋洋得意，说："让大家鸣放，有人说是阴谋，我们说，这是'阳谋'，因为事先告诉了敌人。牛鬼蛇神只有让它们出笼，才好歼灭他们，毒草只有让它们出土，才便于锄掉。"有人评论，反右运动无疑是延安整风运动的延续及扩大版，一种由毛亲自示范的负面社会风气于是形成，不只在党员中，也在全国的人民中，其影响既深又广且远。

苏伊士运河危机——苏联打开非洲及阿拉伯世界大门

1956 年是多事之秋，在埃及也发生一件大事，即是苏伊士运河危机（Suez Canal Crisis），其主角是埃及总统纳赛尔（Gamal Abdel Nasser）。纳赛尔曾在 1952 年领导"自由军官"革命，推翻在英国保护下的傀儡国王，从此统治了埃及。纳赛尔生平朴素、廉洁而有大志，是泛阿拉伯民族主义的倡导者，以建立联合的阿拉伯世界为己任。由于埃及位于非洲的东北角，是非洲的门户，纳赛尔又说要致力于"开展非洲黑暗大陆的视野"。

然而，纳赛尔面临的是内忧外患。纳赛尔由于引入西方的文明与制度，引起国内势力庞大的保守派穆斯林兄弟会不满，不只一次要暗杀他。纳赛尔愤而将数千名穆斯林兄弟会成员下狱。纳赛尔倡议组织联合的阿拉伯国家也不受邻国欢迎，只有叙利亚愿意。英、法两国都想维持在中东既有的利益，因而与纳赛尔也时有冲突。美国不遗余力地提供以色列先进的武器及装备，纳赛尔也要向美国采购军火，美国总统艾森豪威尔却拒绝了。

但纳赛尔仍不甘心，经由在前一年参加由印尼苏加诺总统所主办的万隆会议而认识的中国总理周恩来的牵线而与苏联开始有联系，由此获得先进武器。美国不快，与英国共同决定取消资助埃及兴建阿斯旺水坝（Aswan Dam）。纳赛尔也怒而宣布将苏伊士运河收为国有。英、法两国在苏伊士运河有将近一半持股都被没收，无法忍耐，于是联合以色列于 1956 年 10 月入侵埃及，占领西奈半岛及运河大部分地区。但由于包括苏联及美国在内的世界各国都群起指责，苏联甚至暗示不惜动武，三国最终被迫撤军。

赫鲁晓夫借苏伊士运河事件与纳赛尔进一步拉近关系，后来又决定支持埃及继续兴建阿斯旺水坝，甚至承诺帮纳赛尔兴办大炼钢厂。数以千计的苏联技术专家及政治、经济、军事顾问于是奉派到埃及工作。埃及与持无神论的共产党走得这样近，使得穆斯林兄弟会更无法接受，邻近的阿拉伯国家也有极大的保留，但纳赛尔已经无法走回头路了。

克里姆林宫里的流产政变

赫鲁晓夫在苏伊士运河危机中为马列主义在非洲及阿拉伯世界找到一个突破口，可说是在外交上的一项巨大成就。从内政来说，赫鲁晓夫也极为成功。1956 年起，苏联宣布在不减少工资的前提下缩减工人的工作时数。这一年全国谷物丰收，在西伯利亚开垦处女地成果也令人满意。许多大型的工厂项目在进行中，各大城市也都在建新住宅。此外，许多在集中营里关押的人获得平反。

但在这些平反的过程中，不免又要揭露一部份旧日的罪行，连带有人必须为此负责。一部份党政官员早已为此担心，这时越加心惊肉跳。同时，赫鲁晓夫坚持取消支付给党政高官的津贴，又裁撤许多中央部会，同时将权力下放给地方政府，也得罪了许多人。这些人于是暗中串连，企图将赫鲁晓夫拉下马。

1957 年 6 月，苏共召开中央主席团会议，反对派突然发难，投票通过罢黜赫鲁晓夫。但赫鲁晓夫拒绝下台，说他是由中央委员会票选为第一书记，主席团没有权力罢黜他，要求召开中央全会。反对派只得同意。然而，由于中央委员支持赫鲁晓夫的人较多，会议尚未召开胜负已定。当时担任国防部长的朱可夫不但全力支持赫鲁晓夫，又用军机将一部份在偏远地区无法赶到的中央委员送到莫斯科。政变流产后，赫鲁晓夫把带头反对他的部长会议主席布尔加宁撤职，由自己兼任，从此权力更大。

朱可夫先前曾协助赫鲁晓夫拘捕贝利亚，此时又为赫鲁晓夫保驾护航，可说是居功厥伟。但有人对赫鲁晓夫说朱可夫恃功而骄，党已经无法控制军队，将来可能又发生政变；赫鲁晓夫于是在三个月后趁朱可夫在国外访问时将他免职，又强迫他退休。朱可夫至为愤恨，逢人就痛骂赫鲁晓夫。有历史家评论，赫鲁晓夫逼退朱可夫之举已经种下自己日后真正遭到罢黜的祸根。

毛泽东与苏共十月革命四十周年庆典及中共八大二次会议

1957 年 10 月，苏联成功地发射了世界上第一颗人造卫星"斯普特尼克 1 号"（Sputnik 1）。社会主义国家无不振奋，西方国家无不大惊。美国更是惊觉科技发展已经落于苏联之后，决定加紧发展核子弹、导弹、太空火箭等。美苏之间的军事竞赛从此越加激烈。

苏联发射"斯普特尼克 1 号"的时机，正是十月革命四十周年的前夕。赫鲁晓夫大举邀请全世界八十几个国家的共产党代表到莫斯科参加庆祝大典。毛泽东亲自率领代表团前往，团员中包括刘少奇、周恩来和邓小平。由于赫鲁晓夫在四个月前才经历一次流产政变，自知在苏共内部的地位其实并不稳固，在八十几国的共产党代表眼中的威信也不如以往，因而他决定拉拢毛，与毛签订一项秘密协议，同意逐渐移转核能及导弹相关的技术，并承诺在 1959 年交付一枚原子弹给中国。毛大喜，在大会中说共产国家必须有一个头，苏联就是这个头，又说中国没资格做这个头。

然而，毛在大会上给人的观感却是处处要争胜。赫鲁晓夫宣称苏联预计在十五年内能赶上美国的经济生产，毛立刻说，十五年后中国也可以超越英国。毛又发表"东风压倒西风"论，说："我们中国有一种说法，不是东风压倒西风，就是西风压倒东风。我认为，现在国际形势的关键是东风压倒西风。"

毛又说，第三次世界大战绝对无法避免，但不用怕，因为美国不过是一只"纸老虎"，无论是原子弹战争或是什么战争，社会主义国家都会取胜。以中国来说，"如果帝国主义把战争强加于我们，而我们现在六亿人，即使我们损失其中三亿人又怎么样？战争嘛，若干年后，我们培育出新人，就会使人口得到恢复。"毛说完后，会场上一片静默。然后意大利共产党代表问说意大利会怎样。毛回答："谁说意大利一定会幸存下来呢？"

毛既是说要超英赶美，回国后就决定重新推动社会主义高潮。他马不停蹄，到全国各大城市召集各省市首长开会，要求表态效忠，无条件服从，又严厉地警告刘少奇、周恩来及财经首长，说不许再提什么预算平衡那一套，也不准提什么"反冒进"。毛对周恩来尤其不满，又逼他承认错误，自我批评。

1958 年 5 月，中共召开"八大二次会议"，周恩来被迫当着一千多名代表说："中国几十年革命和建设的历史证明，毛主席是真理的代表。离开或者违背他的领导和指示，就常常迷失方向，发生错误，损害党和人民的利益。我所犯的多次错误就足以证明这一点。"当初赫鲁雪夫在《秘密报告》中痛斥个人迷信，毛也同意。不过两年，中国又再度兴起了造神运动。

"八大二次会议"顾名思义，是中共召开的第二次八大会议，这就显示毛对一年半前召开的那一次八大会议至为不满，所以要开第二次，以重新定调。无论是在苏共或中共的历史上，这都是空前绝后，绝无仅有的一次。毛这时决心不顾一切地推动"大跃进"，将总路线订为"鼓足干劲，力争上游，多快好省地建设社会主义"，其中特别强调"多、快、好、省"四个字。然而后来事实证明，中共推动的大跃进只有"多、快"，并没有"好、省"。

大跃进—大办水利、人民公社及大炼钢铁

所谓的"大跃进"，主要包括大办水利、人民公社及大炼钢铁三项。

大办水利工程主要是建设水库及灌溉系统工程，其中有一部份

在完成后确实有助于开垦土地，增加收成，但有更多的工程却没有经过仔细思考，完善规划，以致于失败。越大的工程，越是从政治的着眼点出发，只是为了逢迎拍马，所以失败得越凄惨。

举一个例。甘肃省是中国最干旱的省份之一，只有在南方的洮水流域有丰沛的水源。甘肃省的官员却提议修建一条运河，把洮水引上中部的山区，再连通到东部的黄土高原，如此便可以创造出 1,500 万亩的良田，于是从 1958 年 6 月起开始动员十几万农民，企图以徒手操作简单的工具凿出一条运河。中央政府官员不断为此一伟大的工程打气，全国有二十个省派员来观摩。然而，这项荒诞的工程最终还是在 1961 年夏天喊停了。

再举一例。河南省的官员建议在黄河三门峡建造水坝，虽然完工，却因黄河的河水里泥沙含量太高，不久后就开始淤积回堵，垫高河床。上游只要下雨，便在下游决堤淹没两岸的农田，酿成大灾害。

至于人民公社，主要的目的是进行彻底的农业集体化。回溯中共完成土改后，全国约有一亿两千万农户在毛一声令下全部被纳入农民生产合作社体系。大跃进开始后，这些生产合作社又都被并进二万六千个人民公社里，分属于其下的生产大队及再下一层的生产队。原则上所有的生产资料，如农具、牲畜、种子、肥料等都归集体公有。也有连住家、家具都归公，不许有自留地。所有的劳动工作由人民公社统一分配，所有的人在大食堂一起吃"大锅饭"。

但农民无不希望拥有自己的土地，因而消极抗拒，导致生产下滑；这时人民公社的领导却开始"放卫星"虚报亩产的竞赛。"卫星"是从苏联发射人造卫星之后开始流行的一个用语，代表大突破的意思。毛曾经亲自为农业生产订了一个目标，希望在十年内达到水稻每亩八百斤，小麦每亩四百斤，比当时实际产量高一倍。湖北省有一个公社却在 1958 年初就宣称每亩水稻产量达到了八百斤。到了六月，河南省也有一个公社宣告在小麦田里实验突破二千斤。这时有一位顶尖的科学家钱学森竟在报纸上说，理论上达到亩产几万斤是可能的。虚报亩产数字于是从一万斤、三万斤，冲到年底的十万斤。

农业放卫星：1958 年 8 月 13 日《人民日报》头版头条报导湖北省麻城县人民公社早稻亩产三万六千九百多斤

　　毛刚开始对这些数字半信半疑，到后来却开始担心农民生产这样多粮食，要怎么才吃得完，竟说："以后就少种一些，一天干半天活，……。社员可以多吃粮，一天吃五顿也行嘛！"。许多公社于是让社员一天吃掉原本三、四天的份量，吃不完就拿去喂猪，或是倒掉。然而，不论"放卫星"如何吹嘘，1958 年的水稻生产每亩实际上并没有超过三百斤。换句话说，人民公社既未能增产，又如此地糟蹋粮食，大饥荒其实已经不远了。

　　有关钢铁生产的数字，同样也是放卫星。1958 年，主管官员将钢铁计划生产订为 1,070 万吨，是前一年实际产量的两倍，毛欣然同意。问题是国内所有的炼钢厂总产能远远不够，要如何才能达到目标呢？有人就提议在全国各地建造简易的小高炉，以土法炼钢。

　　各省市的领导人于是动员人民"大炼钢铁"，全国共建了五十多万个小高炉。白天时，有许多被派去挖煤矿或捡煤渣，或砍树或捡枯木，甚至拆楼板、床板当燃料；又有些人负责搜集废铁，或是没收各家的铁制锅碗瓢盆，一概投入高炉之中。到了晚上，红色的高炉火光照耀天空，从南至北，由西到东。许多人民公社一面继续放卫星，一面又把农民抽调去参加大炼钢铁，大片的农田因而荒废休耕。中国离大饥荒又近了一步。

大炼钢铁：採用小高炉的原始方法炼钢

中、苏交恶——赫鲁晓夫与毛泽东的冲突

历史家大多同意，苏共和中共之间发生不愉快，其实从斯大林在世的时候就已经开始了，只是毛泽东不得不要对斯大林忍气吞声。到了赫鲁晓夫上台，毛就不可能再继续忍耐；再加上毛本人有强烈的领袖欲，对赫鲁晓夫推动的去史达林化运动也渐渐不以为然，因而，两人之间迟早是要发生冲突的。

1954 年 9 月，赫鲁晓夫第一次率团访问北京，参加中华人民共和国建国五周年的庆典。苏联原先已经和中国签约同意援助进行 141 项建设，赫鲁晓夫又追加 15 项，使得中国的第一个五年计划更加充实，不仅有重、化工业，也包括国防工业，如坦克工厂、飞机零件厂。

赫鲁晓夫显然是极力要讨好东道主，但他在访问期间对中共的观感无疑是非常负面。他在晚年写的回忆录里说，当时中共无论是在会议或是闲谈中，对待苏联人"殷勤得令人肉麻，周到得无微不至，可就是没有真情"。同时，赫鲁晓夫从近身观察中更加确信毛的自尊心及优越感已经强烈到不能容忍别人有意或无意轻视。不等回到莫斯科，赫鲁晓夫就私下和同志们说："我们同中国的冲突不可避免。"毛于前述十月革命四十周年庆典时在莫斯科的发言和举动，当然也使得赫鲁晓夫不安。

当毛意气风发地发动大跃进时，赫鲁晓夫更是忧心忡忡。回溯二〇年代后期，斯大林强推的集体农场是一场大灾难，导致苏联在五年内有一千万人饿死，其中将近半数在号称为谷仓的乌克兰地区。赫鲁晓夫当时就是乌克兰的官员，所以深知其中的错误，而眼看着中国的人民公社即将导致同样的灾难。赫鲁晓夫说，更何况中国比苏联还要贫穷落后，没有高度机械化的基础，农民大多是用手拿锄头和木犁耕田，有什么条件搞集体化？

对于土法炼钢，赫鲁晓夫尤其不以为然，说"简直是一场瘟疫"。他认为，这是遥远的年代以前的冶炼业，在这样粗陋条件下产出的铁，成本和品质都是问题，也达不到工业用钢铁所需的规格。

赫鲁晓夫对大跃进的批评当然传到毛泽东的耳朵里，毛大怒。两人的关系在后来又因为一连串其他的事件发生而越来越恶化。

1958 年 4 月，苏联向中国提出一项建议，希望在中国南方建造一座长波无线电台，以便和在太平洋的苏联潜艇联系，又建议由双方分摊费用。毛指示相关部门回覆同意，但费用全部由中国负担，所有权属于中国。

两个月后，赫鲁晓夫又请苏联驻北京大使尤金（Pavel F. Yudin）面见毛，建议双方联合建立一支现代化的舰队。尤金原本是一名哲学家，曾经帮助毛把他的两篇重要论文《矛盾论》及《实践论》翻译成俄文出版，所以和毛的关系非比寻常。不料毛听他说话后面色铁青，语气不善。尤金知道大事不妙，赶忙告辞。但第二天毛又请尤金到中南海，并请所有政治局委员都到齐，然后一个人讲话，竟讲了四个多小时。由于毛指示把他的讲话全部录音，今天我们很清楚他当时说了什么，其中的片段如下：

> 你们就是不相信中国人，只相信俄国人。俄国人是上等人，中国人是下等人，毛手毛脚的，所以才产生了合营的问题。要合营，一切都合营，陆海空军、工业、农业、文化、教育都合营，可不可以？ 或者把一万多公里长的海岸线都交给你们，我们只搞游击队。你们只搞了一点原子能，就要控制，就要租借权。……。

> 我们对米高扬不满意。他摆老资格，把我们看做儿子。他摆架子，可神气了。……。什么兄弟党，只不过是口头上说说，实际上是父子党，是猫鼠党。

> 苏联人从什么时候开始相信中国人的呢？ 从打朝鲜战争开始的。……。

> 斯大林支持王明路线，使我们的革命力量损失了百分之九十以上。当革命处在关键的时候，他不让我们革命，反对我们革命。革命胜利后，他又不信任我们。他大吹自己，说什么中国的胜利是在他的理论指导下取得的。一定要彻底打破对他的迷信。……。

> 你们讲的话，使我感到不愉快。请你照样告诉赫鲁晓夫同志，我怎么说的，你就怎么讲，不要代我粉饰，好让他听了舒服。

毛所讲的，可说完全是长久以来他对斯大林、赫鲁晓夫以及所有其他苏联人累积的愤恨及不满。赫鲁晓夫接到尤金的报告，大惊，决定亲自飞到北京，但两人的会谈最终还是不欢而散。

中、苏裂痕加深——从金门炮战到苏联取消交付原子弹

到了八月，毛泽东突然毫无预警地下令炮轰在福建外海，由台湾蒋介石政权控制的一座小岛金门，在两个小时内落弹四万余发。蒋介石下令回击。"金门炮战"（或称"823 炮战"）于是爆发。美国立刻

派航空母舰进驻台湾海峡，又提供蒋介石飞机、导弹以对抗共军的海、陆、空三面攻击。

赫鲁晓夫对金门炮战的反应是又惊又怒。原来当时苏联已经和美国、英国在讨论防止核武扩散，并达成协议要一起发表暂停核试验的声明，金门炮战却发生在预定发表声明的前一天。赫鲁晓夫不得不怀疑毛发动炮战的目的是为了破坏三国的核武限制谈判。由于他才离开北京不久，金门炮战不免被认为是他和毛共同商定的，但毛在和他见面时根本没有提过任何与金门有关的事。

不过使得赫鲁晓夫更生气的事还在后面。台湾在金门炮战中发射一款由美军提供的"响尾蛇"导弹，其中有一枚故障，掉落在地面上，被共军拾获。苏联自认导弹技术不如美国，要求把这枚导弹送给苏联军方拆解研究。但中国人不肯，不过在苏联不断催促之下最后还是把导弹送去，苏联人却发现其中少了一个非常关键的感测元件。中国人说可能是在运送过程中遗失，苏联人却认定是中国人私藏而不愿交出。赫鲁晓夫后来在回忆录里写道，这个小小的事件大大地刺伤了苏联人。苏联人一向自认对中国如兄弟般地对待，支援无数的建设项目，提供贷款、设备，又派出数千名专家；如今中国在战场上获得了一点点战利品，却不肯和苏联共享，千方百计地拖延，最后又说谎。

1959 年 1 月，苏共召开第二十一次大会，毛命令周恩来率领中共代表团参加，并给予指示，因而周恩来在会议中听到赫鲁晓夫公然讥评大跃进后便起而直接反驳。这是双方的冲突第一次公开化。

又过两个月，西藏发生抗暴运动，其原因是中共在青海、西藏推动土改及人民公社，损毁喇嘛寺庙，又逼迫僧人还俗，藏人起而反抗。中共立刻派解放军大举镇压，十四世达赖喇嘛被迫逃亡，英、美两国支持印度接纳达赖喇嘛及其随从进入国境。中、印之间原已为边境问题发生纠纷，至此关系更加恶劣。印度虽不是共产国家，与苏联一向友好，苏联因而不愿得罪印度，拒绝发表支持中国的声明，中苏之间的关系于是也进一步恶化。

到了 6 月，苏联突然发出通知，说已经决定停止协助中国发展核能技术，并取消原先交付一颗原子弹给中国的承诺。苏共中央为此写了一封信给中共中央，其中说，苏、美、英三国正在讨论禁止核试验的谈判，不能不考虑，如果西方国家获悉苏联将核武器的样品和技术资料交给中国，那么就有可能严重地破坏苏联为和平及和缓国际紧张局势所做的努力。

毛接到信后，愤恨至极。这时中共正预定于七月初在庐山召开一次政治局扩大会议，不料竟演变成一场政治风暴，而被斗争的主角是国防部长彭德怀。

庐山事件及反右倾运动——兼述毛岸英之死

关于各级人民公社宣称的辉煌成就，有一部份中共高层在暗中怀疑，决定回乡去实地考察。彭德怀也在 1958 年底回到湖南家乡，却发现农民完全失去积极性，地方政府领导又集体造假，纵容各级干部殴打、虐待农民。许多乡亲向他哭诉，对他造成极大的冲击。次年五月，他奉派到东欧参加会议，见到赫鲁雪夫和一些东欧的领导人，在私下的言谈中透露自己对大跃进的忧虑。不料毛泽东接获密报，对彭德怀至为不满。

庐山会议召开时，彭德怀决定直接写一封"八万言书"给毛泽东。在开会中，许多人也纷纷发言支持彭德怀的意见。彭德怀自己更是越说越激动，竟冲口而出，说个人崇拜及缺乏民主才是一切弊病的根源。不料毛勃然大怒，直接说彭德怀在东欧对赫鲁雪夫说大跃进如何如何不好是"里通外国"，属于反党性质。毛又厉声说："假如办十件事，九件是坏的，都登在报上，一定灭亡，应当灭亡。那我就走，到农村去，率领农民推翻政府。"又说："我一个儿子被打死了，一个儿子疯了，我看是没有后的。始作俑者是我，应该是断子绝孙。"毛的话一出口，所有的人都惊呆了，因为大家都知道，毛说有一个儿子被打死的事和彭德怀有关系。

原来毛有两个儿子，大的叫毛岸英，小的叫岸青。由于毛忙于革命，母亲杨开慧又不幸被国民党处决，两兄弟七、八岁就被送到上海，交给一个地下党员牧师收养，但时常遭到殴打。岸青因而脑部受伤，导致后来精神失常。岸英只得带着弟弟在街头流浪。当时许多中共要员的子女遭遇也都类似，共产国际因而决定把他们的子女都送到莫斯科的一所儿童院里，直到长大。

毛岸英成年后加入苏联红军，参加对德战争，升至上尉。1946 年，毛泽东患重病，史达林派专机送两名医生到延安为他诊治，顺便送岸英回国，父子俩将近二十年来第一次见面。1950 年，岸英自愿参加抗美援朝。彭德怀不敢让岸英上前线，把他保护在指挥部里。不料岸英竟在一次美军飞机轰炸时被炸死，当时只有二十八岁。毛岸英的死当然是毛泽东心中的大痛，但此后不曾再提起。庐山会议时，毛终于忍不住，把深藏心中多年的痛一下子发泄出来。

毛最后决定把彭德怀和其他三人一起打成"反党联盟"，全部撤职。毛又指示发起"反右倾运动"，比两年前的"反右运动"规模更大；据统计，竟有三百万多名"右倾机会主义分子"受到严厉处分。如彭德怀那样敢讲真话的人的下场既是如此，从此没有人敢再批评大跃进。一场大饥荒于是不可避免。

从赫鲁晓夫访美到苏联停止援助中国，撤回技术专家

1959 年 9 月，赫鲁晓夫应艾森豪威尔总统之邀访问美国，带了大队人马，遍访华盛顿、纽约以及农业大州爱阿华、钢铁大城匹兹堡，甚至到加州好莱坞影城，还见到最知名的电影明星玛丽莲梦露（Marilyn Monroe）。这是历史性的一次访问，也是一个学习之旅。赫鲁晓夫无疑是希望借助美国的帮助让苏联经济加速发展，但直接地说，并没有达成目的。其中一部份原因是美苏关系到第二年就恶化了，另一部分原因是苏联不可能把美国所有的东西照样全搬到苏联。推动种植玉米就是其中的一个失败例子。

赫鲁晓夫在乌克兰曾经有领导种植玉米的成功经验。他听说美国人大面积种植玉米，连带发展出极为成功的畜牧业，于是派人到爱

阿华州，向一位大农场主加斯特（Rosell Garst）取经。他到美国就决定飞到爱阿华，便是为了要亲自参观加斯特的农场，并且在回国后下令在苏联全境推广。然而他忽略了，苏联的天候及地理条件与美国不同，因而玉米收成极差。但地方官员大多不敢反映实情，反而虚报玉米产量及饲养牲畜的数字。有一名州党委书记因为无法圆谎，最后只得自杀。不过全国性的灾难已经无法避免。

赫鲁晓夫也到美国总统专属的度假地大卫营（Camp David）与艾森豪威尔总统一起过了三天，并达成协议东西方必须和平共处，共同致力于裁军，停止核武，并扩大贸易合作。结束美国之旅后，他又匆忙地率团到北京，正好赶上中共建国十周年庆典。

但毛泽东早就认定赫鲁晓夫已经走上"修正主义"的道路，对他的访美之行更是疑忌。因而，两人见面后毛只是要求赫鲁晓夫重新考虑移转核技术，但赫鲁晓夫还是拒绝，毛只好声称中国将自己研究。两人又为中印冲突之事激烈地争吵，最后仍是不欢而散。

中、苏渐行渐远，东欧国家都看在眼里，其中阿尔巴尼亚开始向中国示好。阿国共党总书记霍查（Enver Hoxha）一向紧紧跟随斯大林，在国内也学习斯大林多次清洗异己，所以在党内地位稳固，没有人敢挑战。但在赫鲁晓夫批判史达林后，阿共党内开始有反对的声音，霍查因而对赫鲁晓夫大为不满。中共趁机笼络阿尔巴尼亚，双方一拍即合。

1960 年 6 月初，中国在北京主办一个有六十多个国家共产党代表参加的大会。苏联代表奉令鼓吹和平共处，中共却在暗中邀各国代表私下开会，指称和平共处是一个骗局。赫鲁晓夫得知后，说："中国人在朝我们脸上吐痰。"六月下旬，又有五十几个国家的共产党代表在布加勒斯特开会。赫鲁晓夫亲自与会，发表演讲猛烈批评毛泽东，说不是只有依靠战争才能进入社会主义。不料中共代表团团长彭真竟起而直接反驳赫鲁晓夫，阿尔巴尼亚代表竟也发言表示支持彭真。

赫鲁晓夫大怒，下令从七月起取消与中国签订过的 343 项合作协议，撤回 1,390 名技术专家。中国境内有许多工厂因而一夕之间停摆，或工程进行了一半而无以为继。不料霍查从九月起又下令清洗党内的亲苏派，通通开除党籍，逮捕入狱，也有一部份遭到处决。赫鲁晓夫忍无可忍，下令于 1961 年春停止对阿尔巴尼亚的经济和军事援助合约，撤回在阿国工作的全部苏联专家。阿国只能向中国求援。这时中国自己其实已经陷入大饥荒，但毛还是同意援助阿国。

中国大饥荒

关于中共推动人民公社导致的结果，据后来的估计，在 1958 年全国实际粮食产量是 4,000 亿斤，接下来的两年分别跌到 3,400 亿斤及 2,800 亿斤。然而，当时所有的人民公社无不浮报产量，而政府征收粮食按规定却是根据人民公社报告的生产数字核计；生产量如果浮报，征收量就随之增加。地方干部当然知道，如果照这样的数字上缴必定有人饿死；但如果不照数字上缴，自己必将遭到撤职查办。因而，不肯上缴规定数量粮食的农民就遭到毒打和酷刑。

1958 年起，大饥荒在各省出现，1959 年更加扩大，但党政高层大多被蒙在鼓里，一直到 1960 年 10 月河南省爆发一个"信阳事件"，中央政府才知道事态严重。当时信阳农民被拷打，一部分被打死，一部份人开始外逃。信阳地委却封锁消息，又指示各县、市设岗哨拦堵，不准任何人离开，怕有人去北京"上访"。但周恩来还是得到报告，大惊，派员前往调查，结果证实无误。据后来统计，信阳地区原有八百万人，这时已经死了一百多万人，其中有六万人是被酷刑致死的。

回溯饥荒初现时，农业工作部部长邓子恢曾请求允许人民公社社员拥有不超过百分之五的自留地，也能私自喂养家禽、家畜，并在 1959 年 6 月获得毛批准。但不久后庐山事件导致反右倾运动，地方官大多害怕，不敢执行。信阳事件爆发后，周恩来才又取得毛的同意，发出一个紧急指示，再次重申政策。到了 1961 年 6 月，毛又同意人民公社社员的收入改为按劳分配，并解散公共食堂。农民的积极性至此才显现出来，饥荒开始减缓。

关于中国大饥荒期间究竟死了多少人的问题，中外的学者有很多人研究，其中比较著名的有曹树基、杨继绳、陈一谘及荷兰籍的冯克（Frank Dikötter）。综合他们的结论，总共死亡人数约在 3,500 万至 4,500 万之间。其中杨继绳提到一个重点：1958 至 1961 年都是气候正常的年份；邓子恢后来在回忆录里也是一样的说法。因而，大饥荒不能说是由于天灾，而是人祸引起的。

冯克也发现一件奇怪的事：中国在大饥荒时仍然继续出口粮食换取外汇，用以偿还韩战及推动五年经济计划时向苏联贷款的本息。以 1959 年为例，饥荒已经十分严重，谷物出口竟达到 420 万吨。事实上，这些债依约原本可以分十几年偿还，苏联也没有要求中国加速还债，毛却误以为人民公社粮食生产形势大好，决定提前还债，说："延安时期那么困难，我们吃辣椒也不死人。现在比那个时候好多了，要勒紧裤带，争取五年内把债务还清。"

毛主席既是这么说，从中央到地方自然是一层一层往下催逼征收超额的粮食，全国各地饿死的人也就更多了。中共在后来却在国内宣传，说"苏修逼债"是使得中国大饥荒进一步恶化的原因之一。

中、苏正式决裂

1961 年 10 月，苏共第二十二次代表大会在莫斯科举行，毛又派周恩来率领中国代表团参加。赫鲁晓夫在大会中致词，既批判斯大林和个人崇拜，又攻击霍查走上民族主义的道路，不是正统的马克思主义者。事实上，霍查根本被禁止参加会议。周恩来也早有准备，立即上台发表演讲为霍查撑腰，说赫鲁晓夫对兄弟党进行的公开的、片面的指责不是马克思主义者应有的态度。接着周恩来又率领中共代表团去拜谒列宁及斯大林的陵墓，各献上一个花圈，其中称斯大林是"伟大的马克思主义者"，明显表达反对赫鲁晓夫批判斯大林。

第二天，赫鲁晓夫召集所有的党政要员和中国代表团举行会谈，表示希望尽力挽回双方濒临破裂的关系。不过当周恩来引述毛的话，说斯大林功大于过，不同意他对待斯大林的方法时，赫鲁晓夫却说："如果你们喜欢斯大林，你们可以把他的遗体运到北京去。"周恩来愤而率团提早离开莫斯科。

周恩来回到北京时，毛破例率领刘少奇、朱德、邓小平等人到机场迎接。苏共却在二十二大闭幕前一天通过决议，把斯大林的水晶棺从陵墓中移出来，草草改葬。苏联全国千百个与斯大林的名字有关的城市、街道、广场、工厂、农场也全部改名。到此时，苏联"去斯大林化"达到最高峰，中、苏关系实质上也已经决裂了。

第 9 章

越战及文化大革命

本章叙述的主题是近代历史上的两个大事件：越战及中国的文化大革命。关于越战，如第 7 章中所述，其实是从第二次世界大战结束之后就已经开始，不过到六〇年代初才逐渐进入高潮，时间正与中国发生的十年文化大革命互相重叠。这两个事件表面上来看虽然各自独立，其实是紧密相关，并且相互影响。正因如此，我选择将这两件事放在同一章里叙述。

我又必须特别指出，这两个大事件是在美、苏、中三角关系剧烈变化的背景之下发生的。这一点极为重要，因为读者若不能明白这一点，对于越战及文化大革命期间发生的一些重要转折恐怕就只能知其然，而不能知其所以然了。

美、苏、中三角关系的变化，主要是三件事——中苏决裂、美苏交恶及美国决定联中制苏。关于中苏决裂，本书在上一章已经详细叙述，所以此处不再重复；美国决定联中制苏的时间点是在 1969 年，所以稍晚才能叙述；因而，本章一开始将先叙述美苏如何交恶。

美苏交恶之始

如前所述，赫鲁晓夫在就任苏共总书记之后就以与美国改善关系为重要目标，1959 年 9 月他应邀率团大举访问美国，可说是双方关系最友好的时刻。不料只过了不到一年，美苏关系就因为三个连续而来的事件急遽地恶化。这三个事件分别是 U2 飞机事件，巴黎四方会议流会事件，以及苏联插手美国与古巴之间的冲突，可说是一件比一件严重。美苏之间的冲突最后竟导致两个更惊人的事件：柏林围墙事件及古巴飞弹危机。不过我们还是先从 U2 事件说起。

美国空军多年来一直派飞行员驾驶 U2 高空侦察机，飞到苏联的领空上，高度达到两万米。苏联发现后，向美国提出抗议，但美国否认其事。苏联人十分气愤，却无可奈何。1960 年 5 月，苏联举行五一劳动节大阅兵，美国 U2 飞机又飞到苏联领空侦察，但这时苏联已经研发成功能对付高空飞机的导弹，赫鲁晓夫于是下令发射导弹把飞机打下来，俘虏了跳伞逃生的飞行员，并且发表声明，严厉谴责美国好战。

在此之前，美、苏、英、法原已约定要在巴黎举行四方会议以谈判裁军问题，这时赫鲁晓夫却要求艾森豪威尔为 U2 事件道歉，并保证此后不再派 U2 在苏联领空上进行侦察为开会的先决条件，但艾森豪威尔拒绝。四方会议于是流会，美苏关系急速降温。

至于第三个事件，为了要清楚地解释美国为什么会与古巴发生冲突，以及苏联为什么会插手其中，就必须从其根本原因古巴革命开始叙述。但在详述古巴革命之前，最好也先说明当时美国一部份资本家在中南美的活动，及其所引发的问题。

从危地马拉的土地改革到古巴革命及猪湾事件

十九世纪末起，美国有一个联合果品公司（United Fruit Company）垄断了加勒比海（Caribbean Sea）周边所有国家水果的种植及出口，连带控制了各国的经济及政治。这些国家的总统无不与联合果品公司充分合作，但大多贪污腐败。不料危地马拉（Guatemala）选出一位左倾的总统阿本斯（Jacobo Arbenz Guzmán），在 1952 年公布一项土地改革法，开始征收联合果品公司的闲置土地。联合果品公司大惊，但一时无计可施。

然而，如第 6 章所述，约翰·杜勒斯和他的弟弟艾伦从 1953 年初起分别担任美国国务卿和中央情报局局长，而两人刚好都曾经担任过联合果品公司的律师或董事，情况于是逆转。CIA 开始提供资金及武器给流亡海外的危地马拉军人，送他们回国发动武装叛乱。阿本斯无力抵抗，被迫于 1954 年 6 月逃亡。必须指出，当时韩战才刚刚结束不久，美国历经三年艰苦奋战才终于保住了南韩，自然不可能不阻止共产党或其同路人在其"后院"中南美洲点火。

至于古巴，从 1934 年起就由一位腐败而专制的强人巴第斯塔（Fulgenicio Batista）统治。古巴共产党虽然早在 1925 年就已经成立，并没有足够的力量，因而奉莫斯科之命支持卡斯特罗（Fidel Castro）进行革命。卡斯特罗是西班牙移民之子，出身律师，演讲极富煽动力，又具非凡的领袖魅力。1953 年起，卡斯特罗率众盘据在古巴东部马埃斯特拉山区（Sierra Maestra），与政府军长期对抗，到了 1959 年初，终于率部攻占首都哈瓦那（Havana），建立一个社会主义国家。

卡斯特罗身边有两名重要的助手，都是共产党员，其中一位是他的亲弟弟劳尔（Raul），另一位是阿根廷籍的切·格瓦拉（Che Guevara）。格瓦拉有欧洲人的血统，祖先曾是秘鲁总督，不过到他的父亲已经衰落为中产阶级。他在医学院当学生时，曾骑一摩托车遍游中南美，却被沿途所见的贫穷及贪婪震惊，决心要以实际的行动推动世界革命，因而接受卡斯特罗邀请，到古巴参加革命。

卡斯特罗（右）与切·格瓦拉（左）

卡斯特罗在初期否认自己是共产党员，不过在革命成功后宣布要推动土地改革及企业国有化政策。美国于是开始对古巴施压，切断古巴的石油供应，又中断向古巴购买蔗糖。古巴顿时陷入困境，不得不向苏联求援。

　　苏联其实早已密切注意古巴局势的发展，这时认为正是共产主义打开中南美的大门的绝佳机会，于是在 1960 年 2 月派外交部长米高扬访问哈瓦那。与卡斯特罗签定协议。苏联同意供应古巴

赫鲁晓夫（右）紧拥卡斯特罗（左）

石油，向古巴购买五百万吨蔗糖，又主动提供贷款及各种武器装备。接下来，卡斯特罗布迳行没收境内所有的美国资产。美国总统艾森豪威尔大怒，但赫鲁晓夫宣称将不会坐视美国侵略古巴，美苏关系由此更加恶化。

　　到了 9 月，赫鲁晓夫率领苏联及东欧国家的代表团到纽约参加联合国大会，却受到美国的敌意对待，对比一年前他访问美国时在各地受到热烈的欢迎，有如天壤之别。赫鲁晓夫大怒，领导代表们在会议中与西方国家代表互相鼓噪，干扰对方发言。

　　1961 年 1 月，卡斯特罗进一步下令驱逐美国驻古巴大使馆馆员，要求从三百人降到剩下十一人。美国愤而与古巴断交。不久后，美国新当选的总统肯尼迪（John F Kennedy）就任，命令 CIA 在瓜地马拉招募约一千五百名流亡的古巴人，组成一支游击队，计划在猪湾（Bay of Pigs）登陆，配合当地的反叛军起义；接着美国也将派一支海军陆战队前往协助。不料事机不密，游击队在登陆后竟遭到政府军迎头痛击，少数人被杀，大部分投降。肯尼迪只得放弃整个行动。

柏林围墙危机

猪湾事件后，古巴检具证据向联合国投诉，引起国际社会强烈指责美国，中南美许多国家的反美情绪也因而更加强烈。肯尼迪当选总统后第一次对外行动就灰头土脸，声望立刻掉到谷底。为了扳回颜面，他决定到欧洲访问，并邀请赫鲁晓夫于 1961 年 6 月在维也纳见面，希望重谈和平共处，尤其是想解决东西德之间的问题。

如上一章所述，东德曾经在 1953 年夏天发生暴乱，导致苏联出兵镇压。在此之后，东德人民选择出逃的人数暴增。西德后来的经济发展明显高于东德，逃亡的人更多。当时在东、西柏林之间并没有隔离，市民可以自由来往，是东德人民逃往西德的跳板。据估计，从 1953 年到 1961 年共有二百五十万人，其中大多是菁英人才，如医师、律师、科学家、工程师，以及熟练的工人，两边经济差距因而更大。另有一个现象，当时有很多东柏林人在西柏林上班，也在西柏林消费，因为东柏林的商品比较贵而品质差，或根本缺货。

东德估计上述的情况造成其经济损失累计达到三百亿美元，但对此束手无策。赫鲁晓夫却认定西柏林是一个"毒瘤"，必须割除，因而在维也纳与肯尼迪见面时态度非常强硬，竟直接说要封锁西柏林，或以武力占领西柏林。肯尼迪大惊，竟至言语失措，因而在开完会后脸色铁青，后来自己也承认，这是他一生中面对面谈判最大的一次挫败。

但肯尼迪不敢掉以轻心，连忙调派军队、坦克进入西伯林，以防万一。结果东德突然在八月中派警察带工人到西柏林四周，立刻围上铁丝网，从此隔断两边。几天后，工人又开始用砖块砌起墙来。肯尼迪得到报告后松了一口气，说："这不是很好的解决方法，但一堵墙比一场战争真是好太多了。"

古巴飞弹危机及其影响

猪湾事件后，苏联与古巴达成协议，向古巴输出更多新式的武器，又以 KGB 为样版，在古巴复制了一个情报总局。1961 年 12 月，卡斯特罗公开宣称古巴将致力于支援中南美及非洲的共产革命，协助解放所有被侵略及压榨的民族。美国大惊，但赫鲁晓夫意犹未足，又想在古巴布置导弹。

当时美国在苏联四周，如西德、意大利及土耳其已经布置有数百枚导弹，其中有一部份装有核弹头。赫鲁晓夫因而自称每日提心吊胆。相对地，苏联虽然也有导弹，并没有一个能布置到接近美国本土。他认为，如果能偷偷地运送核导弹到古巴，就能让美国人一样提心吊胆。

尽管有人认为这项行动牵涉到庞大的海上运输计划，在任何选定的基地组装导弹也不可能不让美国人发现，赫鲁晓夫还是下令从 1962 年 7 月起开始秘密地把导弹分拆并伪装，连同部分人员，分成八十几条船驶向古巴。不过美国从一开始就注意到苏联的异常举动，并严密监视，只是不确知其目的。但有一架 U2 飞机在 10 月 14 日从高空拍到一些基地正在组装导弹的清晰照片。肯尼迪收到这些照片，大惊，但并没有接受美国军方鹰派的主张立刻摧毁古巴的核弹基地，只是宣布全面封锁古巴，又要求苏联撤除所有在古巴的导弹。

冷战以来美苏都想避免的核战一触即发，但肯尼迪和赫鲁晓夫都不想冒险，决定谈判。10 月 27 日，当局势最紧张时，肯尼迪派自己的弟弟司法部长罗伯·肯尼迪（Robert Kennedy）前去拜会苏联驻美大使杜布莱宁（Anatoly Dobrynin），双方于是建立起直接对话，并同意各退一步。肯尼迪公开保证如果赫鲁晓夫同意撤离导弹，美国将永远不会入侵古巴，又秘密承诺将来也把美国在土耳其的飞弹撤走。一场人类的巨大浩劫于是消弭于瞬间。

古巴飞弹危机落幕后，赫鲁晓夫虽然自认做了绝对正确的决定，在共产世界里得到的批评却大多是负面的。

卡斯特罗和格瓦拉在危机最关键的当口强烈建议抢先向美国本土投掷导弹，但在得知赫鲁晓夫根本不和他们商量就迳自与肯尼迪达成协议后都暴跳如雷，自认是被出卖了。不过卡斯特罗后来仍与苏联继续来往，格瓦拉却拒绝与苏联合作，而到非洲及南美洲去协助当地的共产革命，最后不幸在玻利维亚被捕，惨遭处决。格瓦拉死后成为全世界许多反体制、反社会的青年人崇拜的偶像，是美国及欧洲各国后来反越战运动风潮中的图腾。

毛泽东在得知古巴飞弹危机之后不断地发电报给卡斯特罗，说苏联人不可信赖，在赫鲁晓夫决定撤出导弹后又认为是一种背叛、胆怯、失败及投降，证明苏联已经没有资格继续做共产世界的老大哥，于是也派人到中南美及非洲，自行到处煽动革命。

对于毛和一些其他人的好战言论，赫鲁晓夫的回应是："挑起战争并不需要智慧，一个傻瓜也能发动战争，其结果却是聪明人无法解决的"，但赫鲁晓夫在导弹危机中决定退让对他自己的威信确实造成极大的伤害。不过由于当初虽然是他率先提议偷运导弹到古巴，却是在中央主席团会议中经过讨论而获得同意，并有 15 人共同签名，所以赫鲁晓夫并没有因此而立即下台。

美苏关系如何一步一步恶化既已说明清楚，以下的叙述就回到本章的两大主题之一——越战，而从美国究竟如何直接介入越战开始说起。

日内瓦九国会议——美国扩大介入越战

如第 7 章所述，美国原本是极为厌恶法国企图重返东南亚的殖民地，却因为担心共产势力扩张而不得不提供法国经济及军事援助。刚开始时，每年援助金额不过是一千万美元，后来渐渐增加，达到每年一亿美元。最后，美国就决定自己跳进去了。

1954 年 4 月，正当奠边府战况紧急时，美、苏、英、法、中、越盟、南越、寮王国及柬埔寨王国各派代表到日内瓦召开九国会议。中国总理周恩来及美国国务卿杜勒斯都亲自与会。会议刚召开时，越盟战况极为不利，不料到了五月初，战局完全逆转，越盟在中国军事顾问团的协助之下竟在奠边府击溃法军。越盟参加会议的代表范文同的态度立刻从柔软转为强硬。但中、苏两国都知道美国即将参战，前景不乐观，劝越盟接受"两个越南"的提议。越盟勉强同意，周恩来却又施压使其接受以北纬十七度为界，比原先"总命令第一号"规定的北纬十六度还要向北退一度，越盟且被迫从寮国和柬埔寨撤军。

中国之所以对越盟施压，背后另有一个原因。当时杜勒斯正在筹组一个类似北约的东南亚公约组织，寮王国、柬埔寨王国都已同意加入，并允许美国在其境内设置军事基地。此一计划如果成真，对中国极为不利。因而，中国的策略是以上述的谈和条件换取寮国、柬埔寨同意不加入东南亚公约。东南亚国家中最后只有菲律宾和泰国参加此一公约，对杜勒斯而言是大失败。

但胡志明和范文同在日内瓦会议后都在党内遭到严厉的批评，说协议完全没有考虑到越盟在奠边府大胜的事实，签约等于卖国。虽然中国在此之前已经提供越盟巨大的援助，在此之后十年间也继续不断地提供援助，越盟却始终无法忘怀此时被逼退让，日内瓦会议因而埋下日后两个共产国家决裂的远因。

北越南侵

南、北越分割之后，北越推动激烈的土地改革运动，又迫害宗教。美国于是和南越总理吴廷琰合作，由美国提供援助，利诱北越人民南迁，发给土地、耕牛、种子等。结果吸引了一百多万北越人移居南方。然而，吴廷琰和他的家族成员都信仰天主教，竟也开始迫害佛教和其他越南特有的高台教、和好教及平宣党等，结果导致大规模的静坐、游行示威活动，甚至武装反抗。吴廷琰后来驱逐保大皇帝，自任为总统，又推动土地重分配，但在过程中贪污舞弊，人民至为反感。军中对吴廷琰的专制独裁更是不满。

日内瓦协议中规定两年后要举行选举，以促成南、北越统一，但胡志明和吴廷琰都无此意愿。日内瓦协议也规定数万名越盟游击队撤退到北方，但这些游击队后来又逐渐回到南方。越共在南方的最高领导人黎笋利用反吴廷琰情绪结合各宗教、帮派、政党，组成"越南民族解放阵线"（简称"南解"）。原已撤退到北越的寮共游击队这时也回到寮国再次发起内战，控制了两国边界的地区。胡志明于是下令从 1959 年起沿着边界线开辟"胡志明小径"，以便游击队南下及运送武器，又沿着南越与柬埔寨的边境，将小径延长到南方，直抵西贡附近。柬埔寨国王西哈努克这时已转为亲中反美，和越盟充分配合。

越共沿着胡志明小径，在任何一点都可以轻易地越过边界，发起突袭，因而没有一般所谓的前线或后方，南越政府军只能被动地打丛林战、田埂战或城市巷战，疲于奔命。越共所需的粮食和补给大部分是向南越的农民购买或"征税"。如果有人拒绝，越共可能突然出现，召集斗争大会将反抗的人处死。因而，在南越政府军无法控制的地区没有人敢不听从越共的命令。

美国总统艾森豪威尔曾经提出一个"骨牌理论"，认为万一南越、老挝和柬埔寨沦入共产党之手，东南亚其他各国也将应声而倒。肯尼迪完全同意他的理论，继任后将在越南的军事顾问团人数从原先数百人扩充到 1963 年底的一万六千人。但由于中、苏交恶后两边都争着要做共产集团的老大，争相提供北越援助，使得北越和南方的越共游击队的实力也迅速增强。

南越政府的腐败及连续政变

吴廷琰宠信他的弟弟吴廷瑈及弟媳妇，但美国官员对吴家三人的印象都很差。美国国防部长麦克纳马拉（Robert S. McNamara）当时是关于越南事务最重要的决策官员，后来却在回忆录里说："一直到今天，我还不知道吴廷琰对他的国家及人民提出过什么长期的目标。"他又形容吴廷瑈夫人"聪明、坚强而美丽，却恶毒而工于心计，是一个真正的女巫。"

南越军人和百姓同样对吴廷琰也极为不满。1962 年，有三名空军军官竟驾驶飞机到总统府上空投掷炸弹。1963 年，又有一位七十几岁的老和尚在西贡街头自焚而死。这一幕经由报纸和电视报导震惊全世界。不久后，吴廷瑈却又下令军警突袭许多佛教寺庙，殴打僧尼，导致更多自焚事件。

　　美国政府中早已有人建议发动政变推翻吴廷琰。肯尼迪原本拒绝，后来却同意了，遂有南越将领杨文明、阮庆在 1963 年 11 月发动政变。结果吴廷琰兄弟都遭到枪杀。不料肯尼迪自己在三星期后也意外地在德州（Texas）遭到枪杀，副总统詹森（Lyndon Johnson）于是依法宣誓继任为美国总统。

　　1964 年 8 月，有两艘美国驱逐舰报告在距离北越首府河内不远的公海海域遭到北越鱼雷攻击。美国国会对此反应激烈，通过一项决议案，授权总统"采取必要的行动，以击退、防止任何对美国军队的攻击"。詹森由此获得极大的权力，随即批准增兵十五万人到南越。南韩也应邀派出雇佣兵，人数最多时达到四万八千人。1965 年 3 月起，詹森下令飞机开始大举轰炸北越。此一行动持续三年多，据统计投弹总吨数超过二战期间美军在欧洲战场投弹的总吨数。不过美国一面轰炸，一面却禁止地面部队跨过北纬十七度线；换句话说，仍然和在韩战时一样，只打有限度的战争。

　　自从吴廷琰死后，南越不幸又不断地有政变发生。1965 年 6 月阮文绍与阮高奇分别担任总统及副总统之后，虽然不再有政变，两人却互斗激烈，因而政局依旧混乱，而文武官员大多贪腐不堪；反之，人民大多贫困。南韩日后的总统金大中当时是一名国会议员，曾跟随一个考察团到南越访问，后来在回忆录中说，他在晚宴中看见许多官太太穿戴金银珠宝，互相炫耀；第二天他却看见军车载着正要开往战场的士兵大多垂头丧气，有人还随身带着鸡鸭。他不禁怀疑，南韩是否应当派士兵来为南越打仗。

　　美国开始介入越战时，从总统到平民都认为美国的经济、军事和科技力量都远远超过北越，必能轻易获胜。后来战局胶着，美国只得不断地增兵，结果美军在越南的人数在 1968 年底竟达到五十三万人。由于战乱，南越农民纷纷逃离家园，城市里于是挤满了难民，大多失业，只有少数做小生意，或做黑市买卖。许多女人在酒吧里讨生活，出卖肉体。南越人的反美情绪也因而高涨，有越来越多的人转而支持越共。

在越战期间，美、苏、中三国的国内也都发生大事，分别是反越战风潮爆发，赫鲁晓夫下台，以及文化大革命。这些事自然也互相影响，并影响到越战。因而，我在此必须暂时放下越战，先转到这三件事，然后再回来叙述越战。以下就先从文化大革命如何从酝酿到爆发开始讲起。

七千人大会及毛、刘之间的紧张关系

1962 年 1 月，中共中央及地方的领导干部共七千余人齐集于北京开会，主要是检讨大跃进导致大饥荒的失败，史称"七千人大会"。一般认为，这次大会是由刘少奇发起的。回溯大饥荒后期，有一部分中共高层纷纷决定回家乡探视，刘少奇也回到阔别四十年的湖南家乡。他在半路上已经看见很多人饿死，回到老家后又看见自己的姐姐因为冻饿不堪而躺在床上，奄奄一息。他完全没有料想到，自己一生为了理想而从事共产革命，但解放十几年后家乡竟是如此的景况，自认对不起大家，因而低头向乡亲们认错。

七千人大会开始后，刘少奇又直接认错，并说导致大饥荒的原因是"三分天灾，七分人祸"，也就是说人为的错误才是灾难的主要原因。刘少奇其实心中认定毛泽东才是大灾难的罪魁祸首，只是没有明说。周恩来、邓小平等人在他发言后跟着认错。毛为情势所逼，不得不也自我批评，说："凡是中央犯的错误，直接的归我负责，间接的我也有份，因为我是中央主席。"会中又讨论错误的根源，而结论是偏离了民主集中制，高层强迫命令，瞎指挥所致。毛也只得同意必须贯彻民主集中制。

在大会上唯一发言与众不同的是接替彭德怀担任国防部长的林彪，他说："最近几年的困难，恰恰是由于我们没有照着毛主席的指示，毛主席的警告，毛主席的思想去做。"毛知道林彪的发言是在为他开脱责任，大喜。林彪后来又不断地对毛表态效忠，并且在解放军里重起造神运动，下令《解放军报》每天刊登毛泽东的摘要讲话，并编撰成一本《毛主席语录》，命令全军每日研读。

但刘少奇在七千人大会之后明显地在抵制毛，不再事事向他报告，而是自行决定，或只与邓小平及其他人商量。毛察觉后极为不满，说自己已经指挥不动，好像不存在一样，于是离开北京，到华中、华南去拉拢支持者。

但毛无法忍受刘、邓推动的一些农业政策，不久后又强行干涉。当时农业工作部部长邓子恢主张推行"包产到户"，意思是由农户分田单干。其实在大饥荒时，已有一些赤贫省份在暗中实施此一办法，邓子恢却要使其普遍化。刘、邓及陈云都表示支持，毛却说这是"犯了方向性的严重错误……带有修正主义色彩"。但邓子恢不服，与毛据理力争，结果毛大怒，不但把他撤职，又撤销农业工作部。毛又认定资产阶级有可能复辟，在 1963 年初发出指示，必须重提"阶级斗争"，要对人民进行"社会主义再教育"。

从中苏论战、赫鲁晓夫下台到毛、刘之间的持续斗争

必须指出，毛泽东虽然对刘少奇、邓小平都不满，在他的眼里两人是不同的。刘少奇被认为是亲苏派，在中、苏交恶之后处境尴尬，邓小平却成为毛在反苏斗争中的头号战将。由于赫鲁雪夫要求举行会谈以缓和双方关系，毛指派邓小平于 1963 年 7 月率团前往莫斯科，与苏斯洛夫领军的苏共代表团讨论，但会谈最后还是破裂。邓小平回国后，毛亲自指导他和相关人员一同撰写一篇文章，刊登于国内各大报及期刊，此后十个月内又连续刊登了八篇，后来总称为"九评"，内容包括斯大林问题、南斯拉夫问题及和平共处问题，而主要是批评赫鲁晓雪夫及苏修。苏共当然也发表文章反击。

1964 年 10 月，正当中苏激烈论战时，苏共中央主席团突然发动政变，罢黜了赫鲁晓夫，而由勃列日涅夫（Leonid Brezhnev）继任苏共总书记。赫鲁晓夫下台当然不是因为"九评"，不过"九评"对于苏共内部反赫鲁晓夫的集团无疑有极大的助力。至于赫鲁晓夫为什么会下台，我请在下一章再详细叙述。

对于毛泽东而言，赫鲁晓夫下台是一大胜利，但也是一项警讯。

据说苏联的国防部长有一次在接待中国代表时喝醉了酒，竟胡言乱语，说苏联人已经把赫鲁晓夫搞掉了，中国人什么时候也把毛泽东搞下台？不论传言是否为真，毛当然要防范中国也出现一个勃列日涅夫，而他最怀疑的就是与他的关系越来越恶劣的刘少奇。

回溯毛在指示必须对人民进行社会主义再教育时，曾经明白地提出要发起"四清运动"，即是"清理帐目、清理仓库、清理财务、清理工分"，（后来称为"小四清"）。刘少奇被赋予执行的任务，于是组织大批的工作队分赴各地，目标是要根除农村里普遍存在的贪腐问题。工作队仍是采取三反、五反时的"逼、供、信"残酷手法，因而光是在湖北及广东试点时就分别死了两千及一千多人，其中有一半是自杀的。刘少奇也派自己的妻子王光美到河北省抚宁县王庄公社的一个桃园大队去"蹲点"，明察暗访，最后成功地批斗了四十几名主要干部。王光美后来被邀请到处演讲她的"桃园经验"。

然而，毛重视的其实不是贪腐，而是意识型态问题。他又怀疑，刘少奇动员上百万人组成工作队到全国各地去整肃农村干部，真正的意图是夺权。毛至此无法忍受，于是在 1965 年初强行制订一个新法条，其内容是"清政治、清经济、清思想、清组织"（后来称为"大四清"），但整肃的对象不再是贪腐的干部，而是要"整党内走资本主义道路的当权派"。事实上，毛从这时起已经准备要发动一个更大的政治运动，就是文化大革命。

文革开始——从〈评《海瑞罢官》〉到〈五一六通知〉

1965 年 11 月，上海《文汇报》刊出一篇文章，题目是〈评新编历史剧《海瑞罢官》〉，由上海市宣传部门主管张春桥的助手姚文元具名。第二天起，全国各大报纷纷奉命转载。

《海瑞罢官》是由担任北京市副市长的历史学家吴晗编写的一出京戏，内容是讲明朝时有一名官员海瑞大胆批评嘉靖皇帝而被罢官，但在皇帝死后被重新起用，出手重惩贪官污吏，平冤狱的故事。事实上，《海瑞罢官》这出京戏早在 1961 年就已经在北京开始公演，并引起一部分人私下议论，认为是在影射先前彭德怀对毛泽东的批评，可谓暗潮汹涌。姚文元所写的这篇文章却直接批评这出戏是在歪曲史实，说海瑞骂皇帝，又惩治贪官污吏，表面上好像是在为贫农打抱不平，其实真正的目的是以古讽今，想要翻案，借此拆掉人民公社的台，以恢复地主、富农的罪恶统治。总之，这出戏"并不是芬芳的香花，而是一株毒草。……。影响很大，流毒很广。"

北京市委书记彭真（即是吴晗的上司）兼中央书记处二把手（即是邓小平的副手）看出这篇文章来意不善，下令禁止北京各报转载，同时阻止全国各地报章杂志转载。然而，他万万没有想到，毛主席竟是这篇文章背后的指导人，并且派妻子江青到上海联络张春桥、姚文元，又亲自花了几个月与他们讨论、修改这篇文章。毛得知彭真阻止转载后，大怒，命令周恩来向他施压。彭真只得同意各报转载，但坚持《海瑞罢官》只是学术问题，意即无关政治。

次年 2 月，刘少奇在其所主持的政治局会议中明白表示支持彭真，邓小平也赞同，会中并作成决议，即是所谓的〈二月提纲〉，毛却不接受。到了 3 月，林彪公开表态支持毛，写信给中央军委，说："文艺这个阵地，无产阶级不去占领，资产阶级就必然去占领。"。毛大喜，两个阵营之间的论战于是更加炽烈。毛于是决定亲自主持政治局扩大会议，严厉批判彭真。到了 5 月，中共中央发出〈五一六通知〉，将原本由彭真主持的一个"中央文革小组"全面改组，改以负责宣传的理论家陈伯达为组长，江青为副组长，负责情报工作的康生为顾问，其他成员有张春桥、姚文元、王力等。这是中国在此后十年内最重要的一个权力机关，凌驾其他党政机关之上。〈五一六通知〉里另有一段文字如下，极为重要。

> 混进党里、政府里、军队里和各种文化界的资产阶级代表人物，是一批反革命的修正主义分子。一旦时机成熟，他们就会夺取政权，由无产阶级专政变为资产阶级专政。这些人物，有些已被我们识破了，有些则还没有被识破，有些正

在受到我们信用，被培养为我们的接班人，例如赫鲁晓夫那样的人物，他们现正睡在我们的身旁。

大字报、红卫兵、刘邓倒台

毛泽东这时又决定利用青少年学生来发起大规模的群众运动。康生率先派他的妻子到北京大学去鼓动哲学系的一名书记聂元梓于 5 月 25 日中午在北大校园贴出第一张大字报，强烈攻击北大校长及北京市高层官员。到了傍晚，北大张贴的大字报已经超过一千五百张。大字报运动从此在全国各校狂烧。5 月底，北京有几名中学生在大字报上署名"红卫兵"，全国学生从此都自称"红卫兵"。许多红卫兵都认为神圣不可侵犯的伟大领袖毛主席正在遭到"修正主义"围攻，处境危险，所以必须一起来保卫毛主席。

6 月中，毛指示国务院通令全国各大、中、小学一律停课，学生全部投入文化大革命。北京各大学也和北大一样，各自出现类似聂元梓的学生领袖（例如清华大学的蒯大富），分别率领学生们批斗校方的领导和教授，予以体罚，或暴力对待。有少数领导和教授顶不住，就自杀了。刘少奇和邓小平获报后派工作组到校园里维持秩序。这时毛却优哉游哉地在武汉参加一次泳渡长江的活动，吸引大幅媒体报导，然后回到北京，说："凡是镇压学生的人，都没有好下场。"，命令撤出派到学校里的工作组。刘、邓两人大惊，不知所措。

8 月 8 日，中共中央发布《关于无产阶级文化大革命的决定》，宣称文革是"一场触及人们灵魂的大革命"。毛接着将政治局原有的四位副主席全部赶下台，指定林彪为唯一的副主席。邓小平主持的中央书记处也被撤除，由中央文革小组取代。8 月中，毛在天安门广场接见全国各地蜂拥而至的红卫兵，据估计达到二百万人。林彪在大会上说，义化大革命就是要破除一切的"旧思想、旧文化、旧风俗、旧习惯"，即是"破四旧"。毛前后总共在天安门接见了八次红卫兵，超过一千二百万人。

毛主席在天安门广场八次接见红卫兵，超过一千二百万人

由于毛主席说"革命无罪，造反有理"，红卫兵运动的暴力倾向从此无人可以阻挡。毛又表示希望红卫兵到各地去串连，国务院于是下令提供所有的红卫兵串连免费坐车，免费吃住。红卫兵运动遂如野火燎原。原本林彪在部队里发行《毛主席语录》，到这时已经是人手一本。红卫兵天天读这本小书，把它当作是毛主席的化身，"早请示，晚汇报。"每人身上也都戴着一个毛主席像章。

为了要破四旧，红卫兵在全国各地砸毁庙宇、博物馆及各种古迹，单单北京市就有将近五千处。也有红卫兵赶到山东曲阜，声称要彻底砸烂"孔家店"。

红卫兵又声称要"打倒一切牛鬼蛇神！"。1967 年元旦，一群红卫兵闯进中南海刘少奇的宅院，暴力批斗刘少奇和他的家人。不久后，邓小平、彭真、杨尚昆、陈毅等人及其家属也都被逼跪在地上忍受批斗、侮辱及殴打。

一月风暴、二月逆流、七月武汉事件及红卫兵运动结束

毛泽东发动的群众运动中，红卫兵只是第一波。上海有一名工人王洪文领导十七个工厂成立了一个"革命造反工人总司令部"，与上海市委组织的另一个工人团体对抗，获得毛的赞许。双方在 1967 年 1 月爆发全国第一次真枪实弹的"武斗"，毛却迫使上海市委认输，

又命令由张春桥和姚文元成立一个"上海市革命委员会"以取代上海市委。全国各地于是纷纷起而效法，组织造反派向当权派夺权，依照毛的话，就是："到处打，分两派。每一个工厂分两派，每一个学校分两派，每一个省分两派，每一个县分两派，每一个部也是这样。……。天下大乱了。"但毛认为无所谓，因为"大乱之后，才有大治。"因而，全国各地都爆发武斗，接近全面内战。

文革中红卫兵批斗叛徒、走资派及反革命份子

中共中央接着发动一个"清理阶级队伍运动"，其目标是清洗走资派、黑五类、特务，以及各种"坏人"。实际上，好人、坏人如何分别并没有一定标准，各地在武斗中胜出而成立的革命委员会正好利用来继续清算落败的一方。据估计，全国因而约有三千六百万人遭到迫害，其中七十万人被杀，或被迫自杀。

正当红卫兵运动如火如荼时，许多老师开始怀疑毛主席是要把他们都打倒，他们的子女也都担心，因而集结成立一个特殊团体，公安部却将其中一百多人逮捕入狱。老师们更是受到刺激，在 1967 年 2 月由周恩来召开的一次会议中发难，场面火爆，史称"二月逆流"。叶剑英、陈毅、贺龙等人怒斥文革小组，说："你们把党搞乱了，把政府搞乱了，把工厂、农村搞乱了，你们还嫌不够，一定要把军队搞乱？这样搞，你们想干什么？""难道我们这些人都不行了，要蒯大富这类人来指挥军队？""早知道有今天，我就不参加革命，不参加共产党，不该跟毛主席四十一年。"但毛得到报告之后勃然大怒，命令部分老干部自我检讨。不过后来他还是下令释放狱中的高干子弟，以免老帅们联合起来反抗。

在全国各地发生的武斗中，规模最大的是 1967 年 7 月爆发的"武汉事件"。造反派集结数十万人与当权派支持的"百万雄师"对抗，大战一触即发。周恩来和毛秘密赶到武汉，命令当权派的首领武汉军区司令陈再道认错。不料当权派中有一部分人拒绝认错，竟殴打陈再道，又劫持代表文革小组在背后鼓动造反派的王力。周恩来怕群众失控，先请一生从未搭过飞机的毛紧急搭飞机离开，又请陈再道协助，把王力救出来，然后才飞回北京。陈再道随后也奉召到北京，立刻遭到软禁，武汉百万雄师于是崩解，造反派大获全胜。

当时红卫兵也攻击外国人。举几个例：北京的红卫兵强行将苏联大使馆前的街道改名为"反修路"，并在馆前示威；北京的红卫兵攻击法国驻北京使馆的馆员及眷属，理由是法国警察取缔中国红卫兵在巴黎举行的示威活动；另有红卫兵在北京机场围殴印度驻华使馆人员。

八月下旬，在武汉事件中逃过一劫的王力又挑拨一万多名红卫兵包围英国驻华代办处。有人冲进去放火焚烧，殴辱馆员，又强迫他们游街示众，其行为和清末的义和团类似。英国外交部为此发电报质问中国外交部长陈毅，但陈毅也被红卫兵前后批斗了不知多少次，早已憔悴不堪，周恩来只得呈报毛泽东。毛在武汉事件时其实已经有所警觉，收到周恩来的报告后更是发怒，说王力是一株"大大的大毒草"，下令逮捕王力和其他多名极左派份子，全部关进北京秦城监狱。极左派于是倒台。

1968 年 5 月，清华大学又有两派红卫兵武斗，导致一千多人受伤，二十人死亡。北京其他各校也都发生大规模的武斗。毛先前虽然说过："凡是镇压学生的人，都没有好下场。"，这时却不得不同意派一支三万人的工人宣传队开赴各校维持秩序。不料蒯大富竟率领的清华红卫兵攻击工人队，导致数百人受伤，五人被杀。毛震怒，直接命令红卫兵都停止武斗，又派军队接管学校，红卫兵运动于是也划下休止符。

"牛棚""五七干校"及"上山下乡运动"

文革开始后不久，北京各校的红卫兵和工厂工人就私设变相监狱，称之为"牛棚"，或"黑帮大院"，用以关押所谓的"牛鬼蛇神"。被拘禁的人大多遭到辱骂、批斗及殴打，又被迫参加劳改。武斗开始后，许多被斗倒的人也被下放到设在偏远的农村里的"五七干校"，在其中学政治，学军事，学文化，而大部分时间是在从事体力劳动，包括养猪、种菜、挑粪、扫厕所、在工厂里做工等。据估计，在五七干校里总共有数十万人。

当毛泽东宣布停止红卫兵运动时，全国的大学已有三年没有招生，也不打算继续招生。但三届的初、高中学生加起来有数百万人，既不能升学，也没有工作可做，毛于是发出一项指示，说："知识青年接受贫、下、中农的再教育，很有必要。要说服城里的干部和其他人，把自己的初中、高中、大学毕业的子女送到乡下去……。"一场轰轰烈烈的"上山下乡运动"就此展开，据估计，有超过一千六百万人被迫参加。

但直接地说，上山下乡运动主要是用以掩盖大批年轻人失业的事实。知识青年（简称"知青"）大多被下放到农村插队落户，也有人到工厂里去当工人；又有许多人被发配到边疆，如黑龙江、新疆、内蒙古，去参加"生产建设兵团"。那是一种工、农、兵合一的军事化团体，其中生活条件恶劣，许多人被虐待，更有每年上万名女知青遭到强奸。

文革的负面影响是史前无例的，"牛棚""五七干校"及"上山下乡"对于知识分子和青年学生们而言，尤其不堪回首。文革结束后，中国的文学作品中极大部分就是以有关文革的伤痛回忆为主要题材，统称为"伤痕文学"。

反越战风潮及越战越南化

正当中国的红卫兵运动狂飙时，西方世界的青年学生也掀起叛逆抗争的风潮。两个狂潮的顶点都发生在 1968 年，不过在性质上截然不同：前者是由毛泽东一人挑起的政治运动；后者却是学生自发的反战运动。

美国是反战运动的发源地，许多年轻人渐渐又从反战、反政府转而反体制、反社会、反文化，吸食大麻和迷幻药，追求性开放，"嬉皮"由此成为一种流行的新风尚。由于受到美国的影响，法国也爆发"五月革命"。数万名大学生占领学校，进行反越战示威游行，有一部分人甚至高举着越盟主席胡志明和古巴革命英雄格瓦拉的肖像。欧洲各国也莫不发生反战、反政府运动。在日本，各大学学生纷纷成立战斗组织，光是东京一地就有五十几所大学被学生占领。学校当局召来警视厅机动队，学生们戴上头盔，脸上蒙着毛巾，向警察投掷石块和汽油弹，警察以水龙和催泪瓦斯驱散学生。

美国为什么会掀起反越战风潮呢？事实上，美国民众原本大多支持政府，不过有一部分人渐渐开始怀疑这场战争的正当性。1965 年 11 月，美国有一位名叫莫里森（Norman Morrison）的男子为了表达反对越战，竟在五角大厦旁不远处以汽油浇在自己身上，引火自焚。反战运动从此风起云涌，而以各大学学生为主。越是著名的大学，学生越是激烈反战。许多年轻人公开焚烧征兵令。

1968 年 1 月农历春节期间，越共突然出动五十五万人同步攻击南越一百多个城市。此一攻势虽然被击退，美国民众却从电视及媒体的报导发现越共实力强大，并且战志高昂，看起来美军要取得最后胜利并不像美国政府过去所说的那样乐观，而是十分遥远。到了 2 月，国防部长麦克纳马拉突然提出辞呈。麦克纳马拉原本对越战信心满满，却逐渐认定美国派再多的军队也无法支持腐败的南越政府，转而主张与北越和谈，并与部分鹰派的军中高级将领发生激烈的冲突。詹森总统不得不接受他的辞职，却断然拒绝美国军方要求再增兵二十万，同时宣布局部停止轰炸北越，以谋求和谈，并宣布不再竞选连任。

到了 6 月，原本有望获选为总统的罗伯特·肯尼迪突然遇刺身亡，不幸步上其兄长约翰·肯尼迪同样的后尘。共和党候选人尼克松（Richard Nixon）最后胜选，于 1969 年 1 月就任为总统。美国这时在南越一年的战费已经达到三百亿美元的天文数字，每年又有超过一万名士兵战死，伤者五、六万。尼克松和国家安全顾问基辛格（Henry Kissinger）都不想继续承当这样的重担，决定更积极与越共和谈，同时进行"越战越南化"，将逐步从越南战场撤出美军，而把武器弹药、飞机、船舰都移交给南越军，使其自行对抗北越。

然而，美国国内的反战风潮并未因此而稍缓，反而更趋激烈，以致于有将近八十所大学校长联名呼吁政府提出撤军时间表，以回应学生的要求。同时，当胡志明在 9 月病逝之后，越共总书记黎笋及其他领导人的态度明显更趋强硬，拒绝与美国谈判，只是要求美国无条件撤军。在此情形下，尼克松和基辛格遂倾向透过苏联及中国对北越施压，使其同意上谈判桌。又由于中苏早已决裂，两人更认为有机会借"联中"以"制苏"。问题是，韩战之后美国与中国就没有任何对话了，要如何才能重新与中国取得联络呢？

从珍宝岛事件、乒乓外交、上海公报到中共进入联合国

尼克松其实原本是以"反共"闻名，但在竞选总统之前发表了一篇令人惊异的文章，其中主张美国应当与中国接触，不能"把拥有数亿人口的中国永远摒除于国际社会之外"。尼克松在就任总统之后更明白地表示要与中国修好，对此周恩来谨慎地表示欢迎。

1969 年 3 月，中国与苏联突然在东北边界乌苏里江中的珍宝岛爆发三次冲突，双方都出动了坦克和大炮。几个月后，双方又在新疆边界处爆发冲突，并且不断地增兵，到 8 月时各自的军队都已超过

五十万人，有无数的飞机、坦克、大炮陈列在边境上。苏联军方强烈建议以核武对付中国，但勃列日涅夫与总理柯西金（Alexei Kosygin）认为必须慎重，命令探询美国的态度。尼克松和基辛格这时既然决定要拉拢中国，就对苏联表示反对动用核武，又暗中授意媒体刊登苏联意欲以核武对付中国的报导。中国大惊，急忙疏散党政要员到各省偏乡去避难。勃列日涅夫大怒，自认被尼克松出卖。

必须指出，中国虽然曾在 1964 年 10 月于新疆罗布泊试爆原子弹成功，其威力却不到苏联在三年前由萨哈罗夫（Andrei Sakharov）领军的团队研发成功的核弹的二十分之一。中国的导弹技术比苏联更是落后。

中国逃过一劫，但仍与外界隔绝，与美国也还是没有接触。到了 1971 年 4 月，中国派国家乒乓球队到日本参加世界锦标赛，这是文革爆发后中国第一次派运动员出国参加比赛。美国乒乓球队趁机向中国队表示希望能访问中国，没想到很快就获得中国邀请，在比赛后立刻成行。这是双方的一次破冰之旅。"乒乓外交"之后三个月，基辛格又秘密飞往北京，突然和周恩来一同出现在媒体面前，震惊全世界。基辛格声称此行是为尼克松访问中国做准备。他的另外一个准备事项就是在当年 10 月把中共送进联合国，而把台湾踢出去。

对比中国大陆，台湾只不过是弹丸之地，所以从国民党退守台湾之后，在联合国里的地位就岌岌可危。联合国大会每年进行投票以表决是否要将台湾赶出去，换中国进来，而赞成保留台湾的票数一年比一年少，反对的一年比一年多。美国认为这样下去总有一天台湾会被赶出去，所以早在 1961 年就建议台湾政府考虑"两个中国"的方案，改以不同的国名加入联合国。英国也表示赞成。不料蒋介石坚决不肯接受，又将劝其接受"两个中国"的外交部长叶公超撤职，予以冰冻。等到基辛格访问中国，蒋介石发现事态严重，表示不再坚持，却已错失了十年良机。

1972 年 2 月 21 日，尼克松如愿访问北京，见到毛泽东，又与周恩来一起在上海发表公报，其中有一段重要的文字："美国认知

（acknowledge）台湾海峡两边所有的中国人都认为只有一个中国，台湾是中国的一部分。美国对此一立场没有异议，但重申其对由中国人自己和平解决台湾问题的关心。"不过双方并未立刻建交，相约留待尼克森的第二任期再进行。

1972 年尼克松访问毛泽东

必须指出，就在尼克松访问北京之前约五个月，中国爆发"林彪叛逃事件"（详见以下叙述），这是又一个标志毛发动文革彻底失败的明显事件，也是毛因为感受众叛亲离，心情最恶劣的时刻。根据他的一位私人医生李志绥所写的回忆录，后来他又因受了风寒，引起心肺衰竭，竟拒绝接受医治，也拒绝吃药，有十几天已经准备等死。但到了二月初，毛获知尼克松即将到访，突然表示愿意接受医治，又开始吃药。李志绥说，他从来不曾见到毛主席像尼克松抵达北京那天那样的高兴。

《巴黎和平协定》及南越、柬埔寨及老挝的赤化

尼克松虽然成功地拉拢了中国，部分历史家却认为这其实只对

中国结束其文革后的困境有利，但对美国没有什么好处，对于他希望早日结束越战更是没有帮助。北越对中国敌意极深，只是因为还要倚赖中国的援助，不得不暂时隐忍，却不可能听中共的劝说。美国只好继续在越南、老挝及柬埔寨打反共战争，但已注定败战。

以下先说老挝的战争。回溯日内瓦会议之后，老挝政府同意与共产党共同成立联合政府，但不过几年又爆发内战，北越随即增兵到老挝。由于老挝皇家陆军作战不力，美国决定征集苗族土着参战，从数百人一路增加到数万人，由著名的苗族将军王宝（Vang Pao）率领。老挝内战从此迅速升高。

再说柬埔寨。1970 年 1 月，西哈努克亲王正在莫斯科访问，却因首相朗诺（Lon Nol）在国内突然发动一场政变将他罢黜，只得流亡到北京。他公开指控美国 CIA 在背后指使政变，号召成立"民族统一阵线"，向朗诺政府宣战。北越立刻表示支持，派军队与中共所扶植的柬共（或称赤柬、红色高棉）并肩作战。尼克松于是也下令从南越调派三万美军，与南越军约两万人共同进入柬埔寨。

尼克松出兵到柬埔寨及老挝引发国内更激烈的反战运动，有数百所大学学生参加，美国国会更是大发雷霆。尼克松被迫从两国撤军，知道已经无法继续打这场战争，只得更积极地寻求和谈。这年年底，美国空军对北越进行"耶诞节大轰炸"，规模之大前所未有，并且不自我限定目标。北越不堪连续密集轰炸，也不得不同意加速和谈。

1973 年 1 月，基辛格终于和北越代表签订了《巴黎和平协定》。双方同意立即停火，美国同意从越南撤军，北越同意阮文绍继续执政，但坚持南越必须举行自由选举，并接纳民族解放阵线代表参选。《巴黎和平协定》的内容其实对南越极为不利，阮文绍却不得不在上面签字，因为尼克松说无论他同不同意美国都要与北越签约。

1973 年 11 月，尼克松连选获得连任美国总统。但由于他的部属在竞选期间涉嫌对民主党竞选总部进行非法窃听，导致"水门案"（Watergate Scandal）曝光，案情又渐渐升高，最后导致尼克松本人被迫辞职。水门案后，美国国会决定削减援助南越的经费，原本 1973 年还有 21 亿美元，在其后两年竟分别被砍成 14 亿及 7 亿。阮文绍政府摇摇欲坠，离崩溃已经不远。

1975 年 1 月，北越军大举南下。赤柬也同步出兵，于 4 月 17 日攻破首都金边，又立即处死柬埔寨前政府的所有官员和眷属。第二天起，赤柬强制驱赶金边市民到乡村，不从者一律处死。一路上死人无数，尸体堆积如山。美国政府及国会议员被金边的惨剧震惊，立刻发起对南越提供紧急的"人道救援"，派军舰和飞机协助撤出南越政府的官员及其家属，共十四万人，其中大部分到美国定居。

4 月 30 日，越共军队长驱直入西贡，越战就此结束。越共接着处决数以千计的反动分子，将数十万前南越政府人员关入劳改营。若无美国在先前发起海空大救援，无疑将有更多的悲剧发生。

金边及西贡沦陷后，巴特寮也加紧进攻老挝王国。苗族部队被击溃，逃往泰国。老挝首都永珍也在 8 月沦陷了。

林彪逃亡，邓小平复出

越战及寮国、柬埔寨的战争既已叙述完毕，以下回来叙述中国的文化大革命。1971 年 9 月，中国突然爆发"林彪叛逃事件"。依据中共官方的说法，林彪和他的妻子、儿子密谋杀害毛主席不果，一家人紧急搭乘一架军机，企图逃往苏联，结果飞机在外蒙古坠毁，机上所有人全部罹难。但事实究竟如何有极大的争议。

回溯文革前，林彪在军中为毛泽东展开造神运动，在文革时又为毛保驾护航，对毛而言居功厥伟，因而毛在 1969 年 4 月召开"九大"时竟通过党章规定"林彪同志是毛泽东同志的亲密战友和接班人"。但林彪的势力不断地膨胀不但使得毛有所警觉，也引起江青、张春桥、姚义元等人不满。林彪也清楚地知道，过去刘少奇也曾被指定为接班人，结果却在 1968 年 10 月被开除党籍，又在一年后病死，死时竟没有一个家人在身边。因而，被指定为接班人未必是好事。

到了 1970 年 8 月，中共在庐山举行又一次大会。毛在大会前已经多次说过不愿担任刘少奇死后悬缺的国家主席职位，林彪与陈伯达却在会议中建议仍由毛兼任，并与张春桥、姚文元等人争执。不料毛大怒，命令将陈伯达关入秦城监狱，不久后又下令重组军委和北京军区，将林彪的人马全部拔除。

一般认为，林彪自知大势已去，又处境危险，只好举家逃亡，却未能逃离，结局和刘少奇一样凄惨。但林彪事件无疑比刘少奇之死还要严重得多，对毛的威信及心理打击更大，因而如前所述，竟使得毛后来患重病而不愿接受医治。

另有一事也必须指出，当刘少奇被开除党籍时，江青也曾提议一并开除邓小平的党籍。但毛坚持不肯，只同意解除他的所有职务。邓小平如果被开除党籍，日后就不会有机会复出，中国的历史恐怕必须改写。邓小平在获知林彪事件后，连续写了三封信给毛，请求允许"为党做点工作"。毛迟疑很久，最终同意了。1973 年 4 月，周恩来为柬埔寨前国王西哈努克举行国宴，邓小平以副总理的身份参加，复出后第一次露面，消息立刻轰动全世界。

周恩来、邓小平与四人帮的斗争

但毛并不是请邓小平回来做接班人。邓小平复出后四个月，毛召开"十大"，破格提拔王洪文为第二副主席，仅次于周恩来，一般认为就是要王洪文接班。但王洪文这时只有三十八岁，在许多老师的眼里还是"刚刚断奶"的小孩，很难被接受。王洪文因而和江青、张春桥、姚文元联合，企图打击周恩来，排挤邓小平。1974 年 1 月，江青获得毛同意发起一个"批林批孔"运动。批林，是借此消除林彪余党的势力。批孔，是借批评孔子而攻击反动分子，实际上是针对周恩来。但党员及一般民众对这样的政治运动越来越反感。

同年 4 月，邓小平奉命前往美国出席联合国大会。邓小平在大会中依毛的意思发表"三分世界论"演讲，说现在的世界存在着三个世界：美国、苏联是第一世界，发达国家是第二世界，其他亚、非、拉和其他地区的发展中国家是第三世界，而中国属于第三世界。他又说：“中国现在不是，将来也不做超级大国。什么叫超级大国？超级大国就是到处对别国进行侵略、干涉、控制、颠覆和掠夺，谋求世界霸权的帝国主义国家。”

当时周恩来因罹患膀胱癌，已经病重住院，却仍在批公文，为国事忙碌，又得分心应付江青等人的攻击。毛对此也不以为然，曾有一次当众警告江、王、张、姚四人不要搞“四人帮”。此后“四人帮”的称号就不胫而走。

由于周恩来病势越来越严重，毛就命令邓小平代理他的各项职务。此后一年中，邓小平是中共实质的主政者，其所推动的方向主要在于整顿军队，整顿交通，整顿工业，等等。邓小平为什么要讲“整顿”？因为经过了九年文革之后，中国已经一片混乱，千疮百孔。

以军队为例，邓小平决定要分三年裁军，从 610 万减为 450 万。关于交通方面，万里受命为铁道部部长，以铁腕措施雷厉风行，在上任两个月内就使得原本瘫痪已久的交通恢复全线通车。中国的经济也因为钢铁、煤炭、油电和其他民生工业一一恢复而出现复苏的迹象。此外，接任中国科学院院长的胡耀邦下令把先前被下放劳改的科学家都召回来。文革期间国家只强调“红”，胡耀邦却改以“专”为任用人员的标准。

然而，必须指出这时邓小平的权力源头还是在毛泽东；毛这时虽然行将就木，但只要说一句话，邓小平不免还是要粉身碎骨。

1975 年 9 月，邓小平与江青在山西省的“农业学大寨”会议中发生冲突。邓小平说要提高生产效率，江青却说不要忘了阶级斗争，并且向毛泽东告状，说万一毛不在，恐怕有走资派复辟的危险。毛于是命令邓小平再一次自我检讨。但邓小平无论如何都不肯认错，因而被停职，也无法保护跟随他的部属。在他的部属中最惨的是教育部长周荣鑫，原本他是奉邓小平之命要重开停办多年的大学，这时不但被撤职，生病住院还被拉出去批斗了五十几次，最终不幸去世。不过四人帮越是急于批邓反右，越是引起人民反感。

文革结束——毛泽东病逝及四人帮被捕

1976 年 1 月，周恩来病逝。四人帮以中共中央的名义下令迅速将遗体火化，追悼会从简，通知外国不必派代表来致祭，也不准百姓参加。百姓只能自设灵堂，或在北京街道上为周恩来送行。邓小平被允许参加追悼会，但之后又被软禁。毛这时出人意外地发布以副总理华国锋为代总理。一般认为，华国锋既无资历，又非出类拔萃，但毛知道不能用四人帮，其他干部又多年迈体衰，只好用华国锋。

清明节前，北京有大批百姓聚集在天安门广场，并带来纪念周恩来的花圈、挽联，人数竟超过两百万。北京市政府却在晚间派人将广场上的花圈全部移除。群众大怒，纵火烧车，但军警奉命镇压，强迫群众散去。毛却下令罢黜邓小平所有的职务，并将华国锋真除为总理。

到了七月，离北京不远的唐山市突然发生强烈的地震。据官方统计，造成二十四万人死亡。中国的历史记载及民间流传，一向都说大地震是改朝换代的征兆。9 月 9 日，毛主席竟真的病逝了。毛在死前虽然未有特别指示，不过曾在四月底交给华国锋一张纸条，上面歪歪斜斜地写着"慢慢来，不要着急""照过去方针办""你办事，我放心"，华国锋因而仍是顺利接班。

但华国锋认为四人帮有夺权的意图，决定与李先念、叶剑英、汪东兴等人合作，在毛去世不到一个月后逮捕了四人帮。中国人民获知消息后，纷纷涌上街头庆祝，十年文革终于结束。

第 10 章

勃列日涅夫统治下的苏联及东欧

如上一章所述，中苏之间的关系从赫鲁晓夫担任苏共总书记之后就逐渐紧张，终至决裂。同时，美苏关系也急遽恶化。到了 1964 年 10 月，赫鲁晓夫就因为苏共内部发生政变而遭到罢黜。赫鲁晓夫下台当然不是只因为与中、美发生冲突，而是还有其他种种原因，以下为读者做一个概要叙述。

赫鲁晓夫下台

自从赫鲁晓夫在苏共二十大批判斯大林后，苏共内部始终有人反对他，只是大多不敢明说。一般认为，1961 年 10 月举行的苏共二十二大是反对力量开始集结的起点。当时赫鲁晓夫提出一个议案，要求进行"系统性更换干部"，规定从中央主席团到各级党部每次选举都要更换四分之一到一半干部，引发极大的不满，因为苏共党员大多以为职位是有终身保障的。赫鲁晓夫在苏共二十二大中又提议把斯大林的水晶棺从陵墓中移出，草草改葬，此举更促使许多反对者集结在一起。1962 年夏天，赫鲁晓夫又提议把党的地方组织分拆为农业州委及工业州委两个独立的系统，并直接付诸实施；结果全国大乱，各级官员更加不满。

赫鲁晓夫的问题尚不止于此。例如，他下令在苏联全境种植美国玉米，导致人失败，就是一项明显的错误。另有一个大错。斯大林当政时，苏联农业技术发展是由李森科（Trofim. D. Lysenko）所垄断。赫鲁晓夫掌权后仍然全力支持李森科，而无视于许多科学家联名反对。但李森科完全否定西方主流的孟德尔·摩尔根（Mendel－Morgan）

基因遗传学，数百名苏联的科学家因而遭到迫害，导致无数的悲剧发生，又使得苏联的生物遗传学研究落后西方至少二十年。

总之，赫鲁晓夫下台只是迟早的事，最终由勃列日涅夫与苏斯洛夫领头发起将他罢黜。苏斯洛夫当着赫鲁晓夫的面历数他的罪状，痛斥他自以为无所不知，无所不能，不但懂内政、外交，也懂艺术、农业和科学，又为人傲慢，决策草率。

但有许多历史家指出，苏斯洛夫数落赫鲁晓夫的许多错误，其根源其实不在赫鲁晓夫本人，而在苏联一党专政及个人独裁的体制。关于共产党的一党专政，也有学者归纳总结，说那是"以国治民，以党治国，以各级党部治党，以政治局（或主席团）治各级党部，以一人治政治局（或主席团）。"

既是以党治国治民，如果党的合法性受到破坏，所有依附于党的党员、各级干部及高官都将无法生存。赫鲁晓夫被罢黜的根本原因正是他完全否定斯大林，对其历史罪行不断地刨根究底，把一尊原本是神圣不可侵犯的神只说成是罪恶滔天，其结果是人们对共产党的合法性越来越怀疑。所有他的政敌、同志，甚至他一手提拔的下属，大多认为他已成为苏共的掘墓人。因此，赫鲁晓夫并不是人民推翻的，而是由一群拥戴勃列日涅夫，希望回到斯大林时代的苏共党员共同推倒。也因此，勃列日涅夫上台后就没有什么选择，只能回复斯大林时代的所有作法。

勃列日涅夫与"斯大林主义"

勃列日涅夫出生于现今的乌克兰（Ukraine）的一个工人家庭，在家乡的大学里读工程科系毕业，后来从军，在 1953 年担任红军总政治部副主任。正是在此时，他与朱可夫及一众高级军官协助赫鲁晓夫和马林科夫一举逮捕贝利亚。此后他担任哈萨克第一书记，协助赫鲁晓夫进行垦荒，同时支援发展导弹及核武计划，而于 1960 年起担任最高苏维埃主席。但这个位置并没有实权，真正的权力是在苏共第一书记赫鲁晓夫的手上。

　　赫鲁晓夫当时属意的接班人也不是勃列日涅夫，而是苏共第二书记科兹洛夫（Frol R. Kozlov）。不料科兹洛夫突然中风，赫鲁晓夫于是在 1963 年请勃列日涅夫接任第二书记。不过他又请勃列日涅夫把最高苏维埃主席的位置让给米高扬，这是因为他在执政后期坚持一个原则：任何人不得兼任两个重要职位。但一般认为，勃列日涅夫对此极为不快，因而成为反赫鲁晓夫政变集团的一员。

　　勃列日涅夫从 1964 年起担任苏联的领导人，一直到 1982 年，共十八年，是在位期间第二长的苏共领导人，仅次于斯大林。如前所述，他的施政其实很简单，就是把所有赫鲁晓夫执政时的所作所为全部打掉，按照斯大林时代的一切重建；换句话说，就是重新推动新"斯大林主义"。其中最重要的就是恢复斯大林的名誉，因此所有有关斯大林的罪行的调查一律停止，也停止平反。由于赫鲁晓夫说斯大林在二次大战之前及大战期间犯了种种严重的错误，导致初期大败，勃列日涅夫便请朱可夫及昔日的红军将领出面澄清，说斯大林是一位英明、卓越的统帅。

　　斯大林时代最高的权力机构原本是政治局，后来突然被他改为中央主席团；斯大林执政时是总书记，到赫鲁晓夫时改称第一书记。苏共于 1966 年召开二十三大时通过重设政治局，第一书记改回为总书记。赫鲁晓夫导入的一些"恶政"，如有关强迫高级军官退休，强制地方分权，实施农业州委、工业州委分工，以及"系统性更换干部"等，一概停止。

共产世界里的异议份子——从吉拉斯、索尔仁尼琴到萨哈罗夫

　　勃列日涅夫重新推动"斯大林主义"当然引起一部分人民不满，尤其是知识分子。许多知识分子在赫鲁晓夫时代受到鼓舞，站出来写书、写文章揭发斯大林时代的黑暗面，或发表不同意见，这时风向突然转变、虽然大多选择明哲保身，却也有不少人挺身反抗。在众多的异议份子当中，最有名的是作家索尔仁尼琴（Aleksandr Solzhenitsyn）

及顶尖的科学家萨哈罗夫。

事实上，不只是苏联有异议份子，在其他东欧国家里也有很多，而其中最有名，影响后世最大的莫过于南斯拉夫的吉拉斯（Milovan Djilas）。又由于吉拉斯的故事最早发生，我就先从他开始介绍。

● 吉拉斯与《新阶级》

吉拉斯于 1911 年生于黑山（Montenegro，是后来南斯拉夫联邦共和国之一）的一个农家。他在大学时就满怀理想，决定加入共产党，却因而被捕入狱，遭到酷刑。但吉拉斯矢志革命，不改其志，不到三十岁就已成为南斯拉夫共产党的政治局委员。铁托领导游击队对抗轴心国侵略时，吉拉斯是他的最重要伙伴之一，既负责反抗军的报纸宣传，也带兵打仗，能文能武。当铁托与斯大林决裂时，吉拉斯又坚决地与铁托站在一起。南共组织内公认他是铁托未来的接班人。

铁托（左）与吉拉斯（右）

然而，吉拉斯的思想与铁托及其他同志截然不同。1953 年 10 月起，吉拉斯在他主持的报纸上连续发表十几篇被认为有"修正主义"倾向的文章。其中有建议从计划经济改为部分经济自由化；有建议停止共产党一党专政，改采多党制。铁托和其他同志认为吉拉斯已经是离经叛道，决定解除他的所有党、政职务，但吉拉斯自行退党，并对外国媒体放话批评政府。苏联在 1956 年镇压匈牙利时，吉拉斯又谴责铁托没有声援匈牙利。铁托无法忍耐，授意法院将他判刑坐牢。不料吉拉斯入狱前已经交付给纽约的出版商一份手稿，在 1957 出版，书名为《新阶级–共产主义的分析》（The New Class – An Analysis of the Communist System）。

吉拉斯自称写书的目的是要揭穿共产主义社会的真相。他说，在共产政权里实施的不是平等主义，而是寡头统治。在党的官僚制度中其实已经产生一个新特权社会阶层，他称之为"新阶级"。这些人利用职权获得种种特殊的物质享受，贪污腐化。《新阶级》在西方世界获得热烈的回响，被翻译为三十几种文字。他也因此被判处延长刑期，却在牢中继续写作不辍，继续送到国外出版，继续被判刑，直到 1966 年才终于被释放出狱。

吉拉斯为什么要与昔日的同志割袍断义，不惜让自己从舒服的权力高峰自投于深渊，每日在牢里擦地板和倒污水？据他自己说，是受到良心的驱使。在另一本名著《不完美的社会》（The Unperfect Society - Beyond the New Class）里，吉拉斯说："共产主义下的所有权是一头怪物，在形式上是社会的和国家的，实际上是由党的官僚来管理和操纵，这是共产主义失败的根由。"

吉拉斯从根本上也怀疑马克斯主义。他说："在人类的思想史上，要找到比马克思主义的自然辩证法更荒谬的东西是不容易的。但它却帮助马克思的理论在社会的斗争上发挥了大作用。"对于马克思宣称他的研究成果是一种科学，吉拉斯也一样怀疑。他说："马克思主义被当成'科学'，但没有一个有地位的马克思主义理论家是科学家。"

吉拉斯的遭遇可说是预告了十年后赫鲁晓夫的命运，其不同点是赫鲁晓夫只是否定斯大林，吉拉斯却完全否定马克思的理论和共产主义。从这一点来说，有一部份历史家认为吉拉斯对后世的影响甚至大于赫鲁晓夫，因为他是世界上第一个公开主张"共产党结束一党专政"的人。读者想必都知道，从 1989 年起共产世界发生剧变，东欧八国爆发民主化革命，苏联也在 1991 年解体，其十五个加盟共和国纷纷各自独立，而在整个过程中在这些国家里总共有超过 30 个共产党被迫结束一党专政。吉拉斯所提出的主张，经过三十几年后果然成真。

● 索尔仁尼琴的遭遇——苏联的"解冻"及"再冻"

索尔仁尼琴生于 1918 年，原籍高加索，在二次大战时加入红军，曾因战功获得红星勋章，不过渐渐对苏联政权及斯大林的道德基础产生怀疑。战争结束前三个月，索尔仁尼琴因为写信给朋友被截获而遭到逮捕，成为劳改营里的政治犯，一直到赫鲁晓夫上台后才被释放，前后十一年。

索尔仁尼琴重获自由后，白天在中学里教书，晚上从事写作，后来又经人介绍而与苏联最重要的一本文学杂志《新世界》（Novy Mir）的总编辑特瓦尔多夫斯基（Alexander Tvardovsky）取得联系，因而有机会出版他所写的一本小说《伊凡·杰尼索维奇的一天》（One Day in the Life of Ivan Denisovich）的。通过书中的主角杰尼索维奇的眼睛，索尔仁尼琴如实地述说他和二十几名狱友们当年如何无辜被送入劳改营，如何遭到酷刑，如何永远有做不完的粗重工作，如何为了要活下来而必须绝对服从所有不合理的规定及命令。

赫鲁晓夫有一名助理是特瓦尔多夫斯基的朋友，将这本小说的样稿读给赫鲁晓夫听。赫鲁晓夫听后十分激动，邀米高扬一起听，并经主席团会议讨论而在 1962 年底批准出版。除了苏斯洛夫之外，其他人都没有表示反对。在此之前，虽然已有不计其数的人从劳改营中被释放出来，有关劳改营内生活的公开报导却很少。赫鲁晓夫召见特瓦尔多夫斯基，说："我们的后人会对我们做出评判，因为此事让他们了解我们是处在什么样的情况下，我们继承的是什么样的遗产。"特瓦尔多夫斯基回到杂志社后向同事说："冰雪消融了。"这一刻代表了赫鲁晓夫推动"去斯大林化"的最高峰。

　　然而，当赫鲁晓夫被罢黜后，所有揭露、批评斯大林的著作通通被禁止出版，同时有许多知识分子及文化、艺术工作者被捕，苏联意识形态的变化从"解冻"又转为"再冻"。但索尔仁尼琴仍然继续写作，然后偷偷送到国外出版。他的名字在国外越来越响亮，在国内却被逐出苏联作家协会。1970 年，索尔仁尼琴荣获诺贝尔文学奖，却更受到迫害，竟至无处可居住。当时有一位同样来自高加索地区，闻名全世界的大提琴家罗斯特罗波维奇（Mstislav Rostropovich）却无视当局的恐吓威胁，收容他住在自己的家里。

　　1973 年，索尔仁尼琴的新作《古拉格群岛》（The Gulag Archipelago）出版，其中叙述了两百五十几名曾经被关在集中营的犯人的悲惨遭遇。书中也探讨集中营的起源，直接说列宁及共产党都必须为此负责。《古拉格群岛》是索尔仁尼琴最成功的一部著作，但也彻底触怒了苏联当局。布里兹涅夫下令以"叛国罪"逮捕索尔仁尼琴，却因西方国家的强烈抗议而不得不强制把他驱逐出境。第二年，罗斯特罗波维奇也流亡到美国。

　　苏联的知识分子在沙皇及斯大林时代曾经发生两波大流亡潮，索尔仁尼琴与罗斯特罗波维奇是第三波流亡潮的代表人物。

● 萨哈罗夫的故事

　　萨哈罗夫于 1921 年在莫斯科出生，他的父亲是一名中学和大学的物理教师，温和而有智慧，曾经写了一本非常受欢迎的物理教科书。萨哈罗夫后来在回忆录里自称在为人处事，对大自然的欣赏，以及对所有生命的珍惜方面都受到父亲极大的影响。他也提到童年时父母亲家族分别受到的迫害，对斯大林及共产体制表达明显的不满。

　　萨哈罗夫是物理天才，很早在二十几岁就被邀参与苏联研发原子弹的计划。1953 年 8 月，苏联在哈萨克成功地试爆一枚核弹，威力惊人。当时该计划的主持人及所有同事都向年仅 32 岁的萨哈罗夫恭贺，等于承认是由于他的贡献整个计划才得以成功。然而，从这时起他却开始担忧核弹将对人类造成无可弥补的危害，认为其中涉及道德问题，并且直接写信给赫鲁晓夫表示他的忧虑，建议减少核弹试爆。赫鲁晓夫虽然公开斥责萨哈罗夫，却明显已经受到他的影响；有一部分历史家认为，这是他后来积极地与美国谈判如何防止核武器扩散，又在古巴飞弹危机时决定向甘乃迪让步的重要原因之一。

勃列日涅夫上台后，美苏的核武竞赛就停不下来了，萨哈罗夫却被禁止参加核武发展的相关会议，于是积极开始提倡人道主义，更加引起苏共的不满。不料诺贝尔奖委员会在 1975 年决定把和平奖颁给萨哈罗夫。苏联当然不可能冒险让最顶尖的科学家出国后不再回来，所以只准他的太太代表去挪威领奖。萨哈罗夫此后可说是全世界最知名的一位异议份子，勃列日涅夫对他无可奈何，只能派秘密警察加强监视。不过由于在八〇年代萨哈罗夫仍是苏联一位非常具有影响力的人物，所以本书在后面说到戈尔巴乔夫的改革时也还要提到他。

布拉格之春——捷克的悲剧

苏联回复到斯大林主义的高压统治当然也影响到东欧国家，其中捷克迫于国内人民的压力，不得不于 1966 年推动"新经济模式"，却以失败告终，国家濒于破产边缘。1967 年 7 月，捷克作家举行全国大会，长期遭到官方压制的知名作家科胡特（Pavel Kohout）、昆德拉（Milan Kundera）、克里玛（Ivan Klíma）等人严词抨击共产党。学生们接着走上街头示威游行，警察以棍棒和催泪瓦斯对付学生，引起更激烈的反抗。

到了 1968 年 1 月，捷共举行大会决定将亲苏的第一书记撤职，以敢言着称的杜布切克（Alexander Dubček）代替，同时决议推动党内民主，鼓励自由表达意见，各界批评时政的言论于是如百花齐放。杜布切克提出一个口号，要推动"带有人性面孔的社会主义"。政府决定废止新闻、杂志的预先检查制度，又宣告将保障人民的言论、出版、集会自由，平反政治犯。

在经济政策上，捷克也决定进行改革，预备引进市场机制，强化与西方国家的经济及技术合作。具体地说，捷克已经不想过份依赖发展重工业及军事工业，也不想听从苏联安排出口武器、弹药、装备去帮忙输出革命，而只想改为生产西方市场所需的消费性商品，突破苏联对捷克与西方国家之间的隔绝。

一个带有自由色彩的"布拉格之春"（Prague Spring）运动由此轰轰烈烈地展开。但在苏联看来，无疑是反革命，如果任由其进行而不干涉，终将导致苏联与东欧国家合组的经济互助委员会及华沙公约都解体。勃列日涅夫因而在三月与若干东欧国家的领导人在东德举行会议后，发布公报委婉地警告捷克不可脱轨。杜布切克及其他捷共领导人却还是不听劝。六月，苏联与东欧各国在捷克周边举行军事演习，但在演习结束后并没有撤走军队。勃列日涅夫接着召集所有东欧国家领导人到波兰开会，捷克却拒绝出席。与会各国代表都对捷克的改革运动表示忧虑，深恐将会波及本国。保加利亚代表甚至主张出兵干预。

在此关键的时刻，捷共政治局中有五名保守派委员联合写了一封信秘密交给勃列日涅夫，信中说"对党有敌意的分子正在煽动民族主义风潮，蛊惑反共、反苏心理。……。社会主义在我国的存在，已经备受威胁。……。唯有您的协助，捷克斯洛伐克社会主义共和国才能在迫在眉睫的反革命危险中脱困。"这封信给了勃列日涅夫及东欧各国领袖借口，得以"应邀"出兵干预。南斯拉夫和罗马尼亚虽然表示反对，已无法改变勃列日涅夫的决定。

8 月 21 日凌晨起，华沙公约组织五国军队（含苏联及东欧四国）五十万人大举入侵捷克。捷克军队无力抵抗，只得投降。一部份青年学生却仍以赤手空拳抵挡入侵的军队，但终究无用。然而，仍有一群学生组织自杀队，以抽签方式挑出自愿的人选。"第一号火炬"帕拉赫（Jan Palach）于 1969 年 1 月以汽油浇身，点火自焚。三天后，全国数十万人到广场上流泪参加他的葬礼。后来又有几个"火炬"相继自焚，悲壮不已，却还是无法拯救国家。不过在 30 年后，当捷克人终于在 1989 年成功地革命推翻共产党及苏联的控制，他们立刻把布拉格最大的广场之一改名为"帕拉赫广场"。

捷克事件的影响——"勃列日涅夫主义"出台

苏联出兵捷克的消息震惊全世界，美、英、法等国在联合国安理会提案谴责苏联，要求立即撤军，但被苏联否决。事实上，这时美国也有数十万军队在越南，因而在指摘苏联侵略捷克时无法理直气壮。不过英、法、意、芬兰等国的共产党都严厉谴责苏联，表示愤慨，其中法国、意大利、芬兰的共产党在各自国家里都有两成以上的选民支持，所以发声不容忽视。

罗马尼亚先前公然表示支持捷克，这时担心苏联下令华约五国军队也转而入侵，只得向中共求助。捷克事件发生后第三天正是罗马尼亚的国庆日，中共总理周恩来于是应邀亲自出席在罗马尼亚驻北京大使馆举行的庆典，并发表讲话，直接斥责苏联在捷克犯下滔天大罪，企图用枪炮制造傀儡。周恩来又公开表示支持罗马尼亚，等于警告苏联不许对罗马尼亚动手。根据尼克松的说法，他正是在这时听到中国愤怒的声音，察觉到美国应该有机会与中国联手对付苏俄，因而开始发表亲中的言论，并在当选美国总统之后朝此一路线推进，其详情已在上一章里叙述。

杜布切克等人在被捕后并未被罢黜或处决，而是被迫与苏联签约，同意华沙公约军队在捷克驻军，接受重新管控新闻媒体。十一月中，勃列日涅夫发表演讲，为苏联出兵辩解。他的讲词刊登在《真理报》上，其中说社会主义国家当然尊重所有国家的主权，坚决反对干涉别国的事务，但是"当一个单一的社会主义国家出现危机，构成'社会主义大家庭'整体的危机时，就已经不是一个国家的问题了。"西方世界所称的"勃列日涅夫主义"于是出台，此后东欧再也没有一个国家胆敢声言要脱离社会主义阵营。

苏联最终迫使杜布切克辞去捷共第一书记的职务。其继任者胡萨克（Gustáv Husák）此后任职长达二十年。

美、苏的军事竞赛、"和解"及限武谈判

当初赫鲁晓夫执政时，已经决定翻转过度发展国防及重工业的政策，而要同时发展民生所系的轻工业。但勃列日涅夫上台后又回到老路，以发展国防及重工业为优先。捷克事件后，苏联又必须加强在东欧各国派驻重兵，以维持有效控制；在此之后，美、苏之间的核武、导弹及太空计划的竞争就更是日趋白热化了。

发展核武的目的其实不只是在为未来的战争做准备，更是为了要威胁敌人。武器越厉害，对敌人的威胁越大，双方就不敢轻启战端，和平因而是靠恐惧的心理维持的。但任何一方都怕自己的核武、导弹技术落后，所以要在质与量上不断地扩充。勃列日涅夫掌政后，苏联的洲际导弹数量在十年内增加了六倍，达到总数一千六百枚。美、苏也各自发展新型的反弹道飞弹，双方都耗费钜资，越陷越深，最后不得不坐下来进行"限制战略武器谈判"（Strategic Arms Limitation Talks，SALT I）。

1972 年初，尼克松在进行轰动世界的中国访问之后不久，又飞到莫斯科与勃列日涅夫签定《反弹道飞弹条约》，其中严格限制双方设置飞弹的数目及设置地点。美中及美苏之间的冲突因而同时获得缓和，东西方进一步"和解"（détente）遂成为七〇年代世人的期望。1975 年 8 月，就在越战结束后不久，欧美三十七个国家共同签定《赫尔辛基协议》（Helsinki Accords），其中的要点是尊重各国的主权及领土完整，确立和平解决争端及不干涉他国内部事务的原则，以及尊重人权和思想、信仰、宗教的自由。

美苏后来又继续进行第二轮限武谈判（SALT II），并由勃列日涅夫和卡特总统于 1979 年 6 月在维也纳共同签署新协议。但由于美国所支持的尼加拉瓜（Nicaragua）右翼政府在同一个月被苏联支持的桑地諾民族解放阵线（Sandinista）推翻，以及其他原因，使得美国国会迟迟不肯审议此一协议。到了 12 月，苏联又直接出兵侵略阿富汗，更使得美国国会震怒（上述两个事件详见第 12 章叙述）。卡特因而

决定撤消协议，请国会不必审议。美苏关系于是回复到紧张状态，武器竞赛也仍然骑虎难下。

勃列日涅夫（右）与卡特（左）于 1979 年签订 SALT II

苏联输出革命是从列宁十月革命后就开始传承的历史使命，布里兹涅夫自然不能不继续推动，七〇年代的主要目标是在东南亚、拉丁美洲及非洲。关于这些，本书将在第 11 及第 12 章分别介绍，不过此处必须先指出一点：无论是输出革命到哪里，都必须花费钜亿，而无补于国计民生。

据美国国防部的估计，苏联在 1975 年支付的军费为 1,140 亿美元，比美国的 800 亿元多四成。但苏联的国民所得远低于美国，所以军费占其国民所得 12%，而美国只有 6%。到了勃列日涅夫 1982 年病死之前，苏联的国防支出已经占国民所得的 15%，这样高的军事费用其实已经不是苏联所能负荷了。

勃列日涅夫后期苏联经济发展的停滞及其原因

关于苏联的经济数字，一般认为官方公布的数据大多不可信。不过有一位俄罗斯的经济学者哈宁（Grigorii Khanin）在 1991 年苏联解体后致力于重新计算六〇到八〇年代的经济数字，并获得国际间许多学者采信。根据他的计算，在 1961—65 年（即是赫鲁晓夫执政后期）、1966—70 年及 1971—75 年（即是勃列日涅夫执政的前期），苏联的国民生产净额（GNP）平均每年成长分别为 4.4%、4.1% 及 3.2%，逐步在下降；到了 1976—80 年及 1981—85（即是勃列日涅夫执政的后期，也是苏联的第十及第十一次五年计划期间），GNP 成长就只剩下 1.0% 及 0.6%，已经是停滞不前了。

勃列日涅夫与总理柯锡金其实在推动第九次五年计划时已有警觉，共同认为必须加强工业消费品制造，以提高人民的生活水平；但努力不仅没有成功，反而更失败。其之所以如此，虽然有一部份原因是由于体制过于僵硬，但更大的原因是苏联在此期间对外输出革命不但加速，也加大，以致于民生轻工业发展所需的投资大多被转用于军事及重工业。例如，前面提到苏联在尼加拉瓜发动政变，又大举入侵阿富汗，正是在第十次五年计划期间发生的。其中的阿富汗战争尤其被认为是导致苏联帝国最后崩溃的重要原因之一。

但我在此也要指出，苏联经济疲弊虽然导致国民生活水平远低于欧美国家，贫困的却只是一般民众。另有一大批特权份子，也就是吉拉斯所说的"新阶级"，不但不虞匮乏，还能享受种种的奢侈品。

根据《纽约时报》于七〇年代派驻在莫斯科的一位记者深入调查后的报导，在莫斯科有将近一百个特定地点设有特别的商店。举凡市面上缺货的稀珍食品（如鱼子酱、伏特加、鲑鱼），以及免税外国进门货（如法国香水、英国毛料、苏格兰威士忌、美国香菸、日本录音机），在这些地方都能以低廉的价格买到，但前提条件是必须要有党发给的许可证才能进去。

另据估计，七〇年代苏联的共产党员约为一千六百万人，占总人口的 6.4%，其中的特权份子约为一百万人，包括党、政、军的高官及国营企业、国营农场的高级主管。不过在其中也还是有严格的等级区分。官位越高，特权自然越大，并能利用职权贪腐。不过贪腐究竟到了什么样的程度，那就必须等到勃列日涅夫死后三年，戈尔巴乔夫担任苏共总书记，开始肃贪，才能给世人比较清楚的图像。因而，本书将在第 13 章说到戈尔巴乔夫时，再来讨论这个问题。

第 11 章

共产势力在东亚及东南亚地区的持续扩张

如第 7 章所述，东亚及东南亚各国的共产势力在第二次大战前及战争期间获得迅速的扩展。但必须指出，这些进展大多是由苏联直接援助，特别是中共尚未建立政权，没有能力对外伸出援手的时候。

1949 年 9 月，也就是中共正式成立中华人民共和国的前一个月，毛泽东派刘少奇去莫斯科见斯大林，斯大林对刘少奇说，希望中国在建国之后也能尽力帮助一些被殖民国家的独立革命运动。毛原本就野心勃勃，所以斯大林说的这番话对他来说，正中下怀。

到了 12 月，斯大林欢度七十大寿时，毛和胡志明都率团到莫斯科参加庆贺，斯大林同时约见两人，实际上已经交付给毛分担支援越共，以及支援东南亚各国共产党的重责大任。韩战爆发后，毛决定不顾一切抗美援朝，苏联其实反而是退居幕后。

本章的主旨，就是叙述在五〇到七〇年代之间，中共如何继续输出革命到其邻近的国家，以及在这些国家里所发生的变化。

中共积极输出革命

但在我详细叙述之前，我请先用一个小故事来说明毛泽东是如何决心，必定要输出革命。

1952 年 10 月，苏共举行十九大，毛派刘少奇出席，赋予他的重要责任之一就是分别与东南亚各国的共产党领袖举行会谈。当时由于印尼共产党领导人艾地（Dipa N. Aidit）因故迟至次年 1 月初才到，毛命令刘少奇等到艾地到达，确实和他见面讨论后才能离开莫斯科。艾地在和刘少奇见面讨论，确认将获得中共的大力支持后，高兴地到外面雪地上丢雪球。

但必须指出，中国派志愿军抗美援朝时，苏联提供的援助并不是免费，不但要求偿还，还要加计利息。毛不敢违抗斯大林，但曾经私下表示不满，说那不是国际主义，中国将对外提供无偿援助。毛后来也曾向越南、柬埔寨、缅甸等国的共产党领导人说："中国就是你们的大后方，一旦有什么大事发生，你们就可以利用这个地方，兵少可以到中国来征兵，要我们出兵我们就出兵，要财政援助我们全力以赴，要武器可以无代价提供。"即使是在中国大饥荒，毛也一样咬着牙输出革命，而无视于国内数千万人饿死。中苏分裂后，毛更加紧要把共产革命的主导权抢到手中，要与赫鲁晓夫互别苗头。

不过美国当然不会坐视苏共及中共到处输出革命，因而三方斗争十分激烈。同时，东南亚各国的政府也对中共严加提防。到了文化大革命期间，中共中央文革小组命令驻外使馆在驻在国大量发放毛的著作及毛像章，光是《毛语录》就出口了四百万册，东南亚各国的政府及人民更是惊惧，导致印尼、马来西亚、缅甸爆发排华运动。但从另一方面说，虽然中共如此积极输出革命，各国的共产党也未必都无条件接受中共的指导。

以上说明了共产势力在东亚及东南亚各国发展的共同背景，接着分别说明各国的情况，以下先从北韩说起。

北韩——金日成如何从巩固一人独裁到建立世袭王朝

韩战结束后，北韩共产政权其实已经十分稳固，不再需要中共支援。此后的二十几年中，金日成的目标已经转为经由整肃异己以巩固其一人独裁统治，最终建立世袭的金氏王朝。以下分段叙述其过程。

• 朴宪永之死、"八月宗派事件"及 1957 年的大清洗

如果从国家及军事上看，韩战对北韩是极大的挫败，但如果从个人政治发展来看，对金日成却是极大的成功。当初金日成说动斯大林同意发起战争，斩钉截铁地说美国不可能参战，结果完全错误；如果

没有中共派志愿军，北韩早已灭亡。然而金日成并未因此而垮台，反而指责朴宪永，说原以为北韩出兵后南方游击队将会如他所说的那样地踊跃响应，结果并未发生，所以朴宪永必须为战败负责。韩战尚未结束，朴宪永及一干南劳派的领导干部已经被以"美国间谍"的罪名起诉，全部遭到处决。

1956 年，赫鲁晓夫在苏共二十大批判斯大林及个人崇拜之后，北韩出席的代表回国后立刻做报告，金日成却不承认朝鲜劳动党有个人崇拜的问题。党内的延安派及苏联派因而不满，共同计划发动政变。不料金日成先发制人，在八月召开大会时厉声指责两派都犯了"宗派主义"的错误，属于"反党分子"。一部分被点名的人吓得还没开完会就急急逃走，越过鸭绿江逃入中国境内；其余动作稍慢的都被逮捕入狱。

赫鲁晓夫和毛泽东分别接到相关的报告，都大怒，决定共同介入，派米高扬和彭德怀一起到平壤，金日成只得把关在牢里的人都放出来。不过后来东欧连续发生波匈事件，赫鲁晓夫在波兰动乱时下令撤军，在匈牙利动乱时却出兵镇压。金日成暗喜。1957 年，毛在中国发起"反右运动"，金日成更喜，但仍按兵不动。同年稍晚，毛在莫斯科举行十月革命四十周年庆典时见到金日成，突然为一年前干涉北韩的举动向金日成道歉。金日成大喜，回国后遂毫无顾忌地进行大清洗。苏联派及延安派共数千人被处死，另有数千人被下狱、流放或劳改。经此之后，北韩劳动党内只剩下所谓的"满州派"及"甲山派"，分别是昔日金日成在中国东北及朝鲜北部从事对日游击战时的战友。

● "主体思想"及"千里马运动"

金日成这时更急于要做的还有一件事，即是摆脱苏联及中国对北韩的影响力。他尤其想要淡化中共在韩战时对北韩的援助，于是采用一名理论家黄长烨的建议，开始提出所谓的"主体思想"。1960 年5 月，金日成发表演讲，说："我们不是在进行他国的革命，是朝鲜的革命。这个朝鲜革命才是党的思想活动主体。……。有人觉得苏联式好，有人说中国式好，但我认为，是时候创造'我们式'了。"

主体思想的目标是追求"政治的自主、经济的自立，国防的自卫"。说到经济自立，就不能不提"千里马运动"。1957 年，平壤有一个炼钢厂喊出"以千里马的速度增产报国"口号，金日成前往视察后，表示激赏，于是号召国人为国家经济的自立而奋斗。"千里马运动"于是轰轰烈烈地展开，果然提前完成经济计划的工业生产指标。

● 南、北韩政经发展前后期的对照

据估计，1960 年北韩的人均所得达到 253 美元，名列东亚地区前段，只比日本和香港低，是南韩人均所得 82 美元的三倍。北韩之所以如此成绩耀眼，原因之一是日本在占领朝鲜半岛时为了要进一步侵略中国，基础工业及重工业大多集中于北方；另一个原因是苏联、中国及东欧国家的大力协助。至于南韩之所以衰弱，主因是在韩战中遭逢巨大的破坏，以及韩战后李承晚政权的官员大多贪污腐化，社会动荡不安。

当时南韩学生大多痛恨李承晚政权，羡慕北韩，又被北韩的宣传及地下人员鼓动，导致南韩不断地发生反政府及反美运动。1960 年，南韩爆发"四一九革命"，李承晚被迫出国流亡。但数十万名学生仍不顾政府阻止，执意要与北韩学生在板门店相聚，共同推动民族统一。其结果是朴正熙在美国支持下于次年发动"五一六政变"，并在此后成为南韩唯一的强人，采取独裁统治，长达十八年，直到 1979 年遇刺身亡。不过南韩也因此获得政治及社会安定，并在美国援助之下发展经济，快步追赶日本、香港及台湾。

如果仅以 1960 年为观察点，金日成可说是志得意满。然而，当中苏开始交恶后，金日成决定向中国倾斜，竟敢放话批评"苏修"。赫鲁晓夫大怒，下令削减对北韩的援助。不料中国后来爆发文化大革命，也削减对北韩的援助。北韩的经济由此急转直下。根据世界银行的资料，南韩在 1979 年，即是朴正熙执政的最后一年，人均所得已经高达 1,670 美元是他执政前的二十倍。世界银行虽然无法取得北韩的数字，但据日本经济学者估计，同期成长不到 3 倍，只达到 500 美元左右，竟只剩下南韩的三分之一。

● 金氏世袭王朝的建立

北韩的经济情况虽然恶劣，金日成仍是想要巩固自己的地位，同时要为儿子金正日接班铺路，于是整肃满州派及甲山派的老同志，全部开除党籍。1974 年，金正日获得劳动党一致公推为金日成的接班人，北韩世袭的金氏政权于是确立。为了树立了金日成的绝对权威，黄长烨这时又奉命把前述的"主体思想"从国家延伸到对金日成的个人崇拜。朝鲜劳动党告诉党员和人民："首脑是头，党是躯体，人民是手足。躯体和手足应当听从头脑的指挥；如果没有头脑，就失去了生命。⋯⋯父亲给人肉体的生命，领袖赐予人政治的生命。如同在家庭中应当听从父亲的绝对领导一样，人民应当无条件地团结在领袖周围。"金日成于是逐渐成为一尊神只，如斯大林和毛泽东一样。

北韩金氏世袭王朝：金日成（左）与金正日（右）

日本共产党从亲中到自主

韩战爆发后，日本共产党人大多逃亡国外，一直到 1955 年日本政治松绑，日共领导人野坂参三才结束逃亡，公开现身。在日本历次国会选举中，日共的得票率通常只有 2-5%，不过透过与日本社会党联合仍具有部分影响力。

日共分"亲中"及"亲苏"两派。由于野坂与中共领导人在延安时期就已建立交情，又获得中国给予特别贸易补贴，中苏交恶后亲中派就明显占上风。亲苏派的一部分成员被迫退出，一部分随其领导人宫本显治向亲中派靠拢。此后日共是由野坂和宫本两人长期共治，分任日共中央委员会议长和书记长。

1966 年文化大革命爆发后，宫本访问中国，获得毛泽东接见，却被毛当面斥责是在走"修正主义路线"。宫本至为错愕，回国后就建议召开全党大会以检讨与中共的关系，最后的决定是与中共决裂，走自己的道路。

1982 年，野坂参三退休，宫本显治继任为日共议长。又过了十年，苏联解体，大量解密档案出现。有人从中发现，野坂在斯大林大清洗时竟向共产国际告密，导致多位日共同志被苏联内务部逮捕，其中有人遭到处决。由于证据明确，野坂无法抵赖，只得承认曾经犯错，日共只得开除野坂的党籍。对日共而言，这无疑是巨大的打击。

1949 年后台湾的历史——从蒋介石的威权统治到蒋经国的改革

如第七章所述，发生在 1947 年的二二八事件是一个极为不幸的历史事件，对台湾后续的发展产生极大的影响；不仅蒋介石政权在 1949 年从大陆撤退到台湾后，对台湾的统治方式受其影响，台湾人民（包括台湾本地人及迁入的外省人）对蒋介石政权的态度也受其影响。但必须指出，在此期间台湾政治演变也受到中共及美国极大的影响。以下分段叙述。

● 蒋介石政权的威权统治及白色恐怖

在二二八事件中，共产党潜伏颠覆是蒋介石任命的台湾行政长官陈仪用以血腥镇压民众，杀害台湾菁英份子的借口。国民党政府从中国撤退到台湾之后，蒋介石政权仍然畏惧中共的威胁，特别是担忧中共派遣到台湾的间谍的活动，不但在 1949 年一年之中逮捕一万多人，枪决一千多人，又坚持继续戒严及威权统治。据统计，在此后三十年间又逮捕八千多人入狱，其中一千余人遭到处决。在此一被称为"白色恐怖"的期间发生许多大案或冤案，包括鹿窟基地案，孙立人案、雷震案、彭明敏案、台大哲学系案，等等。

以孙立人案为例。1955 年，对日抗战及国共内战名将孙立人因"涉嫌预谋发动兵变"而遭到逮捕，同时牵连 300 余人。此后孙立人遭到软禁，达 33 年之久。但由于政府始终无法提出证据，一般认为孙立人是遭到诬陷，被捕的真正原因是他在军中的威望使得蒋介石深感威胁。

雷震案更是一个极具代表性的大案。当时蒋介石宣称他很快就会带军队从台湾反攻大陆，但他的威权统治引起许多人不满，其中反对声音最大的是《自由中国》。这是一份由著名的学者胡适和前国民党要员雷震共同创办的杂志，实际上由雷震负责。雷震直接提出"反攻无望论"，认为蒋介石的一切施政是以"马上要反攻大陆"为基本假设，但不过是借口，不仅没有可能实现，又严重地影响国家的经济发展，也阻碍人民对自由、民主的向往。雷震又坚决反对蒋介石修宪以便连任总统。最后，他竟在 1960 年以"为匪宣传""涉嫌叛乱"的罪名被起诉，获判十年牢狱。此后，台湾反对的声音就少了。

有人认为，蒋介石的儿子蒋经国也必须为白色恐怖的恶政负相当大的责任，因为从 1950 年初起蒋介石就把所有与警察、特务及情治有关的权力都交给自己的儿子。但也有人主张，白色恐怖的功过难论，因为如果不能肃清共谍，台湾就难免动乱而重蹈大陆的覆辙，而如果社会动乱不断，日后就没有可能追求经济的发展。2013 年，中共在《环球时报》上公开宣称曾经于 1949 年派出 1,500 余名干部进入台湾，其中有 1,100 多名在五〇年代初期被捕获而遭到枪决，足证当时共谍确实大量存在，是台湾政治安定的忧患。

又有人指出，在白色恐怖期间被捕者也有很多并不是共谍，而是台湾人，但确实参与颠覆政府的活动，其中也有人加入了共产党地下组织（如鹿窟案被捕的 400 多人），所以难说是冤案。但话说回来，这些人当中又有很多是当年二二八事件受难者的遗族，或深受此一事件刺激，对蒋介石政权深恶痛绝，决意要推翻其统治。因而也有人说，不幸这是二二八事件的后遗症，是历史的悲剧。

关于蒋经国，由于他与台湾后来的发展有更重大的关连，本书在此必须回溯他的生平，尤其是他年轻时极为特殊的经历。

● 蒋经国在苏联的岁月及回国后的失败经历

蒋经国在十五岁时自愿到莫斯科"孙逸仙大学"（简称孙大）留学。孙大是苏联在孙中山死后为纪念他而办的一所学校，目的是为了加速培养国共第一次合作进行革命所需要的核心干部。蒋经国在孙大读书时，他的同学包括王明、博古、张闻天、王稼祥，以及邓小平。

然而如第 5 章所述，蒋介石在 1927 年 4 月决定清共，蒋经国立即被迫在集会上谴责自己的父亲是"杀人的凶手，革命的叛徒"，声明与蒋介石断绝父子关系。后来他被送到工厂及农村劳改，又被流放到西伯利亚，备极艰辛；又大病，幸而得以不死，并与一位悉心照顾他的白俄罗斯女子结为患难夫妻。

1937 年西安事变后，国共决定第二次合作，斯大林就允许蒋经国带着妻子回国。但由于蒋经国的苏联经历使得他在国民党内遭到怀疑及排斥，蒋介石只得安排他在江西南部一个偏远地区担任省县级之间层级的"行政专员"，历时将近七年。

1945 年，蒋经国得到机会奉命随行政院长宋子文到莫斯科与斯大林谈判中苏同盟友好条约；之后，又到东北协助中国代表团与马林诺夫斯基谈判国军接收东北的相关事宜；1948 年，国民政府决定发行金圆券，蒋经国又奉派到上海负责督导。但如前所述，这三件事结果都是彻底的失败，蒋经国因而深受打击，甚至为此痛哭流涕。

• 蒋经国接班及其在台湾的改革

台湾由于政治相对安定，又有美国提供援助，在五〇至六〇年代之间经济已经迅速成长。在此期间，蒋经国虽然面临其他政治势力挑战，最终还是能逐渐掌握政治大权，并在 1972 年，也就是蒋介石病逝之前三年，就已实质接班。于是他一方面开始推动各项大规模的基础建设，为经济进一步发展奠基，另一方面也逐步进行"民主化"及"本土化"的政治改革。所谓的民主化，就是开放地方首长、议会及部分国会自由选举，容许反对势力逐步发展。所谓的本土化，就是刻意提拔部分土生土长的台湾人菁英，使其有机会出任政府要职。

关于蒋经国的作为，有一部分人说是由于美国强力施压，要求他变革，但也有人指出，他在思想上与其父确实是截然不同的。一般认为，其原因除了他年轻时在苏联的特殊经历之外，也在于他已经体认到台湾内外环境所面临的迫切危机，不能不改变作法。例如，美国在1972 年决定迫使台湾退出联合国，改由中国加入；1974 年他访问美国，在纽约遭到两名旅美的台湾青年知识分子枪击行刺，虽然无恙，却清楚地知道自己仍然不为台湾人民所接受；1975 年南越被北越并吞，更使得他清楚地看见，一个不得民心的政府最终只能走向灭亡。

菲律宾共产党死灰复燃——从麦格赛赛的廉能到马科斯的贪腐

自从虎克党于 1954 年接受政府招安后，菲律宾共产党的活动基本上已经停止。负责剿共成功的麦格塞塞清廉、能干而有担当，后来当选为总统。他在任时是菲律宾的黄金时代，工、商业蓬勃发展，社会稳定，亚洲各国莫不羡慕。可惜的是，麦格塞塞虽然也想进行彻底的土地改革，却因国会议员大部分是地主，法案未获得通过。1957年，麦格赛赛不幸因座机撞山而死，土地改革于是遥遥无期。

1965 年，马科斯（Ferdinand Marcos）当选为菲律宾总统，后来又以操纵选举及舞弊的手法一再连任，前后担任总统达二十年。但马科斯贪得无厌，与其妻子伊美黛（Imelda）共同聚敛财富，又纵容部属及裙带关系者利用权势巧取豪夺，菲律宾由此贪腐盛行。据估计，光是马科斯夫妇两人前后贪污所得的金额就超过美金十亿元，在同一期间，菲律宾经济表面上虽有成长，实际上是停滞不前。

如要说明菲律宾的经济成长，莫如与南韩比较，因为两国都接受美援，成长却迥然不同。根据世界银行的资料，菲律宾及南韩在 1965 年的人均所得分别为美金 180 元及 130 元，菲律宾还比南韩高将近四成；到了 1985 年，二者人均所得分别却是美金 520 元及 2,450 元，菲律宾只有南韩的五分之一。因而，当南韩在八〇年代与台湾都挤身为亚洲经济四小龙之一时，菲律宾已从先进国沦落为后段班。

马科斯政权的贪腐无能不但使得国家穷困，也导致贫富差距急速扩大，人民当然不满；共产党于是在 1969 年复起，由西松（Jose Maria Sison）及布斯凯诺（Bernabe Buscayno）两人领导成立"新人民军"，接受中共援助，对政府发起游击战。但由于美国与菲律宾关系密，又租借苏比克湾（Subic Bay）海军基地及克拉克空军基地（Clark Air Base），是其在亚洲的两个重要据点，当然继续尽力协助菲律宾政府对抗共产党。

菲律宾也有人既反马科斯又反共，其代表人物参议员阿基诺（Benigno "Ninoy" Aquino）却在 1972 年被逮捕入狱。马科斯后来在美国的压力之下同意让阿基诺出国流亡，但是当他在 1983 年决定不顾马科斯的警告而返回菲律宾时，却在机场于众目睽睽之下遭到枪杀。阿基诺之死导致菲律宾人民公愤，纷纷集结在他的遗孀柯拉松（Corazon C. Aquino）左右。从此时起，马科斯下台的时间已经不远。

越战后越南的难民逃亡潮

越南与中国在古代至少有两千多年互动的历史。近代以来，许多越南人仍然认同中国文化，但也有一部分人认为越南的历史无非就是被中国侵略的历史。1954 年日内瓦会议后，越盟领导人大多更是对中共愤恨不已，自认被逼签定屈辱的条约。亲苏派的黎笋遂取代亲中，又有病的胡志明，成为越共第一书记。不过越共为了要继续对美国作战仍在表面上维持与中国的友好关系。据估计，中共在越战期间前后提供越共的援助总共约有一百亿美金，苏联提供的援助相对比较少。然而，北越在统一南越之后竟立即表示将一面倒向苏联，又直接说要提防来自中国的文化及政治压迫。越南华人的厄运于是来临。

西贡（后改名为胡志明市）沦陷后，数千名所谓的"反动分子"立即被处决，又有数十万名前南越政府人员被关入劳改营。许多华人侨领，殷商巨富遭到拘捕，被迫签字同意献出财产。政府又劫收华人开办的银行、医院、学校，解散华人社团，命令华文报纸全部停刊。政府强制人民以旧钞换新钞，每五百元旧币换一元新币。许多百姓不堪迫害，自杀而死，其中大多是华人，而有更多人急着要逃离。

逃亡之路主要有两条。第一条是直接向越共当局申请，搭乘飞机到法国、香港或台湾。据估计约有一万五千人选择这条路，但所有的人临上飞机前房屋及资产几乎都被接收。至于第二条路，就是偷偷地雇渔船，与船家一起从海路逃走。此一路线风险极高，因为船只的状况大多不好，上面挤满了人，到了海上又有恶劣的天候、疾病、饥饿、海盗及沈船等种种可能。然而，海上逃亡潮不断地加速，在 1979 年达到高峰。刚开始时，逃亡者大多是华人，后来也有许多越南人跟着逃亡。据估计，约有三十万名难民死于海上，但也有一百万人幸运地抵达目的地，或在海上被外国商船救起。美国及其他西方国家基于历史责任及人道考量，最终接受了其中大部分的难民。

逃亡潮也发生于北越各省。1977 年起，越共为执行"净化"政策而，任意闯入华人家中，强迫填写"自愿回国书"，又趁机勒索、没收财物，最后予以扫地出门。据报导，光是在 1978 年下半年被驱离而逃回中国的难民就达到二十万人。中国政府无法坐视，要求与越南政府谈判，但越共置之不理。

赤柬、老挝人民革命党的暴政及大屠杀

以下分别叙述赤柬、老挝人民革命党在推翻原有的王朝而建立政权之后，如何统治其国家及人民，而先说柬埔寨。

由于历史的因素，柬埔寨人大多也视越南人为仇敌。赤柬也痛恨越共，有如越共痛恨中共一般；又由于越共亲苏，赤柬亲中，双方矛盾更深。

毛泽东（左）接见赤柬领导人波尔布特（中）及英萨利（右）

如前所述，赤柬在攻陷金边后的暴行导致无数人死亡。当时波尔布特推动极左的政策，其中包括：将城市居民全部驱散到农村参加集体农庄；禁止一切商业行为；禁止宗教信仰，迫令僧人还俗；处决朗诺政权所有人员等等。其中光是金边两百多万市民被驱赶到乡下一事，就已有数十万人死亡。赤柬后来又展开大清洗，从清除亲苏、亲越分子到清除其他波尔布特所称，无所不在的"细菌"。据估计，当金边陷落时柬埔寨全国人口大约是八百万，赤柬在执政的三、四年间竟屠杀了至少一百五十万人，也有人估计超过二百万人。如此的自我种族灭绝，可说是史无前例。西方观察家尤其不解的是，赤柬的重要

领导人，包括波尔布特、乔森潘（Khieu Samphan）、英薩利（Ieng Sary）等，都曾留学法国，接受过西方教育，不能说不知文明，行为却如此野蛮残忍。

赤柬大屠杀之后

　　赤柬又下令驱逐、杀害越南侨民，如同越共驱逐、杀害中国侨民一样，使得越南政府无法坐视，要求与赤柬谈判。但赤柬对越共也如同越共对中共一样，完全置之不理。赤柬又于 1978 年 4 月派武装部队越境到越南安江省的巴祝（Ba Chúc），屠杀当地村民三千多人。越共忍无可忍，在取得苏联同意后出兵二十五万人。越柬战争爆发。

　　赤柬不是越共的敌手，急忙向中共求援。但中共尚未出兵，越共军队就已经攻陷金边，推翻赤柬，成立"柬埔寨人民共和国"，以韩桑林（Heng Samrin）、洪森（Hun Sen）分别担任柬埔寨人民革命党总书记、副总书记。赤柬高层人员全部逃亡，再向中国求援。但这时毛泽东早已过世，文革也结束了，邓小平第三度复出而成为中国实际的领导人；那么邓小平究竟要如何解决越共与赤柬之间的问题呢？这就恐怕要等到本书叙述邓小平如何复出之后才能得到答案，所以还请读者们容我在第 13 章再一并说明。

接着说老挝。回溯 1975 年 4 月西贡、金边沦陷后，老挝首都万象立刻爆发逃亡潮，人民纷纷逃往泰国。巴特寮在八月攻占万象后，不久就宣布成立新政府。老挝人民革命党领导人凯山．丰威汉掌握党、政、军大权，于是也下令对政府里的公务员、警察、军队及知识分子展开大规模的屠杀、清洗，或强迫接受再教育。

老挝人民革命党又宣称，将对曾与美国合作的苗人进行报复，声称要"使苗人绝种"。苗人大惧，无论是王宝率领的苗族部队或平民，都由 CIA 协助逃往泰国。泰国连续收留越南、柬埔寨及老挝的难民，已经无力负担，又怕苗族部队就地生根，再也赶不走，因而向联合国和美国求助。美国于是允许王宝率领大批苗族难民移民到美国定居，最后竟达到十万人以上。不过有一部分苗族战士后来又接受美国政府征召，到中南美去协助对抗共产党。

印尼、马来亚及新加坡共产党在五〇、六〇年代的发展

以下叙述五〇、六〇年代共产党在印尼、马来亚、新加坡的发展。不过由于这三者有相当复杂的关连性，并不适合分拆叙述，所以我将合并分段说明，而先从印尼说起。

● 苏加诺与印尼陆军、印尼共产党的合作及矛盾关系

1950 年 8 月，苏加诺宣布印尼独立，成立印尼共和国。不过依宪法规定，苏加诺总统只是虚位的元首，行政权在内阁总理哈达手上，立法权又操在国会。当时苏加诺控制的国民党只是印尼国会中第二大党，代表印尼伊斯兰教的马斯友美党才是第一大党。另有其他许多小党，在两大党之间制肘，待价而沽。因而，印尼在七年内竟出现六个内阁，其中有四个任期还不到一年，导致政治混乱，经济大幅下滑，人民至为不满。苏加诺对议会政治也是深恶痛绝，希望进行改变，并利用支持他的陆军及印尼共产党做后盾。

当时印尼在爪哇、苏拉威西及苏门答腊等地都有军事强人割据

称雄。陆军参谋长纳苏蒂安（Abdul Haris Nasution）主张成立一支强大而有纪律的中央军，获得苏加诺支持，因而向苏加诺表态效忠。至于印尼共产党，虽然在茉莉芬事件时遭受重创，在印尼共新任总书记艾地的领导下又重新凝聚，并获得中共提供援助，因而迅速地扩张，到 1955 年底已有一百万人。艾地也刻意拉拢苏加诺，希望借其影响力进一步发展共产党，如同四十年前荷兰共产党人史尼伟勒对苏加诺的岳父佐格罗阿米诺多的作法。同时，共产党也渐渐渗透陆军，吸收其中许多不满的中、下级军官。

1956 年，苏加诺访问苏联和中共，回国后便倡导"指导式民主"。第二年，印尼第六个内阁倒台，苏加诺于是宣布实施全国军事管制。不久后，共产党在地方选举中获胜，膨胀为全国第一大党。许多大城市选出的市长都是共产党人。同一时间，纳苏蒂安出兵镇压全国各地的军阀，大获全胜。陆军将领却因此越来越跋扈。苏加诺渐渐不得不倚赖共产党来制衡陆军；陆军对印尼共产党早有敌意，双方于是开始发生冲突。

● 中、苏、美争相拉拢苏加诺

这时赫鲁晓夫对印尼也表示友善，于 1960 年亲访雅加达，并同意贷款，前后提供的金额达到七亿元美金，其中有一部分是用于购买苏联的军机和战舰。美国总统肯尼迪眼见印尼与中共、苏联走得如此之近，心中不安，也决定提供印尼经济援助，并为了讨好印尼而强迫荷兰退出西伊里安（West Irian，后称 West Papua，西巴布亞）。回顾当初在 1948 年，荷兰虽然同意从印尼撤出，却坚持保留西伊里安，理由是当地的居民大多信仰基督教，怕遭到伊斯兰政府迫害。印尼与荷兰为此争执多年，几乎又要兵戎相见，但肯尼迪既已插手进来，荷兰只能退让。

苏加诺至此可说是三面逢源，志得意满。不料几年后风云将完全变色，不但印尼发生大动乱，苏加诺也被黜下台。究其原因，固然主要是由于前述印尼共产党与陆军之间的冲突，但也与马来亚及新加坡有极大的关系，因而以下的叙述就先转到马来亚及新加坡。

• "华玲会议"——东姑阿都拉曼与陈平谈判破裂

如第七章所述，陈平在二战后率领马共在马来北部与泰国交界的山区及森林里从事游击战，但因其恐怖暴力活动导致人民越来越反感，渐渐失去正当性，连马来华人也不以为然。

1955 年 7 月，马来亚举行第一次大选，出身于北部吉打邦（Kedah）世袭苏丹家族的巫统主席东姑阿都拉曼（Tunku Abdul Rahman）当选为马来亚联合邦总理。他在就任后要求与陈平会谈。陈平同意。东姑于是在当年 12 月邀请马来亚华人领袖陈祯禄及新加坡首席部长马绍尔（David Marshall）一同到吉打邦的华玲县（Baling），与陈平举行会谈。东姑允诺对马共成员大赦，但要求马共解散，放下武器，结束暴力活动。陈平要求政府承认共产党是合法政党，共产党员在投诚后行动不受限制，也不接受政府后续的调查。东姑拒绝。双方谈判只一天就破裂了。陈平于是率领马共继续在森林里打游击战，但越来越不得人心，因而势力迅速消退，却仍然拒绝解散。

• 李光耀成立新加坡"人民行动党"及其与马共的合作与矛盾

当东姑阿都拉曼在马来亚崛起时，新加坡也有一位领导人李光耀出现。李光耀是广东客家移民的第四代，家道殷富，与东姑一样曾经留学英国剑桥大学。他后来回到新加坡担任执业律师，因为替一件"邮差罢工案"辩护获胜而声名大噪，从此建立起在工会中的群众基础。1954 年，李光耀邀集同志共同创立"人民行动党"，此后经由选举逐渐取得在新加坡立法议会中的领导地位。

人民行动党创立时，其骨干成员是留学归来的知识分子及工会代表，党员中有三分之二以上是工会成员。当时马共已经在背后控制了许多工会，利用亲共分子主导罢工、示威活动，抵制英国殖民政府。同时，马共也渗透人民行动党及其他新加坡的政党。李光耀曾经公开承认人民行动党是亲共分子的合法政治工具，又说他并不反对马克思主义的理想，却厌恶列宁主义的暴力革命手段，因而与党内亲共分子领导人林清祥等逐渐发生冲突，关系越来越紧张。

● 东姑阿都拉曼倡议"马来西亚联邦"

1957 年，英国履行其承诺，允许马来亚独立，但新加坡、沙捞越、北婆罗洲仍属其殖民地，汶莱为其保护国。东姑阿都拉曼被选为独立后的第一任马来亚总理。由于新加坡人口中超过七成是华人，另有十分之一是印度裔，如果新加坡并入马来亚联合邦，马来族的优势就无法维持，因而东姑并不希望新加坡加入联合邦。不过新加坡也在1959 年获得英国政府同意成立自治邦，举行大选，李光耀获选为首届总理。

令人意外的是，东姑阿都拉曼突然于 1961 年 5 月在新加坡的一个记者午餐会上发表演讲，说马来亚应当同新加坡、北婆罗洲和沙捞越更紧密地联系在一起。事实上，这就是英国人早就倡导的"大马来西亚"概念，却因为东姑极力反对而无法遂行，如今东姑的态度却突然大转弯。但东姑之所以改变立场原因其实很清楚：他知道新加坡人民行动党内左、右两派的斗争已到了必须分手的阶段，万一李光耀落败，林清祥等人获胜，新加坡政权将落入共产党的掌控之中；东姑认为，与其等到那时才面临与一个共产国家为邻的危险，不如现在就与新加坡合并，以确保共产党永远没有机会在马来半岛任何一地取得政权。

● 人民行动党的分裂

东姑阿都拉曼提议成立马来西亚联邦，使得李光耀和马共都大吃一惊。李光耀立刻表示赞成，林清祥却坚决反对，后来又率领部分党员脱党，另组一个"社会主义阵线"（简称"社阵"），双方公开分裂。为了赢得即将来到的大选，李光耀经由广播对人民做连续十二次演讲，说明新加坡繁荣的基础必须倚赖马来亚生产的橡胶和锡以进行转口贸易，所以必须支持合并。他又公开交代人民行动党如何在过去与亲共分子合作，又为何决裂，甚至提到隐于地下的一位马共"全权代表"如何数度邀他见面，企图说服他继续合作，共组反英的统一战线。

李光耀的演讲吸引大多数的新加坡市民放下手边的工作，准时守在收音机前收听。1962 年 9 月，新加坡举行全民投票，结果人民行动党获得超过七成赞成票，决定与马来亚合并。北婆罗洲及沙捞越后来在联合国主持之下举行全民公投，结果也赞成并入大马来西亚。三个自治邦最后在 1963 年 9 月与马来亚联合，共同成立了"马来西亚联邦"。

必须补充，马来西亚联邦成立后不到两年，东姑阿都拉曼又担心新加坡的华人对巫人的优越统治地位造成阻碍，决定将新加坡逐出联邦，迫使其独立建国。李光耀只得率领国人，为重新开创新加坡的未来而继续奋斗。不过此事与共产党无关，所以本书不再赘述。

● 苏加诺对"马来西亚联邦"计划的失望与愤怒

印尼总统苏加诺对新加坡早有觊觎之心，又认为北婆罗洲、沙捞越是印尼所属的婆罗洲（Borneo）岛的一部分，所以也应该并入印尼才是，因而对东姑阿都拉曼所倡议的马来西亚联邦计划至为愤怒。无奈新加坡、北婆罗洲、沙捞越的人民公投都明白选择并入马来西亚。当时国际社会也大多不支持苏加诺的主张，甚至连一向与印尼友好的南斯拉夫、埃及等不结盟国家也不表支持。

苏加诺失望至极，却愤恨难消，于是授意印尼共产党发动群众示威，煽动人民的反英情绪，结果发生暴乱，群众竟放火焚烧英国大使馆。苏加诺又号召成立志愿军，公开宣称要"粉碎马来西亚"。美国总统詹森急忙派特使前往调停，但苏加诺拒不接受。詹森大怒，宣布取消对印尼的贷款，又派第七舰队进入印度洋以保护马来西亚。1965 年 1 月，马来西亚当选为联合国安理会非常任理事国之一，印尼立刻宣布退出联合国。苏加诺已然无法再保持冷静，但其背后无疑有印尼共产党在鼓动。

● "九三〇事件"——印尼的政变及反政变

印尼共产党这时已经发展到超过两百万名党员，其所控制的印尼农民组织和工会会员合计更达到九百万人。在苏加诺支持之下，印尼共产党已经在部分地区进行土地改革运动，并获准在陆、海、空军及警察之外开始建立一支以工农兵为主的"第五部队"，由苏加诺委请空军协助训练。中共也同意提供所有的武器及装备。种种迹象显示，印尼已经完全倒向中共。但陆军将领越来越无法接受苏加诺与印尼共产党合作，暗中计划要发动政变以推翻苏加诺。

但陆军尚未动手，印尼共产党已先下手为强。1965 年 9 月 30 日深夜，苏加诺的亲信总统府警卫营营长翁东（Untung Syamsuri）命令所属的部队分别搜捕陆军高级将领，结果有六名将军被杀，包括陆军司令在内。翁东宣称已经粉碎一个由陆军将领与美国 CIA 勾结，意图推翻苏加诺的阴谋。不过翁东的计划百密一疏，漏掉一位陆军战略后备司令苏哈托（Suharto）。苏哈托获知政变的消息后立刻下令装甲部队开进首都，又命令伞兵部队空降而入，不久就完全控制了雅加达所有的战略要点。听命于苏加诺的军队纷纷投降。

苏加诺在"九三〇事件"发生后发布以另一名将领代理陆军司令。但苏哈托不理他的命令，继续派兵剿叛，苏加诺后来只得更改命令，以苏哈托为陆军司令。苏哈托又派兵追捕印共首领艾地。艾地逃亡被捕，遭到就地枪决。

● 印尼的反共、反华大屠杀

与此同时，印尼长久累积有关宗教及民族的仇恨大爆发。伊斯兰教团体宣称，肃清主张无神论的共产党是一场"圣战"。许多印尼人一向自认遭到华人经济掠夺，仇视华人，这时又认定华人支持共产党，于是掀起反华大暴动，砸毁华人店铺、住宅，到处烧杀抢掠。九三〇事件最终发展成为印尼史上最血腥的大屠杀事件。据估计，至少有五十万人被杀，另有三十万人遭到毒打。中国大使馆也遭到暴力攻击，只得召回大使，同时撤出将近十万名华侨。两国关系陷入急冻。苏加诺在事变后被苏哈托软禁，最后被迫于 1966 年 3 月签署声明将权力转交给苏哈托。印尼随即宣布重新加入联合国。中国文革爆发后，与印尼关系更恶化，苏哈托于 1967 年 10 月宣布与中国断交。

九三〇事件至今是一个谜。人们甚至不确定苏加诺是否有指示发起政变，也不知道苏哈托为什么不在翁东的搜捕名单内，更不清楚 CIA 究竟在政变及反政变中扮演什么角色。许多学者相信，有关整个事件的资料及档案大多被销毁，或被窜改，因而真相恐怕永远难明。但无论如何，其结果是美国在冷战期间的一次空前胜利，也是毛泽东输出革命的一次大挫败。

此后三十年间，苏哈托是印尼唯一的强人，又坚决反共，共产党此后完全没有机会在印尼再起。

印尼共产党总书记艾地（前排左四）于 1963 年率领重要党员访问中国，会见中共领导人毛泽东（左五）、刘少奇（左三）及周恩来（右三），获得支持；两年后，印共在九三〇事件中惨遭大屠杀

缅甸奈温的独裁统治及缅甸共产党的发展

如前所述，昂山不幸死后，缅甸政权由军事强人奈温控制。1962 年，奈温干脆直接自行掌政，并成立一个以军队及警察为骨干的"缅

甸社会主义纲领党"，是唯一合法的政党，缅甸从此成为一个由特务及警察统治的国家。奈温又下令将土地及企业全部收归国有。

由于奈温明显地向苏联靠拢，中共决定协助缅共首领德钦丹东率部与奈温武装斗争，不但提供资金、武器，派遣顾问，又接受缅共派员到中国接受训练。德钦丹东奉行毛泽东思想及其"以乡村包围城市"的策略，进行游击战。缅北掸邦（果敢族）、克钦邦及佤邦也接受中共援助与奈温对抗，在名义上加入缅共，成为缅共人民军的一部份。

中国爆发文化大革命后，德钦丹东也效法毛泽东在党内大举搜捕"苏修"及"走资派"，处决党内书记、政委、常委多人，以及部分青年学生领袖。缅共内部惶恐，实力也因自伤而大损。第二年，奈温派大军进击，攻陷缅共根据地勃固。德钦丹东被属下枪杀，德钦巴登顶继任为缅共总书记。由彭家声率领的果敢革命军及其他少数民族的武装部队都被迫退入中国境内，但在不久后又与在中国接受训练的人员会合，重回缅北，继续与奈温的军队作战。

不过奈温也收买部分少数民族的武装部队为其作战。例如，果敢族的大毒枭罗星汉接受他的委托对付彭家声的果敢革命军。为此奈温不惜授予罗星汉经营鸦片毒品生意的特许权。罗星汉与另一名大毒枭昆沙在六〇到八〇年代一同称雄于金三角（缅北、泰北及寮国交界处）。不过缅共有一部份经济来源也是靠鸦片买卖。金三角是当时全世界毒品的主要来源之一，在世界各大城市造成毒品泛滥及无数的社会问题。

缅共日后将会如何发展呢？由于中共是缅共最主要的支持力量，中国的政治变化对缅共的未来当然具有决定性的影响。而如前面多次提到，毛泽东死后，邓小平继起，对于中国是否要继续输出革命，无疑将由邓小平拍板决定。因而，关于缅共的未来，和其他东南亚国家的共产党一样，本书也将留待讲述邓小平如何复起之后才能完整交代。

第 12 章

美、苏阵营在拉丁美洲、非洲及伊斯兰世界的角力

本书在上一章里叙述了共产势力如何在东亚各国积极输出革命，以及美国如何尽一切力量以阻止其扩张。本章所要叙述的，是共产势力如何接着又在拉丁美洲（Latin America）、非洲及伊斯兰世界（在非洲北部、中东及中亚）输出革命，而美国又不得不尽力阻止其扩张，两个阵营的角力因而更加激烈。以下就先从拉丁美洲开始说起。

拉丁美洲概况

"拉丁美洲"（Latin America）一词，包括中美洲、南美洲及加勒比海（Caribbean Sea）沿岸各岛。从十六世纪初起，这个地区就逐渐沦为由拉丁语系的西班牙及葡萄牙占领的殖民地，因而得名。从十九世纪初起，拉丁美洲许多国家纷纷要求独立，因而爆发历经二十几年的战争，其结果是葡萄牙被迫完全退出，而西班牙统治之地也只剩下古巴及波多黎各。

1898 年，美西战争（Spanish-American War）爆发，西班牙战败，又不得不割让波多黎各（Puerto Rico）给美国，并且同意古巴是美国的保护国。波多黎各此后一直是美国的属地，但因数度公投始终意见纷歧，至今仍未成为美国的一州。至於古巴，早在 1902 年就获得美国同意而独立自治。

然而，拉丁美洲各国获得独立后大多又为了边界及利益纠纷而不断地互相打仗，以致于国贫民困，渐渐沦为军人独裁统治，土地及财富也集中于少数人手中，正是共产主义播种的最佳土壤。列宁发起

世界革命后，没几年这个地区所有国家几乎都有了共产党，目标都是要推翻人民所痛恨的贪腐政权。

但从另一方面说，美国在冷战开始后便决定要在全世界围堵共产党，拉丁美洲被美国视为"后院"，更不可能任由共产党或左倾势力坐大。本书第 9 章提到瓜地马拉的阿本斯左倾政府遭到政变推翻就是一个例子。然而，美国最终还是无法阻止卡斯特罗在古巴建立拉丁美洲第一个共产国家，后来又更进一步与苏联结盟。但古巴对苏联并不是百依百顺，1962 年古巴飞弹事件之后，卡斯特罗与赫鲁晓夫之间的关系更是恶劣。

事实上，赫鲁晓夫在其后的政策仍是要寻求与美国和平共处，卡斯特罗却坚持要协助拉丁美洲各国的共产党从事游击战及恐怖活动，所以两人合作空间已经不大。勃列日涅夫上台后，明白地希望协助拉丁美洲国家的共产党或社会党经由合法的竞争取得政权，但也表示不赞同恐怖活动。不过由于顾忌中共宣传"苏修"放弃革命，勃列日涅夫也不愿强制阻止卡斯特罗在中南美输出革命，并且同意继续提供部分援助给古巴。

毛泽东原本就要与赫鲁晓夫互别苗头，在古巴飞弹事件之后更积极想要取而代之，因而积极拉拢古巴。但古巴毕竟在经济及军事上仰仗苏联已深，所以还是选择与苏联站在一起，中共却继续在拉丁美洲大肆传播煽动反苏的言论。卡斯特罗大怒，下令召回驻北京大使；因而，此后中共在拉丁美洲的活动只能靠自己。

总之，拉丁美洲各国的共产党原本都是苏联扶植的，到了六〇年代就有了亲苏派、亲古巴派及亲中的毛派之分。其中亲古巴派通常是主力；苏联同时支持亲苏派及亲古巴派，不过也在暗中压制亲古巴派；亲中的毛派相对弱势。但必须指出，美国虽然自诩民主、自由、法治、人权为其立国精神，在冷战期间却往往选择与各国的右翼势力合作，而无视于其独裁、贪腐及违反人权。此一情况在亚洲如菲律宾、印尼都是明显的例子，在拉丁美洲就更多了。

以上大致叙述了拉丁美洲的概况，不过由于拉丁美洲的国家多达三十几个，无法一一详述，只能再多选几个国家为例来说明，以下先说巴西。

巴西的改革运动及美国的干涉

巴西是拉丁美洲人口最多，土地最广，也是贫富最悬殊的国家之一。少数的地主几乎控制了所有的土地，而压榨农民；与外国公司合作的少数资本家也垄断工商业，而剥削劳工；地主和资本家又与军方合作，控制了政府。巴西共产党很早就组织成立"农民同盟"（Peasant League），只是力量微弱。卡斯楚在古巴领导革命成功后就开始出钱出力支持巴西的农民同盟与地主集团对抗。不过在巴西与资本主义对抗的主要力量并不是这些，而是由瓦加斯（Getúlio Vargas）及古拉特（João Goulart）所代表的巴西劳工党（Brazilian Labor Party）及其领导的改革运动。

瓦加斯出身大牧场家族，从 1930 年起长期担任巴西总统，主张民族主义、中央集权，反对共产主义，又提倡工业化，以及温和的社会福利改革，被称为"穷人之父"。1945 年，瓦加斯被军人政变推翻，却又在 1951 年重新被选为总统。他任命古拉特为劳工部长，当古拉特与资本家谈判而无法取得共识时，他支持古拉特直接将法定最低工资加倍，结果引起轩然大波；古拉特被迫辞职，瓦加斯在不久后也因他的一名侍卫涉嫌杀害他的政敌，备受压力而自杀。古拉特后来却又经由与其他政党联合竞选，连续两次获选为副总统。1961 年，担任总统的夸德罗斯（Jânio Quadros）突然宣布辞职，古拉特当时正在北京访问，虽然遭遇重重困难阻碍，却还是回到国内依法继任为总统。

瓦加斯是坚定的反共主义者，古拉特却常与共产国家的领导人来往。古拉特接任总统后，又继续推动改革，其中包括加强教育以减少文盲，扩大人民的投票权，对富人征收累进所得税，推动温和的土地改革，阻止外商投资获利后汇钱回本国而不再投资，等等。古拉特自认改革温和而合理，但美国大企业及国内的大地主、资本家都无法接受。美国也认为古拉特与共产党走得越来越近。巴西军方于是与 CIA 合作，于 1964 年 3 月发动政变推翻古拉特，接着强制解散所有的共产党。巴西在此后就由右翼军人独裁统治，长达 20 年之久。

卡斯特罗支持委内瑞拉共产党的武装叛乱

接着说委内瑞拉。拉丁美洲大部分国家和巴西一样是农业国，委内瑞拉却盛产石油，是一个例外。早先委内瑞拉几乎都是由军人统治，在 1945 年却由一位长期领导学生反抗运动，流亡国外的贝坦科尔特（Rómulo Betancourt）发动政变，取得政权。值得注意的是，贝坦科尔特曾经加入委内瑞拉共产党，但不久后又退出。他在回国就任为总统之后，立即推动改革，包括提高工人的工资，改善工作条件，支持工人成立了五千多个工会，因而广获工人支持。然而，右翼军人在 1948 年又发动政变，迫使贝坦科尔特又一次流亡国外。

1958 年，委内瑞拉中、下级军官与示威的学生、人民又共同推翻贪腐的军政府；贝坦科尔特于是回国，顺利地赢得选举，第二次担任总统。他决定进行土地改革，对公有地及闲置的私人土地进行重分配，但给予被没收土地的地主适度的补偿。他又与中东的伊朗、伊拉克、沙乌地阿拉伯、科威特等产油国共同发起成立"石油输出国家组织"（The Organization of the Petroleum Exporting Countries，简称 OPEC），一举突破美国对石油产业的宰制。委内瑞拉的国民人均所得在 1962 年因而超过一千美元，是同时其他拉丁美洲国家的四到五倍。

贝坦科尔特虽然成功地推动部分改革，其所领导的"民主行动党"内部有一部份激进份子却仍然不认同，决定脱党，与委内瑞拉共产党合组"国家解放武装部队"（FALN），并接受卡斯特罗的援助，对政府发起游击战，同时进行绑架、破坏油管、投掷炸弹等恐怖活动。贝坦科尔特只得一面下令镇压，一面向美洲国家组织指控卡斯特罗在背后提供援助，但苦无证据。

1964 年，贝坦科尔特任满下台，继任的总统是原任劳工部长的莱昂尼（Raul Leoni），决定扩大推动工业、农业及基础建设，获得多数人民支持。同时，他下令继续清剿共产党游击队。卡斯特罗却仍继续支持委内瑞拉游击队，并派手下大将奥乔亚（Arnaldo Ochoa）前去指导游击队的领导人布拉浮（Douglas Bravo），又留下一部分人协助游击队。1967 年，委内瑞拉政府军在一次与游击队战斗中俘获两名古巴人，以及一些古巴供应的捷克制 AK-47 步枪。莱昂尼于是召开记者会，提供人证物证向美洲国家组织控诉古巴侵略，并宣布与古巴断交。莫斯科原本就不同意卡斯特罗在委内瑞拉的行动，立刻下令将布拉浮逐出委内瑞拉共产党。

美国"争取进步联盟"计划的失败

卡斯特罗在美国的后院到处煽风点火，使得美国越来越担心。1961 年初，肯尼迪提出一项"争取进步联盟"（Alliance for Progress）的计划，并说道："拉丁美洲资源如此丰富，许多人却每天处于饥饿状态，无处遮风避雨，不能获得适当的医疗；小孩也大多没有受到良好的教育，日后自然无从改善生活；因而，美国必须出手帮助拉丁美洲人民脱离贫穷、无知及绝望。"美国国会于是授权肯尼迪与拉丁美洲各国代表签约，计划在未来十年内提供两百亿美金援助，但前提是各国总共也要投资八百亿。同时，各国都要分别提出详细的计划内容，送请专责的机构审核。为宣导此一计划，肯尼迪在当年年底应邀访问委内瑞拉，亲自向贝坦科尔特道贺推动土地重分配计划获得初步成功。

肯尼迪可谓志向远大，然而"争取进步联盟"计划有一些严重的问题在后来逐渐浮现，成效与原先各方的期待有极大的落差。例如，拉丁美洲各国对美国都欠下巨额的债务，美国援助的金额往往不抵其债，各国要挤出八百亿美金因而更难。再者，拉丁美洲国家里真正掌权的人大多是大地主，或资本家，对一部分改革计划，例如土地重分配，根本没兴趣；有些人又趁机贪腐。

尼克松在 1969 年担任总统后，指派其政敌洛克菲勒（Nelson Rockefeller）负责评估"争取进步联盟"计划。洛克菲勒遍访各国后在报告里说，各国都将计划失败归罪于美国，但美国既无法解决反美情绪、民族主义及马克思主义等政治难题，也很难改变任何拉丁美洲国家的内部政治结构及其政治风气，因而建议不如减少涉入。从此以后，争取进步联盟计划就喊停了。

古巴与苏联的重新合作

"争取进步联盟"计划既无法取得成功，美国政府只能让中央情报局暗中保护美国企业在海外的投资，并与各国的独裁政府合作。卡斯特罗于是趁机加紧输出革命，因而在共产世界里名号越来越响亮，越来越自大，甚至不再向苏联报告。1966 年，卡斯特罗在哈瓦那召开的"亚、非、拉团结组织"大会上演讲，竟说世界各民族解放的关键不在莫斯科，而在哈瓦那。布里兹涅夫至为恼火，决定要驯服卡斯特罗，同时也要收拾格瓦拉。

如前所述，格瓦拉离开卡斯特罗后，自行到非洲及南美协助共产革命，却不幸被捕，惨遭处决。事实上，玻利维亚共产党是奉莫斯科之命对格瓦拉采取不合作的态度，间接导致格瓦拉遇害。格瓦拉在死前曾经写了一本小册子，呼吁共产党人起来"创造两个，三个……更多个越南"。许多激进的左派青年都叫好，苏联却更加不快，因为越战固然是美国的痛点，对苏联同样也是重担。

格瓦拉遇害前后，还发生很多其他事件，例如：哥伦比亚共产游击队领袖杜鲁西约（Ciro Trujillo）被击毙，瓜地马拉共产党被清剿，以及前述主张武装革命的委内瑞拉共党领袖布拉浮被逐出党，等等。这些当然与牵涉到 CIA 的反颠覆活动，但一般认为多少也和苏联有间接关系。

1967 年，苏联总理柯西金飞到哈瓦那，当面警告卡斯特罗，又提出种种威胁。卡斯特罗却说古巴不是苏联的附庸。1968 年初，卡斯特罗又整肃古巴亲苏派的首领埃斯卡兰特（Anibal Escalante）及其属下，全部判处十年以上徒刑。埃斯卡兰特原本是古巴共产党的头子，奉命与卡斯特罗合作，区居其下而始终不服卡斯特罗。卡斯特罗早就想铲除他，这时正好拿来开刀。

勃列日涅夫对卡斯特罗已经容忍数年，却无法再忍耐，这时勃然大怒，立刻下令苏联舰队封锁古巴，停止运送石油，同时严厉警告卡斯特罗，声言除非他同意此后未经苏联点头不再自作主张对外发动武装革命，将切断给古巴的一切经济援助。东欧各国的共产党也一起批判古巴。最后，勃列日涅夫下令撤走五千名在古巴的专家顾问。卡斯特罗自知美国绝对不可能对他伸出援手，至此除了对苏联屈服之外没有第二条路。

不久后，勃列日涅夫下令出兵镇压布拉格之春，西方国家群起抗议，中共及欧洲国家的共产党也群起批判。不料卡斯特罗突然发表声明，谴责捷克共党领导人"走向反革命之路，走向资本主义，走向帝国主义的怀抱"。全世界的共产党人都大吃一惊，勃列日涅夫却大喜，知道这是卡斯特罗在表示输诚。苏联于是和古巴重谈合作，承诺每年提供三亿美元的援助，又派技术顾问及军事顾问回到古巴，并派一名将军全面接管古巴的情报总局。

至此，古巴对苏联完全俯首听令，成为真正的卫星国。古巴不但在拉丁美洲全力配合苏联的规划进行活动，也开始派游击队到非洲去帮苏联打天下。

拉丁美洲共产党城市游击队的恐怖活动

勃列日涅夫原本确实是希望尽量在拉丁美洲采用和平议会选举的方式取得政权，到了六〇年代末期情况却有了变化。举凡捷克事件、越战升高及苏联在古巴重新布置都使得双方关系转为紧张。此外，六〇年代期间 CIA 在拉丁美洲发动政变，也推翻了许多与共产党合作而取得政权的民选左倾政府。前述巴西的古拉特政权就是一个例子，其他的例子还很多。和平议会选举的路至此明显地逐渐狭窄，苏联于是决定让一部分拉丁美洲国家的共产党采取暴力革命策略，并发动"城市游击战"。

1969 年，在巴西有一位名叫马里盖拉（Carlos Marighella）的共产党游击队领袖写了一本《城市游击战迷你手册》（Minimanual of the Urban Guerrilla）。其中主要论点是：城市人口稠密，比在乡村容易施展恐怖手段，以达到慑伏人心的目的；共产游击队在城市中也比较容易藏匿。就在这一年里，巴西的共产党员发动城市游击战，攻击警察局，抢劫银行，暗杀、绑票，犯案超过一百多件。马里盖拉后来被围捕而遭到击毙，但他的迷你手册已经风行于拉丁美洲及全世界各地。

瓜地马拉共产党也活跃于城市中，几乎每一、两天就发动一次暗杀、绑架或抢劫案，曾经绑架并杀害了美军顾问团团长。乌拉圭的民族解放运动组织"图帕马罗斯"（Tupamaros）更加有名，据统计仅仅在 1969 年一年之中犯案就达到两百五十次。拉丁美洲的城市游击战在 1970 至 1972 年间达到炽烈的高峰，几乎扩散到每一个国家。

苏联如何在背后推动拉丁美洲的城市游击战呢？举一个例。1971 年 2 月，墨西哥发生一起银行抢劫案，警方先后逮捕二十名男女嫌犯，经过审讯后发现这些年轻人都曾经由"墨苏文化交流协会"安排到苏联"上大学"，之后又转到北韩接受军事训练。墨西哥政府因而断然下令驱逐苏联使馆的外交官。玻利维亚和巴西政府也曾指控苏联涉嫌渗透颠覆。

智利社会主义政权的倾覆

必须重复指出，苏联及古巴虽然在拉丁美洲四处发动城市游击战，并没有放弃在一部分国家里继续推动"合法斗争"。智利就是一个例子。

1970 年 9 月，智利共产党联合其他左翼小党共同支持智利社会党的领袖阿叶德（Salvador Allende Gossens）出马竞选，将他送进总统府。阿叶德在上任后宣布将银行及大型企业收归国有，暂停支付外债；又增加社会福利，加速土地改革，大幅提高工人的工资。这些改革激怒了地主、企业主及商人。

阿叶德又邀请卡斯特罗访问智利，公开发表演讲。同时，有情报指出，有古巴情报总局人员冒充其驻智利大使馆馆员，暗中积极活动，并有苏联人员参与其中。美国国家安全顾问基辛格认为智利极有可能变成拉丁美洲第二个古巴，建议尼克松总统对智利实施经济制裁。

智利盛产铜矿，外汇收入极度倚赖铜的出口，这时国际铜价却开始大跌，对智利打击极大。这是阿叶德政权崩溃的起点。由于智利不但出口大幅下降，进口也大幅增加，国际收支出现大问题，通货开始急速膨胀，人民日益不满，出现示威及罢工。1973 年起，示威及罢工规模扩大，其中最严重的一次是七月的全国卡车司机大罢工，共有四万五千辆卡车停驶，连带全国的粮食、燃料及物流运输全部停顿。一般认为这次罢工是由美国 CIA 在背后策动的。

卡斯特罗（右）支持智利总统阿叶德（左）

一个月后，阿叶德被迫任命亲美的陆军总参谋长皮诺契特（Augusto Pinochet）为新任陆军总司令。又过一个月，皮诺契特发动政变，下令军队包围总统府，阿叶德在激烈的枪战中死去，但究竟是死于自杀，还是被杀，真相已无从知晓。皮诺契特在政变后上台执政，立刻与古巴断交，又下令镇压社会党及共产党。同时，新政府改采自由经济政策，逐步将银行及国有企业改为私有化，废除最低工资，限制工会权力。皮诺契特此后统治智利，长达十七年。

阿根廷"庇隆主义"的命运

类似阿叶德的故事，二十年前也曾发生在阿根廷的庇隆（Juan Domingo Perón）身上。回溯二次大战期间，庇隆曾经担任阿根廷驻意大利使馆武官，又到德国访问，亲历墨索里尼和希特勒最辉煌的时刻，受到极大的影响。二次大战尚未结束，他便已回国参加军事政变，推翻政府。他自称反对共产主义，也反对资本主义，自创一个新党，称为"正义党"（Justicialist Party），主张其所谓的"第三立场"（Third Position），一般称为"庇隆主义"。

庇隆在 1946 年当选为总统，就任后就主张在外交上保持中立，避免卷入美、苏之间的纷争。他在国内施政的主要方针包括将银行及重要产业收归国有，实施计划经济，大力推动公共建设，以及完善社会福利。他也鼓励工人成立工会，提高工人的工资，为工人建新公寓，因而受到工人的支持。他的夫人艾薇塔（Evita）出身贫寒，却力争上游而成为全国知名的女演员，又全力协助庇隆改革，因而广受劳工及妇女支持，对庇隆帮助极大。

1952 年，庇隆连选连任总统，但不幸夫人艾薇塔在不久后就一病不起，芳龄早逝。庇隆的第二任总统任期也只做了一半就被军人政变推翻。其主要原因是庇隆虽然想在美、苏之间保持中立，美国却怀疑他是伪装的共产党员，决定对阿根廷实施禁运。阿根廷原本累积丰厚的外汇盈余，在公、私部门各种建设及社会福利大幅支出后，没有几年也就花完了。后续的问题就如阿叶德的问题一样：出口衰退，进口大增，国家收支不平衡，通货迅速膨胀，人民不满，CIA 于是策动军人发动政变。

庇隆从此流亡国外十八年，但仍透过正义党操纵国内政治，并在 1973 年回国第三度参选总统。但庇隆时年七十八岁，健康也不佳，上任九个月后就病死了。庇隆生前正义党已经有个大问题，就是党内的极左和极右势力时常发生严重冲突，连庇隆本人都无法调和，曾经导致数百人受伤，数十人死亡的惨剧。庇隆死后，左右两派的斗争更是势如水火。阿根廷社会秩序因而大乱。最终，右翼军人在 1976 年发动政变，接管政府。

兀鹰行动（Operation Condor）

综合前面所述，由于美国在背后主导，拉丁美洲国家在七〇年代中期几乎都已转为由右翼军人独裁统治。然而，美国及各国政府对于共产党四处发动城市游击战仍然极度不安，美国军方及 CIA 因而倡议要在南美洲建立一个地区性的合作计划，以铲除马列主义的余毒。其结果就是 1975 年 11 月启动的"兀鹰行动"。加入此一行动的主要成员有巴西、阿根廷、智利、乌拉圭、巴拉圭，玻利维亚等六国，另有委内瑞拉、哥伦比亚和秘鲁也以观察员身份参加；美国则是负责提供金钱、军事情报、训练，以及通讯、追踪、先进电脑等高科技。

兀鹰行动设定要对付的对象包括游击队、共产党员、社会主义者、左派份子、工会及农民运动领导人，以及有异议的知识分子及学生。各国军政府也和共产党一样运用绑架、暗杀、刑求及屠杀的毒辣手段，以暴易暴。据估计，此一行动至少造成五万人被杀，三万人失踪，四十万人入狱。

一般认为，阿根廷军政府是南美洲里侵犯人权最严重的国家。1982 年，阿根廷军政府因为出兵占领英属福克兰群岛（Falklands Islands），遭到英国击败而垮台，继起的民选政府称兀鹰行动为"肮脏战争"（Dirty War），下令成立委员会深入调查。但调查行动极为缓慢，过了二十年，法院才将涉及数万人死亡及失踪案件的十五名前军政府官员判刑，但其中有五人早已去世了。

调查证据也显示美国政府完全知情，却放任南美各国军政府谋害本国人及外国人。兀鹰行动虽是为反制共产党，却被普遍认为是矫枉过正。

尼加拉瓜桑地诺民族解放阵线的革命

美国虽能完全掌控南美洲，在中美洲并不能如愿，在尼加拉瓜尤其遭到极大的挫败。那是一段长而复杂，却又极具启发性的历史，我将从头开始叙述。

● 尼加拉瓜民族英雄桑地诺的反美革命运动

回溯 1920 年代末，尼加拉瓜有一位桑地诺（Augusto C. Sandino）领导革命，号召国人起来共同推翻由美国扶植的傀儡总统。当时也有一位萨尔瓦多籍的法拉本多（Farabundo Marti），是活跃于中美洲的共产革命领导人，而奉莫斯科之命加入桑地诺的游击队，受其指挥。但桑地诺既不是共产党员，也不信奉马列主义，后来又发现并指责法拉本多的背后有共产党的阴谋，将法拉本多驱离。共产国际对此无可奈何，只能表示失望。法拉本多后来回到萨尔瓦多发动起义，结果被镇压，遭到逮捕及处决。

1929 年纽约股市崩盘后，世界经济大萧条接踵而来，美国自知无法继续维持在海外驻军，因而决定在 1933 年撤出在尼加拉瓜的军队。桑地诺十分欣喜，于是宣示效忠于尼加拉瓜新选出的总统萨卡萨（Juan Bautista Sacasa）所代表的新政府，并同意解除游击队的武装，不过坚持由美国协助成立的国家卫队也解散，与游击队一并重组。不料国家卫队司令索摩查（Anastasio Somoza García）竟趁桑地诺与新总统某次举行会谈之后，派卫队埋伏在半路拦截，直接枪杀桑地诺、他的弟弟和两名将军。不久后，游击队被剿灭。尼加拉瓜第一阶段革命运动至此结束，等待再起。

● 奥尔特加领导桑解阵推翻索摩查政权

索摩查后来自任总统。在他死后，两名儿子又继续掌握政权。但在 1961 年，有一个新的"桑地诺民族解放阵线"（Sandinista National Liberation Front）成立，简称"桑解阵"（FSLN，或 Sandinista），这是尼加拉瓜第二阶段革命运动的开始。桑解阵选择利用民族英雄桑地诺的名字以吸引知识分子、大学生及农民加入游击队，但由于桑地诺生前排斥共产党，游击队里的共产党员并不多。不过桑解阵接受古巴及苏联提供的资金及协助。

1972 年，尼加拉瓜发生大地震，首都马那瓜（Managua）瞬间成为废墟，有上万人丧生。世界各国无不踊跃赈济，不料索摩查家族及政府官员竟侵吞各国的钜额汇款及大批救灾物资。百姓因而痛恨，纷纷投奔桑解阵游击队。桑解阵在对政府的战争中渐趋上风，最终于 1979 年 6 月推翻索摩查政权，成立一个过渡政府，由奥尔特加（Jose Daniel Ortega）等五人共同执政的。

苏联这时企图拉尼加拉瓜进入共产阵营中，但奥尔特加不愿，也希望同时与美国维持良好关系。对此美国卡特总统表示欢迎，并要求国会同意对尼加拉瓜提供援助；然而，1980 年初继任为总统的里根（Ronald Reagan）却与卡特的意见相反，认为尼加拉瓜仍然与苏联、古巴挂勾，决心推翻桑地诺政权。

● "康特拉"——美国对尼加拉瓜桑定政府的颠覆行动

里根命令 CIA 组织一支尼加拉瓜反政府游击队，称为"康特拉"（Contras），每年拨巨款予以资助。康特拉在尼加拉瓜境内到处进行恐怖活动，如暗杀、绑架、酷刑、爆破等，与在南美洲的兀鹰行动类似，不但，也殃及无辜。

1984 年，尼加拉瓜举行桑解阵革命成功之后的第一次大选，奥尔特加当选为总统。国际观察员普遍认为这是一场公平、公正的民主选举。里根却仍然拒绝承认奥尔特加政权，不仅对尼加拉瓜进行贸易抵制，又在尼加拉瓜的港口布雷。奥尔特加向海牙国际法庭提出控诉，国际法庭在调查及听证后谴责美国涉及不当使用武力对付他国。此案后来移到联合国讨论，美国却数度在安理会中予以否决。

美国国会后来也提案调查 CIA 在尼加拉瓜的活动，并通过决议禁止里根政府拨款支持康特拉。康特拉却为了自行筹款而涉入毒品交易。美国国家安全局也奉里根指示暗中为康特拉筹款，其主要负责人诺斯中校（Oliver North）透过中间人安排贩卖武器给在两伊战争中迫切需要武器的伊朗，然后将一部份回扣转给康特拉。伊朗又依双方约定请黎巴嫩真主党释放多名被绑架的美国人质。国安局和 CIA 所作所为同时违反美国国会的多重禁令，但一直到 1986 年 11 月伊朗门丑闻案（Iran-Contra Scandal）曝光后才为人所知。美国社会大众哗然。国会震怒，决议更深入进行调查，最后有多名官员被迫下台或坐牢，里根总统本人也几乎遭到国会弹劾。

1985 年奥尔特加（中）当选尼加拉瓜总统，卡斯特罗（左一）前往观礼

以上大致叙述了美、苏阵营在拉丁美洲的斗争。综合来说，现代史家大多认为，冷战期间苏联在拉丁美洲所进行的活动固然是无所不用其极，但美国行政当局为了围堵及回击共产主义，所作所为也有许多过当之处。

以下接着叙述两个阵营在非洲的竞逐，不过为了说明清楚，必须先从非洲独立运动开始说起。

非洲独立运动

葡萄牙人、西班牙人开启大航海时代是先到非洲，从十五世纪就开始了，所以非洲被殖民的历史早于拉丁美洲。但英国人、法国人、荷兰人、比利时人接踵而至，并迫使他们让出殖民地来。到了二十世纪初，法国及英国已经各自占有非洲大约三分之一的面积，其余国家分占剩下的三分之一。

非洲人被殖民比拉丁美洲人早，获得独立却比拉丁美洲人晚。第一个获得独立的非洲国家是南非，于 1931 年获得英国同意正式成为主权国家（与加拿大及澳洲同时）。但南非政权实际上完全由白人控制，甚至在 1948 年颁布种族隔离（Apartheid）政策，因而对于黑人来说仍是一个被殖民的国家。

如果不计南非，埃及其邻国利比亚（Libya）是非洲最早获得独立的两个国家，时间都在二次大战后。

埃及是一个文明古国，利比亚的历史也很悠久，但两者很早都遭到异族征服，曾经陆续被波斯人、罗马人、阿拉伯人及土耳其人统治。土耳其人所建立的奥斯曼帝国逐渐衰落之后，埃及和利比亚分别在十九世纪末及二十世纪初转为英国及意大利的殖民地。1922 年，英国宣布埃及独立，实际上埃及在国防、外交都无法自主，所以仍是英国的保护国。

二次大战时，埃及人和利比亚人都起而支持同盟国对意大利作战，利比亚因而获得联合国同意，于 1951 年成立一个独立的利比亚王国。至于埃及，如第 8 章所述，纳赛尔在 1952 年发动政变，建立共和国，埃及自此才算独立；不过又要等到 1956 年英、法被迫撤出苏伊士运河，埃及才算是拥有完整的领土及主权。

纳赛尔领导埃及独立及苏伊士运河事件是非洲历史上划时代的两件大事，非洲独立运动的浪潮从此迅速由北向南席卷，在四年内有 22 个国家获得独立，其中 17 个发生在 1960 年，因而这一年被称为"非洲独立年"，是非洲独立运动的高峰。本章在此不拟一一列举这些国名，不过必须指出，这些国家的地理位置除了极少数在几内亚湾，其余都在非洲北部，而大多是前法国殖民地。

法国在二次大战后国力已经大不如前，戴高乐无法阻止如火燎原的非洲独立运动，但还是想保留少数几个殖民地，其中阿尔及利亚

（Algeria）尤其重要，因为约有一百万法国人居住在该地，不肯放弃。然而，阿尔及利亚人在二战期间大力支持"自由法国"对轴心国作战，对于戴高乐在战后阻止其独立至为愤怒，因而对法国发起独立战争，最终在 1962 年获得独立。一百万白人纷纷逃回本国，造成法国全国混乱。

继法国之后，轮到英国在非洲大撤退，在十年里有十个英属殖民地宣告独立，从非洲东部的肯尼亚（Kenya）、坦桑尼亚（Tanzania）、赞比亚（Zambia）及博茨瓦纳（Botswana），一路往南，直抵南非之北。

非洲独立运动飙起的原因，主要是白人对殖民地人民的掠夺及歧视，引发非洲人强烈的民族主义。然而，对于许多非洲国家来说，获得独立并不是问题的结束，而只是问题的开始，其情况和前述东南亚独立运动极为类似。

以 1956 年获得独立的苏丹（Sudan）为例，该国原本就有极为严重的种族及宗教问题，因为北部大多是阿拉伯人，信仰伊斯兰教；南部却大多是黑人，信仰当地传统的宗教信仰或基督教。北方阿拉伯人在制订新宪法时独断独行，不让南方黑人参与，南方黑人却坚决不肯接受北方人制订的穆斯林律法，因而前后爆发两次内战，分别持续 17 年及 22 年，据估计总共有超过 250 万人死亡，其中大部分死于饥荒。最终，双方协议分成北苏丹和南苏丹，但在分割之后，两者也分别各自在进行剧烈的内战中，到今天还没有停止。

非洲其他地区大多也有类似的种族及宗教问题，不过由于美、苏阵营逐渐也加入其中的斗争，使得情势更加复杂化。

苏联、古巴、中共在非洲的活动及美国的介入

苏联开始注目于非洲是在赫鲁晓夫与纳赛尔握手言欢之后。本书在第 7 章里提到的一位英国共产党史专家柯洛齐也曾指出，苏联曾有一位名叫波特金（Ivan I. Potekhin）的学者，在共产国际的书记处工作，经常与许多非洲政治人物见面、讨论，因而被认为是研究非

洲问题的权威。波特金认为非洲有实现社会主义的天职召唤，又主张马克思主义是唯一适合非洲的社会主义，能协助非洲人抹除殖民主义的遗迹。

1950 年代末起，苏联便已联合其在东欧的卫星国家，开始招收非洲的年轻人，给予思想教育，传授种种游击队活动的训练课程。古巴革命成功后，卡斯特罗和格瓦拉也在国内设立革命训练中心，广招非洲学生。勃列日涅夫驯服卡斯特罗后，便开始从古巴空运游击队到非洲直接参加战斗。

中共也注目非洲，不过是在中苏交恶之后才积极活动，并公开宣称苏联人和美国人、欧洲人一样都是白人，所以“我们这些非白人”必须团结起来，又主张毛派游击战更适合于非洲国家。1963 年底起，周恩来亲自率团在五十天内访问了十个非洲国家，并在访问索马里的首都摩加迪沙（Mogadishu, Somalia）时宣称：“整个非洲大陆是一片大好的革命形势”。摩加迪沙是明朝时郑和率宝船队七次下西洋时到达的最远地方，对中国而言有其特殊的意义。中共于是也开始积极协助训练许多非洲国家的游击队。

由于非洲从北到南共有五十几个国家，数目比拉丁美洲更多，本书更加无法一一叙述各国的独立经过，以及美、苏、中阵营在其中的明争暗斗，但可以选几个具有代表性的例子为读者们说明。上面说到的国家都在非洲北部，以下就往南先介绍在非洲中部的两个国家。

刚果共和国及民主刚果

非洲原本已有两个被称为刚果的殖民地，分属法国及比利时，以刚果河为界，分别在河的西边及东边。两者都在 1960 年获得独立，其后法属刚果改称“刚果共和国”（Republic of the Congo），简称“刚果”；比属刚果改称“刚果民主共和国”（Democratic Republic of the Congo），简称“民主刚果”。两者是有趣的对照，因为前者在独立几年后就成为非洲第一个社会主义国家，后者却是由右翼军人统治的国家，但两者都是独裁专制体制。以下先说刚果。

● 刚果共和国——非洲第一个社会主义国家

就像阿尔及利亚人一样，法属刚果人民在二次大战时坚决支持自由法国；但和阿尔及利亚人不同，他们在战后获得法国支持而独立。然而，该国内部有两个分属不同种族，又有不同政治思想倾向的党派严重对立。其中一派由一位解职的天主教神父尤卢（Fulbert Youlou）领导，主张经济自由化，排斥社会主义，获得法国政府支持担任总统。但尤卢政府贪腐无能，使得人民失望，又压制工会，引发大罢工，结果连戴高乐也不得不停止对他的支持，因而在 1963 年被推翻。

反对派领袖马桑巴·代巴（Alphonse Massamba-Débat）接任，政策立刻向左转，接受苏联及中共的援助，也曾亲自率团访问北京，又邀请古巴派军队来协助训练民兵。但马桑巴·代巴在 1969 年被更左倾的恩古瓦比（Marien Ngouabi）取代。恩古瓦比宣称自己创立的刚果劳动党是唯一的合法政党，又改国名为"刚果人民共和国"。虽然恩古瓦比在 1977 年遭到刺杀，刚果的政权仍是维持社会主义一党专政，一直到 1989 年东欧发生革命后才取消。

● 民主刚果——从动乱到贪腐政权的建立

比属刚果在独立前有很多人从事激烈的反殖民运动，后来由于动乱升高，比利时政府决定放弃殖民地，于是邀请殖民地各个势力派代表参加于 1960 年初在布鲁塞尔召开一个圆桌会议，并决定 6 月 30 日为独立日。

民主刚果独立后，卢蒙巴（Patrice Lumumba）获任为总理，卡萨武布（Joseph Kasavubu）为总统。然而，在两人之间不幸存在几乎无法调和的矛盾。卢蒙巴思想左倾，卡萨武布相对保守。卢蒙巴出身小部族，主张中央集权；卡萨武布出身刚果最有势力的大部族，主张各部族有充分的自治权。因而，民主刚果在独立后立刻爆发动乱。当时在加丹加省（Katanga）有一名地方军阀冲伯（Moise Tshombe）趁机宣告独立，因为加丹加盛产铜矿，是民主刚果最富裕的省分，冲伯意欲独享。冲伯出身大部落，与卢蒙巴也不和。

动乱爆发后，比利时政府立即派兵回到民主刚果以保护侨民，联合国也派出以美军为主的维和部队迅速抵达。卢蒙巴表示希望两支外来的军队开往加丹加去对付冲伯，却因卡萨武布反对而无法如愿。卢蒙巴大失所望，转而向苏联求援。赫鲁晓夫立刻下令以飞机运送武器、汽车、军需补给和大批的苏联及捷克特务、顾问到民主刚果。卢蒙巴与卡萨武布接着各自发布命令把对方免职。正在此时，陆军总司令蒙博托（Mobutu Sese Seko）突然发动政变，接管政府，并下令关闭苏联、捷克的大使馆，驱逐所有馆员。

蒙博托又命令部队搜捕卢蒙巴，并将他转送给冲伯；不久后，卢蒙巴便遭到处决。赫鲁晓夫对于卢蒙巴之死至为痛心，决定在莫斯科开办一所"卢蒙巴人民友谊大学"，专门培训亚、非、拉国家的年轻共产党员。后来有很多第三世界国家的总统、总理、部长都是此一大学的毕业生。

卢蒙巴死后，他的部属穆莱莱（Pierre Mulele）向苏联及中共求救，获得大幅援助，并亲自率领部队到中国接受军事训练。1964 年，穆莱莱率部重新对蒙博托政府发起战争。战火延烧东北部一半的国土，史称"辛巴叛乱"（Simba Rebellion）。蒙博托也向外国求援，获得美国同意请比利时政府代为募集西欧佣兵参战，结果穆莱莱大败，但有一部份所属又转到森林里打游击战。

鼎鼎大名的格瓦拉便是在此时率领部属到坦干依喀湖（Lake Tanganyika）附近，但他协助训练及指导的不只是民主刚果的游击队，也包括了邻近的坦桑尼亚、布隆迪（Brundi）、乌干达（Uganda）等国的游击队，这几个国家因而动荡不安。不过如前所述，后来他又转到南美，最后在玻利维亚被捕而死。

蒙博托在此后三十几年间完全掌握政权，并将国名改为"扎伊尔"（Zaïre）。他在非洲以贪腐着称，据估计前后至少聚敛了五十亿美元财产。

葡属殖民地的独立运动

当非洲独立运动的狂潮席卷时，欧洲国家大多知难而退，只有葡萄牙始终抗拒潮流，拒绝放弃殖民地。

回溯 1936—1939 年之间，西班牙发生内战，交战的一边是西班牙共和军，其背后有苏联支持；另一边是西班牙国民军，背后有德国、意大利及葡萄牙支持。一般认为，这是德、苏两国在第二次世界大战之前的代理战争；由于战况炽烈，据估计双方合计有五十万军人及平民死亡。国民军最后获得胜利，其领导人佛朗哥（Francisco Franco）从此开始其长达四十年的法西斯独裁统治。

当时葡萄牙的统治者萨拉查（Antonio de Oliveira Salazar）也是一位法西斯强人，竟不顾葡萄牙本身积弱而大力支持佛朗哥，以致于在战后国家财政极端困难，必须更加倚靠殖民地的税收及其他收益来支撑；同时，葡萄牙人民也有不少是靠殖民地的收入过日子。但问题是，葡萄牙已经不可能阻止其殖民地脱离而独立了。

● 葡属殖民地的困境、苏联的介入及"康乃馨革命"

二次大战后，葡萄牙在非洲仍有五个殖民地，即是安哥拉（Angola，在非洲西海岸）、莫桑比克（Mozambique，在东岸）、几内亚比绍（Guinea-Bissau，在几内亚湾），以及两个在大西洋中的小岛。当时葡萄牙全国人口不到 900 万，却有 100 万人居住在上述的五个殖民地，并且大多不愿离开，如同在阿尔及利亚的法国人一样。萨拉查也不是不知道戴高乐出兵阻止阿尔及利亚独立运动的结果，却还是下令镇压殖民地的抗争。

就苏联看来，这时葡属殖民地无疑是输出革命的理想目标，于是命令葡萄牙共产党出面扶植殖民地的共产党，协助他们进行独立运动。东欧国家、中国、古巴也都参加进来，提供种种支援，葡属殖民地战争于是扩大。萨拉查这时无论派多少军队都已不可能获胜，却还是不计代价继续派兵到非洲，其结果是国家经济因钜额军费而受到重创，使得原本已是西欧最穷的葡萄牙更穷。

1970 年，萨拉查病死，但新的统治者在国内仍是继续高压统治，对外也继续进行殖民战争。结果军人在 1974 年 4 月发动政变，推翻政府。当时许多百姓都拿康乃馨花朵插在士兵的枪口上，史称"康乃馨革命"，是一场成功的不流血革命。新成立的政府接着宣布放弃殖民地，葡萄牙在海外的一百万人民于是仓皇地逃回本国，其中大多身无分文。此后十年，葡萄牙在混乱中逐渐转型为民主宪政体制。

• 卡布拉尔与葡属殖民地的独立运动

事实上，早在葡萄牙宣布放弃之前半年，几内亚比绍就已经宣布独立了。其领导人卡布拉尔（Amílcar Cabral）不仅同时领导前述两个大西洋上的小岛一起革命，也曾积极协助成立安哥拉及莫桑比克的民族独立运动组织，因而大名鼎鼎，是许多非洲人崇敬的英雄。值得注意的是，卡布拉尔手下有很多共产党员，自己却不是。

然而，卡布拉尔在 1973 年被两名心怀不满的同志枪杀。卡布拉尔的弟弟路易斯（Luis Cabral）继位，为了报复而进行大清洗，杀数千人，又推动极左的经济政策，其结果是经济极端恶化，同时发生大饥荒。最后，党内同志在 1980 年联合罢黜了路易斯，而仍然维持一党专政的政治体制。

1975 年，葡属安哥拉及莫桑比克也先后独立，然后都爆发内战，其原因同样是内部分裂，导致美、苏集团介入，但过程更复杂，规模更大，但极为相似。两者既是相似，本书在此就不重复，只举安哥拉内战为例说明。

• 安哥拉的独立运动及美、苏、古巴、南非的介入

安哥拉在进行反抗运动时，全国有三十几个部族参战，分别加入不同的游击队，其中最重要的有三支：第一支称为"安哥拉人民解放运动"（简称"安人运"，MPLA），其背后有苏联及古巴支持；第二支是"安哥拉民族解放阵线"（简称"安解阵"，FNLA），其背后有美

国及南非支持；第三支是"安哥拉独立联盟"（简称"安盟"，UNITA），原本是毛派游击队，后来却转为反共。

苏联拉古巴为其打代理战争是常态，但南非为什么要替美国打仗呢？那是因为南非与安哥拉之间隔着西南非（Southwest Africa，现称纳米比亚，Namibia），而西南非原属德国的殖民地，在二战后成为联合国授权南非的托管地；南非白人政府担心安哥拉如果变成共产国家将成为心腹大患，所以情愿为美国打代理战争。当时越战才刚结束，美国政府自然不可能获得国会允许重蹈覆辙又直接派兵到海外，所以请南非代打。

葡萄牙人决定撤退后，安人运的首领内图（Agostinho Neto）领军率先攻占首都卢旺达（Luanda），却根本不与其他游击队商量就自行宣布成立一个新的人民政府，又自任为总统；安解阵和安盟拒不接受，联合共组另一个政府，内战于是爆发。南非立刻出兵支援安盟和安解阵，美国在背后出钱出力，据称在第一年就花了三亿美金。苏联也运送大批飞机、大炮及装甲车，又空运古巴部队一万五千人到安哥拉，同样也是花费惊人。最后战争竟打了十几年而无法停止，并且越滚越大；据估计，古巴部队最多时达到五万人。苏联由于远远不如美国富裕，渐渐无法支持，但还是咬牙苦撑，最后竟撑到苏联自己解体之前才停止。因而，关于安哥拉内战的结局我将在第 19 章再回来为读者们继续叙述。

埃及萨达特的选择

非洲的独立运动有如浪潮一般，从北向南次第席卷，越往南的国家越晚独立。因而，当安哥拉获得独立时，沙哈拉沙漠以北的国家大多已经独立了十几年，甚至二十年，并且又发生巨大的变化。因而，我又必须回头来叙述那些值得注意的变化；其中最早发生的重大变化，正是在最早独立的埃及。

回溯 1967 年 6 月，以色列在"六日战争"中大败埃及、约旦及叙利亚；其中埃及败得最惨，连西奈半岛（Sinai Peninsula）也被占领。埃及总统纳赛尔自认是奇耻大辱，为了要复仇就请苏联提供更多武器，替埃及训练更多军队。埃及军队及情治机关里所聘的苏联顾问人数竟超过五千人。许多纳赛尔的属下这时也都遭到整肃，不过有一位从纳赛尔发起自由军官组织时就跟随他的萨达特（Anwar Sadat）因为始终表现得忠心耿耿，又行事低调，获得纳赛尔信赖，被任命为副总统。不料纳赛尔在 1970 年 9 月因心脏病发而死，萨达特依法接任为总统。

由于事出突然，萨达特根本没有想到自己会担任总统，不过埃及从此走上不一样的道路。萨达特在担任副手时虽然总是保持沈默，其实心里并不赞同纳赛尔的所作所为，因而在继任之后立即翻转政策。首先，他下令释放被纳赛尔关在监狱里的数千名穆斯林兄弟会成员，与之和解；其次，他认为在外交方面不应为了接受苏联的援助而疏远美国。美国尼克松总统获得埃及的暗示后，急忙派国务卿罗杰斯（William Rogers）访问开罗。罗杰斯访问结束后，萨达特立即将亲苏的副总统免职，又逮捕若干亲俄的官员。勃列日涅夫大惊，也派一个特使访问埃及，却已无法改变萨达特的决定，于是改采威胁的方法。但萨达特的回应是下令将苏联顾问全部驱逐出境。

1973 年 10 月，埃及联合其他阿拉伯国家对以色列发起突袭，是为第四次中东战争。埃及虽然未能取胜，石油输出国组织（OPEC）却开始对美国、英国、日本等国实施石油禁运，美国因而被迫要求以色列与埃及谈和。萨达特也不顾国内及邻国的剧烈反对，亲访以色列，积极谋和。他又应美国之邀，与以色列总理贝京（Menacem Begin）在大卫营直接进行谈判。双方最终于 1979 年 3 月签定和约。以色列同意在三年后交还西奈半岛给埃及。

埃及后来与苏联关系更加恶化，双方竟致断绝外交关系。不过当萨达特在 1981 年 10 月遇刺身亡后，继任的穆巴拉克（Hosni Mubarak）又逐渐修正其政策，与苏联恢复邦交，寻求在美、苏之间保持平衡。

索马里、埃塞俄比亚的共产革命及两者之间的战争

索马里及埃塞俄比亚两国都北临红海及亚丁湾，是出入苏伊士运河必经的咽喉，其地理位置当然重要。苏联曾经成功地协助这两国的共产党武装叛乱而取得政权，不料两国在不久后竟发生战争。

马克思、恩格斯曾经在《共产党宣言》里预言，说无产阶级的统治将使得人对人的剥削消失，民族对民族的剥削及敌对关系也会随之消失。但索马里与埃塞俄比亚两个共产国家之间却发生了战争，一部分历史学家因而指出，这证明马克思、恩格斯的理论有误。也因此，我必须先将两国究竟如何发生共产革命，再将他们为何互相打仗分别说清楚。

● 索马里的共产革命

索马里原本是英国和意大利的殖民地，于 1960 年独立；但民选的政府在 1969 年被苏联支持的军事强人巴雷（Mohamed Siad Barre）推翻。苏联接着提供经济援助，协助该国建设机场、港口、道路，取得武器，训练军队，成立国家安全局。但邻近的沙乌地阿拉伯越来越不安，决定与索马里断交，同时停止供应石油。不过苏联为索马里另外安排从伊拉克运来原油，又帮忙建炼油厂。1974 年，索马里与苏联签定友好合作条约，成为苏联的卫星国家之一。

● 埃塞俄比亚的共产革命

埃塞俄比亚也曾是一个强大的帝国，数百年来虽然遭到奥斯曼帝国侵扰，仍能维持其主权，但在二次大战前遭到意大利占领，幸赖同盟国协助而在战后复国。然而，由于皇帝塞拉西（Haile Selassie I）已经老迈，政府官员又多贪腐，推动经济现代化的计划全部失败，导致国家日渐贫穷落后。有人说，埃塞俄比亚首都亚的斯亚贝巴（Addis Abäba）有三多：乞丐多，妓女多，麻疯病人多。大学生因而对政府发起抗争，罢课游行，但遭到政府严厉镇压。另有干旱及饥荒出现，埃塞俄比亚因而更加动荡不安。

塞拉西最终在 1974 年被军队推翻，叛军成立军政府，其中有一位苏联支持的陆军少校门格斯图（Mengistu Haile Mariam）却屠杀大批前朝的王公贵族、政府官员及右派分子，从此成为埃塞俄比亚最高且唯一的领导人。门格斯图下令在许多公共建筑物上悬挂马克思、列宁的巨幅画像，将全国的土地、银行及企业全部收为国有，又以高压的手段镇慑人民。门格斯图也向苏联大量购买武器，并引进大批苏联、东德的政工人员，又请古巴人来为其训练军队。

● 两个共产国家之间的战争

索马里和埃塞俄比亚虽然都是苏联的卫星国，却互相敌视，其主要原因是对欧加登地区（Ogaden）的争执。该地区位在埃塞俄比亚境内，居民却大多是索马里人，索马里因而主张应划归其领土；后来由于有西方专家宣称在欧加登发现丰富的油藏，两国的军事冲突立刻升高。苏联处于其中，左右为难，于是请卡斯特罗出面调停。

卡斯特罗与巴雷和门格斯图约定在苏联另一个卫星国南也门（South Yemen）的首都亚丁（Aden）会面。卡斯特罗在会后直接表示站在门格斯图一方，苏联于是斥责巴雷犯了"沙文主义"及"扩张主义"两项错误。巴雷大怒，宣布废止与苏联签定的友好合作同盟条约，又下令驱逐苏联、古巴派在索马里的顾问。勃列日涅夫更怒，在 1978 年初空运约二万名古巴部队来帮埃塞俄比亚打仗。索马里不支，只得从欧加登撤军。

埃塞俄比亚境内原本就有许多不同族群，在欧加登战争之后纷纷要求独立，分离运动于是大起。索马里也爆发内战，有数支武装部队起而反抗巴雷的高压统治。两个政府最终都在 1991 年苏联解体在即之前被推翻。

苏阿战争

苏联在世界各地继续扩张，最后一个重要目标是阿富汗，苏联甚至为此打破过去只站在背后提供支援的惯例而直接出兵，结果却遭逢前所未有的挫败。许多历史家认为，阿富汗的挫败是苏联最终解体的原因之一。本书因而必须对苏联如何在阿富汗指导发动政变，又为何直接出兵做详细的说明。

● 阿富汗的连续政变及共产党的介入

阿富汗的地理位置在中亚，本身和四邻的伊朗、巴基斯坦、土库曼斯坦、乌兹别克斯坦、塔吉克斯坦都是伊斯兰国家（前述的埃及、索马里、也门也是）。阿富汗国王查希尔（Zahir Shah）一向仰慕英国，引进其政治及教育制度，又制订宪法。王族中有一位陶德亲王（Mohammed Daoud）却不认同他的西化政策。陶德曾任首相，但因行事专断，并与苏联过于亲近而在 1964 年被国王罢黜。苏联因而与陶德密商，预备起事。

当时阿富汗已有马列主义政党，不过分裂为两派，即是由卡尔迈勒（Babrak Karmal）领导的"旗帜派"和塔拉基（Nur Muhammad Taraki）领导的"人民派"。两派的名称来自各自办的《旗帜报》及《人民报》。1973 年，陶德趁国王出国治病时与共产党人合作发动政变，夺得政权。

不料陶德在数年后竟下令取缔共产党，将卡尔迈勒、塔拉基都逮捕入狱。人民派的第二号人物阿明（Hafizullah Amin）也被软禁，却还能暗中命令所属的军官与一位陆军上校卡迪尔（Abdul Qadir）合作，在 1978 年 4 月发动政变，杀陶德。阿富汗历史称此一事件为"四月革命"。

● 共产极左路线引发叛乱

苏共政治局接着在内部讨论究竟是选择卡尔迈勒或塔拉基为领袖。前述的史家科洛齐在他的书中引述一份苏联的解密文件，是当时 KGB 呈给政治局参考的报告，其中说，卡尔迈勒相对比较理智、有纪律，能接受谏言；反之，塔拉基比较顽固、暴躁、肤浅，不够宽容；政治局却根据苏斯洛夫对两人的"意识形态"的判断，选择了塔拉基。卡尔迈勒于是被贬为驻捷克大使，但他留在国内的属下几乎全部遭到整肃，被捕入狱，或被处死。

塔拉基接着推动极左的政策，又没收清真寺及其土地，成立集体农场，侮辱伊斯兰教教士。阿富汗全国各地于是迅速出现反政府的武装叛乱。叛军主力是由巴基斯坦在背后支持，而中共又在背后为巴基斯坦撑腰。结果政府军作战失利，许多士兵竟投效叛军，首都喀布尔（Kabul）告急。

● 苏联决定直接出兵阿富汗

1979 年 3 月，塔拉基飞到莫斯科，请求出兵解危。但苏联总理柯西金断然表示拒绝，说西方国家正在等着看苏联出兵之后步美国当年出兵越南的后尘，将掉入泥淖之中而无法自拔，所以苏联最多只能提供武器及技术支援给阿富汗。塔拉基只得失望而归。不料过了半年，塔拉基的副手，时任总理兼国防部长的阿明突然发动政变，将他逮捕，不久后又将他处决。

关于这次政变的原因，现代有一些历史学家在研究了苏联解体后解密的档案之后，得到清楚的答案：原来是 KGB 主席安德罗波夫（Yuri Andropov）向苏共政治局提出报告，有明显迹象指出，曾经在美国留学过的阿明极有可能将变成"另一个萨达特"。塔拉基因而奉命逮捕阿明，不料阿明在逃过塔拉基的警卫围捕之后，反而调动军队逮捕了塔拉基。

阿明在政变后果然仿效萨达特，不再听从莫斯科的命令，又下令驱逐所有的苏联顾问。苏共大惊，立刻召开政治局会议，由于一向反对出兵的柯西金没有参加这次会议，结果就是无异议通过出兵。苏共又决定以卡尔迈勒接任阿富汗的新领导人，把他从布拉格送回喀布尔。12 月，苏联派红军跨越边界进入阿富汗，同时派军机载运特种部队空降喀布尔，然后直奔总统府，击溃卫队，杀阿明。卡尔迈勒于是接管，下令改采缓和政策，承诺尊重伊斯兰教。然而一切都太晚，苏联军队入侵后，阿富汗民族主义反抗运动立刻飙起，如大火燎原。

苏共总书记勃列日涅夫（右）及苏联外交部长葛罗米科（左）接见阿富汗共产党总书记塔拉基（中）

● 美国决定制裁苏联，援助阿富汗反叛军

如前所述，苏联支持桑解阵在 1979 年 6 月推翻索摩查政权，已经使得美国国会极端不满，拒绝审议卡特总统与勃列日涅夫在同一个月签订的《限制战略武器条约》（SALT II）。这时苏联出兵阿富汗，更是使得卡特愤怒，宣布对苏联实施禁运，停止卖谷物给苏联，又通知国会撤除与勃列日涅夫签订的协议。美国废止 SALT II 对苏联而言是极大的冲击，因为苏联的财力不足，早已不堪继续核武竞赛。

阿富汗战争后来也如柯西金所担忧的，果然成为苏联的梦魇。回顾当初美国派兵到越南打仗时，苏共和中共都支持越共对美军作战，使得美国陷入痛苦的深渊。如前所述，中国早在苏联出兵阿富汗之前就已经在暗中支持阿富汗反叛军；这时，美国也决定直接提供援助给阿富汗反叛军，对苏联进行报复。美国人最终虽然达到了目的，却没有料到，二十年后自己竟重蹈覆辙，又卷入第二次阿富汗战争的泥淖中。

第四部

共产世界的崩解

（1978—1991）

第 13 章

邓小平与戈尔巴乔夫的改革开放之路

如前所述，由于苏共及中共都积极输出革命，共产世界的版图在二十世纪七〇年代末已经扩张到前所未有的境地；然而，也已是强弩之末。苏联的经济其实早已停滞不前，无法再与美国继续对抗；中国在十年文革后，更是千疮百孔，困顿不堪；两者都不能不改弦易辙。

本书第四部（第 13—15 章）所要叙述的，主要就是从邓小平及戈尔巴乔夫如何分别在中国及苏联寻求改革开放，到共产世界整个崩解的历史。不过必须说明，这里所称的"崩解"是从广义来说，包括两种不同的形式：第一种（如苏联及东欧国家）是共产政权完全垮台；另一种（如中国及古巴）是共产党在政治体制上虽然仍能维持一党专政，在经济体制上却不得不仿效西方的资本主义，在意识形态上也尽量避免提起马列主义。

以下先从邓小平的改革开放开始说起。

邓小平三落三起及其初步改革

毛泽东死后，华国锋虽然接任为国家的领导人，实际上资历及威望都不够，地位并不稳固，被普遍认为只是一个过渡性的人物。在此情况下，不久之前才又被罢黜的邓小平虽是众望所归，华国锋却迟迟不肯让他复出，但在党内多位大老强烈表态后，最后还是不得不同意。1977 年 7 月，中共召开十届二中全会，追认华国锋为党主席及军委主席，但也通过恢复邓小平原有的职位，包括政治局常委、中共中央副主席、军委副主席、国务院副总理、解放军总参谋长。

邓小平一生中曾经三次大落大起。1933 年，邓小平因为支持毛泽东而被王明批判，却拒绝认错，被撤除所有职务。1966 年，邓小平在文革初期被毛打成"走资派"，第二次被罢黜，到文革末才被召回北京，第二次复起。1976 年，邓小平在天安门事件后第三次遭罢黜，经过一年才又复起，而年已七十三岁。他上台后所推动的初步改革，最值得注意的是在教育、军队和科学发展方面。

中国的高等教育在文革十年中几乎完全停摆，基本上大学入学不经考试，而是由各方推荐工农兵学员进入。邓小平第二次复出时也曾想要改革教育，主张对入学学员增加考试项目，但在推动过程中出现一个"交白卷事件"。有一位张姓考生无法作答，故意交白卷，并在试卷背后写一份陈情信，说因为专心农业生产，没时间读书。四人帮大喜，赞扬他是英雄，是"红专"的典型。考试随即中止。

邓小平第三次复出后，立刻召开全国教育会议，决定恢复统一考试办法，依成绩优劣录取学生。他又坚持先招收部分大学生，赶在当年十二月就入学读书，说是已经等了十年，不能依惯例等到明年秋天才开学。政府也开始遴选学生到欧美留学。邓小平一举获得全国学子和知识分子的拥戴。

邓小平在军委会开会时也要求办好军校教育，依各军种开办各种军校和军事学院，以提高官兵的知识水平，达到年轻化、现代化。

1978 年 3 月，邓小平召开全国科学会议，有六千人与会。邓小平在会中重申国家的目标是重启"四个现代化"，而其中的"关键是科学技术的现代化。没有现代科学技术，就不可能建设现代农业、现代工业、现代国防。"

摘除"右派分子"的帽子，确立"改革开放"

然而，邓小平如要进一步深化改革，势必无法避免与华国锋发生冲突。

举一个例。胡耀邦从 1977 年底起担任中央组织部部长兼中央党校副校长，开始致力于为那些在反右运动、文革及其他运动中受害的同志们平反，使其在恢复党籍后能为政府工作。但由于中共的政治运动几乎都是由毛泽东发起的，平反工作遭遇极大的阻力。特别是由于华国锋曾经在 1977 年初指示《人民日报》《解放军报》和《红旗》杂志同时刊出一篇社论，提出"两个凡是"，即是"凡是毛主席作出的决策，我们都坚决维护；凡是毛主席的指示，我们都始终不渝地遵循"，无疑是挡在平反的路上的一块大石头，非移除不可。

1978 年 5 月，胡耀邦指示在《光明日报》刊出一篇文章，标题为〈实践是检验真理的唯一标准〉。文章的内容主要是说任何理论都要接受实践的考验，不能把马克思、恩格斯和毛泽东的言论当作圣经来崇拜，而四人帮却以权威自居。邓小平也说："我们也有一些同志天天讲毛泽东思想，却往往忘记，抛弃毛泽东同志的实事求是、一切从实际出发、理论与实践相结合的这样一个马克思主义的根本观点、根本方法。"

〈实践是检验真理的唯一标准〉等于直接挑战"两个凡是"，引发中共内部激烈的辩论，一直到 9 月才分出胜负，而由中共中央发出正式文件，宣布摘掉全国右派分子的帽子。华国锋、汪东兴等人在两个月后召开的十一届三中全会中又遭到元老们批判，只得认错检讨。汪东兴在会后被免去中央办公厅主任的职务。华国锋虽然没有被拉下马，实际上已被架空。

"反右运动"是毛在 1957 年发动的，而交由邓小平负责执行，结果全国有五十几万名知识分子受难。如今这些人获得平反，大多对邓小平表示感激，但也有一部份人对他仍是记恨不忘。不过也有极少数并未获得平反，其中包括被毛称为"大毒草"的章伯钧、罗隆基和储安平。邓小平自己也承认在反右运动中犯了"扩大化"的错误，却坚持当时有必要对这些少数人代表资产阶级的猖狂进攻进行反击，所以到此时还是不肯让他们获得平反。

这次开会也通过进行经济改革，决定放宽企业和农村的自主权。邓小平在会议闭幕时有一段重要的讲话，标志了"改革开放"的时代已经来临，他说："我认为要允许一部分地区、一部分企业、一部分工人农民，由于辛勤努力成绩大而收入多一些，生活先好起来。一部分人生活先好起来，就必然产生极大的示范力量，影响左邻右舍，带动其他地区、其他单位的人们向他们学习。"

中美建交

但就在此时，在中国南方出现日渐紧张的局势。回溯 1976 年越南统一后，在北越地区推行"净化"政策，把二十万华侨驱赶回中国。1978 年底，越南又出兵攻陷金边，推翻赤柬。赤柬的领导人波尔布特逃亡，向中国求援。

东南亚各国这时眼见南越、高棉、老挝相继赤化，无不忧心忡忡。但美国由于越战的教训，自然不愿意再直接插手东南亚事务，因而，中国是唯一有能力出手压制越南的强权，邓小平这时也已经决定要出手。然而，由于中共过去一直在积极输出革命，东南亚各国对中共更是害怕，邓小平这时如果要出手就有必要解除东南亚各国的疑虑，同时也要取得美国、日本的支持。

然而，中国和美国的关系在过去多年来却是一直停滞不前。尼克松当初虽然曾经说连任总统后要与中国建交，不料在水门案后黯然下台，继任的福特也处处受到国会掣肘。卡特就任新总统后，周恩来、毛泽东却已病逝，在华国锋主政期间根本无法取得任何进展。一直到 1978 年 5 月，卡特的国家安全顾问布热津斯基（Zbigniew K. Brezinski）到达北京，见到邓小平，才欣喜地向卡特报告说邓小平"生气勃勃，机智老练"，对建交有厚望。

日本虽然早在 1972 年就与中国建交，后来也没有进一步发展，到这时双方才加速谈判，而在三个月后签订《中日和平友好条约》。邓小平于是应邀在十月访问东京，受到日本天皇、福田首相及全国民众热烈欢迎。为了便于日后借重日本的资金及技术来帮助中国进行拟议中的改革开放，邓小平也被安排到松下电器、日产汽车、新日铁钢铁厂等几个日本重要企业参观访问。

美、中也经由谈判达成协议，发表公报，宣布将于 1979 年元旦起建交。由于中国坚持美国如欲建交就必须与台湾断交，美国不得不告知蒋经国主政的台湾政府。台湾自认长久以来是美国的忠实盟友，最终却被美国抛弃。不过我在此必须重复指出，台湾在六〇年代原本有机会接受美国和英国共同提出的"两个中国"方案，以不同的国名加入联合国，却因蒋介石坚持不接受而错失了。

李光耀建议邓小平停止输出革命，中国出兵"惩罚"越南

邓小平接着访问东南亚泰国、新加坡、马来西亚三国，并表示将支持他们对抗越南的扩张。邓小平在抵达新加坡时对新加坡总理李光耀说，越南即将成为苏联在东方的古巴，中国希望与东南亚国家联手孤立"北极熊"。

李光耀出身华人，对东南亚各国原住民疑惧华人的心理有极深的体会，对于共产党如何在东南亚进行渗透颠覆也有数十年的亲身经验。根据他的回忆录，当时他却对邓小平说，东南亚国家想的其实不是要如何孤立北极熊，反而是要如何联合起来孤立"中国龙"，因为东南亚有很多"海外华人"正在协助中国输出共产革命，却没有什么"海外苏联人"协助苏联。以马来西亚为例，人人畏惧的马共恐怖活动就是由华人陈平领导，成员大多是华人，而其背后的支持者就是中共。

李光耀又举马共在中国境内设立的"革命之声"广播电台为例说明。这个电台原本是设在马来西亚北方的丛林里，在多次被政府军搜获，遭到破坏后，竟将广播电台迁移到中国湖南省长沙市的益阳县境内，又聘请一百多名中国人及马来华人工作，继续号召马来人响应共产革命。东南亚其他国家的共产党也莫不在中国境内设有同样功率强大的广播电台。

李光耀对邓小平说，中国境内的电台广播向东南亚的华人发出号召，在各国政府看来是一种非常危险的颠覆行为。因此，他认为邓小平想要东南亚国家对他的建议积极回应，联合对付苏联和越南，几

乎没有可能。李光耀没有想到邓小平听他说了之后，突然问道："你要我怎么做？"，不禁大吃一惊。不过他也直接地回答，说："停止那些广播电台，停止发出号召。中国要是能不强调与东南亚华人的血缘关系，不诉诸民族情怀，对东南亚华人来说反而更好。"

邓小平并没有直接回应李光耀的建议，不过后来他在 1980 年 6 月接见陈平时说中国决定要停止广播电台的合作。实际上，这等于说是要停止输出革命，此后马来西亚的共产革命已经和中共无关。邓小平也知道，他不可能一方面希望外国支持中国改革开放，另一方面又继续对外输出革命，所以只能停止。

邓小平接着又在 1979 年 1 月底访问美国。卡特虽然没有明言支持中国出兵越南，实际上已经默许。邓小平于是在 2 月中发动"自卫反击战"，声称要对越南进行惩罚。中国出动约二十万人，包括炮兵、坦克及飞机，从广西、云南边境分别进军，于二十天内攻占越南北部高平、谅山等四个省。中国军队宣称胜利，而在一个月后下令撤军。越南在中国军队退出后也宣称胜利。

究竟哪一方打胜仗，其实很难说，不过一般认为中国在这场战争中并没有占到上风，因为中国军队已经有二十几年没有大战的经验，在文革期间阶级和指挥系统也都乱了。然而，对越南来说最大的损失并不是在战场上，而是中国军队在撤退时，一路把他们认为是当年无偿支援越南的物资全部运回国内，如不能运回就砸毁。中国军队又破坏越南的铁路、公路、桥梁、医院、学校和工业设施，以致于越南在此后很多年都无法复原。

"北京之春"

就在邓小平正准备要出兵越南时，中国国内突然出现了一个"北京之春"的运动（或称"民主墙运动"）。"北京之春"之所以出现，其实是"两个凡是"论战的副产品。当胡耀邦致力于为平反运动，公然挑战华国锋时，许多知识分子受到鼓舞，纷纷加入战圈，部分市井小民也跟进。中南海附近的西单墙上于是出现各式各样的大字报、小字报，其中有支持邓、胡的，有批判华、汪的；有投诉"冤、假、错案"要求平反的，也有要求重新评价文革的。北京其他地区和上海等各大都市里也有类似的大字报出现。

邓小平原本是支持这些大字报，公开说是"宪法允许的"。但是大字报渐渐出现一些敏感的题目，有人要求探讨今后改革的方向，也有人要争取求民主、自由。1978 年 12 月，有一个工人魏京生在北京西单墙上贴出一张大字报，标题是〈第五个现代化：民主与其它〉，主张民主化比邓小平所提的"四个现代化"还重要。同时，各种地下刊物也纷纷出现，其中魏京生主编的《探索》竟敢质疑马列主义、毛泽东思想和无产阶级专政，显然已经踩到红线；另有一位任畹町竟在1979 年元旦发表由许多人签名的《中国人权宣言》。同时，有数以百万计的上山下乡知识青年回到各大都市，借机串连，言论也都极为大胆。

一部分中共元老主张立刻压制民主墙运动，魏京生却又贴出一张大字报，题目竟是〈要民主还是要新的独裁？〉，无疑是直接向邓小平挑战。魏京生因而被捕，被判入狱十五年，"北京之春"立刻烟消云散。

改革开放——建设"有中国特色的社会主义"

邓小平接着发表讲话，说中国在改革开放时必须坚持四项基本原则，"第一，必须坚持社会主义道路；第二，必须坚持无产阶级专政；第三，必须坚持共产党的领导；第四，必须坚持马列主义、毛泽东思想。"这"四个坚持"完全没有讨论的空间，不许任何人挑战。换句话说，改革开放从一开始就只限定于经济层面，不容许提政治改革。

以下分述邓小平如何推动改革开放，及其间发生的曲折故事。

● 中国农村的改革

邓小平主政前，中国农村里有八亿人口，五万多个人民公社，每人平均年收入只有 75 美元，都一样赤贫。一位新华社记者到安徽省凤阳县采访，看见十户农家有四户没有大门，三户没有桌子；一家十个人只有三个破碗，六条棉裤。邓小平早在大饥荒时就已支持刘少奇、邓子恢搞过"包产到户"，这时为了要迅速取得改善，自然是决定再走老路。

实际上，邓小平手下的两名大将万里和赵紫阳从 1977 年起已经分别在主政的安徽及四川两省开始试行包产到户，或允许农民经营副业。许多农民很快地翻身，民间因而流传一个顺口溜："要吃米，找万里；要吃粮，找紫阳。"邓小平后来将两人都升任为国务院副总理，万里主管农业，赵紫阳负责经济体制改革。不过由于仍有很多地方干部的思想还无法转过来，邓小平并没有强制全国各地都要跟着改革。但地方领导再怎么保守，最终也挡不住农民强烈的要求，只能顺着浪潮走，改革于是加速。

1982 年 1 月，中共中央发布第一号文件，允许农民自由选择各种责任制。中国五万多个人民公社自此逐渐解散，改为乡、镇政府，人民公社下属的生产队改为村民委员会。但也有少数公社不肯解散。过了四十年，全国只剩下一个人民公社，位于河北省晋州的周家庄。

● 引进外资及技术，设立经济特区

比起农业来说，工商经济的改革就复杂多了。由于中共过去的经验明显不足，邓小平决定派国务院副总理谷牧于 1978 年 5 月率领一个庞大的代表团到国外考察。实际上，中国政府不等谷牧回国就已经和日本开始讨论引进资金及技术，并获得日本政府及企业的支持，因而在 1978 年年底之前就决定引进二十几个特大型的项目，包括石油化学、化纤、钢铁等，总金额达到 68 亿美元。其中规模最大的宝山钢铁厂（简称"宝钢"）就用去一半的资金，并且是在邓小平于 10 月访问日本，参观新日铁公司时就已经原则上拍板了。宝钢后来在 1985 年完成第一期工程，年产能六百万吨粗钢，由于品质精良，从此奠定中国钢铁及下游工业的基础。

1979 年 7 月，中共中央又决定在深圳、珠海、汕头、厦门四地试办"经济特区"。耐人寻味的是，当时深圳正在爆发人民偷渡到香港的大逃亡潮，其原因是香港的人均所得这时已经达到 4,700 美元，是中国的二十几倍，所以深圳人民只要偷渡到香港，就算做苦力，每月赚的钱也几乎等于在家乡全年的收入。因而，即便中国派军警持枪在边界日夜拦阻，每天也还是有数以百计的人偷渡到香港。港府只好出动巡警捉捕偷渡客，送上卡车，立即遣送回广东。偷渡客全都衣衫褴褛，面黄肌瘦。这样的画面每天出现在世界各国的电视和报纸上，对英国和中国都造成极大的压力。中共中央只得同意深圳发展"边防经济"，养猪、鸡、鸭、鱼，种菜、种果树，就近供应香港市场。

更重要的是，香港有人早在深圳设立经济特区前一年就已经到东莞、虎门设立所谓的"来料加工厂"，后来更是踊跃地到经济特区办工厂。因而不到两年，深圳人民大多已经富裕起来。珠海、汕头、厦门的发展虽然没有像深圳那样快，也取得不错的成绩。

● 保守派与改革派的争论——陈云的"鸟笼理论"与邓小平的南巡

在改革开放的风潮中，除了前述经济特区之外，沿海各地也有许多既有的国有企业及无数新崛起的乡镇企业都急着要抢进。所谓的"乡镇企业"，有由农村的党委书记领导村民兴办的集体企业，也有由个人兴办的纯粹私营企业。改革开放后不过几年，全国的乡镇企业已经超过百万家；其中尤以浙江温州一地最火红，达到十几万家。改革开放由此越加如火如荼发展。

到了 1982 年 9 月，中共召开十二大，邓小平在致词时第一次提出"建设有中国特色的社会主义"的说法，但在外国人看来，无疑已经有了资本主义的色彩。不过在改革开放的过程中，中共内部也逐渐出现改革派和保守派之间的争论。改革派以邓小平为首，主张改革要快，力度要大，阵营中包括胡耀邦、赵紫阳、万里及广东省委书记习仲勋（30 年后中共总书记习近平的父亲）等。保守派以陈云为首，主张选择性地缓进，反对一下子做太大的变革，阵营里包括李先念、姚依林、邓立群等。陈云说江浙地区在历史上是以投机活动闻名全国，特别不放心，坚决反对在江浙及上海设经济特区。邓小平只得勉强同意。

后来事实证明，陈云的忧虑并非无的放矢。由于乡镇企业企图心超强，勇于冒险犯难，甚至违法违纪，保守的国有企业完全无法与其竞争。但政府无论如何偏袒、保护国有企业也是无济于事，于是在1982年初以"投机倒把""严重扰乱经济秩序"为名，逮捕温州市柳市镇号称"电机大王""线圈大王""螺丝大王""旧货大王"等八名超级个体户，史称"八大王事件"，震惊全国。统计一整年，全国共有三万人因"经济犯罪"而被判刑。乡镇企业如惊弓之鸟，不得不收敛。此外，经济特区试行不久，果然也出现一些经济犯罪，有走私中饱，有投机诈骗，有贪污受贿。广东及福建省委书记为此奉召到北京自我检讨。陈云更在1982年年底提出一个"鸟笼理论"，说："搞活经济是对的，但必须在计划的指导下搞活。这就像鸟一样，捏在手里会死，要让它飞。但只能让它在合适的鸟笼里飞。没有笼子，它就飞跑了。笼子大小要适当，但总是要有个笼子。"

邓小平（右）与陈云（左）

但邓小平无法忍耐，突然在 1984 年元旦后亲自到深圳、珠海巡视，并发表讲话赞扬经济特区的政策是正确的。他说："我们建立经济特区，实行开放政策，有个指导思想要明确，就是不是收，而是放。"国务院也发布命令，选定天津、上海、大连、青岛、宁波、温州等十四个城市，对外开放投资及贸易。经济风向于是迅速转变，只要是有敏感度的人都能强烈感受到一个前所未有的时代已经来到。许多人决定创业从商，说："我们都下海吧！"

中国后来有许多全国知名的企业就是在这一年创办的，例如地产发展商万科集团，制造计算机的联想集团，家电业的海尔集团，以及健康饮料品牌健力宝，等等。

● 经济活动失序及"价格双轨制"引起的混乱

不过经济活动从此时起也越来越失序，违法乱纪日渐猖獗。其中最具代表性的是"海南汽车案"及"福建晋江假药案"。海南行政区的官员利用中央给予的特权大发进口汽车、彩电的批文，在进口后违法转卖到内地各省市，获利超过十亿人民币。福建省晋江市则是有五十几家黑心药厂分别制造心脏病、肺病、肝病、胃肠病伪劣假药，卖到医院里给病患服食。海南和福建党委书记在案发后都被撤职。

但国有企业早已在这一波新的竞争中又大败亏输，保守派于是再一次挺身保护代表正统计划经济的国企。1985 年初，国务院宣布实施"价格双轨制"，要求乡镇企业购买原材料时支付比国企高的价格。不仅如此，银行利率和进出口汇率也有双轨制。然而，双轨制直接加温"倒爷经济"。国企只需把买进的原材料倒卖给乡镇企业，立刻可以获取丰厚的利润。有时同一批原材料被倒卖二手、三手。总之，无论国家如何严令禁止投机倒把，利之所趋，无从禁绝。

经济改革中的政治风向

在改革开放中，华国锋的地位自然不保，其所担任的国务院总理、党主席及军委主席三个职位分别由赵紫阳、胡耀邦和邓小平取代。中共中央也在1980年初决定重新设立中央书记处总书记的职位，由胡耀邦担任。所谓的三头马车"邓胡赵体制"由此形成，实际上，胡、赵两人只是邓小平的助手，都必须向邓小平请示。不过保守派认为胡、赵两人有思想自由化的倾向，并不放心，与胡耀邦更是常常发生冲突，并借机向邓小平投诉。

例如，保守派曾发动围剿一名作家白桦，认为他公然提倡人道主义，丑化社会主义，建议邓小平发动一项"清除精神污染运动"。邓小平原本已经同意了，由于胡耀邦和赵紫阳联合对他进言，说无异是文革再现，才勉强同意煞车。不过保守派因此事件而与胡、赵两人更增嫌隙。

事实上，改革开放以来有一个现象：每隔一段时间就有人起而挑战共产党和社会主义，左派因而不安，认为自由化泛滥，必须打压；但打压过一阵子后自由化又冒出头，左派无法忍受，又建议打压；如此循环。直接地说，其根本原因是中共始终拒绝改革政治制度，然而，邓小平却在1986年6月突然公开提出要进行政治体制改革，说："不改革政治体制，就不能保障经济体制改革的成果。……。进行政治体制改革的目的，总的来讲是要消除官僚主义，发展社会主义民主，调动人民和基层单位的积极性。"

邓小平为什么突然改变态度呢？有很大的原因是苏联共产党出现一位新任总书记戈尔巴乔夫，宣称也要进行改革开放，又要同时进行经济及政治改革。戈尔巴乔夫给国际社会的印象比邓小平更开放，更大胆。邓小平受到压力，不得不回应。

戈尔巴乔夫——从边区工人的儿子到苏共总书记

戈尔巴乔夫（Mikhail S. Gorbachev，1931—2022）出生于北高加索的斯塔夫罗波尔边区（Stavropol Krai）的一个小村庄，父母都是普通的工人。在他出生后，苏联正值大饥荒，家乡人口有一半饿死，其中包括他两个亲叔叔和一个姑姑。饥荒过后是斯大林恐怖大清洗的时代，他的外祖父和祖父相继被捕入狱，祖母也被刑求。戈尔巴乔夫十一岁时，纳粹德军占领他们居住的村庄，此后是多年持续的战争。奇特的是，戈尔巴乔夫虽然在孩提时遭逢诸多灾难，却天生乐观，自认童年是快乐的。

戈尔巴乔夫十九岁进入莫斯科国立大学法律学院就读，在学期间认识了一位哲学系的女学生赖莎（Raisa Titarenko），即是他未来的妻子。赖莎出生在阿尔泰地区（Altai Krai）的一个铁路工人家庭。她和戈尔巴乔夫一见钟情，两人都还没有毕业就结婚了。大学毕业后，戈尔巴乔夫回到边区家乡工作。赖莎跟着丈夫回乡，在失业很久后才找到一份教职。戈尔巴乔夫宦途极为顺利，回乡十五年后就接任为斯塔夫罗波尔党委第一书记。

斯塔夫罗波尔虽是穷乡僻壤，却以拥有国家级的风景温泉区闻名。许多苏联的高层领导人常去度假兼养病，戈尔巴乔夫因而有机会与他们亲近，其中最重要的两个人是苏共长期主管意识形态的苏斯洛夫和 KGB 主席安德罗波夫。苏斯洛夫年轻时也曾担任斯塔夫罗波尔第一书记，是戈尔巴乔夫的前辈。安德罗波夫也出生于斯塔夫罗波尔，是戈尔巴乔夫的同乡，所以和他就更亲密了。有人认为，戈尔巴乔夫之所以在后来能快速升迁，无疑与受到这两人提携有关。1978年，戈尔巴乔夫奉命到莫斯科接任主管全国农业的书记，又在两年后成为有史以来最年轻的苏共政治局委员，当时还不到五十岁。

从 1982 年 11 月到 1985 年 3 月，苏共有三位总书记相继病逝于任上，分别是勃列日涅夫、安德罗波夫和契尔年科（Konstantin Chernenko），死时年纪都超过七十岁。苏联在短短两年多举行了三次国葬，在国际上被讥笑为"葬礼外交"。其实安德罗波夫临终时就已表示希望戈尔巴乔夫接任总书记，政治局却选了健康状况极差的契尔年科，结果契尔年科在任时大部分时间是躺在病床上。因而，契尔年科死后没有几天，最高苏维埃主席团主席葛罗米柯就在政治局会议中提议选只有五十四岁的戈尔巴乔夫继任为总书记，获得无异议通过。

戈尔巴乔夫面临的苏联内、外困境——兼述波兰 "团结工会" 反抗运动

戈尔巴乔夫曾多次到国外开会、访问，或与赖莎一起出国，两人对外国的情况并不陌生，其实早已怀疑社会主义所宣传的优越性。他在地方及中央任职多年后，更是认为苏联不论是在政治、经济或社会制度上都有先天的缺陷。特别是由于共产党一党专政，权力无法下放到地方及基层，导致迟缓、僵化，以及无可避免的贪腐。根据他得到的内部报告，苏联的工业生产、仓储、运输设备也都很落后，造成生产效率远低于资本主义国家，无谓的损失、腐烂、不良品、无用原料、滞销成品更是多到惊人。苏联的住宅大多简陋。有很多城市没有下水道和自来水，也没有铺柏油的马路。

苏联经济之所以如此恶劣，如前面第 10 章所述，与国家一直不断地在支付钜额军费及核武、太空竞赛费用有关，其详情此处不再重复；但必须指出，这使得戈尔巴乔夫很早就认为苏联必须尽快与美国和解，结束冷战。

此外，戈尔巴乔夫在内部也面临复杂而棘手的民族问题。苏联是由十五个共和国加盟组成，其中却有一百多个不同的民族。因而可以想像，不只有各共和国之间的冲突，也有各共和国内部不同民族之间的冲突。又由于历史的因素，俄罗斯以外的加盟共和国及人民大多对 "大俄罗斯沙文主义" 既厌恶，又恐惧。其中最难解决的是波罗的海三小国问题。这三国是在第二次大战初期才被斯大林并入苏联的，但无论是从历史、民族或宗教来看都与俄罗斯及其他共和国迥异。他们不承认自己是苏联人，有强烈追求独立，脱离苏联的企图。

波罗的海三小国的问题又和波兰有很大的关系。三国中的立陶宛在地理位置上与波兰相邻，并曾共组 "波兰—立陶宛联邦"。此一联邦后来被俄国、普鲁士、奥地利瓜分三次，以致亡国；好不容易在第一次大战后都复国了，却又在第二次大战后一起被关入铁幕。因而，两者早已形成命运共同体。波兰发生的一切，无不立即影响立陶

宛。而同样地，立陶宛发生的一切，无不立即影响爱沙尼亚及拉脱维亚。

如前所述，波兰在 1956 年爆发波兹南事件，是战后第一个敢挑战苏联的东欧国家。在勃列日涅夫时代，波兰人又因民生困苦、经济萧条而导致在 1970 及 1976 年前后爆发两次大罢工，而都是由一位格但斯克（Gdansk）造船厂的工人瓦文萨（Lech Wałęsa）领导。

1979 年，波兰出生的教宗约翰·保罗二世（Pope John Paul II）返乡访问，吸引超过一百万民众聚集，其演讲内容对瓦文萨领导的和平抗争也产生激励的作用。因而，当波兰在 1980 年爆发另一次严重的经济危机时，又演变成为一场全国性的大罢工，其规模之大，竟迫使波共在 9 月与工会代表签定一份"格但斯克协议"，其中包括允许工会不受共产党指挥，工人有罢工的权利，人民有言论、出版的自由，等等条件。同时，各地方工会汇聚成为一个全国性的组织，称为"团结工会"（Solidarity），据统计，当时波兰人口还不到四千万，但团结工会登记会员一路攀升，竟达到超过一千万人。

苏共领导人勃列日涅夫为此坐立不安；然而，由于这时一向被认为软弱的美国总统卡特刚好任满下台，而继任的是被认为强硬的里根，苏共政治局几经讨论，还是不敢出兵到波兰。最后，勃列日涅夫命令将波共总书记及波兰总理都撤职，又迫使新上任的总书记兼总理雅鲁泽尔斯基（Wojciech Jaruzelski）在 1981 年 12 月宣布戒严，出动军警逮捕瓦文萨及数千名团结工会成员。一年后，瓦文萨才因美国对苏联及波兰政府施压而获得释放。此后波兰工会虽然不再像先前一样强大，但仍继续不断地从事地下反抗运动，无疑也是戈尔巴乔夫接手后的难题之一。

"改革""开放性"及戈尔巴乔夫的领导班了

1985 年 4 月，戈尔巴乔夫第一次以总书记的身份在苏共内部提出"改革"（俄文 Perestroika，英文 Restructuring）的主张，要求改革经济体制，加快经济发展速度，特别强调要去除中央对地方的管控，让企业自主。改革的序幕由此拉开。戈尔巴乔夫亲自到列宁格勒、基辅及其他大都市，对群众发表演讲，并在街头、广场与市民们直接对话。人民对苏联的新领导人及其新政反应热烈。

1986 年 2 月，苏共召开第二十七大。戈尔巴乔夫又在报告中首次提出"开放"（或译为"公开性"，俄文 Glasnost，英文 Openness），意思是鼓励公开讨论政治、社会、经济及所有层面的问题，特别强调民主，允许自由发表意见。他说："没有公开性，就没有民主。""必须使公开性成为一种持续不断发挥效力的制度。中央需要公开性，人民生活及各级地方工作也同样需要。"

但必须指出，戈尔巴乔夫这时想要进行的已经不只是经济改革，而是同时进行政治改革。然而，有人认为这样不免会冲击到党和自己的权柄，因而反对；而在赞成的人里，也有一部份认为应该稳扎稳打，另有一部分却希望走得更快。总之，改革开放从一开始就意见纷歧，而即便是反对的人，也不一定会公开表示，因而可以预见，戈尔巴乔夫将面临极大的困难。

在政治局委员中公开表示支持改革开放的人包括苏共第二书记利加乔夫（Yegor Ligachyov）、部长会议主席雷日科夫（Nikolai Ryzhkov，其职位相当于西方国家的总理）和元老葛罗米柯。另有三名重要的新人，分别是雅科夫列夫（Alexander Yakovlev），谢瓦尔德纳泽（Eduard Shevardnadze）和叶利钦（Boris Yeltsin）。

雅科夫列夫年轻时曾经是苏共重点培养的青年才俊，也曾位居要职，却因屡次批判党和政府而被贬为驻加拿大大使，一待就是十年。1983 年，戈尔巴乔夫到加拿大访问，与他一见后互相引为知己。戈尔巴乔夫在担任总书记后就请他担任中央书记处书记，兼宣传部部长，与利加乔夫共同主管意识形态。

谢瓦尔德纳泽曾任格鲁吉亚党委第一书记，以清廉、打贪着称，与戈尔巴乔夫有相同的工作经历，两人惺惺相惜。戈尔巴乔夫上任后，请长期担任外交部长的葛罗米柯升任为最高苏维埃主席，而交棒给谢瓦尔德纳泽。谢瓦尔德纳泽先前并没有外交经验，推辞说不适任，但因戈尔巴乔夫坚持才接受，后来却成为戈尔巴乔夫的得力臂膀，对于推动东西方和解有极大的贡献。

叶利钦在乌拉山乡下长大，大学毕业后从事建筑工作，为人桀骜不驯，经常公开批评长官。他在故乡斯维尔德洛夫斯克州（Sverdlovsk）党委第一书记任内以草根、亲民、打贪闻名，因而获得利加乔夫赏识，推荐给戈尔巴乔夫。1985 年底，叶利钦升任为莫斯科市党委第一书记。他在莫斯科的行为举止和在故乡时一样草根、亲民而激进，不同于常人。例如，他常搭公共汽车上班，购物也和平民一样排队；对手底下的官员要求极其严苛，常常疾言厉色。许多官员私下批评他是故意标新立异，有沽名钓誉之嫌。不过由于报刊、电视经常报导他的耸动新闻，叶利钦很快就获得许多市民拥护。

戈尔巴乔夫打贪及逼退保守派大员

接着说戈尔巴乔夫打贪。苏联在勃列日涅夫时代贪腐成风，其原因除了党官掌握绝对的权力，导致绝对的腐化之外，也因为勃列日涅夫本人收受贿赂，又纵容其家属滥权，以致上行下效，贿赂公行。勃列日涅夫死后，继位的安德罗波夫痛恶贪污，发起大规模的反贪腐运动，光是逮捕重量级的党政高官就达到数十人，一时风声鹤唳。不过安德罗波夫在位没几个月就患重病，打贪运动于是缓了下来。许多人因而都松了一口气，但戈尔巴乔夫上台后第二年，又公开宣称要打贪。

戈尔巴乔夫打贪触及的层级也很高。例如，勃列日涅夫的儿子、女婿和私人祕书都分别遭到起诉，被处十年或其他不等的有期徒刑。不过一般认为，戈尔巴乔夫打贪另有目的。回顾当年赫鲁晓夫也曾誓言改革，发动"去斯大林化"，不料后来竟遭到罢黜，改革因而停顿，又转回到斯大林主义。戈尔巴乔夫既已推动改革开放，自然要避免重蹈覆辙。但勃列日涅夫在位十八年中，其党羽布满中央及地方，如果不尽早撤换，难保不会历史重演。

当时戈尔巴乔夫最想要除去的目标，是苏共政治局里一部分兼任各加盟共和国的第一书记的委员。这些人在任大多已有二十年左右，都是一方之霸，一心只想维护其本人的特权，并且穷奢极欲。不过戈尔巴乔夫并不是以打贪为名，而是以年龄及健康为由逼退他们，其中包括哈萨克斯坦、阿塞拜疆及乌克兰的共党第一书记，分别是库纳耶夫（Dinmukhamed Kunaev）、阿利耶夫（Geydar Aliyev）及谢尔比斯基（Volodymyr Shcherbytsky）。

　　然而，戈尔巴乔夫在逼退这些人的过程中却犯了不少明显的错误。举哈萨克斯坦为例。库纳耶夫任职已有二十二年，被人民私下批评是寡廉鲜耻，但竭尽一切办法巴结、贿赂勃列日涅夫，所以能够长期在位。其下台自然使得人民欣喜，哈萨克斯坦共党高层也有人心中暗喜，以为有机会接任。不料戈尔巴乔夫宣布的新任第一书记竟是一个从来不曾在哈萨克斯坦工作过的俄罗斯人，因而引起怀有强烈的反大俄罗斯沙文主义情结的哈萨克斯坦人极端不满。库纳耶夫及其党羽于是发动示威抗议，造成数百人死伤的流血事件。此后哈萨克斯坦动乱不断，一直到三年后戈尔巴乔夫才决定换上一位哈萨克斯坦本土出身的第一书记，但无疑已经太晚。

　　类似的错误，不幸也发生在很多其他方面，以下就再举两个例子。

苏联初期经济改革的失败及其与中国改革的不同

　　在经济方面，戈尔巴乔夫最早提出的改革措施之一是发起"反酗酒运动"。这项运动本意良好，因为苏联人嗜酒，有很多人有酒瘾，甚或酒精中毒，其害无穷。不过由于酒税占政府财政税收极大的比例，安德罗波夫当政时对酗酒之害虽然也很清楚，并不敢禁酒，只是重罚酗酒的人。戈尔巴乔夫却在 1985 年 5 月命令由利加乔夫负责，立即大幅提高酒的售价，同时减少供应量。

　　这项运动在刚开始推动时轰轰烈烈，但与酿酒、卖酒及上游相关的产业立刻受到巨大的冲击。根据一位俄裔的英国历史学家祖博克（Vladislav Zubok）在他所写的一本 "Collapse：The Fall of the Soviet

Union"里引用的统计数字，仅仅伏特加酒的销售金额就从 1984 年的 540 亿卢布降到 1986 年的 110 亿卢布，税收因而大幅减少，重伤苏联原本已经拮据的财政。同时，黑市、走私、假酒却大行其道，非法的帮派因而获得暴利。戈尔巴乔夫后来只得同意放缓执行，最后不得不停止反酗酒运动。然而，此一运动的失败对新政府及戈尔巴乔夫本人的威信已经造成无法弥补的伤害。

祖博克引用其他的资料指出，由于苏联国营企业生产的民生用品（如衣服、鞋子、电视）的品质极为不良，戈尔巴乔夫在 1986 年 5 月与总理雷日科夫共同签署一个法案，企图迅速予以改善，并在第二年初派出七万名检查员到全国数千个国营企业，将价值 690 亿卢布的不良品，包括不良的原材料及零组件，全部打掉。无数工厂的生产线、组装线立刻因为缺料而停摆，工人也都无事可做。过了几个月，由于没有人知道要如何解决这问题，只得回到原来的运作模式。

类似的思虑不周，或矫枉过正的问题也发生在新的投资计划，新设备的购买、安装，更重要的是在制订重要法律，如国营企业法（Law on State Enterprises）及合作社法（Law on Cooperatives）等的过程中。总之，戈尔巴乔夫虽然有改革开放的强烈企图心，在推动经济改革初期所犯的种种错误无疑将使得后续的政治改革陷入困难重重。

我在此也必须指出，苏联和中国改革开放从一开始就不同，并且不是只在前者同时推动经济及政治改革，后者坚持只进行经济改革而已；即便是在经济改革方面，两者的差别也很大，其中至少有两个要点，分述如下：

首先，中国很快就放手给私人，苏联却一直没有。在农业方面，邓小平已经决定逐步放掉人民公社，戈尔巴乔夫却不曾说要放弃国营农场。在工商业方面，中国有无数的私人企业、乡镇企业兴起，并不断地挑战国企；反观苏联，戈尔巴乔夫在初期却始终都在谈国营企业的改革，并不曾考虑过企业私有化。苏联在 1990 年 8 月才有以亚夫林斯基（Grigory Yavlinsky）为首的一群经济学家提出所谓的"500 天计划"，建议大胆推动改革，以使得苏联的计划经济在短期内就过渡到市场经济；然而，由于以雷日科夫为首的一群保守派官员反对，戈尔巴乔夫自己又拿不定主意，这个计划并没有机会推动。

其次，中国改革开放有外力帮助，苏联不幸却没有。中国早期开放经济特区，顺利吸引华裔的港商、台商前往投资，苏联却很难效法，因为在海外并没有像香港、台湾那么大的苏联裔经济体，没有什么海外苏联人会回国投资。此外，日本政府从一开始就同意提供中国钜额贷款，并协助技术移转；反之，并没有什么国家会愿意提供苏联同样的帮助。

从重启裁减核武谈判到车诺比事件

戈尔巴乔夫在国内的改革方面虽然遭逢诸多不顺，在对外关系方面却有不错的进展。事实上，戈尔巴乔夫在被选为总书记三个月前便已到伦敦访问英国首相撒切尔夫人（Margaret Thatcher），两人会谈的主题正是戈尔巴乔夫亟欲推动的大事——与西方国家和解，包括裁减核武及停止军备竞赛，结束冷战。撒切尔在会谈后接受 BBC 电视访问时直接地说：“我喜欢戈尔巴乔夫先生，我们可以一起打交道。”

当时撒切尔与美国总统里根私交甚笃，因而后来就积极在戈尔巴乔夫与里根之间穿针引线，最终促成两人于 1985 年底在日内瓦湖畔第一次会晤。美、苏之间已经中断六年的裁减核武谈判由此得以重新展开。两人对彼此也留下极好的印象，并同意来年再安排下一轮会谈。

然而，戈尔巴乔夫不幸在几个月后遭到一个意外事件重击。1986年 4 月，在乌克兰与白俄罗斯交界处的车诺比（Chernobyl）有一座核电厂突然发生爆炸，一时火光冲天，大量放射物质抛入天空，污染方圆数十公里的地区。据报导，事故发生的几天内只有数十人死亡，但在一年内有数千人也因暴露于严重的辐射污染而死。辐射污染更造成其后二十年内数万人死亡，约二十万人罹患癌症重病，其中大多是因为奉派进入出事地点处理善后，长期暴露于辐射线中所致。至于经济损失，据不同的来源估计，高达 80 亿至 180 亿卢布之间。

总之，车诺比事件对戈尔巴乔夫又是一项极大的打击，在苏联人民心中更投下巨大的阴影。事件发生时，政治局还有一部份委员主张选择性地发布新闻，以免外国敌人借机恶意攻击。但戈尔巴乔夫拒绝，认为这完全违反他一再强调的"公开性"。他也由此更清楚地看见苏联旧体制的危害之深，更决心要进行改革。戈尔巴乔夫自称在此事件中也更看清楚核武的危险，更决心要结束冷战。

第 14 章

山雨欲来——苏联改革的纷乱及中国的六四事件

如上一章所述，戈尔巴乔夫在担任苏共总书记之后就大胆地推动"改革"及"公开性"，同时进行政治及经济改革。可惜的是，其所推动的经济改革方案在初期有一部份因为事先筹划不够周密而发生严重的缺失，造成纷乱；同时，也没有任何外国政府愿意主动提供贷款，更没有外资投入，所以苏联缺乏资金，无法进行有效的经济改革。

那么戈尔巴乔夫推动政治改革初期成果又如何呢？这就必须从他着手松绑意识形态开始说起。回顾当年赫鲁晓夫在上台后不久就开始批判斯大林，在文化及意识形态方面积极进行"解冻"；但是当他被罢黜后，勃列日涅夫就反其道而行，也就是"再冻"，回到斯大林主义。戈尔巴乔夫既是要进行改革开放，就有必要松绑意识形态，也就是"再解冻"。

戈尔巴乔夫松绑苏联意识形态，为政治犯平反

1986 年 9 月，苏共中央宣布新闻及出版全部解禁，同时停止干扰英国广播公司（BBC）及美国之音（VOA）对苏联人民的播音。此举震惊苏联的社会大众，并获得知识分子热烈的欢迎。戈尔巴乔夫接着下令释放一部份异议份子，其中最具代表性的人物莫过于萨哈罗夫。

萨哈罗夫原已被苏联秘密警察严密监视，却仍继续批评政府，又在 1980 年接受外国媒体访问，公然谴责苏联出兵侵略阿富汗，结果遭到流放，远离莫斯科。但仍然和他的妻子一起继续不断地从事人权

运动。又由于他的妻子患有心脏病，却被起诉判刑，使得他两次绝食抗议，幸而被抢救不死。

戈尔巴乔夫担任总书记后，曾经三次收到萨哈罗夫写给他的信，都亲自回应。第一次收信后，他同意送萨哈罗夫的妻子到国外接受心脏病手术；第二次却拒绝萨哈罗夫建议释放十四位著名的政治良心犯；第三次，他下令于 1986 年 12 月在萨哈罗夫的居家中新装一个电话，然后亲自打电话，告诉他可以回莫斯科了。然而，根据萨哈罗夫的回忆录，两人在电话中竟发生言语冲突，原因是萨哈罗夫在第二封信中建议释放而被拒绝的名单中，排名第一的是一位国际知名的人权运动领袖马尔琴科（Anatoly Marchenko），不幸已因绝食而死于狱中。萨哈罗夫为此直接指责戈尔巴乔夫，引起他的不快。

不过马尔琴科之死引起国际社会的强烈抗议，对苏联造成极大的压力。1987 年 9 月，戈尔巴乔夫下令在政治局中成立一个委员会，专职重审历史案件，继赫鲁晓夫之后再一次为斯大林时代无辜被清洗的人们平反。一个月后，戈尔巴乔夫又在苏联庆祝十月革命七十年纪念的集会上发表演讲，他说：“斯大林及其亲信在全面迫害与违法乱纪中所犯下的罪行，对于党和人民都是如此巨大，不容原谅。即便是现在，有人仍想要忽略历史中的敏感问题，想要遮掩这些污点，假装没有发生过任何事。但我们绝不能苟同这种想法。”

从布哈林的遗书到安德烈耶娃的报纸投书

戈尔巴乔夫推动“去斯大林化”之后，季诺维也夫、布哈林及李可夫等二十几名被斯大林处决的老布尔什维克陆续获得平反。其中布哈林身上的悲剧及平反过程尤其引起苏联人民的同情。根据布哈林的妻子拉林娜（Anna Larina）所说，当年布哈林知道自己将会被处决，所以预先写一封遗书交给她，并跪在地上求她诵读牢记，然后将信烧掉（以免万一被搜出，可能酿成巨祸）。布哈林被处决后，拉林娜被流放到西伯利亚。

赫鲁晓夫掌权后，拉林娜重获自由，曾多次写信请求赫鲁晓夫为布哈林平反，却被拒绝。赫鲁晓夫后来在回忆录中承认，当时他和党内同志"害怕把事情彻底说清楚"，所以决定无限期延缓为李可夫、布哈林等老同志恢复名誉。

布哈林

一直到戈尔巴乔夫又成立平反委员会之后，拉林娜才确定自己等了五十年，终于等到为布哈林洗刷清白的时候。这许多年来，她每天默诵布哈林的遗书，从来不曾间断。这封遗书的标题是〈致未来一代党的领导人的一封信〉，依拉林娜的记忆，其中片段如下：

> 我即将离开人世。我不是屈服在无产阶级的斧钺面前，那应该是无情的，但也是纯洁的。我是在一架恶毒的机器面前感觉无能为力。这机器可能运用种种中世纪的方法取得无比强大的力量，有组织地编造谎言毁谤……。

> 我从十八岁起就参加党，我一生的目的始终是为了工人阶级的利益和社会主义的胜利。这几天来，以神圣的《真理报》为名的报纸却刊登了卑鄙无耻的谎言，说我尼古拉・布哈林企图毁灭十月革命的成功，复辟资本主义。……。

> 我向未来一代党的领导者们呼吁，你们所负的历史使命中，应包括把这些可怕的日子以来越来越饥渴，如恶魔般的罪恶乌云移开，那就像火焰一般，窒息着我们的党。我也向所有的党员们呼吁。我坚信，经过历史的过滤，终有一日我头上的污秽将被冲洗掉。……。我请求年轻的和诚实的新一代党的领导人，在党的全体大会上宣读我的这封信，还我清白，恢复我的党籍。

《纽约时报》及许多其他欧美主要媒体大幅报导关于布哈林的遗孀奋斗一生为丈夫获得平反的故事。当调查委员会继续为其他老布尔什维克平反，揭露更多斯大林的罪行后，戈尔巴乔夫及其改革派同志越加朝"去斯大林化"推展。然而，保守势力在不久后就开始反扑了。

1988 年 3 月，苏联政府的一份机关报《苏维埃俄罗斯报》突然刊出一篇标题为〈我不能放弃原则〉的文章，由一位女教师安德烈耶娃（Nina Andreyeva）具名。文章内容对当前改革开放的许多作法表示不满，质疑改革开放正在否定苏联的历史，否定斯大林的一切。这篇文章刊出后，报纸编辑部及苏共中央收到如雪片般寄来信件，纷纷表示赞同。

一般认为，这篇文章是苏共第二书记利加乔夫趁戈尔巴乔夫和雅科夫列夫都出国时准许刊出，又下令中央及地方报纸转载。很多人读了这篇文章都以为改革开放突然转向了。等到戈尔巴乔夫和雅科夫列夫回到国内，发觉不对，才决定召开政治局会议讨论。利加乔夫虽然在开会前对许多同志赞扬安德烈耶娃的文章，这时却否认主导其刊出。但与会众人纷纷起而指责他。雅科夫列夫称这一篇文章是反对改革的宣言；部长会议主席雷日科夫发言更是严厉，甚至建议解除利加乔夫主管意识形态的工作；只有葛罗米柯说话模棱两可。到最后，戈尔巴乔夫裁定由雅科夫列夫在《真理报》上写一篇批判安德列耶娃的文章，又命令《苏维埃俄罗斯报》公开认错。

事实上，利加乔夫早在一年前就曾经表示他虽然赞同改革，认为不改革国家就没有希望，但反对以改革及民主化为名"向历史泼脏水"；一个月前，他也曾在一次党内集会中公开表示不应借公开性来抹黑共产党。戈尔巴乔夫有一部份幕僚，如特别助理切尔尼亚耶夫（Anatoly Chernyaev），也曾特别提醒他，戈尔巴乔夫当时却不以为意，事后也未处分利加乔夫。切尔尼亚耶夫因而私下认定，戈尔巴乔夫虽然有改革的勇气，却识人不明，当断不断，是明显的缺点。

切尔尼亚耶夫是历史学博士，曾在莫斯科大学教现代历史，后来才转入政府部门；戈尔巴乔夫就任总书记之后不久请他担任外交政策方面的首席助理。苏联解体后，切尔尼亚耶夫致力于旧苏联文件的解密工作，并出版一本《我在戈尔巴乔夫身边六年》，2004 年，他又将自己写了几十年的日记全部交给美国乔治华盛顿大学的档案馆整理出版；这些都是后日历史家研究苏联改革开放成败的重要史料。

有关叶利钦的问题——改革的急先锋或破坏者？

戈尔巴乔夫命令刊出驳斥安德烈耶娃的文章之后，改革派才放胆大声反击，但很快地又朝另一个极端发展。有人竟说斯大林的残忍其实是从列宁学来的，也有人大胆地说"去他的一党专政！"苏共内部明显地朝两极化发展，一派主张改革，另一派反改革。在改革派里，更有一些人表示应当快步前进，不能忍耐步调太慢，其中的代表人物是叶利钦。

回顾当初利加乔夫举荐叶尔钦上调中央，雷日科夫曾坚决反对，说叶利钦的本性是一个破坏者，任命他将会是一个错误。后来政治局讨论提名叶利钦接掌莫斯科党委，雷日科夫再次反对，说将会是更大的错误。葛罗米科对叶利钦也有所保留，建议戈尔巴乔夫要小心，说不如把他派到远一点的国家当大使。戈尔巴乔夫却还是决定用叶利钦来整顿莫斯科的保守派。

叶利钦担任莫斯科市委第一书记后，被认为是改革的急先锋，有大批的市民支持。党内高层对他却越来越有微词，其中原先举荐他的利加乔夫最不满，说叶利钦上任以来，只会煽风点火，哗众取宠，批评别人不对，却不曾对莫斯科市政做过任何贡献。1987 年 9 月，叶利钦与利加乔夫在政治局会议中发生严重冲突，写信向戈尔巴乔夫请辞，但戈尔巴乔夫劝叶利钦收回辞呈。

不料叶利钦在一个月后又提出辞职，并批评改革的步调太慢，声称由于遭到利加乔夫制肘，无法做好莫斯科市政的工作。不过他又说是否辞职，应由莫斯科市委开会讨论决定。戈尔巴乔夫大怒，斥责叶利钦发言不负责任。11 月初，戈尔巴乔夫突然接到报告，说叶利钦被送到医院里，全身是血，不知道是自杀，还是误伤自己。戈尔巴乔夫更怒，亲自与利加乔夫一起召集莫斯科市委会议，命令在就医中的叶利钦也出席，当面革去他的第一书记职位，但在不久后又给他一个并无实权的国家建设委员会副主席职位。

1988 年初，戈尔巴乔夫在电话中对叶利钦说："我绝对不会再让你参与政治了。"叶利钦后来说他永远不会忘记戈尔巴乔夫对他的侮辱，誓言无论如何都要重返政治舞台。

从美、苏签订短中程导弹协议到苏联决定从阿富汗撤军

戈尔巴乔夫在国内事务虽然有些不顺，在对外关系上却有相当的进展。自从他与里根在日内瓦第一次见面后，两人又举行两次会谈。第二次举行会谈是在 1986 年 10 月，于冰岛首都雷克亚未克（Reykjavík, Iceland）海边的一栋小屋里。由于双方的态度都开放而友好，在包括裁减军备、保障人权及苏联从阿富汗撤军等的讨论基本上已经达成初步协议，不过由于里根坚持发展"星战计划"（Star War，其正式名称是 Strategic Defense Initiative，简称 SDI），主要的构想是在太空中以雷射装置来建立一个反弹道飞弹系统，可以将敌人发射的核导弹直接摧毁。戈尔巴乔夫对此表示无法接受，会谈最后破局。

1987 年 12 月，戈尔巴乔夫访问白宫，与里根第三次见面，终于签订了"中短程导弹协议"。据估计，这时美国和苏联分别拥有大约九百枚和一千八百枚核导弹。双方在协议中承诺各自逐步裁减半数。这次协议让世人看见冷战已露出一道曙光，意义十分重大。1988 年 5 月，里根应邀访问莫斯科，造成轰动。他发表演讲，阐述自由的力量以呼应戈尔巴乔夫的改革理念，说："自由是这样一种认识，即没有任何一个人，没有任何一个权威或政府能垄断真理。"

戈尔巴乔夫不但想要和西方国家和解，也曾于 1986 年 7 月在海参威发表谈话，表示希望和中国化敌为友。苏、中两国外长于是开始密切联系，为戈尔巴乔夫访问北京铺路。

戈尔巴乔夫（左）与里根（右）于 1987 年在白宫签订"中短程导弹协议"

　　但戈尔巴乔夫最想要解决的问题是阿富汗战争，因为这已经越来越成为苏联的重担。当戈尔巴乔夫入主克里姆林宫时，阿富汗的政府军已经扩充到三十万人，苏联军队也达到六万人。阿富汗境内的城市大多控制在政府军手中，自称为"圣战士"（Mujahideen）的反叛军却占据乡村及山区，对政府军进行游击战。苏联以飞机及大炮轰炸反叛军藏匿的村庄，结果造成数百万阿富汗难民逃亡到邻近的巴基斯坦及伊朗，引起穆斯林世界极端愤怒。伊斯兰教徒因而在美国及阿拉伯国家的支持下纷纷组织自愿军，到阿富汗与反叛军协同作战。

　　必须特别指出，自愿军里有一支是来由自沙特阿拉伯的本·拉登（Osama bin Laden）领导的，背后有美国中央情报局支持，并提供训练。本·拉登后来又自行成立一个"基地"组织（al-Qaeda），反而成为美国最头痛的恐怖组织。

　　戈尔巴乔夫在执政初期原本是想速战速决，所以决定大幅增兵阿富汗，据估计最高峰时已超过十万人。然而，由于阿富汗政府早已失去民心，新接任的领导人纳吉布拉（Mohammad Najibullah）原本又是情报总局的头子，阿富汗人无不痛恨，所以情况只有更糟，苏联再增多少兵也是无用。戈尔巴乔夫眼见胜利无望，只得在政治局会议中建议从阿富汗撤军，并获得同意；但和谈极为缓慢，拖到 1988 年 5 月才终于由各方签署和约。苏联跟着立即撤离第一批军队，等到最后一批撤离时已是 1989 年初。

苏共第十九次党代表会议——戈尔巴乔夫的体制改革计划

戈尔巴乔夫成功地开始从阿富汗撤军之后，决定在国内进行更彻底的体制改革。1988 年 6 月，苏共召开第十九次党代表会议，目的就是为此。必须说明，所谓的党代表会议（Conference），与党代表大会（Congress）性质不同。苏共的党代表大会通常每五年召开一次，主要是讨论重要议题及决定人事变更。党代表会议却没有一定什么时候召开，也不涉及人事问题；事实上在此之前已有四十多年没有开过，第十九次党代表会议等于是俄共党内的制宪会议。

回顾历史，列宁在十月革命前的主张是"一切权力都归苏维埃"，在革命成功后却沦为空的口号，而转为布尔什维克一党专政。苏联的宪法第六条明白地规定："苏联共产党是苏联社会的领导力量和指导力量，是苏联政治制度以及国家和社会组织的核心。苏共为人民而存在，并为人民服务。"共产党一党专政的地位因而牢不可破。戈尔巴乔夫这时的计划就是经由修宪废除一党专政，以达到党政分离，并使得最高苏维埃真正成为国家的最高权力机关。

为了达到此一目的，戈尔巴乔夫提出的具体计划是：首先，召开第十九次党代表会议，以确立改革的方向；其次，在全国举行选举，选出人民代表，以成立"苏联人民代表大会"，然后开会通过修宪；最后，由人民代表大会选出最高苏维埃代表及最高苏维埃主席。最高苏维埃是人民代表大会休会期间国家最高的权力机构。同时，戈尔巴乔夫主张所有的选举必须是差额选举，而不是像从前那样的等额选举，只要被提名就一定当选。

戈尔巴乔夫提出的计划内容在苏共政治局内引起剧烈的争论。以葛罗米科为首的一部份人坚决反对取消共产党的领导地位；另有一部份人虽然支持戈尔巴乔夫，却主张放缓改革的速度，或是分阶段，以免失控；但戈尔巴乔夫仍坚持己见。到最后，政治局还是通过他的计划。

第十九次党代表会议的地点在克里姆林宫，有五千多名代表参加。这是一次充分体现公开性及民主化，但是混乱不堪的会议。所有的人上台时都可直接讲话，没有任何禁忌。有人表示支持改革开放，有人反对，也有人肆意嘲讽戈尔巴乔夫，其中一位作家在上台后说，当前的改革有如"飞机已经起飞，但不知道要在哪里降落。"众人争论了三整天，到第四天还是通过了戈尔巴乔夫所提的议案。体制改革于是正式启动。苏共第十九次党代表会议是苏联历史的分水岭，苏联从此走上不归路。

由于利加乔夫始终抗拒改革，戈尔巴乔夫在会后决定请他负责农业事务，改命梅德韦杰夫（Vadim Medvedev）与雅科夫列夫共管意识形态。政治局里包括葛罗米柯在内的老人大多被劝退。同时，地方书记有半数以上遭到撤换。

由于体制改革是一个选举及修宪的过程，并非一次可以到位，事实上前后共花了将近一年，因而，以下我将只叙述 1988 年里苏联发生的其他几个重大的事件，至于 1989 年之后苏联（以及东欧）究竟如何继续发展，我将在下一章再回来叙述。

苏联少数民族冲突问题恶化及波兰团结工会运动复起

苏联境内一直存在各种各样严重的民族冲突问题，但在斯大林及勃列日涅夫的时代大多被压制。戈尔巴乔夫上台后，许多极端民族主义者又蠢蠢欲动，例如，亚美尼亚和阿塞拜疆这时又有一部分人开始互相放话寻衅，导致两国都发生群众示威及流血事件，其中纳戈尔诺·卡拉巴赫（Nagorno–Karabakh，简称纳卡）问题尤其棘手。

　　纳卡地区在阿塞拜疆的土地上，居民中却有八、九成是亚美尼亚人。这些人自然不愿被阿塞拜疆人统治；反之，阿塞拜疆人无论如何也不愿把这块地区割出去。戈尔巴乔夫左右为难，最后决定把该地区收归中央政府直接管理；但一般认为，纳卡问题是一颗定时炸弹，迟早又会引爆。

　　类似的问题也发生在其他的共和国。以斯大林的故乡格鲁吉亚为例，有一块被称为阿布哈兹（Abkhaz）的自治区总是想要脱离乔治亚而独立，因而示威游行运动及流血事件也是不断。

　　波罗的海三小国的事态更是严重，因为三国人民从来就不认为自己属于苏联。戈尔巴乔夫主张体制改革之后，三国都在研究如何修宪以摆脱苏联和共产党的统治。1987 年夏天起，三国都发生街头示威运动，各自组织"人民阵线"。

瓦文萨领导团结工会发起大罢工

　　回溯 1983 年，波兰的工人领袖瓦文萨突然获得通知得到诺贝尔和平奖。虽然他无法亲自前去领奖，团结工会的声势又已大起。随着苏联改革开放的发展，瓦文萨也越来越大胆。当时波兰由于经济疲弊，人民的生活水平早已远低于西欧国家，又每年物价涨幅却超过两成，以致民不聊生；波兰外债更是达到四百亿美元，是十年前的两倍。瓦文萨因而领导团结工会在 1988 年又发起大罢工，强烈要求改善经济，并获得许多人民响应。

波共总书记雅鲁泽尔斯基这时自知无法解决种种政治、经济及社会问题，也不可能动用军队镇压人民而获得戈尔巴乔夫的支持，所以祕密邀请瓦文萨会谈，同意在未来选择适当的时机召开圆桌会议，邀集各方代表参加，以共同讨论解决之道。因此之故，日后东欧剧变是最先从波兰开始发生。

但如前所述，波兰的动向对立陶宛有立即的影响，而立陶宛的动向也将立即影响爱沙尼亚及拉脱维亚。因而，日后苏联解体是从立陶宛划下第一道裂痕，爱沙尼亚及拉脱维亚立即跟随。

戈尔巴乔夫在联合国的演讲及亚美尼亚的大地震

1988 年 12 月 7 日，戈尔巴乔夫应邀参加纽约联合国大会，并发表演讲。他说，苏联正处于一场真正革命的高潮；改革开放进行的过程中可能会出错，或碰到阻力，或带来新问题，但他相信必能稳定地向前推进。他又说："随着苏联最高苏维埃最近通过修改宪法及引入新的选举法，我们已经完成政治改革的第一阶段。我们毫不停留地正要进行第二阶段，其中最重要的工作将会是如何处理中央政府与各共和国之间的互动，如何在列宁教导我们的国际主义的原则之下处理各民族之间的关系。……。最重要的是，在我们伟大的国家里，所有的人民，所有的世代，都赞成改革。"

事实上，苏联人民是否都赞成改革，恐怕是一个问题。但更令人惊讶的是，戈尔巴乔夫宣称苏联已经单方面做成决定，将在两年内裁军五十万人，又说已经和华沙公约各国达成协议，将从东德、捷克及匈牙利撤离六个坦克师，其中包括五万人及五千辆坦克。

各国代表对戈尔巴乔夫的演讲报以如雷的掌声，媒体也都推崇是一场世纪性的演讲。然而，戈尔巴乔夫在演讲时却是忧心忡忡，因为就在演讲前不久，他已经收到亚美尼亚发生大地震的报告。戈尔巴乔夫在演讲后走下台时，又接到雷日科夫在电话里告诉他，亚美尼亚一个拥有十万人的小城斯皮塔克（Spitak）已被震为废墟。虽然如此，由于里根的副手布什（George Bush）才刚刚在美国大选中获胜，即将接任为新总统，戈尔巴乔夫仍按约定与里根及布什两人举行会谈，在第二天才与赖莎飞往亚美尼亚。

他们在灾区看见的是一大片全倒、半倒和扭曲的房子，以及数十万痛失亲人，穿着破烂，满脸脏污的灾民。根据后来的统计，此次地震造成至少二万五千人死亡，十几万人受伤，五十万人无家可归。这对苏联及戈尔巴乔夫而言又是一记沉重的打击，不亚于两年半前发生的车诺比核灾事件。

有关苏联在改革中遭遇的纷乱，本章的叙述至此暂时告一段落，以下我将转而叙述 1986—89 年间中国改革开放发生的变化。读者在阅读时，相信可以自行把同一时间发生在中国与苏联的变化互相参照比较。

中国的"八六学潮"

如前所述，戈尔巴乔夫在苏联同时推动经济及政治体制改革，声势惊人，使得邓小平受到极大的压力，因而在 1986 年 6 月也提出要推动政治体制改革，说："不改革政治体制，就不能保障经济体制改革的成果。"邓小平这样一说，中国的知识分子立刻活跃起来，各种刊物于是出现许多激烈的言论，一时又是百家争鸣，百花齐放；越是敢言的知识分子，越是全国知名。其中有一位刘宾雁写了一本《第二种忠诚》，说对共产党大胆地提出批评也是一种忠诚。另有一位刘再复重提老话，说文学应该高举人道主义的旗帜。又有安徽中国科技大学副校长方励之主张，大学应独立于政府之外。各大学纷纷举办演讲会，学生踊跃参加，动辄数千人。学生们越听越是内心澎湃，对政府越发不满。

1986 年 11 月，安徽有几所大学爆发示威游行。方励之带头一路高喊"打倒官僚主义！""打倒封建独裁！"甚至有反对共产党一党专政的传单出现。全国各大学纷纷响应，爆发学潮，口号都是要求民主、自由。

事实上，北京在前一年也曾发生过一次学潮，主要是由于反对当时日本中曾根首相在 8 月 15 日前往靖国神社祭拜而引起。对中国人而言，8 月 15 日这一天是"抗战胜利纪念日"，意义重大；对日本人而言，这一天被称为"终战纪念日"，同样意义重大，首相因而选在这一天代表人民前去祭拜靖国神社中供奉的第二次大战所有阵亡的将士。然而，由于靖国神社里也供奉着几名对中国发起侵略战争的所谓"甲级战犯"，中国政府及部分人民认为无法接受，北京学生尤其反应激烈，发起反日游行，全国立刻响应。不过当时中共的总书记胡耀邦主张冷处理，并且亲自和学生沟通、对话，最终顺利平息了学潮。

八六学潮再起时，胡耀邦还是想沿用沟通、对话的办法。但这次无论如何沟通，学生仍是久久不散，因而渐渐使得一些中共元老坐立不安，对胡耀邦至为不满。

许多老人对胡耀邦其实不是这时才不满，而是早已不满。举一个例，邓小平在一些场合中多次表示要退休时，胡耀邦竟公开表示赞成，又说他自己和其他老同志也应该"充分给年轻的同志让路"。一部分元老认为，他是企图借机逼宫，至为愤怒。因而，老人们在学潮大起后纷纷指责胡耀邦纵容学生，建议邓小平强硬处理，否则将发生类似波兰团结工会之事。

胡耀邦下台

中共有一些保守派对胡耀邦也不满，曾经向邓小平告状，说他在接受某些海外媒体采访时说了很多不该说的事，没有分寸。举一个例。胡耀邦于 1985 年 5 月接受一家香港杂志《百姓》半月刊的社长陆铿采访，在专访刊出之后竟引起轩然大波。由于这个事件被一部份人认为是直接导致胡耀邦下台的重要原因之一，我将此次访问的内容概要叙述如下。

陆铿在访谈中一开始就对一部份保守派人物直接做负面批评，又指名道姓说某军区司令是"拔不掉的钉子"，胡却没有回避讨论。胡耀邦曾有几次回答时说到邓小平，说的也太直接：例如，胡耀邦竟主动说自己的薪水是 346 元人民币，而邓小平同志比他的级别高，可以加到 500 元一个月；又如，陆铿恭维胡耀邦身为中共总书记，是现在中国的"第一把手"，胡却回答说"掌舵的还是我们小平同志"；陆铿又建议胡耀邦趁邓小平还健康时接任军委主席，胡耀邦却回答军内的事情历来都是论资排辈，邓小平一句话就行了，我们要说五句话。胡耀邦所说的虽然都是事实，却是极其敏感的话题，邓小平获知后极为不满。

胡耀邦又对陆铿说，为了要严禁高干子弟以权谋私，已经枪毙了朱总司令（朱德）的一个孙子，又将一名银行行长撤职；又说，在受访前一天曾讨论了一个决定：将严厉禁止高干子弟经商及合伙来搞企业，并用中央的名义发出通知。

然而，有人评论：胡耀邦可能不明白，对于许多老干部而言，这就斩断了他们的第二代经商获利的路，无论如何是不能接受的，也因此非要让胡耀邦下台不可。

总之，陆铿的一篇专访，使得胡耀邦得罪了几乎所有的党内同志。邓小平更是生气，传话请胡耀邦来说明。胡耀邦的左右也都劝他去见邓小平，给个交代，胡耀邦却没有任何行动。邓小平失望至极，对人说："这几年我如果有什么错的话，就是看错了胡耀邦这个人。"

八六学潮爆发后，邓小平也渐渐不满，于是召见胡耀邦和担任总理的赵紫阳，以及一部份保守派领导人，直接说学生运动是几年来反对资产阶级自由化旗帜不鲜明，态度不坚决，又不能守住四个坚持的结果；又说，学生闹事如果疏导不成，必须坚决处理。胡耀邦回家后，彻夜难眠，在两天后就写信给邓小平，提出辞职。

不料邓小平不仅把他的辞呈让许多同志传阅，又指示召开一个特别的"党内生活会"，结果胡耀邦竟在六天内被二十几名党内同志轮流痛批，指称他犯了"哗众取宠""站错路线""未经中央授权就乱讲话"等种种错误；竟连赵紫阳也批评他"喜欢标新立异""不受组织约束"。胡耀邦至为错愕，到生活会最后一天结束时竟坐在中南海怀仁堂前的台阶上痛哭失声。当时所有同志都没有什么表示，只有习仲勋上前去扶他起来。

胡耀邦下台后，邓小平与陈云及多位元老讨论，拍板决定由赵紫阳接任总书记，同时以李鹏为代总理。在此之后，中共就不再提体制改革了。戈尔巴乔夫后来推动政治改革的幅度越来越大，使得中共元老心惊肉跳，更不敢冒险跟进。

中共十三大及其后的经济混乱

1987 年 10 月，中共召开十三大。新任总书记赵紫阳做政治报告，以"沿着有中国特色的社会主义道路前进"为题，一方面说必须坚持全面改革，对外开放；另一方面却说必须以马克思主义为指导，以公有制为主体。这就是说，改革还是只能在经济层面，不能动摇政治体制。这篇报告其实并不是赵紫阳一个人的意见，而是经过党内讨论妥协的产物。这样的妥协也表现在人事的安排上。在新任的五名政治局常委中，赵紫阳和胡启立属于改革派，李鹏和姚依林属于保守派，最后一名乔石则是中间派。

邓小平、陈云、叶剑英、李先念等四名前政治局常委决定全部退下，也不再挂名政治局委员。奇怪的是，邓小平继续担任军委会主席，而赵紫阳（中共总书记）和杨尚昆（国家主席）却担任他的副手，都必须向他报告；同时，陈云所领导的中央顾问委员会在党国重要事务上也仍一定的发言权，在某些重要议题上甚至有投票权。有人指出，由此可见中国在实质上并没有摆脱老人政治，人治也仍然高于法治。

这时中国的经济却已有混乱的现象。在一片经商热中，各地的党政机关、武警、人民解放军也纷纷"下海"，开始挂起公司的招牌。这些人经商自然也需要靠山，所以高干子弟就有机会插手其中，经由合伙企业取得控制，而阻挡他们的胡耀邦既已下台，所谓的"红二代"或"太子党"更加肆无忌惮，势力于是大起。有人因而指出，胡耀邦在接受陆铿采访时提到有关禁止高干子弟经商及合伙搞企业的规定如果真能适当地执行，日后中国的经济发展也不至于几乎完全落入中共"红二代"的掌控之中。

但在一片经商热中，通货也跟着膨胀。1988 年 8 月，政府决心取消实施多年的双轨制以减缓日渐猖獗的"官倒"现象。不料消息传出后全国各地的民众就开始抢购物资。又由于利率及汇率也是双轨制，各城市的银行外面也大排长龙，抢着挤兑。政府被迫宣布暂缓改革，但 1988 年的物价指数已经上升了 20%。百姓对此至为不满，舆论更是严厉挞伐，再加上知识分子及学生们在八六学潮后持续对体制改革的期盼与失望，一场新的动乱似乎已在酝酿中。但出人意料之外的是，最先爆发动乱的地方竟然是西藏。

西藏的动乱

回溯 1959 年解放军入藏，导致达赖喇嘛逃亡印度后，在西藏地位仅次于达赖的班禅十世为了要保护藏人，选择与中共充分合作。不料中共后来在全国推动人民公社、大跃进，在各省藏人居住的地区也一样强制推动。根据班禅所知，结果造成两千五百多座大小寺庙遭到摧毁，只剩下大约七十座；这些寺庙中原本有僧尼十一万人，竟减少到只剩七千人能继续居住；许多藏人也因饥荒而死。

班禅悲怒交加，不顾他人拦阻，于 1962 年写了一份《七万言书》，其中说藏传佛教正在面临灭亡的浩劫，藏族也正在遭到灭绝的境地。周恩来把《七万言书》转交毛泽东。不料毛泽东竟称班禅的《七万言书》和彭德怀在 1959 年写的《八万言书》一样，都是大毒草。班禅被扣上"反社会主义、反人民、阴谋叛国"三项罪名，文革期间大部分被关在秦城监狱里。文革后，班禅获释出狱，致力于恢复文革期间遭到破坏的西藏佛教。

达赖出走印度后，西藏不时有小规模的暴动发生，其中有一部分被中共指称是"藏独"，与在国外的达赖相呼应。1987年，达赖应美国国会之邀在华盛顿演讲，提出"五点和平建议"，声称西藏不是中国的一部份，控诉中共在西藏的高压政策，吁请中共尊重人权，停止迁移大批汉人到西藏。第二年达赖又应欧洲议会邀请发表演讲，重申五点建议，并要求就西藏的前途与中共进行谈判。中共表示同意，却不愿在外国谈，也不许有外国人参加，因而此后没有任何进展。

正在此时，一向很少谈达赖的班禅突然数度公开表示他关心达赖，想念达赖。但班禅在发表这些谈话之后没几天，也就是1989年1月底，突然在日喀则圆寂，享年只有五十一岁。根据中共官方发布的新闻，班禅是死于心肌梗塞；但由于班禅平素身体强健，许多藏民怀疑他是被阴谋害死的。

到了三月，正值达赖逃亡印度三十周年纪念，西藏政教中心拉萨发生从1959年以来规模最大的动乱，部分藏民高举雪山狮子旗，高喊要求独立的口号，与公安发生激烈冲突。国务院总理李鹏发布建国以来第一次的戒严令，派武警及人民解放军入藏。西藏自治区党委第一书记胡锦涛奉命指挥军警镇压藏人。据估计约有将近五百名民众及僧侣死亡，另有数百人受伤，数千人被捕。动乱弭平后，邓小平亲自褒扬胡锦涛坚决镇暴的表现。

六四的前奏——胡耀邦病逝，戈尔巴乔夫访北京及赵紫阳辞职

拉萨事件平息后一个月，中共前总书记胡耀邦也突然因为心肌梗塞而瘁逝，中国国内更大的动乱由此点燃。胡耀邦思想开明，操守清廉，极受知识分子欢迎，许多学生尤其同情他先前因为拒绝镇压学潮而被罢黜。在他死后，北京各大学学生纷纷涌进天安门广场，贴出大字报，发起静坐及示威抗议。表面上，学生们是悼念胡耀邦；实际上，这是一场反贪腐、反老人政治，要求民主化的政治运动。但学生们向政府提出请愿，要求多项改革，却遭到拒绝，又被驱赶，因而引

发不满，广场内的学生随之激增。各大学学生并且组织一个自治联合会，同时通电全国一致罢课，获得热烈响应，学潮于是又大起。

由于赵紫阳正在北韩访问，李鹏、杨尚昆到邓小平家中向他汇报。邓小平听后认定学潮是"动乱"，全国各大报于是奉命在第二天刊出社论，标题是"必须旗帜鲜明地反对动乱"，其中说："这是一场有计划的阴谋，是一次动乱，其实质是要从根本上否定共产党的领导，否定社会主义制度。"但这篇"四二六社论"反而激怒学生，引发十万人大游行。沿路的标语和口号比先前更激烈，诸如："请愿不是动乱！""血谏政府！""新闻要讲真话！""打倒官倒！"等。到了5月中旬，天安门广场中已有五十万人，其中有数百人开始绝食。学生领袖吾尔开希、柴玲、王丹等人对群众发表演说，西方媒体蜂拥而至。

正在此时，苏共总书记戈尔巴乔夫却依照双方原先同意如期访问北京，因而吸引更多学生到广场，并制作欢迎戈尔巴乔夫的大字报，赞扬苏联的改革开放比中国彻底。有一幅大字报上写着："苏联有戈尔巴乔夫，中国有谁？"

邓小平在人民大会堂会见戈尔巴乔夫。这是中苏分裂近三十年来双方领导人第一次会面。邓小平心中虽然未必认同戈尔巴乔夫在改革苏联中的所作所为，却牵着他和赖莎两人的手对大批记者说，双方同意"结束过去，开辟未来"。赵紫阳这时已经回到国内，在当天稍晚也会见戈尔巴乔夫，但在谈话中也说党在重大的问题上仍然必须向邓小平请示。第二天，游行的队伍又多了"党要总书记，不要太上皇！""垂帘听政，误国害民！"的标语。

邓小平大怒，决定在家中召开政治局常委会议，并提议讨论戒严。赵紫阳早已公开表示不同意"四二六社论"的立场，这时更坚决反对戒严，李鹏却极力赞成。但到最后，仍是由邓小平拍板，说："实行戒严如果是个错误，我首先负责，不用他们打倒，我自己倒下来。将来写历史，错了写在我的帐上。"赵紫阳回到家中，立刻写辞职信。

胡耀邦（左）与赵紫阳（右）

六四天安门事件

　　这时天安门广场上已有已有数千名学生加入绝食，有人不只绝食，还拒绝喝水，一千七百人因昏迷而被送到医院急救。为此，李鹏和数名政府官员同意在 5 月 18 日与学生代表吾尔开希等 11 人会面协商，但因双方态度都极为强硬，结果不欢而散。当天下午，邓小平命令杨尚昆主持军委会议，调集北京周边一共十三个军派部队进京。

　　5 月 19 日清晨，赵紫阳到广场探视学生，说："我们来得太晚了。对不起同学们了。不管你们说我们、批评我们，都是应该的。""你们要保重身体，你们年轻，来日方长，我老了，无所谓了。"一部份学生听从他的劝告，停止绝食。到了傍晚，李鹏宣布戒严，但学生们仍然据守广场不退，邓小平于是开始调动军队。 但奉召的部队在北京外围遭到民众截堵，结果到了五月底军队竟然还没有办法进入北京城内。

　　邓小平大怒，下令军队限期开到天安门。有一部份部队于是化装成平民，化整为零从四面八方偷偷进入城内，控制所有的交通要道。其余在城外的部队于是开着装甲车和军车直闯城内。但阻挡的民众也被激怒，群起向军车投掷砖块、石头，或持木棍、钢筋攻击军人，造成部分军人受伤，少数人被打死；有一部份解放军忍耐不住，起而反击。

　　但不论民众如何阻拦，全副武装的士兵和坦克、装甲车已于 6 月 3 日深夜在天安门广场集结，并开始清场，向学生及群众发起攻击。一时之间枪声大作，坦克车也呼啸而入，广场宛如战场。北京政府为了封锁消息，早已下令收缴外国记者录制的录影带，但还是有漏网之鱼。其中美国 CNN 电视台捕捉到一个画面：一名穿白衣服的年轻男子提着一个手提袋，站在长安街大马路上，挡在一长列十七辆坦克车队的前面，意图以血肉之躯阻挡其前进。这一幕震撼了全球所有电视机前的观众。

天安门事件中一名身穿白衣，手提塑料袋的男子试图以赤身肉体阻挡十几辆前进中的坦克

　　广场上的学生及民运领袖眼见解放军用真枪实弹清场，纷纷逃走，到最后只剩几千人，于是推派刘晓波等四人为代表，与包围广场的部队谈判，获得准许开放一条通道离开。等到学生完全撤离时，已经是早上五点多。解放军于是宣布恢复秩序。根据国务院后来发布的报告，说六四事件中军队死伤达到五千多人，而学生及民众受伤二千多人，死亡不到三百。同情民运的人士不相信这个数字，说是严重低报，但实际伤亡数字至今已无法确定。

　　天安门事件结束后，中共召开会议，罢黜赵紫阳所有的党政职位。但赵紫阳拒绝接受"支持动乱"及"分裂党"的指控，拒绝自我检讨，坚决不肯认错。中共当局接着发布通缉二十一名民运领袖，其中有吾尔开希、柴玲、李禄等七人成功地逃亡到海外；其余大多被捕，并遭判刑。另有许多被称为民运的"幕后黑手"，如刘晓波、包遵信、王若望等，也被捕入狱。

江泽民接任中共中央总书记

　　北京发生六四事件同时，上海、天津、武汉、广州等十几个大城市也发生类似事件，而都遭到压制。其中上海市委书记江泽民在处理事件的过程的手法受到一部分中共元老的赏识。

　　回溯胡耀邦病逝后没几天，上海有一家《世界经济导报》的总编辑钦本立邀请一些有名的作家、报人参加悼念胡耀邦的座谈会，在会后预备做报导；其中有一篇由严家其所写的文章质疑胡耀邦下台的过程并未按照常规，缺乏合法性。江泽民要求删掉这篇文章，但被钦本利拒绝。不久后，北京刊出"四二六社论"，江泽民立刻决定召开党员万人大会以明确表示支持，同时下令将钦本利解任，并派小组接手整顿《世界经济导报》。

　　不料赵紫阳回国后对江泽民处理《世界经济导报》之事至为不满，电召江泽民到北京，怒责他手法粗糙。致使局势恶化，要求尽速自行解决。同时，由于北京学生抗议的活动逐渐升高，上海学生也举行示威游行，要求《世界经济导报》复刊，又要求罢免江泽民，集结的群众后来竟达到十万人，其中也有数百人绝食。江泽民被迫同意召集知识分子及学生开座谈会，在会中不断地自我检讨，因而缓解了局面。然而，当邓小平决定戒严，赵紫阳也辞职后，江泽民对学生运动的态度立刻又转为强硬。

江泽民没有料想到，他对《世界经济导报》及学生运动的处理方法获得部分中共元老激赏，纷纷向邓小平进言，褒奖江泽民。

如前所述，赵紫阳于 5 月 19 日清晨前往天安门广场探视学生。同一天下午，邓小平在家中召开一次只有保守派成员参加的会议，在会中怒斥赵紫阳与戈尔巴乔夫会面时把一切责任都推给他，主张罢黜赵紫阳及胡启立，又建议由江泽民接任总书记，说他有思想，有能力，也有魄力，可以担当此一重任。

到了 5 月 25 日，改革派的另一核心人物人大委员长万里在访问美国后返国。江泽民奉命在上海接机，并传达邓小平的指令要求万里服从党中央的决定，万里只得发表支持戒严的声明。过几天，北京出动军队、坦克镇压学生。江泽民却没有动用军队，而是出动工人纠察队维持秩序，软硬兼施地请学生们回家。

江泽民的表现又一次得到许多中共元老赞赏，因而获得增选为政治局常委，兼总书记。另有天津市委书记李瑞环同样也因为成功地处理事件而被增选为政治局常委。

六四事件之后约半年，邓小平决定辞去中央军委会主席，由江泽民继任。江泽民于是同时担任党和军队的领导人。不过由于军委会第一副主席杨尚昆及秘书长杨白冰两兄弟都效忠于邓小平，军权仍是牢牢地掌握在邓小平的手中。

第 15 章

东欧民主化革命及苏联解体

　　1989 年 6 月 4 日发生在北京的"天安门事件"，在中华人民共和国四十年的历史上是一件极为严重的事件；对于波兰来说，1989 年 6 月 4 日也是非常重要的一天，因为波兰在这一天举行四十年来第一次自由民主的国会议员选举，波兰从此变天。在此之后，东欧所有国家的共产政权也相继崩溃，最后竟连苏联也在两年后解体。

　　东欧民主化革命与苏联解体不只是两个紧密关连的重大历史事件，也可说是二而一的事件。就东欧各国而言，如果没有戈尔巴乔夫率先于 1988 年 6 月经由苏共第十九次党代表会议通过在苏联进行政治体制改革的计划，又于年底在联合国发表演讲时说计划从东欧撤出军队及坦克，东欧的共产党没有可能如此轻易地就放弃一党专政；而当东欧各国的共产党都已下台，或即将下台，苏联及其加盟共和国的共产党无可避免也只能下台。

　　总之，共产世界在 1989 年至 1991 年之间最关键的发展是共产党停止一党专政。由于苏联除了本身之外还包括 15 个加盟共和国，东欧八国中的南斯拉夫及捷克也各有 6 个及 2 个加盟共和国，所以总共有超过 30 个国家的共产党自动，或被迫下台。本章以下就以此为主轴，依时间次序逐一概述，而从波兰开始说起。

波兰及匈牙利变天

　　如上一章所述，波共总书记雅鲁泽尔斯基早在 1988 年 8 月就与团结工会领袖瓦文萨达成协议，同意择期举行圆桌会议，以便共同讨论国家的困境及未来。戈尔巴乔夫在联合国演讲后，双方便放胆从

1989 年 2 月起开始举行圆桌会议，前后讨论了两个月。会议的结论是经由自由选举选出参、众议院议员及总统，并进行修宪。6 月 4 日选举的结果，共产党在参议院中只取得 100 席次中的 8 席；在众议院，依双方约定共产党有 65 席保障席次，但在开放自由选举的 161 席中竟只拿到 1 席；雅鲁泽尔斯基只能承认共产党败选。不过由于总统选举尚未办理，团结工会同意支持雅鲁泽尔斯基先担任一年临时总统。

雅鲁泽尔斯基担任临时总统后，提名原先波共政府的内政部长为总理，却遭到团结工会及其他小党否决，只得又提名一位团结工联成员为总理，获得通过而在 8 月组阁。这是四十年来第一个非共产党员的波兰总理。波兰国会在年底又通过修宪，取消其中第六条关于波兰统一工人党（即波共）在国家中居于领导地位的条款，"一党专政"从此走入历史。波兰国会接着又通过政党法，确立多党制，并把国名从"波兰人民共和国"改为"波兰共和国"。瓦文萨自己在一年后被选为波兰第一任民选的总统。这时，波共决定改组而成立一个新的"社会民主党"，只有少数人仍然坚持留在原有的统一工人党里。

波兰社会民主党是参考德国社会民主党的理念而取名的，如前所述，德国社民党原本是一个马克思主义政党，但早已放弃暴力革命，改走和平渐进的修正主义路线，是德国两大政党之一，曾经多次经由选举获胜而执政。

其次说匈牙利。到 1988 年为止，匈共总书记卡达尔执政已经长达三十二年。在前二十年，匈牙利的工业及农业都成长迅速，国民所得倍增，因而是东欧各国中经济发展最成功，人民生活水平最高的国家之一。卡达尔也以清廉、亲民着称。然而，当中东发生两次石油危机后，油价飙涨，匈牙利便与波兰一样面临经济困境，通货膨胀，外债高筑。事实上，这是所有东欧国家都面临的困境，卡达尔无力解决，饱受攻击，只得下台。

然而，由新任匈共总书记格罗斯（Grósz Károly）领导的新团队也无法解决国家的困境，只得仿效波兰，从 1989 年 3 月起召集各方举行圆桌会议。与会者慎重其事，在会议期间对外保密，谢绝采访。虽然会议期间长达六个月，引起外界不断地猜疑，最后提出的草案却获得大多数民众的认同。在圆桌会议期间，匈牙利各界也已经为1956年殉难的前总理纳吉举行重新下葬仪式，隆重地为其平反。

圆桌会议建议采行一院制的国会，每四年改选。总理由国会选举，握有行政大权；总统也由国会选举产生，但只是虚位的元首。匈共在圆桌会议后自行宣布解散，不过有一部分人决定另组"匈牙利社会党"，以便在未来参加选举，寄望分享政权。匈牙利同样废除一党专制，取消国名"匈牙利人民共和国"中的"人民"两个字。

但匈牙利迟至次年 3 月起才举办国会选举，结果匈牙利社会党大败，只取得大约 10%选票。不过由于党派林立，没有一个党的席次过半数，最后成立的内阁是由一个"匈牙利民主论坛"（简称 MDF）联合其他几个偏右小党共同组成的，选出的总理是民主论坛的党魁，名叫安特尔（József Antall）。安特尔是领导圆桌会议的关键人物，所以备受各方尊重，脱颖而出。

捷克斯洛伐克的"丝绒革命"

继波兰及匈牙利之后，捷克斯洛伐克（以下简称捷克）及东德也发生革命，几乎同时，又互相影响。不过由于两者无法同时叙述，请先说捷克，再说东德。

捷克在 1968 年的"布拉格之春"虽然遭到苏联坦克镇压，知识分子仍然在暗中反抗共产党。如前所述，东、西欧和美国共三十七个国家于 1975 年签定《赫尔辛基协议》，其中明订各国应和平相处，互助合作，以及尊重人权、自由的原则；不过苏联及东欧国家在签约后大多没有遵守后面两个条款。捷克有一名作家哈维尔（Václav Havel）却从 1977 年起开始推动一项名为"七七宪章"（Charta 77）的运动，要求政府依赫尔辛基协议的规定尊重人权，并发动两百多位知名人士签名。哈维尔又公开批评社会主义不只造成政治腐败，也导致人心败坏。不料捷共总书记胡萨克（Gustáv Husák）竟以"危害国家利益"

的罪名将他下狱。哈维尔坐了四年牢，出狱后又继续投入七七宪章运动。哈维尔之所以致力于推动"七七宪章"（Charta 77），背后有一个十分有趣的故事。

美国在 1960 年代后期反越战、反体制的风潮大起时，出现许多打扮怪异，制造噪音，歌词又虚无叛逆的乐团，并且吸引世界各地年轻人模仿。捷克也出现一个名叫"宇宙塑胶人"（Plastic People of the Universe）的乐团，专门模仿纽约的一个"地下丝绒"（Velvet Underground）乐团，穿着怪异，留长发，演奏不和谐的噪音，唱粗鄙荒谬的歌词，却大受欢迎。不料捷克政府竟下令查禁这乐团，他们只得转到地下演出。

1976 年，该乐团成员在一次地下演出时被逮捕。检察官起诉这几名年轻人，称他们是"堕落的象征，社会的毒瘤"，然而，此一案件却受到全国人民、国际媒体及哈维尔的注目。哈维尔正是在此时决定挺身捍卫宇宙塑胶人的四个被告，每天到法庭去旁听，又做笔记发表，并开始发起连署抗议的救援运动。

哈维尔认为，这些青年只不过是想按自己喜欢的方式创作自己喜爱的音乐，唱自己想唱的歌；因而，政府攻击的并不是地下音乐，是对"在真实中生活"这个观念的攻击，而那是最基本、最重要的。虽然"宇宙塑胶人"团员最后仍被判处有期徒刑，哈维尔却在连署抗议政府的过程中串连了许多捷克的政治人物及知识分子，所以后来才能推动"七七宪章"。

但直接地说，如果没有戈尔巴乔夫，哈维尔也还是无能为力。1987 年 4 月，戈尔巴乔夫担任总书记后第一次访问捷克，并在演讲时说，社会主义国家应可根据本国的条件自行选择发展的道路，苏联尊重各国独立自主。戈尔巴乔夫又说，社会主义国家中并没有哪一个党可以垄断真理。这些话等于宣告苏联已经放弃勃列日涅夫主义，时间点比他在联合国大会演讲还要早一年八个月。胡萨克因而被迫退休，由年轻的雅克什（Milos Jakes）接任总书记。当初在布拉格之春被迫下台的杜布切克又重新露面，接受西方媒体采访。改革的声势于是大涨。

当波共、匈共相继垮台，柏林围墙又突然在 1989 年 11 月 9 日被推倒（详见下一节），内心澎湃汹涌的捷克学生及民众再也无法忍耐，于是发起大规模的示威游行，高喊"雅克什下台！""共产党下台！"。捷共当局派出武警镇压，动用棍棒及催泪弹以对付手无寸铁的学生，却引发市民强烈不满，人群因而越聚越多，达到五十万人。雅克什不敢动用军队及坦克，只得宣布下台。但愤怒的民众坚持要共产党也下台，捷共撑不住，只得宣布删除宪法第六条，放弃一党专政。到了十二月底，哈维尔被推选为临时总统，杜布切克当选为联邦议会主席。

捷克的革命因为过程和平，顺利而不流血，史称"丝绒革命"（Velvet Revolution），但名称是否与纽约的"地下丝绒"乐团有关，无法确定。

从柏林围墙倒塌到东、西德合并

当波兰、匈牙利及捷克革命正风生火急时，东德共党领导人昂纳克（Erich Honecker）却拒绝改革，许多东德人于是决定冒险直接逃往西德。但由于匈牙利和捷克从 1989 年 6 月起都撤除与奥地利之间的边境管制，所以有更多东德人是先逃到匈牙利和捷克，然后转往奥地利，再到西德，并在到达后受到热烈的欢迎与安置。一股巨大的逃亡潮于是形成，很快就达到每月数万人。

与此同时，留在国内的东德人民也逐渐发起反政府活动。回溯 1982 年起，有一位富勒牧师（Christian Führer）在莱比锡著名的圣尼古拉斯教堂（St. Nicholas Church, Leipzig）定期主持"和平祈祷"，主题渐渐从宗教议题转到抗议政府。东德秘密警察采取设置路障、恐吓、殴打、逮捕等种种方法阻止民众参加"和平祈祷"，但教众仍是从四面八方而来，越聚越多。

到了 1989 年 10 月，东德庆祝国家成立四十周年纪念，戈尔巴乔夫应邀出席，并发表演讲。许多青年人竟挤到主席台前，高呼：

“戈比（Gorby），救救我们！”。戈尔巴乔夫不愿过份明显干涉东德事务，却在演讲中意有所指地说：“迟到的人，将会受到惩罚。”

两天后，富勒号召教众参加一项大规模的和平示威游行，结果有七万人在大批特务、警察监视、阻挡之下参加，但过程井井有条，没有任何暴力；反而是昂纳克在东德共党政治局会议中遭到围剿，被逼辞职下台，由克伦茨（Egon Krenz）接任总书记。但由于柏林、来比锡等大城市的人民持续进行数十万人的示威游行，新政府也承受不住压力，只得同意在东、西德之间，以及东、西柏林之间开放几个特定的检查点，在特定时间允许人民凭证通行。

不料东柏林党委书记在 11 月 9 日对外发布新闻，竟说开放通行“即时生效”，因而到了午夜已有数万市民群集于柏林围墙的几个检查点，并要求立刻开门。东德共党大惊，却只得同意开放通行。此后一星期内，估计有超过两百万名东柏林市民穿过围墙到西伯林，与亲戚朋友们相聚，一起欢庆。柏林围墙实际上这时只是开放通行，并没有倒塌，也没有立即拆除。

1989 年 11 月 9 日柏林围墙倒塌

　　到了 12 月初，东德政府被迫通过修宪删除共产党一党专政的条款，又决定仿效波兰、匈牙利召开圆桌会议。这时东德与西德的民意都主张合并统一，两边政府因而也谈判达成协议。1990 年 3 月，东德选举国会议员，结果由共产党改名，与西德在野党同名的"社会民主党"惨败；获胜的"基督教民主党"也与西德的执政党同名。东西德于是决定联合组织统一后的内阁，又决定签署三个重要的条约。

　　第一个条约内容是双方同意建立统一的货币、经济和社会制度，其中包括规定东德马克兑换西德马克的办法。第二个条约主要是东德同意先分拆为五个州，再个别加入西德。至于第三个条约，必须回溯历史。

　　二次大战结束时，美、英、法、苏四国分占德国的领土，后来才成立东、西德；如今两德合并当然也要取得四国同意。但四国都担心德国统一后又像纳粹一样严重威胁世界和平，六国代表因而于 9 月在莫斯科共同签署《二加四条约》，其中规定：四国都放弃在德国拥有的特权，统一的德国将拥有完整的主权，但德国同意自我限制军队的人数，也承诺不拥有核武器、生物武器和化学武器。

　　必须指出，两德之所以能迅速地合并，关键因素之一是戈尔巴乔夫的支持。戈尔巴乔夫在 1989 年到东德访问时，不仅间接促使昂纳克下台，又明确表示希望东、西德将来能以和平、不流血的方式统一。戈尔巴乔夫特别在 1990 年 7 月邀请西德总理科尔（Helmut Kohl）到中世纪阿兰古国（Alania）在高加索山区的一个古城，一起进行有关德国统一的最后讨论。两人在山林里憧憬着统一后的德国与苏联将会如何走向互助合作的道路。10 月 3 日，两德终于完成统一。

保加利亚变天

　　1989 年时，保加利亚共产党第一书记日夫科夫（Todor Zhivkov）已经 78 岁，在位长达 35 年。他的家族，包括儿子、女儿和亲戚，都是党政高官，生活极其豪华奢侈。但他和东德的昂纳克一样，表面上对戈尔巴乔夫恭敬，实际上拒绝改革。日夫科夫又迫害境内的土耳其裔少数民族，并在引发激烈的反抗之后下令将反抗的人民全部驱逐出境，在三个月内驱逐了三十几万人。国际社会对此一片谴责之声，连保加利亚共产党内的重要成员私下也都不以为然，其中外交部长姆拉德诺夫（Petar Mladenov）由于每日接到无数来自国外的抗议邮件及电话，更是无法苟同。

1989 年 10 月，姆拉德诺夫在首都索非亚（Sofia）主办一项国际性的环保会议，有一部分与会的国内环保团体成员在会期中参加一项大型的请愿游行，不料竟被秘密警察逮捕，又遭到酷刑。姆拉德诺夫愤而辞职，接着出国，辗转到莫斯科，获得戈尔巴乔夫接见，并获得明确表示支持。回国后，姆拉德诺夫在参加政治局会议时直接与日夫科夫摊牌，并得到总理、财政部长及国防部长支持。日夫科夫因而被迫下台，由姆拉德诺夫取而代之。

接着保加利亚共产党自行废除共产党一党专政，改名为"社会党"。新政府采行多党制，决定举行自由选举，改选国会。结果社会党在国会大选中竟击败由反对力量合组的"民主力量联盟"，成为国会第一大党，新政府要职因而大多仍由旧日的共产党员占据，姆拉德诺夫也当选为总统。

但保加利亚的激进派学生认为选举不公，被社会党操控，不愿接受此一结果，不断地示威抗议，反对党民主力量联盟也在国会中强烈抵制。结果姆拉德诺夫只当了三个月总统后就被迫辞职下台。1991 年底，民主力量联盟在第二次国会大选终于取得胜利，顺利组阁。

罗马尼亚的流血革命

前面五个东欧国家的共产政权倒台虽然各自经历不同的困难，过程大抵都是和平的，以下要说的罗马尼亚却在改革中发生严重的流血事件。

罗马尼亚共党总书记齐奥塞斯库（Nocolae Ceausescu）可说是东欧国家中最暴虐、最独裁的统治者。他的家族中有四十人占据党、政、军要职，其中包括担任第一副总理的妻子。罗马尼亚得天独厚，有丰富的石油蕴藏，但由于政府贪腐无能，人民的生活水平在东欧各国里却是排在最穷苦的后段班，因而痛恨，但大多不敢反抗。戈尔巴乔夫倡议改革开放时，齐奥塞斯库由于有中共在背后支持，公然反对，自称将坚守社会主义阵营，绝不走资本主义路线。因而，人民只有等待时机起来反抗暴政，1989 年 12 月爆发的"狄米斯瓦拉事件"正是这样的一个机会。

罗马尼亚人民有大约一成是少数民族，其中以匈牙利裔为最多。蒂米斯瓦拉（Timisoara）是位在西部靠近匈牙利的一个古镇，居民多为匈牙利裔，其中有一位名叫特凯什（Laszlo Tokes）的加尔文教派的牧师，同时也是一个著名的异议份子。由于秘密警察时常无故拘捕，或殴打特凯什，引起匈牙利裔族群不平。政府却突然无故命令特凯什限期出境，并且不得再回国，但特凯什拒绝接受。到了限期当天，有数百名居民围在特凯什家四周，与企图强制执行驱逐令的警察发生冲突，结果警察竟对民众开枪。民众被激怒，事件因而扩大，并有许多同情的罗马尼亚人加入。

不料齐奥塞斯库竟命令国防部长派武装部队、坦克到蒂米斯瓦拉大举镇压，结果造成数千人伤亡。这时罗马尼亚全境爆发大规模的反政府示威活动，要求齐奥塞斯库下台。齐奥塞斯库立刻宣布全国进入紧急状态，命令国防部长再派大军前往镇压。但国防部长拒绝，结果竟被秘密警察处决，军队于是也反叛，愤怒的民众蜂拥包围共产党总部。齐奥塞斯库夫妇仓促逃亡，在途中被捕，经军事法庭速审速决，于圣诞节当日一起被枪决。从狄米斯瓦拉事件爆发到齐奥塞斯库夫妇被杀，仅仅九天。

齐奥塞斯库死后，罗马尼亚共产党宣布解散，一群资深的党员却又共同组织一个新的"救国阵线"，并成立临时政府，同时宣布采行多党制，推动民主自由选举。但救国阵线又刻意协助成立数十个小党以分散反对势力，因而在 1990 年 5 月赢得大选，完全掌控议会，新当选的总统伊利埃斯库（Ion Iliescu）及总理、部长也都是原先罗马尼亚共产党的成员。

　　总之，由于旧政府倒台太快，有力量的反对党还来不及成立，共产党只不过是改了名称，而仍然牢牢地掌握着政权。人民对此当然无法接受，必将继续抗争，不过由于后续的发展既长而复杂，请容我在下一章再为读者们叙述。

阿尔巴尼亚的改革及民主化过程

　　阿尔巴尼亚共产党总书记霍查是共产国家在位最久的领导人，从 1944 年执政到 1985 年病逝，共四十一年。霍查一向自诩奉行最正统的马列主义，但他统治的阿尔巴尼亚却是东欧所有国家里最贫穷落后的一个。

　　阿共另有一项极为特殊的历史，曾经先后与南共、苏共及中共交恶。

　　首先，二次大战时期阿尔巴尼亚在抵抗轴心国的侵略时，倚靠南斯拉夫的支援远大于苏联，因而阿共建立政权后与南共比苏共更亲近。但是当 1948 年铁托与斯大林决裂时，霍查决定向苏联靠拢，与铁托决裂。

　　其次，1956 年当赫鲁晓夫开始批判斯大林及个人崇拜后，霍查在国内的地位跟着动摇，因而与苏共撕破脸，加入中共一起批判"苏修"，其详情在先前已经叙述过。不过本书必须在此重复指出，此后中国先后经历了大饥荒及文化大革命的困难时期，毛泽东却咬着牙对"兄弟国"继续提供军事及经济援助，并说将来都不必偿还；据估计，前后约二十年间总共给阿国五十几亿美金。

　　最后，当文化大革命结束后，邓小平决定改革开放，霍查大怒，认为中共也走上修正主义的道路，放话讥评。中共于是通知阿尔巴尼亚停止援助，又召回支援的技术人员，阿尔巴尼亚因而从 1978 年起就陷入孤立无援的状态。

　　霍查死后，接班人阿利雅（Ramiz Alia）知道国穷民困，已经无法再撑下去，只得改采开放的政策。不过他在初期和中共一样只进行经济改革。但是当东欧各国共产党纷纷倒台，阿利雅只得宣布也开始进行政治改革，例如下放权利，提拔年轻的干部，松绑一部分意识形态。但学生纷纷发起示威运动，要求更大幅度的改革。

1990 年 10 月，阿尔巴尼亚国际著名的作家卡达莱（Ismail Kadare）在巴黎发表声明，要求阿利雅做一个"阿尔巴尼亚的戈尔巴乔夫"。阿利雅的回应是接见学生，承诺改革，并在两个月后宣告取消党禁，废除一党专政。一个新生的反对党"民主党"立刻诞生。阿利雅又断然清除党内的保守势力，开除其中五名政治局委员。霍查的遗孀早先对阿利雅有提携之恩，在霍查死后仍位居要职而始终捍卫霍查的马列主义教条，是保守派最后的堡垒，这时也被强迫退出政治舞台。

1991 年 3 月，阿尔巴尼亚举行临时选举，由共产党改名的社会党在单一国会选举中获胜，顺利组阁，阿利雅也当选为总统，但任期都只有一年。第二年，阿尔巴尼亚举行正式大选，反对力量民主党在国会中夺得多数席次，民主党推出的总统候选人贝里沙（Sali Berisha）也当选，于是完全执政。

阿利雅虽然是由霍查一手培养，又一向奉行马列主义，在阿尔巴尼亚的民主化过程中却主动配合人民、学生和反对党，迅速、和平而不流血。然而我必须指出，阿尔巴尼亚在后来竟又出现令人意外的发展，至于详情，我将在下一章中叙述。

南斯拉夫爆发内战

本书多次提到，南斯拉夫是东欧国家中最复杂的国家。该国由六个加盟国及两个自治省组成，有二十几种民族，说不同的语言，有不同的宗教信仰；此外，各加盟国的经济发展也极为悬殊，越靠西北越富，越靠东南越穷，国民年所得的差距达到 3-5 倍。若不是铁托以其威望、公平及铁腕统治，南斯拉夫早已四分五裂。但铁托在 1980 年以八十八岁高龄去世，一位比他年轻 18 岁，被公认是他的接班人却比他早一年死去，南斯拉夫的分裂因而无法避免。

铁托死前，南斯拉夫的经济其实和其他东欧国家一样开始恶化，在他死后成长更是停滞，而外贸逆差逐年扩大，导致外债高筑，失业严重。人民因而不满，西北方比较富有的加盟国里面主张分离主义者就更加振振有词了。但当时塞尔维亚共党总书记兼总统米洛舍维奇（Slobodan Milosevic）具有强烈的民族主义倾向，自认在联邦中拥有主导地位，坚持要维系联邦统一，并且提出一个"大塞尔维亚主义"，主张在所有加盟国中的塞尔维亚族裔都有自决权，使得各加盟国更是恐惧。

当东欧各国的共产党纷纷下台时，南共也在 1990 年初决定停止共产党一党专政。六个加盟国的共产党随后也都改名，并各自举行自由选举。其中有四国由反对势力取得政权，只有塞尔维亚及黑山是由共产党改名的社会党执政；加盟国分成两边对立的态势由此更加明显。

到了年底，斯洛文尼亚及克罗地亚分别举行公投，结果都以压倒性票数选择独立。米洛舍维奇大怒，声称绝对不容南斯拉夫联邦分裂，不惜出兵。两国只得一面派代表与米洛舍维奇谈判，一面备战，但谈判最终还是破裂，两国于是在 1991 年 6 月迳自宣布独立。三个月后，塞尔维亚大举出兵，前南斯拉夫内战就此爆发。1992 年初，马其顿及波斯尼亚也分别宣布独立，米洛舍维奇又怒而出兵，南斯拉夫内战于是进一步扩大。

事实上，米洛舍维奇出兵主要是集中在波斯尼亚及克罗地亚两国境内，其原因与塞尔维亚人与克罗地亚及波斯尼亚之间不幸分别存在历史仇恨，而偏偏在波斯尼亚及克罗地亚国内塞尔维亚裔人的比例又相对比较高。米洛舍维奇更依其所宣称的自决权，鼓动两国境内的塞尔维亚裔人各自建立一个独立的共和国，而与米洛舍维奇派去的军队一起并肩作战。

必须指出，东欧八国的共产党在民主革命风潮中纷纷结束一党专政其实是由戈尔巴乔夫引导、促成的，后来他也以此为其成就而自豪。然而，在八国中南斯拉夫不幸是唯一发生分裂及内战的国家，这也是他原先没有料到的。更不幸的是在 1991 年底，也就是南斯拉夫爆发内战后只有几个月，苏联竟然解体了；同时，戈尔巴乔夫本人也被迫辞职，因而完全没有能力阻止南斯拉夫内战。其结果是此一战争不但惨烈，时间又长达五年以上。也因此，我将把南斯拉夫内战的详情留到下一章再继续叙述，而在以下先说明苏联为什么会解体？如何解体？

苏联的体制改革——成立人民代表会议及最高苏维埃

如前所述，苏共第十九次党代表会议最重要的结论是同意进行体制改革，戈尔巴乔夫于是指示在全国各地举办一连串的选举，在 1989 年 3 月底选出两千两百五十名人民代表。苏共也选拔代表参加选举，但其中有两成落选；反之，有许多激进的党内民主派及非共产党员获胜当选。一部份苏共政治局委员因而受到冲击，对戈尔巴乔夫表示极大的忧虑。但戈尔巴乔夫认为这是放弃等额选举，改采差额选举的必然结果，苏共只能坦然接受。

五月底起，第一次人民代表大会在克里姆林宫举行，会中人民代表依法经由互选选出 542 名最高苏维埃代表（相当于西方国家国会议员）。经此选举后，苏联的最高权力机关已经转为人民代表大会及最高苏维埃。权力既已不在共产党手中，戈尔巴乔夫自然也想角逐最高苏维埃主席的职位，但他受到极大的挑战。

在所有的最高苏维埃代表当中最有名的，莫过于萨卡罗夫。但他在结束流放后与戈尔巴乔夫始终没有良好的互动，并且认为戈尔巴乔夫说了很多、却没有一件做好，极为失望，渐渐成为反对戈尔巴乔夫的激进民主派领导人之一。萨卡罗夫曾经在莫斯科参加一个名叫《微火》（*Ogoniok*）的杂志所举办的讨论会，公开提出一个建议，请戈尔巴乔夫在最高苏维埃主席及苏共总书记两个职位中选择一个，也就是说必须决定"究竟是做改革者的领袖，还是特权者的头头？"，但只能选一个。萨卡罗夫解释，这两个职位一个控制共产党，一个控制政府，如果放在同一只手上，将会是"有害"的事。全国知识分子对他的意见轰然响应，视为当然。戈尔巴乔夫却没有接受他的建议，认为他自己兼任两个职位才能确保改革开放继续推动，仍是决定竞选最高苏维埃主席；而由于当时并没有任何强劲的对手出马竞争，戈尔巴乔夫获得高达 95.6%选票支持而当选。

有人评论，戈尔巴乔夫不听萨卡罗夫的建议，极为失策，此后果然一直陷入顾此失彼的窘境。也有人说，萨卡罗夫在当时被公认具有敏锐的观察力、判断力及崇高的社会形象，俨然是苏联最重要的意见领袖，戈尔巴乔夫却不能善用他以取得知识分子及人民的支持，更是可惜。

叶利钦复起及其美国行

最高苏维埃代表选举的过程中另外发生一事，影响极大：叶利钦在政坛上原本已经消失了，却又因此一选举而复出。叶利钦虽然已无实权，名义上还是苏联建设委员会的副主席，苏共中央不得不同意他参加第十九次党代表会议。该会开议后，叶利钦抓住机会发言强烈攻击戈尔巴乔夫，批评改革的步调太慢，又将自己描绘成被迫害的反体制民主改革派英雄，因而获选为人民代表大会代表，又再度吸引社会大众的目光。

不过叶利钦在选举最高苏维埃代表时落选。当时另有一名由俄罗斯鄂木斯克市（Omsk）选出的代表却表示愿意让位给他，请求大会决定是否同意。戈尔巴乔夫是大会主席，原本可以直接拒绝，却毫不考虑就接受了，叶利钦因而幸运地获得大会表决通过，挤身为最高苏维埃的一员。戈尔巴乔夫后来自己承认那是一项错误，并多次表示后悔，但已经来不及。此后，最高苏维埃的各种次级团体纷纷出现。叶利钦也和其他民主派的代表串连，成立一个"跨地区代表团"，共三百多人；接着又选出五个联合主席，其中包括萨卡罗夫、叶利钦及一位名叫波波夫（Gavriil Popov）的大学教授。有了萨卡罗夫参与，跨地区代表团的地位、声势大起，叶利钦就更引人注目。

叶利钦荣膺跨地区代表团的五名联合主席之一后，被一部份外国媒体视为苏联国会的反对派领袖，时常接受采访。1989 年 9 月（当时东欧民主化运动正在加速，其中波兰已经变天），他应邀第一次到美国访问。由于邀访叶利钦的只是几个民间的协会、基金会，希望他增加对美国的了解，所以他只是以私人身份到处参观，共九天，遍历十一个城市。但叶利钦自认是反对党领袖，坚持非要见到布什总统不可，主办单位最后还是安排他非正式与布什短暂见面。

不过有一部分研究叶利钦的历史家认为，在这次美国行当中，对他发生最大影响的一次参访是在德克萨斯州（Texas）。据报导，当时叶利钦随意走进一家名叫兰达尔（Randall's）的超级市场，看见里面货品琳琅满目，应有尽有，物美价廉；对比几天前他刚离开的莫斯科，商店外永远有长长的队伍在等候购买，而店里什么都缺，品质又低劣，有时连蛋、糖、茶叶及面包等最基本的食物也买不到，他的内心受到巨大的冲击。一位他的助理后来说，叶利钦坐上离开德克萨斯的飞机后抱着头一语不发，很久很久之后才冒出一句："我认为，我们都对人民犯了重罪，竟使得他们的生活水平和美国人完全无法相比。"

叶利钦回到国内后，对于苏联的一切显然已经没有任何眷恋。这时戈尔巴乔夫仍然一心一意要维持苏联的统一，叶利钦却决心要拆散苏联，越来越觉得戈尔巴乔夫改革的脚步缓慢，越加不耐。1989 年底，萨卡罗夫不幸突然去世，此后民主派就几乎是操控在越来越激进的叶利钦手中。

不过叶利钦的美国行并没有留给美国人好印象。由于他好酒，常喝醉酒，到了美国也曾有几次酒醉出丑，使得美国政界人物及大众在看见新闻及电视报导后对他十分轻蔑。但他认为这些报导大多是污蔑他的，评论大多也不公正，在莫斯科也有很多他的忠实支持者相信那些对他的负面报导都是不实的。

美国总统布什及国会议员这时仍然坚定地支持戈尔巴乔夫，但在苏联，戈尔巴乔夫已经被认为是中间派，夹在顽固的苏共保守派和激进的民主派之间，左右为难。与此同时，苏联国内也不断地发生大罢工及民族对立引发的动乱，使得戈尔巴乔夫极为头痛。

苏联全国煤矿大罢工及民族冲突事件

1989 年 3 月起，也就是在人民代表大会选举期间，乌克兰的顿巴斯（Donbass）、西伯利亚西南部的库兹巴斯（Kuzbass）及若干其他地区的煤矿工人陆续爆发罢工事件。由于苏联是全世界最大的产煤国，年产量超过七亿吨，并大量出口，罢工的冲击非同小可。工人罢工的主要原因是国内经济混乱导致通货膨胀及物资短缺，在商品店里买不到东西，有时竟连一天工作完毕出了矿坑时要洗脸、洗澡的肥皂也买不到，因而要求加薪，改善生活条件。

参加罢工的人数很快达到七十万人，并组织罢工委员会，又要求自行决定产量，自行贩卖，自行出口。政府只得一面吁请工人迅速复工，一面表示将接受工人"合理的要求"。然而，由于双方在短暂达成协议之后又不断地发生争议，民主派又插手其中，借机鼓动，所以罢工时停时发，实际上一直到戈尔巴乔夫政权垮台前不曾停止过。

苏联由于民族问题复杂，冲突及暴力事件始终层出不穷。1989 年 3 月，在格鲁吉亚境内的阿布克兹自治区也爆发大规模的示威游行运动，有数千人参加，要求脱离格鲁吉亚的统治；结果格鲁吉亚人被激怒，为反制而爆发更大的反大俄罗斯主义的示威抗议活动。4 月 4 日起，成千上万的群众集结于首都第比利斯政府大楼前，由加姆萨胡尔季阿（Zviad Gamsakhurdia）等人领导，要求脱离苏联而独立，其中有数十人进行绝食抗议。格鲁吉亚当局担忧局势失控，向苏共中央紧急求援。当时戈尔巴乔夫正带着外交部长谢瓦尔德纳泽在国外访问，他的副手利加乔夫于是召集会议，并在与国防部长亚佐夫（Dmitry Yazov）等人商议后，决定请高加索军区司令调派部队及坦克到格鲁吉亚。

戈尔巴乔夫得到报告后也决定缩短行程回到国内，并命令曾任格鲁吉亚第一书记的谢瓦尔德纳泽赶往第比利斯协助处理。不料谢瓦尔德纳泽尚未到达，被派往第比利斯的部队就在 4 月 9 日开始以武力镇压群众，并施放带有毒性的催泪瓦斯，结果造成两百多人受伤，二十人死亡，其中绝大部分是妇女。高加索部队的暴行在电视播出后震惊全苏联。戈尔巴乔夫大怒，在 5 月召开人民代表第一次大会时请一位与会代表，列宁格勒大学法学教授索布恰克（Anatoly Sobchak），负责成立一个调查委员会，并依委员会的报告将格鲁吉亚党委第一书记、高加索军区司令都撤职，却没有追究被认为也难脱责任的国防部长亚佐夫。

然而，这时反俄罗斯情绪所引起的动乱也在苏联全国各地爆发，包括在中亚的乌兹别克斯坦、哈萨克斯坦、塔吉克斯坦，外高加索地区的阿塞拜疆，西南角的摩尔达维亚（Moldavia），以及东北角濒临北极海的雅库特（Yakutia），而其中对苏联影响最大的，是立陶宛的分离运动。

从波罗的海之路到立陶宛危机

如前所述，立陶宛与波兰在历史上曾是长期的生命共同体，所以当波兰团结工会对苏联的抗争日趋炽烈时，立陶宛有一些知识分子和部分共产党员就在 1988 年 6 月共同成立一个"萨尤季斯"（Sąjūdis，意思是运动）的组织，由兰茨贝吉斯（Vytautas Landsbergis）领导，开始进行和平示威。当波兰变天后，立陶宛人的独立运动抗争就更加剧烈了。

立陶宛人指称，当初立陶宛之所以被并入苏联，是因为斯大林在 1939 年与德国秘密签定《里宾特洛甫—莫洛托夫条约》后共同出兵瓜分波兰，又根据该密约入侵三小国。但立陶宛不接受该密约的合法性。雅科夫列夫奉戈尔巴乔夫之命回应此事，于是在 1989 年 8 月撰写一篇文章，登在《真理报》上；他一方面谴责该密约，另一方面否认苏联是因为密约，而是因为"受邀"而同意接受三国成为加盟共和国。但立陶宛发布宣言，坚称并非"受邀"，而是受到胁迫，所以苏联并吞立陶宛是非法的。

立陶宛发布宣言后第二天正是《里宾特洛甫—莫洛托夫条约》签定五十周年纪念日，波罗的海三国借机共同发起一项命名为"波罗的海之路"（Baltic Way）的和平示威运动。三国共有二百万人参加，手牵手拉成一个长长的人链，从北到南，贯穿三国国境，全长超过六百公里。当时三国加总不过八百万人，所以每四人就有一人参加。全世界各国的人民在电视上目睹之后，无不感动，纷纷发声支持。立陶宛共党总书记布拉藻斯卡斯（Algirdas Brazauskas）这时竟也表示支持独立运动，苏共立即下令将他撤职，但布拉藻斯卡斯不服，其结果是立陶宛共产党分裂为两个党。

　　必须指出，戈尔巴乔夫虽然倡议改革开放，却坚持要维持苏联的完整性，深怕如果放任立陶宛独立，其他加盟共和国可能也将一一求去，那么苏联就有崩解的危险。因而，他在 1990 年 1 月初决定亲自飞到立陶宛首都维尔纽斯（Vilnius），希望劝说立陶宛人不要走分离的道路。但无论他怎么说，立陶宛人还是不能明白为什么他可以放任波兰离开共产阵营，却不能同意立陶宛求去。

1989 年 8 月波罗的海之路

　　戈尔巴乔夫失望而归，不料两周后，在外高加索又发生大动乱。由于亚美尼亚最高苏维埃通过一个法案，主张合并阿塞拜疆境内亚美尼亚人聚居的纳卡地区，引起阿塞拜疆的一个分离主义组织人民阵线（Azerbaijani Popular Front）不满，在首都巴库及其他地区殴打、抢夺、杀害居住在当地的亚美尼亚人、导致六十几人死亡，二十几万人被迫弃家逃命。暴乱初起时，苏共政治局只是下令军队协助亚美尼亚人逃出，并未命令制止阿塞拜疆人的暴行。但在一周后，当戈尔巴乔夫获知阿塞拜疆人民阵线已经武装夺取地方政权，才宣布进入紧急状态，命令国防部长亚佐夫派军队二万五千人及坦克、军舰、飞机到巴库镇压暴乱，杀 130 余人，另有 800 人受伤。

红军刚刚压制住巴库一月事件，立陶宛在三月又宣告将成立一个新的共和国。但戈尔巴乔夫仍是想方设法要使其延缓，推出一个《脱盟法》，其中规定：加盟共和国如果希望脱离苏联，必须举办全民公投，取得三分之二以上人民同意，并且再等五年的过渡期。兰茨贝吉斯却断然说"外国"所做的决定不能拘束立陶宛，同时也发布一条新法令，规定立陶宛人不必为苏联红军服役，凡被征兵者可以拒绝入伍，凡在服役中者可以自行离开。没有几天，就有数十名立陶宛人因为逃兵而被捕。

戈尔巴乔夫大怒，下令出动特种部队空降到维尔纽斯，派坦克车越过边界，又对立陶宛进行全面经济封锁，切断供应立陶宛的石油及瓦斯。立陶宛人苦撑到六月，最终不得不低头表示同意"暂停独立"，愿意和苏联谈判。苏联于是解除部分经济封锁。但当双方正在谈判时，爱沙尼亚和拉脱维亚也宣告独立，对戈尔巴乔夫造成更大的压力。

戈尔巴乔夫当选苏联总统，叶利钦当选俄罗斯最高苏维埃主席

当时戈尔巴乔夫也面临另一严重的挑战：苏共里面出现一个名叫"民主纲领派"的新组织，是由叶利钦、波波夫等人领导成立的，声称如果戈尔巴乔夫的改革缓慢不前，他们就要脱离苏共。1990 年 2 月，民主纲领派在莫斯科发起大规模的游行，有超过十五万人参加，

在街头呼喊口号，否定十月革命，认为是"盗窃二月革命的成果"。这种说法等于完全否定列宁的历史地位，早在 1917 年十月革命之后就有人提出，而民主纲领派这时喊出这样的口号，无疑是在质疑戈尔巴乔夫虽然成立最高苏维埃，并没有决心废除共产党一党专政。

戈尔巴乔夫被迫无奈，只得不顾苏共内部保守派的强烈反对，紧急在三月召开第三次人民代表大会，废除宪法第六条对共产党一党专政的保障条文。同时，他也提议修宪增设总统职位，并在没有人竞争的情况下当选为总统，而将最高苏维埃主席让给原任副主席卢基扬诺夫（Anatoly Lukyanov）。

苏共内部保守派眼见民主纲领派声势越来越大，当然无法坐视，于是在四月也组织了一个"马克思主义纲领派"，以对抗民主纲领派。到了五月，戈尔巴乔夫循例在红场主持五一劳动节的庆祝活动时，民主纲领派又发起示威，在游行队伍中手持标语，高呼"打倒苏共！""打倒戈尔巴乔夫！""列宁的党滚蛋！"马克思主义纲领派于是起而与其互相叫骂，大打出手。许多保守派党员对叶利钦早已忍无可忍，纷纷建议开除他的党籍，戈尔巴乔夫到这时却还是迟疑不决，保守派因而对戈尔巴乔夫也越来越不满。

这年七月，俄罗斯选举最高苏维埃主席，戈尔巴乔夫企图阻挡叶利钦，但叶利钦还是顺利当选了。俄罗斯是当时苏联加盟共和国里最大的一个，土地和人口都占苏联一半以上。曾经有人在人民代表大会开会时说第一个需要脱离苏联的是俄罗斯，当时与会代表都觉得好笑，没有人当真。不料叶利钦当选后发表感言，竟说他身为俄罗斯最高苏维埃主席，只能把俄罗斯的利益摆在苏联的利益之前。看来那个笑话并不是笑话，即将成真。

苏共二十八大——叶利钦退党，谢瓦尔德纳泽辞职

俄罗斯苏维埃选举结束后不久，苏共召开二十八大，这将是苏共最后的一次大会。对比四年前召开二十七大时充满欢庆及希望，二十八大充满不安、怨怼及仇恨。大会进行中，"马克思主义纲领派"和

"民主纲领派"的代表轮番上阵，以尖刻、火爆、恶毒的语言互相攻击。

谢瓦尔德纳泽在会议中作了一个极为值得注意的报告。他说，过去二十年苏联从事"与西方意识形态对抗"的工作，共花掉七千亿卢布。这惊人的数字约当每年五百六十亿美金，正是苏联不能再继续冷战的原因。

会议中也有一部分人指责戈尔巴乔夫"丢失了东欧""出卖阿富汗"及"对欧美国家屈膝投降"，但戈尔巴乔夫表示，只有顽固不化的人才会诅咒他停止对外侵略，避免世界核灾，以及致力于与世界各国共同发展经济。又有一部份党员说他既已担任总统，就应辞去苏共总书记的职位，以避免身兼两职。但他回答，这是在过渡的时期为确保民主化道路改革成功不得已的办法。因而，在后来进行总书记选举时，戈尔巴乔夫坚持参选，并获得超过七成的选票顺利地当选连任。

然而，在大会结束前一天，戈尔巴乔夫却遭到叶利钦当头一棒。叶利钦突然宣布退党，理由是他已经当选为俄罗斯最高苏维埃主席，考虑到今后是多党制，他"不可能只执行苏共的决定"。叶利钦说完后，全场愕然，然后是一片叫骂声。叶利钦却率领一干同样声明退党的同志扬长而去，不再回头。

过去数年中，早已有很多人建议戈尔巴乔夫尽速将叶利钦开除出党，但他始终下不了决心，到最后却是由叶利钦主动弃党而去。一部份历史家早已指出戈尔巴乔夫虽然胸怀大志，但自视过高，识人不明，又缺乏决断及魄力。叶利钦退党事件再度证明，戈尔巴乔夫最终之所以失败并不是没有原因。

叶利钦退党加速了苏共党员的退党潮，据估计 1990 年一整年达到一百五十万人。到了年底，竟连谢瓦尔德纳泽也辞去外交部长。谢瓦尔德纳泽在发表辞职讲话时非常激动，说："同志们，你们已经被打散了。改革者都被迫藏到树丛里，独裁者来了。"当时苏共内部大批的激进民主派党员退党，保守派势力相对大增，留下来的温和民主派因而遭到攻击。谢瓦尔德纳泽也是天天被围剿，因而在辞职时说出那样的话。一个月后，雅科夫列夫也辞去政治局委员。改革的核心至此已先解体。

"立陶宛一月事件"及其影响

正当苏共内部分裂扩大，斗争加剧时，波罗的海三小国独立运动的发展也使得戈尔巴乔夫的处境雪上加霜。

立陶宛总统兰茨贝吉斯在同意暂停独立后，率团到莫斯科与苏联总理雷日科夫谈判。但雷日科夫一向对反俄罗斯情绪极为反感，又认为萨萨尤季斯是一个危险的民族主义运动，在意识形态上与兰茨贝吉斯有巨大的鸿沟，结果双方除了在10月举行两次谈判之后就不再有任何正式会谈。

兰茨贝吉斯于是决定不再等待，而于1991年元旦断然宣布取消暂停独立的承诺，苏联也派特种部队、空降部队到波罗的海三小国及格鲁吉亚、摩达维亚、乌克兰等反俄情绪高涨的国家，以保护各国的俄罗斯人及亲苏派。戈尔巴乔夫更在1月10日发表声明，谴责立陶宛政府违反苏联宪法，完全不负责任。接着有更多军队、坦克及特务奉派到维尔纽斯，有谣传亲苏派企图发动政变。

1月12日，有苏联特种部队、空降部队在坦克支援之下企图占领电视台大楼，但有数万民众赶到，彻夜围在电视台大楼四周，声称要誓死保卫电视台。不料到了第二天（星期日）清晨，苏联部队竟悍然向市民开枪，坦克又迳行碾过群众，造成七百多人受伤，十几人死亡。不久后，苏联红军也在拉脱维亚的首都里加（Riga）攻击群众，导致数百人受伤，六人丧生。

"立陶宛一月事件"（或称"血腥的星期日事件"）的消息震惊全世界。回顾一年前阿塞拜疆人民阵线在巴库发动武装夺权而遭到血腥镇压，西方国家大多并未指责苏联；立陶宛领导人引以为鉴，要求国人务必以非暴力的方式抗争，这时却还是遭到血腥镇压。西方国家无法接受，纷纷斥责苏联红军的野蛮行为，连原本坚定支持戈尔巴乔夫的美国布什总统加入谴责戈尔巴乔夫的行列。虽然戈尔巴乔夫及苏联国防部长亚佐夫、内政部长普戈（Boris Pugo）都否认事前知情，也否认下令军队开火，国内外都不相信，许多人更怀疑戈尔巴乔夫已经和苏共保守派及军方走在一起。

正当全世界都在等待戈尔巴乔夫明确交代的关键时刻，他虽然说了话，"却口舌笨拙，杂乱无章，让人感觉他不是对事情一无所知，就是故意搪塞，或是不愿意说出实情。"这是当时在他身旁已有五年的助理切尔尼亚耶夫在很多年后回顾整个事件所做的叙述。切尔尼亚耶夫又说，许多戈尔巴乔夫身边的幕僚、助理、秘书因而纷纷辞职求去。

民主派对戈尔巴乔夫更是毫不留情，在莫斯科发动十万人示威游行，要求戈尔巴乔夫、国防部长及内政部长都辞职下台。许多苏共办的报纸、杂志也撰写痛骂戈尔巴乔夫的文章，甚至有很多编辑集体辞职。更多共产党员在这时决定退党，或转而加入民主派。叶利钦这时却飞到爱沙尼亚的首都塔林（Tallinn），代表俄罗斯政府与波罗的海三小国签署一份文件，承认三小国独立自主。

事件发生后第 9 天，戈尔巴乔夫才又在电视上发表演说，严厉地谴责军方的鲁莽行动，说自己不会同意这种暴行，又说这不代表苏共政策的转向。但戈尔巴乔夫并没有将国防部长、内政部长撤职，所以还是无法消除外界对他曾经授权以武力对付立陶宛人的怀疑。有一部分史家认为，更重要的是，戈尔巴乔夫这时如果将亚佐夫和普戈都撤职，或许能避免本章后面将要叙述的八一九流产政变，而那将是压垮苏联的最后一根稻草。

苏联公投及"新联盟条约"

戈尔巴乔夫的地位和声望在维尔纽斯事件无疑受到严重伤害，他也自称极为苦恼，不确定究竟人民是希望维持联邦，还是希望解散？因而，在与幕僚讨论后，他提出举办全民公投，让各加盟国的人民自己投票决定的大胆建议。最高苏维埃接受此一提议，决定在三月中举办。在苏联的十五个加盟共和国中，立陶宛、拉脱维亚、爱沙尼亚、格鲁吉亚、亚美尼亚及摩达维亚等六国拒绝参加公投，但还是有九国决定参加，而公投的结果出人意外，竟有 76% 的选民赞成维持联邦，连俄罗斯也有超过七成选民表示支持。

苏联公投的结果说明一件事，戈尔巴乔夫始终担心如果允许三小国独立后将引发骨牌效应，导致苏联整个解体，其实是不必要的。在苏联所有的加盟共和国中真正想要独立的，只有三小国，其他共和国虽然各有不同的问题，并没有一个像三小国那样坚决要求脱离苏联。此外，格鲁吉亚、亚美尼亚及摩达维亚虽然拒绝举办公投，也没有说一定要脱离苏联而独立。

事实上，苏共内部早已有雅科夫列夫及切尔尼亚耶夫等人建议戈尔巴乔夫同意让波罗的海三小国脱离苏联而独立。切尔尼亚耶夫甚至说，如果戈尔巴乔夫坚持苏联必须维持"统一及不可分割"的原则而强行把立陶宛留在苏联里，将亲手毁掉他"以改变世界为使命"的事业。依据切尔尼亚耶夫所写的《在戈尔巴乔夫身边六年》，美国总统布什在和戈尔巴乔夫私下讨论时，也曾几次对他直接说："放了波罗的海三国吧，忍痛割爱吧，这样你们会好过些。"然而，戈尔巴乔夫始终不同意。

无论如何，戈尔巴乔夫受到公投结果极大的鼓舞，因而决定进一步邀请各加盟共和国的领导人到莫斯科举行会谈，讨论一项把苏联改为"主权国家联盟"（The Union of Sovereign States）的方案。会后戈尔巴乔夫与各共和国的领导人共同签署联合宣言，同意起草一份《新联邦条约》（*New Union Treaty*）以取代各国原先在苏联创立时共同签署的条约。草约经各共和国分别确认通过后，各国代表将于 8 月 20 日集会，举行共同签署的仪式。此后，联邦成员国各自独立，但将有一个联邦总统领导的中央政府，负责共同的外交及军事政策。由于俄罗斯公投也支持维持联邦，叶尔钦也签署了此一联合宣言。

不过苏共内部的保守派坚决反对此一条约，认为此一条约终将导致联邦瓦解。苏共在四月举行中央全会时，有人就直接提议罢黜戈尔巴乔夫，戈尔巴乔夫却获得压倒性的票数支持。但苏共政治局、军方及 KGB 少数高层仍不甘心，开始秘密集会，决定无论如何都要阻止条约签署。直接地说，此一密谋最终葬送了戈尔巴乔夫的梦想及努力。

六月底，俄罗斯举行总统大选。戈尔巴乔夫再一次尽力阻挡叶利钦，但利叶尔钦还是胜利当选。令人震惊的是，叶利钦就任总统后发布的第一号命令，竟是禁止共产党在俄罗斯的政府机关及企业内设立党部。戈尔巴乔夫对此无可奈何，苏共内部保守派的危机感却加深。当时苏联国内已有政变的谣言流传，布什也获得情报，命令美国驻莫斯科大使持他的亲笔信请求戈尔巴乔夫小心防范。戈尔巴乔夫却一笑置之，不以为意。到了八月初，他又决定带赖莎和家人飞到位在黑海边佛罗斯（Foros）休假，预备在两星期后再飞回来主持与各加盟共和国签约的仪式。

从八一九政变到苏共解散

戈尔巴乔夫离开莫斯科后，KGB 主席克留奇科夫（Vladimir Kryuchkov）立即串连国防部长亚佐夫、内政部长普戈、副总统亚纳耶夫（Gennady Yanayev）、最高苏维埃主席卢基扬诺夫等，共同成立"紧急状况委员会"，发动政变。政变集团先派一支小部队到佛罗斯，将戈尔巴乔夫一家人都软禁，然后在 1991 年 8 月 19 日清晨由亚纳耶夫按计划发布声明，以"戈尔巴乔夫因病未能视事"为由自任为代理总统，宣布国家进入紧急状况，又发表《告苏联人民书》，声称不同意计划在第二天即将签署的《主权国家联盟条约》。

紧接着，坦克车及武装部队出现在莫斯科街头。但叶利钦在获悉事变后立即赶到俄罗斯政府的办公大楼"白宫"，公开指斥政变违法违宪，又呼吁军人拒绝参加政变。莫斯科数万名市民也迅速地在白宫四周聚集，响应反政变，并协助构筑防御工事。一部份军队及装甲部队的指挥官也表态拒绝接受政变集团的命令。同时，列宁格勒及其他大城市也出现大规模的反政变抗议活动。

　　亚佐夫、克留奇科夫等人在发动政变后不到三天就知道大势已去，只得放弃政变，与其他领导人一起紧急搭机飞到佛罗斯，希望当面向戈尔巴乔夫悔罪认错。不料戈尔巴乔夫将他们全部拒于门外。不久后，俄罗斯代表团奉叶利钦之命到来，戈尔巴乔夫却欣然接见，并与他们一起搭机飞回莫斯科。戈尔巴乔夫回到莫斯科时已是午夜，但仍有许多支持者聚集在白宫等候。戈尔巴乔夫却完全不知道，而由俄罗斯代表团安排直接把他送回家。在白宫等候的民众无不失望，戈尔巴乔夫自己也丧失于第一时间向全国人民公开谈话的机会。

　　有一部份史家评论，戈尔巴乔夫如果选择带领悔罪的亚佐夫等人回到莫斯科，并迅速发表谈话，而不是接受叶利钦的安排，或许苏联、苏共及他自己后来的结局会有很大的不同。根据当时担任莫斯科市长的波波夫（Gavrill Popov）于一年后在报纸上写的文章，叶利钦正是希望借掌握戈尔巴乔夫的行动而置其于不利的地位。波波夫曾经与叶利钦一同列名为"跨地区代表团"的五名联合主席，在八一九政变时还是盟友，后来却反目成仇，因而撰文揭露叶利钦。

苏联八月流产政变事件后，叶利钦在会议中当众指斥戈巴契夫

西方各国在政变前原本都全力支持戈尔巴乔夫，而对叶利钦有疑虑。但美国总统布什在叶利钦率先反抗政变后公开赞扬他，英国、德国立刻跟进。叶利钦的声望因而急涨，戈尔巴乔夫相对失色。叶利钦在不久后举行记者会，公开宣布禁止共产党在俄罗斯境内活动。乌克兰、白俄罗斯及其他共和国随后也都宣称共产党是非法组织。苏共高层这时大多因为涉入政变而被捕入狱，内政部长普戈却自杀而死。

戈尔巴乔夫与其他同志讨论党的未来，最终认为无路可走，只得宣布辞去苏共总书记的职务，解散中央委员会。苏联各加盟国的共产党也只能和一年前东欧各国的共产党一样，不是宣布解散，就是改名。

苏联共产党的前身是俄国社会民主工党（布尔什维克），于 1917 年二月革命后由列宁创立，至此走到终点，前后共七十四年。

苏联解体——从《别洛韦日协议》到《阿拉木图宣言》

苏共虽然解散了，戈尔巴乔夫仍想继续推动"主权国家联盟"。但这时情况已经不同。西方各国原本对于是否要承认自行宣告独立的波罗的海三小国还有些迟疑，但在政变发生后就迅速地予以承认。其余十二国不久后也都获得承认，不过大多表示仍愿意加入新联盟。然而，叶利钦的幕僚这时却强烈主张俄罗斯不需要有一个太上政府在上面统筹外交及军事，又认为有一部份加盟共和国经济情况不佳，新联盟成立后反而会成为俄罗斯的负担。

叶利钦深以为然，于是依幕僚的建议邀请乌克兰总统克拉夫丘克（Leonid Kravchuk）及白俄罗斯最高苏维埃主席舒什克维奇（Stanislav Shushkevich）一同到白俄罗斯的别洛韦日（Belavezha）原始森林中举行秘密会议。会中讨论叶利钦所提出的一个新方案，其主要内容是承认各共和国退出苏联及分别独立的事实，改而成立一个类似大英国协的"独立国协"（Commonwealth of Independent States）组织。三国在会后签订草约，随即又分别迅速地获得各自最高苏维埃批准，这就是所谓的《别洛韦日协议》。其他共和国至此也陆续点头同意加入。

　　1991 年 12 月 21 日，苏联十一个加盟共和国（波罗的海三国拒绝参加，格鲁吉亚在两年后才加入）的领导人在哈萨克斯坦的首都阿拉木图（Alma-Ata）集会，并发表宣言，共同成立独立国协。至此苏联只能走入历史，戈尔巴乔夫只得在 12 月 25 日透过电视转播发表最后一次演讲，辞去苏联总统职位。又过一天，苏联最高苏维埃也通过解体的决定。

　　苏联是由斯大林在列宁病重时于 1922 年 12 月建立的，至此结束，共六十九年。但如果把 1917 年十月革命后的苏俄内战时期算入，也是七十四年。

第五部

共产世界崩解之后

（1989 年后—　　）

第 16 章

1989 年后的东欧各国

本书在前面的三章里叙述了 1989 年到 1991 年之间发生在共产世界的三件大事：中国的六四事件、东欧的民主化革命，以及苏联解体。我相信，有很多人必定会好奇，希望知道在这些巨变之后，中国、东欧八国、前苏联及其组成的十五个加盟共和国，以及其他地区的共产势力接着各自究竟如何演变？如何发展？

这当然是一个极其重要的问题，因为这些国家的后续演变，在很大的程度上，无疑形塑了整个世界后来的政治及经济发展；因而，也有必要为读者们详细叙述。本书第五部（第 16—19 章）正是为此一目的而写。

本章的叙述将聚焦东欧国家，不过在一一分别叙述个别国家的演变之前，必须先指出两件事：首先，东欧各国之所以发生巨变，主要原因是在政治和经济两方面都受到巨大的压力，不能不进行改革。其次，各国的共产党虽然都下台了，不过是在政治上改变意识形态及体制，但经济问题（如外债高筑，通货膨胀及低生活水平）却不会因此而消失，因而是各国新政府上台之后必须优先解决的重点。

另有一个后来普遍出现于各国的现象，在此一并指出。各国新政府上台后，如果是由改革势力主导，由于官员大多没有执政经验，也未必能迅速解决长久累积的经济问题，人民极可能不满，或失去耐性，其结果是让由共产党改名的左派政党有机会东山再起。反之，新政府如果是由原先的共产党改组，大多没有积极改革的动力，人民因而迟早还是要赶他们下台。但无论是哪一种情况，由于宪法已经废除一党专政，政党轮替将成为常态。

以下先从波兰说起。

波兰的政经改革及政党轮替

如前所述，波兰在 1989 年 9 月成立新政府，原任共产党总书记雅鲁泽尔斯基依协议当选为临时政府总统，不过总理及多数阁员都是由团结工联成员担任。波兰的第一任总理马佐维耶茨基（Tadeusz Mazowiecki）曾是华勒沙的亲密战友，但财经不是他的专长，所以提名一位经济学家巴尔采罗维奇（Leszek Balcerowicz）担任副总理兼财政部长。

巴尔采罗维奇曾是波共党员，在波兰马克思列宁学院工作过，也曾经留学美国，获得博士学位。为了迅速将波兰从社会主义计划经济转型到资本主义市场经济，他成立一个顾问委员会，延揽一群国内外的财经学者专家，其中最有名的是美国哈佛大学的萨克斯教授（Jeffrey Sachs）。根据顾问委员会的建议，巴尔采罗维奇说服国会火速通过十一个法案，推出"休克疗法"（Shock Therapy，或称震荡疗法），主要是采行彻底的经济、贸易、金融自由化政策。具体地说，就是取消物价管制，取消国家补贴政策，放任国有企业破产或私人化，允许外资进入，允许解雇工人；严禁编列预算赤字，停止无限制印钞票，等等。

回顾二次大战之后，美国为了要解决日本通货膨胀的严重问题，同时帮助日本迅速复兴，在 1948 年派了一位银行家到东京，强迫日本政府采行"道奇路线"以推动财经改革，获得巨大的成功，日本因而在 1960 年代发展成为亚洲经济巨人。

波兰这时采行的休克疗法，其实就是所谓的道奇路线，也同样很快地就压制了通货膨胀，终结粮食及民生用品短缺，并大幅减少外债。不过和日本一样，波兰有许多国营企业也因而被关闭，造成大批工人失业，引起不满。但一般认为改革是成功的，为波兰的经济打下坚实的基础。根据世界银行的统计资料，波兰在 1992 年到 1997 年之间每年的经济成长都达到 15～20%，人均国民所得（GNI）在五年内从大约 2,000 美金倍增到超过 4,000 美金。

但波兰经济改革成功并不能保证团结工联长保其政权。瓦文萨在 1992 年当选为总统，依法辞去团结工联主席的职位，却与后继的领导阶层发生歧见，团结工联内部因而发生分裂。与此同时，由原波兰共产党改组的波兰社会民主党与其他左派政党共同组成一个"民主左派联盟"，并日渐壮大。

另有一个问题：波兰新政府采行的政治体制是双首长制，总理虽然拥有行政权，并且由国会选举产生，总统却有任免总理之权，而外交及国防事务也由总统执掌；此外，总统也有权解散国会，所以地位极为重要。瓦文萨曾是杰出的团结工会领袖，这时却被许多人批评是不称职的总统，连带影响内阁也不稳定，五年中竟出现六任总理，分属五个不同的政党，因而政治越来越混乱。

1995 年，瓦文萨竞选连任总统，结果败给社会民主党的候选人克瓦希涅夫斯基（Aleksander Kwaśniewski）；同时，民主左派联盟也赢得两院国会大选，完全执政。波兰三十几个右翼民主政党在败选之后痛定思痛，共同组织一个"团结工会选举行动"(Solidarity Electoral Action, AWS)，又重整集结成为一股强大的政治力量。虽然民主左派联盟在五年后的总统及国会选举仍然获胜，但从 2005 年起，波兰的执政党一直都是由法律与公正党（Law and Justice）及公民纲领党（Civic Platform）轮替，而这两个党都是在 2000 年之后才从原来的AWS 里分出来而成立的。反之，波兰民主左派联盟及其他左派政党在国会中的议员席次越来越少，只占 10% 左右，充分显示选民的倾向。

卡廷大屠杀事件的真相

苏联解体后，波兰有一个已经争论四十几年，攸关历史是非、真假的重大事件终于水落石出，真相大白，在此也必须一并叙述。

回溯 1939 年，苏联在与德国签定瓜分波兰的密约后迅速出兵，俘虏了数十万波兰人，其中大部分后来获得释放，或被流放，但有大约二万二千人在 1940 年 4 月初起的一个半月内被处决。死者中包括约三百名将军及校级军官，两千名尉级军官，一万多名士兵及警察，另有一千多名知识分子及专业人士，如大学教授、医生、律师、工程师及政府官员；总之，被处死的大多是波兰的菁英份子。处决的地点主要在现今俄罗斯境内的卡廷（Katyn）、加里宁（Kalinin）及乌克兰境内的斯塔洛别尔斯克（Starobelsk）三处战俘营中。所有的人都被在脑后开一枪毙命，然后被丢进万人坑中，草草掩埋。

万人坑在后来渐渐被人发现，但外界很少人知道，一直到 1943 年德军进攻到卡廷森林，发现数千具尸骨，宣称是苏联所为，才引起轩然大波。当时波兰流亡政府正与苏联合作对抗德国，其领导人西科尔斯基将军（Władysław Sikorski）不得不要求苏联解释。但斯大林辩称纳粹德国才是卡廷大屠杀的刽子手，却谎称是苏联所为，目的正是要离间波、苏两国。西科尔斯基不知真相为何，决定转请国际红十字会进行调查。斯大林大怒，宣布与波兰流亡政府断交。两个月后，西科尔斯基搭乘的一架军机在起飞后失事，机上所有的人全部丧生。有人怀疑坠机事件与苏联也有关，不断提出"阴谋论"。

有学者研究相关的档案后指出，当时英国首相丘吉尔及美国总统罗斯福私下都相信卡廷惨案是苏联所为，却因正在和苏联共同对轴心国作战而压制内部所有相关的报告。过一年，斯大林开始扶植由共产党员组成的卢布林委员会，又蓄意消灭波兰流亡政府及其所领导的地下反抗军，详情在本书第六章已经叙述。然而，英、美两国到二战结束后还是继续为苏联掩盖恶行。

波兰后来被关入铁幕，卡廷事件遂成为一项禁忌，没有人敢公开谈论。一直到戈尔巴乔夫宣布改革开放后，波兰政府才开始要求戈尔巴乔夫协助追查卡廷事件的真相，并获得允诺。1990 年 4 月，波兰临时政府总统雅鲁泽尔斯基访问莫斯科，戈尔巴乔夫当面坦承当年的大屠杀恶行确实是苏联所为。

苏联解体后，前苏联政府及苏共的机密档案大多转由俄罗斯政府保管；有人在其中发现有关卡廷事件的极机密原始档案，叶利钦于是在 1992 年 10 月派一名特使到华沙，直接把这些档案交给波兰总统瓦文萨。档案中有一份资料是 1940 年 3 月苏联内务部人民委员贝利亚写的报告，其中建议处决两万五千多名波兰俘虏，说这些人在经过审讯后被认定"将来可能造成苏联控制波兰的极大阻碍"。斯大林、莫洛托夫、米高扬等多名政治局委员都在文件上签署批准。那些奉命行刑的刽子手后来也有人出面承认，当年每晚处决二百五十名无辜的俘虏之前必须先喝酒，但仍是无法减轻良心的不安。

卡廷大屠杀事件由此真相大白，不再有任何争议。

1989 年后的匈牙利及捷克斯洛伐克

紧接着波兰发生民主化革命的国家是匈牙利及捷克斯洛伐克。

匈牙利在 1990 年 3 月第一次国会选举后，由中间偏右的政党"匈牙利民主论坛"的党魁安特尔出任总理。产生一个由三党共同组成的联合政府；由匈共改组而成的社会党只获得 11%的选票。

安特尔担任总理后，为了要解决和波兰一样严重的经济问题，也采行市场经济，引进私有化制度，结果却不成功，不但出现大批失业人口，物价也不断地飙涨，达到每年 20%，另外还有贪污、舞弊、犯罪率高等等问题。人民至为不满，党内也为此出现争论，开始分裂。更不幸的是，安特尔在四年任期未满就病死了。结果由原先匈牙利共产党改组的社会党获得一部份保守政党支持，在 1994 年 5 月的国会大选中竟获得超过半数席次，取得政权。但社会党在 1998 年又被选下台，由一位欧尔班·维克托（Orbán Viktor）所领导的青年民主主义者联盟－匈牙利公民联盟（青民盟，Fidesz）取而代之，再度成立一个中间偏右的联合政府。

到了 2002 年，社会党又击败青民盟，东山再起，并在 2006 年 5 月大选再度获胜。连选连任的总理久尔恰尼·费伦茨（Gyurcsány Ferenc）却在党内的一次闭门会议中对党员撂重话，说社会党在过去四年完全没有做出任何值得夸耀的政绩，而是靠说谎赢得胜选；并且在演讲中满口脏话，出现十几次极其粗鄙、下流的字眼。不料有一个广播电台秘密取得他的演讲录音，在当年 9 月播出，结果引起全国民众不满，爆发长达十天的示威及暴乱。

一般认为，此一事件是造成青民盟于 2010 年赢得大选而重新执政，并且获得超过三分之二国会席次，取得绝对掌控权的主因；不但如此，青民盟在此后又三次赢得大选，欧尔班也一再连任总理。反观社会党则是连续大败，越来越弱，已经沦为无足轻重的小党。

值得注意的是，从 2011 年起，欧尔班多次利用青民盟掌控国会的绝对优势发动修宪而扩张行政权，同时削弱司法权，又通过一项对青民盟有利的新选举法。由于此一改变，青民盟虽然在 2014 年只得到 44%选票（从原先 2010 年的 52%下降），却仍能维持在国会中超过三分之二的绝对多数席次。2015 年，当欧洲因为中东战乱而发生难民涌入危机时，欧尔班采取强硬的措施阻止难民（大多是叙利亚人）进入，遭到许多欧盟国家批评，却得到許多民众表示支持。在其后 2018 年及 2022 年的两次大选中，青民盟的得票率已经回升到 2010 年的水平，因而政权可说十分稳固。

在外交上，欧尔班选择与俄罗斯、中国保持密切的关系，而无视于俄罗斯侵略乌克兰及中共在香港反人权的强制行动（详见下一章）；他又主张所谓的"非自由民主"理念及"疑欧论"。欧尔班的所作所为使得多数欧盟国家极为不满，认为匈牙利已经转变为一个民粹主义的极右威权政体，欧洲会议更批评："匈牙利已经不再是一个完全民主的国家"，声称将考虑停止匈牙利在欧盟中的部分权利，至今对欧尔班却是无可奈何，而欧盟国家中也有一部分右派民粹主义政党对欧尔班热烈表示赞同。

接着说捷克斯洛伐克。哈维尔领导丝绒革命后，于 1990 年 4 月将国名改为"捷克和斯洛伐克联邦共和国"。但捷克和斯洛伐克在历史上从来不是一个国家，而是由两个分立的个体组成的联邦，两者在宗教信仰及经济发展也有相当大的差异，因而双方都有一部份人民表示不愿继续生活在同一个屋檐下，并爆发群众示威运动，要求分离。捷克总理克劳斯（Václav Klaus）与斯洛伐克总理梅恰尔（Vladimir

Meciar）于是受命密集讨论分离的协议，并宣布于 1993 年元旦正式分家。由于分手过程极为和平有序，没有发任何流血冲突，因而一般称之为"丝绒分离"，与先前的丝绒革命互相辉映。

克劳斯原是哈维尔领导的"公民论坛"的一员大将，后来由于被选为总统的哈维尔不愿再领导公民论坛，克劳斯于是另行成立一个右翼政党，称为公民民主党（ODS），并在选举后成为第一任捷克共和国总理，领导一个联合政府。1998 年，一个中间偏左的社会民主党（ČSSD）起而取代公民民主党，成立另一个联合政府。此后二十几年，由于捷克始终没有一个政党在国会中过半，所以总是由中间派，或偏左，或偏右的联合政府轮流执政。

梅恰尔曾在旧日的共产政权里担任过内政部长，兼管秘密警察，在斯洛伐克独自建国后也担任第一任总理。但其本人及其所领导的"斯洛伐克民主运动"（Movement for a Democratic Slovakia）都具有威权及民粹色彩，在 1998 年被右派及中间派组织的联合政府取代。此后斯洛伐克的政党又不断地消失或新生，但和捷克一样，总是由中间偏左及中间偏右的政党各自组成联盟，轮流执政。

1989 年后的保加利亚

如前一章所述，保加利亚的反对党民主力量联盟在 1991 年底举行的第二次国会大选中击败社会党，顺利组阁。但由于保加利亚和部分其他东欧国家一样，企图采取"休克疗法"以解决经济凋弊的大问题，而同样也失败了，不但经济持续衰退，同时引发通货膨胀，以及贪腐问题（保加利亚被认为是欧洲贪腐最严重的国家之一），使得该国社会始终处于动荡不安。

保加利亚实施单一国会制，国家的真正领导人不是总统，而是总理；但在前六年里竟出现五位总理，并且分属民主力量联盟、独立人士及社会党，足以说明其政治混乱的情况。1997 年，在全国人民为恶性通货膨胀而爆发剧烈的抗议运动中，执政的社会党被迫下台。但民主力量联盟接手后也还是无法解决上述的种种问题，结果竟在

2001 年被一个由退位已有五十年的保加利亚沙皇西美昂二世（Simeon II）所创立的新政党取代。

西美昂二世当年被共产党逼迫退位时只有九岁，后来却经商而成为巨富。他在竞选期间誓言将快速发展经济，引进外资，因而获得人民支持，顺利组阁。在他执政期间，保加利亚经济果然快速成长，人均所得超过一倍，但他所做的其他承诺，如解决失业、贫富不均及治安问题仍然十分严重；其结果是社会党在 2005 年的大选中获胜，西美昂二世领导的政党只得到第二多票，只能在联合内阁中扮演次要角色。

但就在西美昂二世败选的 2005 年，他所领导的政党中有一位曾是著名运动员的官员鲍里索夫（Boyko Borisov）决定脱党，独立参选而成为首都索非亚的市长。第二年，他又创立一个中间偏右的"保加利亚欧洲发展公民党"（GERB），並且在 2009 年一举击败社会党，成为此后保加利亚最大、最有影响力的政党。西美昂二世由于得票越来越少，只得退出政坛。社会党及民主力量联盟在 GERB 及许多新起的政党的竞争之下，也逐渐失去选票，沦为小党。

但本书在此必须指出，保加利亚由于前述的经济、通膨、治安及贪腐等等的问题始终无法解决，人民失望而大量移民国外，生育率更远低于死亡率；其结果是人口大幅下降，竟从 1989 年的 900 万人降到只剩下 2022 年的 645 万，减少将近三成。其他东欧国家有一部分虽然也略有降低的趋势，并没有一个像保加利亚如此严重；即便是本章后面将要叙述，发生大战乱的波斯尼亚，人口也只减少了二成。

1989 年后的罗马尼亚

接着说罗马尼亚。当初罗马尼亚共产党倒台的过程与众不同，是南斯拉夫之外唯一发生严重流血事件的东欧国家。不过由于齐奥塞斯库政权在后期太快被推倒，有力量的反对党还来不及组织，只出现许多零星小党，共产党却迅速地改组成立"救国阵线"，并赢得大选，成立新政府，而仍然牢牢地掌握政权。人民对此当然无法接受，反对人士及激进学生于是以选举舞弊为由拒绝承认新政府，并在首都布加勒斯特发起示威抗议。警察及宪兵奉命镇压，不料引发更大的暴乱，导致警政总部、国家电视台、外交部大楼都被捣毁。

但由于齐奥塞斯库是因为军队拒绝镇压群众而被推翻的，新当选为总统的伊利埃斯库不敢命令军队镇压学生，只能"呼吁人民起来保护新政府"。这时，在首都西边三百多公里外全国最大的一个煤矿区朱谷（Jiu Valley）竟有上万名矿工起而响应，来到首都，将示威群众打得头破血流。这些矿工其实是由新政府的情报局劝诱，并安排专列火车载运到首都的。

救国阵线后来改名为"罗马尼亚社会民主党"，但还是没有能力进行改革。布加勒斯特因而又不断地发生反政府抗争事件，矿工又每次被请来为政府解围。然而，政府对工人承诺的优惠条件渐渐无法兑现。矿工自认受骗，转而发起示威，向政府要求补偿，却仍是拿不到，工人最后不再相信政府。最终，社民党在 1996 年的国会及总统大选都大败，由一个中间派及右派政党组成的联盟"罗马尼亚民主议会"（Romanian Democratic Convention）取得政权。

但新总统康斯坦丁内斯库（Emil Constantinescu）也无法迅速推动改革，主要原因是改革需要资金，而世界银行及国际货币基金（IMF）都要求罗马尼亚政府推动私有化，并不得继续补贴煤矿及其他没有绩效的企业，否则不愿提供贷款。这其实也和波兰所采行的休克疗法类似，或能帮助罗马尼亚，却是一剂苦药，恐怕不容易吞，但康斯坦丁内斯库只能接受，同意逐步进行。煤矿工人于是又到首都示威抗议，但最终矿区还是一一被关闭，大部分工人被迫接受辅导退休或转业。到了 2000 年，伊利埃斯库又领导经过重组的社会民主党重新取得政权，不过由于经济改革已经启动，他在上台后只能维持同样的路线。2004 年之后，新政府大多是由自由、保守的政党掌控，改革的政策大致就维持不变了。

事实上，罗马尼亚既有良好的农业基础，又拥有丰富的石油及天然气蕴藏，只是在原有的僵硬体制及贪腐官僚统治之下无法发展，而在推动新政策之后，经济开始发展，成长迅猛。依据世界银行的资料，罗马尼亚的人均所得在 1999 年及 2008 各为美金 1,610 元及 8,800 元，十年之间成长达到四倍半，十分惊人。在此期间，与罗马尼亚有密切贸易关系的西欧国家因而称之为"东方之虎"。

阿尔巴尼亚的转型正义

如前所述，阿尔巴尼亚共产党总书记阿利雅虽然是由独裁专制的霍查一手培养，却毫不犹豫地放弃马列主义，主动配合人民、学生和反对党推动民主化，过程迅速、和平而不流血。1991 年，当他领导由共产党改名的社会党赢得临时选举时，也同意国会及总统任期都只有一年，使得反对力量民主党有机会在 1992 年正式选举中夺得国会多数席次；同时，民主党推出的总统候选人贝里沙（Sali Berisha）也顺利当选。

贝里沙开始执政后，决定推动市场经济，引进外资，同意国企私有化，阿尔巴尼亚的国民所得由此大幅增加。然而，令人意想不到的是，他竟下令逮捕阿利雅和旧政府的总理、副总理等多人，又起诉他们，罪名是他们在先前任职期间滥用职权，侵占国有财产等等。但阿利亚表示不能接受如此以政治斗争的方式清算社会党，要求审判时由电视公开转播，却被拒绝。最后，所有被告都被判刑，阿利雅也被判处九年有期徒刑，后来虽然获得减刑，但也坐了三年牢，到 1995 年 7 月才出狱。

必须指出，类似的情形先前也发生于其他东欧国家，但结果与保加利亚明显不同。以波兰为例，雅鲁泽尔斯基从 1981 年开始担任共产党总书记之后就迫害瓦文萨和团结工会联成员，后来却同意与团结工会达成谅解及合作，并共同召开圆桌会议；因而，波兰新政府在波共下台后并未清算旧政府的领导人。反观阿尔巴尼亚，阿利雅从 1985 年开始执政后并未迫害反政府人士，贝里沙原本是一位名医，也不是反抗运动领导人，更不曾遭受过迫害；因而，有很多人质疑他在掌权后是否有必要如此对待阿利雅。

不料阿利雅出狱后只有七个月又遭到逮捕，被起诉他在共产党统治期间犯了"种族灭绝罪"。但不久后，由于阿尔巴尼亚发生一个全国性的庞氏骗局破灭大案，导致无数人倾家荡产，引发大动乱，阿利雅于是趁乱逃到国外。

阿尔巴尼亚的庞氏骗局案其实在贝里沙执政不久后就已经开始了，其规模之大，也造成一部分经济成长的假象。由于民主党政府及总统贝里沙都表示支持，许多人蜂拥投入，据估计，竟有 85 万人参加投资，约占全国人口的三成。但依靠发出不正常的高利息支撑的骗局最终还是在 1996 年底破灭了，惊慌失措的民众立刻走上街头，痛骂民主党；一直以来备受打压的社会党于是趁势而起，内战立刻爆发。不过由于联合国应邀派维和部队来维持秩序及进行调解，贝里沙也接受建议重新举行国会大选，战争只进行半年后就结束了。

选举结果社会党大胜，重新执政。同时，两党进行和解，同意共同建立一个民主、自由的政治制度，强化行政效率，尊重司法独立，并与西方国家接轨。此后社会党与民主党基本上是由选民投票决定而轮流执政。其间两党之间当然还是明争暗斗，但总是和平移转政权，不再有大规模的流血事件。从经济上看，阿尔巴尼亚原本就落后于东欧各国，但从 2000 至 2009 年的十年间飞快成长了四倍，人均所得也超过了美金 4000 元。

南斯拉夫的三次内战及科索沃战争

当东欧各国纷纷爆发民主化革命后，南斯拉夫的六个加盟国也不例外，各自宣告独立，但如上一章所述，塞尔维亚总统米洛舍维奇却强行阻止其他加盟国脱离联邦，内战于是爆发，并且不只一次，而是三次，还要再加上一次塞尔维亚自己境内的科索沃战争。

● 斯洛文尼亚及克罗地亚战争

1991 年 6 月，斯洛文尼亚及克罗地亚同时宣布独立。米洛舍维奇立刻向两国宣战，派军队进入。不过两者国情不同，结局也不同。

由于斯洛文尼亚并未与塞尔维亚接界，人口中塞尔维亚裔也不多，所以战争进行十天后就接受国际调解。克罗地亚的独立战争却是长期的战争。米洛舍维奇不仅出动"南斯拉夫联邦军"到克罗地亚，又在其境内扶植塞尔维亚族裔成立"克拉伊纳共和国"（Krajina），宣布独立，组织军队与南斯拉夫联邦军并肩作战。双方军队各自屠杀非我族类的平民竟成为常态，原本是邻居的不同族群瞬间成为不共戴天的敌人，因而有数千人死亡，另有五十万人无家可归，逃到国外。

● 波斯尼亚战争

波斯尼亚及黑塞哥维那（简称"波黑"，或单称波斯尼亚）位置在塞尔维亚与克罗地亚之间，人口不过四百多万人，种族却很复杂。如果按人口数排列，依次为波斯尼亚人、塞尔维亚族裔及克罗地亚族裔，而分别信仰伊斯兰教、东正教及天主教。三个不同族裔的代表正在国会中为如何组织新政府而争执不下时，塞尔维亚族裔竟接受米洛舍维奇的扶植，自行成立一个"塞族共和国"。波斯尼亚人与克罗地亚人只得合作，并肩作战，波斯尼亚战争与克罗地亚战争因而是同步进行的。1992 年 3 月起，塞族共和国军队与南斯拉夫联邦军会合，包围波斯尼亚首都萨拉热窝，长达三年又十个月。

由于塞尔维亚人对波斯尼亚人进行集体强奸、大屠杀及蓄意灭绝种族等非理性的行为，据估计造成至少十万人死亡，联合国及北约决定派维和部队到波黑，以制止暴行。不料塞尔维亚军队竟出兵到维和部队进驻保护的斯雷布雷尼察（Srebrenica）地区，公然屠杀约八千名男子，又集体强奸妇女。另有塞族军队肆意炮击萨拉热窝的市场，造成数百名平民伤亡。北约无法忍耐，下令空军对塞尔维亚军队发起连续三星期大轰炸。塞尔维亚不支，地面部队又被克罗地亚及波斯尼亚联军击败，只得同意停战撤军。三方最后在联合国的监督下于1995 年 12 月签署和平协定，互相承认独立。

● 科索沃战争

米洛舍维奇不断地鼓吹民族主义，一心想要建立一个"大塞尔维亚国"，不料在对外发动三次战争失败后，自己国内也爆发科索沃战争（Kosovo War）。

科索沃位于塞尔维亚南部，居民中大部分却是信奉伊斯兰教的阿尔巴尼亚裔，是从十五世纪该地被奥斯曼帝国征服后从邻近的阿尔巴尼亚逐渐移居过来的。米洛舍维奇一向歧视异教徒及异族人，因而在 1989 年宣布取消科索沃的自治权，将铁托所任命的政府官员大部分换成塞尔维亚人，又鼓励塞尔维亚人大量移民到科索沃。阿尔巴尼亚裔至为不满，遂起而反抗；其中有一支"科索沃解放军"在米洛舍维奇对外发动三次战争期间逐渐壮大，而在 1996 年 4 月突然对境内的塞尔维亚军、警、特务发动攻击。米洛舍维奇下令反击，战争从此逐渐升温，至 1998 年达到高峰。

由于塞尔维亚军队极端残忍，造成死亡人数近万，另有二十几万人流离失所，北约又决定介入，从 1999 年 3 月起对塞尔维亚进行大轰炸，长达两个半月。塞尔维亚又不支，只得同意从科索沃撤军。战后科索沃先由北约多国部队进驻，后来转交联合国托管。

西方国家认为米洛舍维奇在多次前南斯拉夫的内战中犯下无数次屠杀平民及种族清洗的罪行，向海牙国际法庭提出指控，称之为屠夫。2001 年，塞尔维亚新政府下令逮捕米洛舍维奇，然后将他送交海牙国际法庭受审。五年后，米洛舍维奇死于被羁押的牢中，但究竟是病死，或自杀，或其他原因，至今仍有争议。

米洛舍维奇的前半生可说十分不幸：在幼年时，他的父母就离婚了；21 岁时，父亲自杀；31 岁时，母亲又自杀身亡。有人认为，这些不幸对他日后的性格可能产生极为负面的影响，并导致上述他的种种极端暴戾行为。

第17章

1991 年后的俄罗斯、乌克兰及其他前苏联加盟共和国

本书上一章叙述了 1989 年之后东欧八国的演变，本章接着叙述 1991 年苏联解体后其原本十五个加盟国的后续变化。由于各国的国情不同，各自的后续变化自然也都不同，不过如同上一章一样，我在分述各国的变化之前，有必要先指出几个发生在各国的共同问题及现象。

首先，由于苏联是在长期混乱中突然解体，十五个加盟共和国大多无法立即因应，因而大多显得慌乱，这和东欧八国大多有时间讨论如何过渡到民主化的情况极为不同；其结果是，除了波罗的海三小国的转型过程比较平顺之外，其他各国大多发生内部冲突，或是内战，或与邻国之间的战争。

其次，由于俄罗斯是前苏联加盟共和国中的超级大国，其先后的领导人叶利钦及普京又明显有干预其他国家的企图，因而，除了波罗的海三小国之外、其余各国的后续发展，包括内部斗争，或对内、对外的战争，无不受到俄罗斯极大的影响。

最后，各国在苏联 819 政变之后虽然都停止共产党一党专政而改采多党制，实际上只有少数发展为具有实质性的民主政治制度，大多还是落入各种不同形式的极权独裁统治。有一部分历史家评论，这正是戈尔巴乔夫改革不幸未能成功的后遗症。

为讨论顺序方便，我将先叙述波罗的海三小国，其次说旧苏联的三个核心国家，即是俄罗斯、白俄罗斯、乌克兰，再说高加索三国，最后说中亚五国。

波罗的海三小国在独立后的变化及发展

首先必须指出，在立陶宛独立运动的过程中，共产党总书记布拉藻斯卡斯曾积极投入，甚至不惜与苏共决裂，带领党员另行组党；因而深获民心。1992 年 10 月，立陶宛举行独立后的第一次国会大选，布拉藻斯卡斯不仅领导其所创立的"民主劳工党"击败了曾经领导立陶宛独立运动的萨尤季斯所组成的选举联盟而获胜，自己也在次年初获选为立陶宛第一任总统。

布拉藻斯卡斯在 1997 年任满下台，阿达姆库斯（Valdas Adamkus）继其后获选为总统，过程极为特别而有趣。他在幼年时随父母逃离立陶宛，移民到美国生活将近五十年，曾经担任环保署的高官。苏联改革开放后，阿达姆库斯开始频繁回国探访，退休后又决定回国定居，并申请放弃美国国籍而取得母国公民的身份，获得法院裁定取得竞选总统的资格，又顺利当选。阿达姆库斯担任两届总统之后，立陶宛人民又在 2009 年选了一位旧日的共产党员格里包斯凯特（Dalia Grybauskaitė）担任总统，不过她早在苏联解体之前就已经退党，并曾赴美国留学。事实上，依立陶宛宪法规定，总统在当选后都必须退出政党。

立陶宛国会也渐渐形成政党轮替。2001 年，民主劳工党决定加入已有百年历史的社会民主党而消失。此后，新的社民党与原先萨尤季斯改组而成立的"祖国联盟－立陶宛基督教民主党"(TS-LKD)一直是立陶宛最重要的两个政党，互相进行和平竞争，互有胜负。

拉脱维亚及爱沙尼亚与立陶宛国情类似，但有两点不同。首先，立陶宛和波兰一样采半总统制，拉脱维亚及爱沙尼亚却是采取议会制，总统只是虚位的元首。其次，在两国国会中以偏右党派及中间派居多，偏左的党派在议会中从来不是多数派，所以没有执政的机会，即便在拉脱维亚位居第一大党的"社会民主党"也始终只是主要的反对党。

从叶利钦到普京——苏联解体后的俄罗斯

如前面指出，在旧苏联的十五个共和国中，俄罗斯无疑是最重要的一个，因为俄罗斯的人口占苏联的一半，土地占四分之三，经济规模约占三分之二。当叶利钦当选为俄罗斯总统，又决定要带领俄罗斯脱离苏联时，戈尔巴乔夫其实已经无法阻止苏联解体。

叶利钦一向批评戈尔巴乔夫只说不做，以致于国家混乱，人民贫困，等到独立后，他就必须自己面对问题，寻求迅速解决的办法。然而，现代史家几乎一致同意，叶利钦带给俄罗斯的是更严重的混乱及贫困。幸而，他选择的继任者普京解决了大部分他所留下的烂摊子，不过在普京长期执政下，又有许多新的问题产生出来。以下分段叙述其中的演变。

● 叶利钦经济改革的失败

叶利钦其实在 1991 年 7 月当选为俄罗斯总统之后就已经决定要着手解决经济的陈疴，于是任命两位年轻的财经专家，盖达尔（Yegor Gaidar）及丘拜斯（Anatoly Chubais），赋予重责大任。

盖达尔担任财政部长，主张效法波兰采行"休克疗法"，采行剧烈改革的方式以加速推动市场经济，立即解除物价管制，大幅裁掉国有企业的工人。丘拜斯被任命为"俄罗斯联邦国有财产管理委员会"（State Committee for State Property Management of the Russian Federation）的主席。他在先前担任列宁格勒市副市长期间曾经研议如何参考捷克、匈牙利的作法以推动私有化，这时获得叶利钦同意，按人头数免费发给人民"凭证"（voucher）（每一凭证代表国企将来发行的一张股票），以便迅速推动国有企业私有化。

然而，俄罗斯的经济改革尚未看到成效，卢布就已经大幅贬值，同时发生恶性通货膨胀，使得数百万俄罗斯人立刻陷入贫困；再加上许多工厂被关闭，大批工人失业，使得人民无不痛恨切齿。副总统鲁茨科伊（Alexander Rutskoy）及最高苏维埃主席哈斯布拉托夫（Ruslan

Khasbulatov）因而对休克疗法深恶痛绝，反对继续这种改革路线。

　　鲁茨科伊曾是阿富汗战争时著名的空军飞行员，在多年后仍是百姓心目中的英雄；哈斯布拉托夫是一位知名的经济学者。两人在叶利钦与戈尔巴乔夫互斗时都坚决地支持叶利钦，这时却与他反目相向。但叶利钦决定不顾一切推动改革，也仍然信赖盖达尔，不但请他暂代总理，又请最高苏维埃同意他正式担任总理，结果却遭到否决。叶利钦大怒，说最高苏维埃是"保守及反动力量的堡垒"。双方关系于是恶化，竟导致叶利钦所提的每一个议案都在国会中被否决。

● 俄罗斯的宪政危机及七寡头

　　叶利钦无法忍耐国会的抵制，在 1993 年 9 月突然宣布解散最高苏维埃，提出修宪的要求。但宪法法庭裁定叶利钦的命令违宪，鲁茨科伊也召开人民代表大会，通过对叶利钦的弹劾案，双方的恶斗于是演变成为宪政危机。保守派占据"白宫"（政府大楼，在莫斯科），号召人民起来反对叶尔钦。但叶利钦宣布进入紧急状态，下令坦克攻占白宫，造成数百人死伤。鲁茨科伊和哈斯布拉托夫都被捕，经起诉后都被判刑，不过后来都获得特赦。

　　叶利钦接着亲自主导修宪，新宪法的主要内容是将国会从一院制改为两院制，在国家杜马（即是下议院）之外增设一个不经选举产生的联邦委员会（即上议院），又授予总统在一定条件下有权解散国会，重新举行大选；总统的权力因而扩大。盖达尔及丘拜斯虽然没有受命为总理，在后来数年中却相继担任第一副总理，继续推动改革。

　　然而，推动激进改革路线的结果是导致国家迅速朝向贫富不均及寡占倾斜，前述的"凭证式私有化"（voucher privatization）政策尤其是造成寡占的重要因素。由于人民太穷，对未来也没有信心，纷纷将政府发给的凭证贱卖给财团，其中又有官商勾结，国有企业及银行因而大多被少数迅速崛起的黑色及灰色资本家低价收购。俄罗斯于是出现垄断经济的所谓"七寡头"，其中的代表人物是别列佐夫斯基（Boris Berezovsky）及霍多尔科夫斯基（Mikhail Khodorkovsky）。前者原本从事汽车、贸易、金融业，后来收购了多家重化工业国企，又控制了媒体及黑白两道。后者以倒卖假酒及私人银行起家，然后也开始收购国有企业，尤其是在 1995 年收购尤科斯（Yukos）石油公司之后立即成为世界知名的石油业巨无霸。

七寡头的共同点是与叶利钦关系密切，通常经由总统顾问，即是他的女儿塔蒂亚娜（Tatyana Dyachenko）与他联系，因而得以吞食国企，掌控国家经济及金融，又干预政治，可谓明目张胆，肆无忌惮。

● 俄罗斯内战——两次车臣战争

叶利钦执政期间除了政治及经济混乱，还发生两次车臣战争，是影响巨大的内战。车臣（Chechnya）的地理位置在北高加索地区，南接乔治亚。车臣人口不多，但在历史上以勇猛善战，桀傲不驯闻名远近。十九世纪中，车臣曾与印古什（Ingushetia）及达吉斯坦（Dagestan）等少数民族联合，与数十万沙俄军队打了五十几年的战争，最后才终于臣服。但一部份车臣及印古什人仍然心怀不甘，在二次大战期间德国进攻苏联时趁机起而反抗苏联。斯大林因而在二次大战后以其与纳粹德国合作为由，将五十万车臣及印古什人放逐到西伯利亚，其中有十五万人死于半路上；赫鲁晓夫执政后，才允许这些人回到高加索的故乡。到了苏联解体时，车臣仍属俄罗斯，但由于旧恨新仇，人民反俄罗斯情结极为浓烈，目标始终是独立建国。

车臣的领导人杜达耶夫（Dzhokhar Dudayev）生于 1944 年，也就是二次大战结束前一年，所以尚未足岁就由父母亲抱着，一起被流放异乡，幸而活下来，到 13 岁时才又跟着父母回到车臣故土。他后来从军，曾是阿富汗战争的英雄，官至少将，又曾奉派率部队到爱沙尼亚，却因不愿镇压当地的独立运动而辞官返乡。

苏联在 1991 年发生 819 政变时，杜达耶夫立刻表示支持叶利钦反抗政变集团，同时领导车臣人一起推翻共产政权，并宣布独立。叶利钦因而认同杜达耶夫，承认他在车臣的地位，并同意撤出所有在车臣的俄罗斯军队。后来杜达耶夫却开始驱逐境内的俄罗斯人及乌克兰人，引起叶利钦的不满。1994 年 11 月，叶利钦下令出兵攻打车臣，第一次车臣战争于是爆发。当时车臣人口还不到一百万，俄罗斯国防部长夸口十天就能结束战争，结果却屡屡吃败仗，打了一年多仍是结束不了，有一些俄罗斯人甚至开始同情车臣而反对此一战争。

到了 1996 年 8 月，叶利钦怕战争影响自己竞选连任总统而与车臣签定和约，同意撤军。此一和约等于承认车臣独立，是车臣的一大胜利。然而，杜达耶夫不幸在签约之前不久被俄军的飞弹炸死；更不幸的是，车臣内部原本已有两派对立，这时开始分裂，其中的强硬派不顾温和派的劝阻，在俄罗斯全境进行绑架、暗杀等恐怖活动。俄罗斯人民及国际社会因而不再同情车臣。

1999 年 8 月，车臣强硬派又派兵入侵邻国达吉斯坦。俄罗斯新任的总理普京（Vladimir Putin）这时刚好上任，立刻出兵八万，发动第二次车臣战争，击溃车臣反抗军，占领车臣首都格罗兹尼（Grozny）。车臣温和派被迫退到乡下继续打游击战，强硬派在俄罗斯各大城市进行的恐怖活动却变本加厉，采取炸弹自杀恐怖攻击，造成俄罗斯社会惶惶不安。到了 2009 年，俄罗斯政府宣布结束对车臣的战争，但此后仍有零星的恐怖攻击事件发生。

由于普京对于此后俄罗斯的历史来说太重要了，所以有必要在此先详述他的出身。

● 普京的出身背景及经历

普京于 1952 年出生在列宁格勒，父母亲都是普通的工人。16 岁时，普京自己到 KGB 办事处去询问如何才能加入 KGB，被告知最好是服役退伍，或大学法律系毕业，于是考入列宁格勒大学法律系就读。毕业之后，他果然如愿以偿加入 KGB，又在 1985 年被派到东德担任谍报工作；1989 年底柏林围墙倒塌后，他却不得不回国，改而为列宁格勒苏维埃主席索布恰克（Anatoly Sobchak）工作，负责对外事务。

索布恰克原本是列宁格勒大学著名的经济学教授，也正是普京的论文指导教授。如第 15 章所述，在苏联改革开放时期，他曾和叶利钦、萨卡罗夫一样反对戈尔巴乔夫，属于激进民主派，也是"跨地区代表团"的五名联合主席之一。他在后来获选为列宁格勒苏维埃主席、并延揽一批年轻的学者研究市场经济及私有化，其中包括前述的丘拜斯，所以普京也与丘拜斯熟识。

1991 年 6 月，列宁格勒和其他苏联各城市一样废除苏维埃制度，改选市长，索布恰克又当选为市长，普京也继续跟着他，最终升任为副市长。不过索布恰克在 1996 年竞选连任圣彼得堡（由列宁格勒改名）市长时，竟遭到他的一名部属，即是另一位副市长，出马与他竞选，并在胜选后请普京留任为副市长。普京却认为他背叛索布恰克，断然拒绝，宁愿找其他工作。这时正好叶利钦第二次当选为俄罗斯总统，任命丘拜斯为总统办公厅主任，丘拜斯于是请普京到莫斯科，在总统办公厅里担任总务局的一名副局长。

出人意外的是，普京从此青云直上，不但在总统办公厅快速升迁，又在 1998 年 7 月被叶利钦任命为俄罗斯联邦安全局局长，几个月后又被擢升兼任国安会秘书。1999 年 8 月，叶利钦任命普京为总理。同年的最后一天，叶利钦突然宣布辞职，请普京代理总统。次年 5 月，普京又经由选举而当选总统，从此成为俄罗斯长期的国家领导人。

叶利钦（右）与普京（左）

● 普京接班

普京无疑是叶利钦选定的接班人，但叶利钦为什么必须找一位接班人？又为什么是普京？

事实上，叶利钦在执政后期不但是身体不行了，总统的位子也已经坐不稳。从经济数据看，依世界银行的统计，1991 到 1999 年之间俄罗斯的人均所得竟从美金 3,440 元降到只剩 1,750 元，刚好减半。经济数字这样难看，当然是由于政治、社会极端混乱的结果，人民也极为不满。

回溯 1993 年宪政危机爆发后，俄罗斯在修宪时取消党禁，共产党于是复起，并迅速壮大。1996 年，共产党党主席久加诺夫（Gennadiy Zyuganov）决定参选总统，来势汹汹，不但在选前民调支持度遥遥领先，又声称在当选后必定要追究叶利钦的贪腐及所有的政治责任。叶利钦又惊又惧，请七寡头共同捐数亿卢布以助选，同时利用七寡头所垄断的电视台及媒体抹黑久加诺夫，封锁一切对叶利钦不利的新闻，又使用舞弊、操控的手法，最后总算在这场不公正的选举中获胜而连任。

但 2000 年总统选举又即将来到，久加诺夫必定仍将代表共产党竞选总统，由于俄罗斯宪法规定总统只能连任两次，叶利钦只能找一位可靠，又有能力阻止久加诺夫当选的接班人。但为什么是普京？据一部分历史家研究，有很大一部分原因是叶利钦知道普京与索布恰克之间的过去。

回溯 1991 年，当 819 政变发生时，索布恰克到莫斯科与叶利钦一起商议反政变，但当他飞回列宁格勒时，KGB 已经预备在机场逮捕他；普京这时却说服列宁格勒军区领导人拒绝支持政变集团，并亲自率领武装警卫到机场迎接索布恰克，又由于列宁格勒的 KGB 与普京仍保持关系，所以不经交火就让他带索布恰克安全离开。

但在不久后，索布恰克又被检察官指控在任内滥用职权以图利亲属，只得逃到法国去隐居。当时索布恰克的故旧大多与他疏远，普京却与他继续来往。普京担任总理后，又对总检察长施压，使得索布恰克因为对他的指控撤销而得以回国。

总之，普京效忠、保护索布恰克，前后如一，不因索布恰克失势而改变。一般认为叶利钦可能认为，如果他指定普京为接班人，普京必能保护他本人和他的家属不受追究，如同过去保护索布恰克一样，而这正是他最需要的。

● 普京整肃七寡头

叶利钦既已选定普京接班，七寡头也没有其他选择，为了保护自己只能尽全力支持普京竞选总统。普京当选总统后，发布的第一道命令正是保护叶利钦及其家族中的人此后不受追究；不过他同时下令免去叶利钦的女儿的总统顾问职位，以划清界线。

至于七寡头，普京的态度就不一样了。事实上，俄罗斯有一部份官员对七寡头早已不满，其中最不满的是丘拜斯，在 1997 年回任第一副总理后对叶利钦进言，说那种"强盗式的资本主义"不能继续下去。当时七寡头之首别列佐夫斯基被称为"克里姆林宫的教父"，同时在国安会中担任委员，权势熏天，丘拜斯建议叶利钦将他解任，结果自己反而被迫辞职下台。

普京对七寡头也不以为然，在就任总统之后不久就开始整肃。他先派特种警察护送税务人员到七寡头之一的总部去查帐，然后将该寡头逮捕入狱，最后强迫他把所有资产以低价卖还给国家。不久后，别列佐夫斯基也被以贪污、扰乱金融、诈欺罪起诉，不得不在 2001 年逃到国外，但在 2013 年死于英国家中，死因不明。尤科斯石油公司总裁霍多尔柯夫斯基同样也在 2003 年以诈欺和逃税的罪名遭到起诉，财产被政府没收或拍卖，此后十年一直坐在牢里。

叶利钦时代的七寡头虽然都被整肃下去，却有许多新寡头窜出来。举一个例子，有一位德里帕斯卡（Oleg Deripaska）的寡头经由不断地并购，将他的俄罗斯铝业公司（Rusal）渐渐扩展成为全世界第二大的铝业公司，同时跨足金融、房地产、汽车等行业，据估计身价将近 300 亿美金。另有一位阿布拉莫维奇（Roman Abramovich）在 2003 年因为豪阔地出价收购英超切尔西（Chelsea）球队而名噪一时。其实阿布拉莫维奇用来买球队的钱只不过是他的财产的零头，而他的财产在俄罗斯富豪的排名还排不到十名内。

● 俄罗斯在普京统治之下的政治及经济发展

俄罗斯新寡头之所以出现，说明普京只是不能容忍七寡头跋扈而不受控制，又干预政治，并不是厌恶以寡头方式发展资本主义。但新寡头只能在普京允许的产业范围内运作，并与普京充分配合；至于关键性的产业，例如天然气和石油，普京决定收归国有，并加速开发俄罗斯丰富的蕴藏。俄罗斯的经济也因此而飞快成长。如前所述，俄罗斯的人均所得在叶利钦执政期间减半，但在普京执政后就从 1999 年的美金 1,710 元增加为 2007 年的 7,560 元，达到原来的 4 倍有余。

但普京并不以经济发展成功为满足，回顾 1999 年底普京在被任命为代理总统的前两天，就亲自撰文发表一篇文章，标题是《千年之交的俄罗斯》，其中说，俄罗斯传统的价值观就是爱国主义、强国主义，人民应该团结一致，支持俄罗斯成为一个强有力的国家。普京在当选总统之后，又在总统办公室墙上挂了一幅彼得一世的巨大画像，明显地表达了他意欲恢复俄罗斯历史的荣光。

普京若要实现其宏伟的目标，自然要动员一切力量来支持他。不过自从俄罗斯采行民主选举制度之后，可谓政党林立，其中最大的共产党拥有固定三成左右选票，但由于叶利钦在担任总统之后坚持不组党，普京在国家杜马里并没有自己能支配的力量。因而，在普京的授意之下，几个现有的政党在 2001 年合并成立一个新党，名为"统一俄罗斯"，并迅速成为俄罗斯第一大党，在后来历次国家杜马的选举中夺得超过一半，甚至七成以上的席次。俄罗斯共产党虽然还是第二大党，但席次越来越少，甚或低于一成，已经无法对统一俄罗斯党构成威胁。

但普京并没有透过修宪废除总统只能连任一次的限制，而是在

2008 年两任总统届满时请担任第一副总理的梅德韦杰夫（Dmitry Medvedev）参选总统，并在当选后任命普京为总理。梅德韦杰夫与普京一样，在列宁格勒大学就读时曾在索布恰克门下，又从年轻时就长期跟随普京，因而透过如此安排，普京仍是国家的真正领导人。到了 2012 年，普京又回任为总统，但同时修宪，将总统任期延长为 6 年，如此就可以再当 12 年总统。

在普京继续统治期间，俄罗斯的经济继续飞快成长，人均所得在 2013 年达到 15,200 元，比 2007 年又增加一倍，至为惊人。然而，俄罗斯的经济成长至此达到顶点，此后开始反向大幅下滑，其主因是普京在 2014 年下令出兵占领乌克兰所属的克里米亚半岛，导致苏联被逐出世界八大工业国组织（G8），其他七国（G7）又在美国领导之下对俄罗斯实施严厉的经济制裁。

但普京为什么下令出兵克里米亚呢？这就必须从乌克兰与俄罗斯之间的历史开始说起。

乌克兰与俄罗斯的历史纠葛及其独立后的困境

回顾历史，俄罗斯人、乌克兰人及白俄罗斯人其实同样都源出一个名叫"基辅罗斯"（Kievan Rus）的古国，是所谓的罗斯人，或称东斯拉夫人，属于斯拉夫民族的一部份。然而，蒙古人在十三世纪灭掉基辅罗斯，建立了一个金帐汗国，东斯拉夫人于是被打散；大致来说，以基辅为中心的乌克兰人是直接在蒙古人的统治之下，在基辅之北的白俄罗斯人始终与立陶宛人一起抗拒蒙古人，在更北方的俄罗斯人则对蒙古人缴纳税金，称臣入贡。

十五世纪时，有一位莫斯科大公领导俄罗斯人推翻金帐汗国，其后裔所建立的罗曼诺夫王朝逐渐强盛，在十八世纪吞并了白俄罗斯及乌克兰，又扩展到高加索、中业及西伯利亚。到了二十世纪，列宁推翻罗曼诺夫王朝，继承其整个疆土；苏联解体之后，俄罗斯、白俄罗斯及乌克兰与其他共和国一样，分别独立。

事实上，俄罗斯不但是前苏联共和国当中的巨无霸，在苏联解体后对其他共和国也仍然具有极大的影响力，其他共和国如不是倚赖俄罗斯，就是畏惧俄罗斯，或兼而有之；其中乌克兰及白俄罗斯由于和俄罗斯有前述的特殊历史及地缘关系，尤其小心谨慎。

● 乌克兰的经济难题——"黑海航运公司事件"及其影响

乌克兰在独立后也和俄罗斯一样，以寻求经济脱困为当务之急，决定推动自由化及私有化，但也一样导致企业破产，失业严重，贪污舞弊猖獗。当时一部分政府高层以私有化为名将国营企业贱卖给外国财团，而从中谋取私利，其中最令人瞩目的是由总统克拉夫丘克亲自签署的一项命令，预备将黑海航运公司（Black Sea Shipping Company）的股票释出给美国、英国及挪威的财团。

黑海航运公司已有一百六十年的历史，是当时规模排名世界第一的航运公司，拥有将近三百艘大型商船。因而，最高议会议员在命令发布后就群起反对，许多人民也走上街头示威游行，至为激愤。当时担任总理的库奇马（Leonid Kuchma）也愤而辞职，并在 1994 年参加第二次总统大选，结果击败克拉夫丘克而当选。库奇马在就任之后立即下令停止黑海航运释股案，但他除了继续推动经济自由化及私有化之外也拿不出其他的办法，改革的阵痛因而继续，而贪腐也依旧；不同的只是国企私有化的受益者从外国财团转为国内的寡头及黑帮分子，与俄罗斯类似。

库奇马在 1999 年连选连任总统后，乌克兰的经济也随着俄罗斯经济成长而快速成长，达到四倍有余。但他在内政方面渐趋独裁，不只操纵选举，又压制新闻自由，甚至被指控授意杀害一名高人气的新闻记者，但他矢口否认。

● 乌克兰与俄罗斯的关系——兼述克里米亚的历史问题

在外交方面，库奇马决定采取平衡的策略，一面与俄罗斯维持良好关系，一面拉拢美国及欧盟以引入资金及技术。但最重要的是，他知道必须小心翼翼地处理克里米亚问题。

　　克里米亚自古以来就是战略要地，黑海舰队从沙俄到苏联时代都以此为基地，也已有一百多年的历史。1954 年，赫鲁晓夫却把原本属于俄罗斯的克里米亚划为乌克兰的属地，其原因至今没有人能说清楚，克里米亚却因而在苏联解体后被划为乌克兰属地，其海军基地的使用权于是成为双方不能不讨论的议题。1997 年，俄罗斯与乌克兰签约，乌克兰同意俄罗斯以付费方式租借海军基地，其租金以俄罗斯供应乌克兰天然气的收入扣抵。此后在库奇马任内两国大致相安无事。

　　2005 年初，库奇马两任总统期满下台，新任总统尤先科（Viktor A Yushchenko）一向被认为是亲美反俄派，又娶了一位曾在美国里根及布什希政府里担任要职的乌克兰裔美国人为妻，乌俄之间从此进入多事之秋。尤其是，当乌克兰的亲俄及反俄两派互斗越来越激烈时，普京政府也越来越不安；有人开始主张，当初赫鲁晓夫把克里米亚划归乌克兰乃是错误的决定，克里米亚半岛上二百多万人口里有超过六成是俄罗斯人，所以本该属于俄罗斯。后来高加索地区发现越来越多石油及天然气，而都建造管线从黑海出口，普京更决心要直接控制克里米亚。

　　事实上，克里米亚原本是鞑靼人聚居之地，但斯大林在欧战即将结束时突然下令把半岛上四十几万鞑靼人强制流放到乌兹别克，宣称的理由与车臣一样，是为了要"惩罚"其在战争期间与纳粹德国合作。京林同时鼓励大批的俄罗斯人移居到克里米亚。戈尔巴乔夫掌权后，鞑靼人虽有将近二十万人获得准许而返乡，但人数已经远远少于俄罗斯人。

　　美国著名的历史学家史奈德（Timorthy Snyder）在他所写的一本《到不自由之路》（*The Road To Unfreedom*）里指出，普京在后来企图借极权统治以恢复大俄罗斯旧日版图及荣光，排斥个人主义的思想越来越浓烈。这从他下令重新出版一位在 1920 年代起流亡欧洲的法西斯主义者伊林（Ivan Ilyrin）的手稿、文集，安排将原本默默无闻的伊林的遗体从瑞士迁回莫斯科，隆重改葬，又亲自去献花，并在演讲中不断地引用伊林的理论，要求政府官员研读伊林的文章，都可以看得十分清楚。伊林曾说，任何主张将乌克兰从俄罗斯分离的言论都是俄罗斯的敌人，普京更是同感。

● 俄罗斯并吞克里米亚，入侵乌克兰

2010 年，乌克兰举行总统大选，亲俄及反俄势力又一次决战，结果亲俄的亚努科维奇（Viktor F. Yanukovych）仅以 3%之差获得胜选。两派争论的焦点之一，也是俄罗斯最为关注的，是关于乌克兰是否要加入欧盟的问题。回溯 1991 年到 2009 年之间，除了波罗的海三小国之外，已有 9 个东欧国家陆续申请加入欧盟，并获得接纳。这十几国大多同时也加入欧盟的军事组织，即是北约。由于乌克兰的民意多数倾向加入欧盟，亚努科维奇在选前也承诺将与欧盟签订拟议中的自由贸易协定。

但在普京眼中，欧盟及北约无疑已经东扩，并限缩俄罗斯的发展空间，因而决定予以反制，并开始倡议组织一个包括原先苏联 12 个加盟共和国在内（不包括波罗的海三小国）的欧亚经济联盟（Eurasian Economic Union，简称 EEU）。亚努科维奇因而受到极大的压力，不仅迟迟不与欧盟签约，又主张乌克兰加入 EEU，结果全国各地从 2013 年 11 月起爆发长期的大规模示威活动，并与警方发生严重冲突。

次年 2 月，亚努科维奇在动乱达到高峰时突然失踪，后来经证实已进入俄罗斯境内，乌克兰国会因而认定他是叛逃，罢黜他的总统职位。许多原本是亲俄派的人这时纷纷谴责亚努科维奇，宣布脱党而加入反俄派。数日后，亚努科维奇在俄罗斯公开露面，并向普京求助，不料普京的回应竟是派出特种部队攻占克里米亚。乌克兰部队无力抵抗，大部分投降。到了 3 月中，俄罗斯在克里米亚成立的最高会议动员居民举行公投，强迫民众依照指示在公投单上圈选，然后根据公投结果宣布克里米亚脱离乌克兰，加入俄罗斯联邦。

乌克兰拒绝承认克里米亚公投的结果，联合国也不承认。美国更发动 G7 对俄罗斯进行经济制裁，导致俄罗斯在其后数年中经济倒退

约三到四成，但已无法改变克里米亚的现状。普京却意犹未足，在 2022 年 2 月又出兵到乌克兰，意图将乌克兰东部的两个省也并入俄罗斯，理由是这里居民大多是俄裔。以美国为首的西方国家再度严厉谴责俄罗斯，并提供金钱及武器援助乌克兰。

不过到了 2025 年 1 月，由于美国新任总统特朗普（Donald Trump）所持的策略与前任的拜登（Joe Biden）迥然不同，俄乌战争开始发生天翻地覆的变化。特朗普表示有意缓和与俄罗斯的关系，要求俄乌停战以进行谈判，又宣称将大幅减少对乌克兰的援助，并说欧盟国家应负起援助乌克兰的主要责任，而不是美国。在特朗普强烈的要求之下，欧盟国家不得不开始增加对乌克兰的援助，并同意逐年增加国防预算，以求自保，而不是继续倚赖美国保卫自身的安全。同时，特朗普也继续要求俄乌两国停战，但到本书付印前，也还是无法让战争停下来。

特朗普其实早在八年前，也就是在 2017 年 1 月，就担任美国总统，只是在四年后的大选中败给拜登，不得不下台；又經四年，卻二度当选为总统。特朗普对俄乌战争为何有与拜登完全不同的态度呢？ 这与其对中国的政策明显有关，所以请容我在下一章讨论中国时再详细叙述。

卢卡申科在白俄罗斯独立后的独裁统治

白俄罗斯在独立后也和俄罗斯、乌克兰一样面临经济危机，也决定聘请外国顾问来协助进行经济改革，推动自由化及私有化政策，企图解除沈疴，但也一样越陷越深。白俄罗斯的贪腐问题尤其严重，引起人民极端不满，结果却被一位强人卢卡申科（Alexander Lukashenko）利用，强行把国家转变成为由其一人独裁统治的体制。

卢卡申科在苏联时代曾经担任过红军军官、国营农场党委书记等职。1993 年，正当全国人民痛恶贪腐时，卢卡申科被选为最高苏维埃反贪污委员会主席。他在半年内就提出报告，弹劾七十名高官。苏维埃主席舒什克维奇也名列其中，因而不得不辞职。第二年，卢卡申科挟其打贪的声望参选总统，顺利当选，接着又连选连任。后来他又经由人民公决修宪，废除不得连任两次以上的规定，连任三次、四次、五次，成为终身职的总统。

在内政上，卢卡申科与过去的共产党一样，以高压手段限制言论、出版、新闻及宗教自由，拒绝西方式的民主。反对派及西方国家指控卢卡申科在背后操纵选举，不承认其结果，却无可奈何。直到本书出版时，卢卡申科也仍是总统，被国际媒体称为"欧洲最后的独裁者"。

在经济政策上，卢卡申科开始执政后就表示反对西方式的震荡疗法，决定采取半计划经济，支持国营企业发展；结果与俄罗斯一样，经济破败，国民所得不断地下滑，但失业率也很低。等到普京取代叶利钦而上台后，白俄罗斯才因为获得俄罗斯供应低廉、稳定的石油、天然气，得以随俄罗斯经济迅速成长而跟着成长。白俄罗斯倚赖俄罗斯如此之深，卢卡申科因而更是与普京密切配合，在俄罗斯与乌克兰发生冲突时明确地表示支持俄罗斯，与普京站在一起，又一起对抗西方国家的抵制。

普京（左）与卢卡申科（右）

格鲁吉亚独立后的内战及谢瓦尔德纳泽的再起再落

格鲁吉亚在独立后的变化极为曲折，并发生一些耐人寻味的故事，以下分段简要叙述。

● 叶利钦介入格鲁吉亚内战

如前所述，格鲁吉亚在 1970 年代曾经有一位名叫加姆萨胡尔季亚的著名异议分子，因从事人权运动而遭到格鲁吉亚共产党第一书记谢瓦尔德纳泽流放。苏联解体前，他却是格鲁吉亚独立运动的重要领导人之一，因而在独立后被选为总统；但他面临的是内外交迫的困境。对内来说，经济疲弊，亟待解决；另有阿布哈兹及南奥塞梯等地因种族问题掀起的分离主义运动。对外来说，由于他在 1991 年苏联八一九事件时明显支持政变集团，因而触怒了叶利钦及许多欧美国家的领导人；后来他又拒绝让乔治亚加入独立国协，使得叶利钦更加愤怒。此外，他在对付分离主义者、政治反对派及媒体时竟都采取高压的手段，这和他先前的人权斗士形象完全相反，给国人及国际媒体的观感尤其恶劣。在他手底下的总理及一部分阁员因而纷纷离去，转而加入反对派。

1992 年初，反对派发动军事政变，叶利钦直接派俄罗斯部队参战。加姆萨胡尔季亚大败而逃，反对派共同推举前苏联外交部长谢瓦尔德纳泽为国家委员会主席。加姆萨胡尔季亚逃到车臣，接受杜达耶夫的保护，又在不久后回到格鲁吉亚组织反抗军。内战因而继续不断。

● 阿布哈兹之战、加姆萨胡尔季亚之死及叶利钦的再度介入

1993 年 8 月，格鲁吉亚政府军以搜捕叛军为名进入阿布哈兹地区，但政府军借机到处抢掠，阿布哈兹人起而反抗，另一场内战于是爆发。这时车臣及高加索地区其他少数民族也纷纷出兵，与阿布哈兹人并肩作战，结果格鲁吉亚政府军大败，溃不成军。居住在阿布哈兹的二十几万格鲁吉亚人都惊恐万分，害怕被杀，大多弃家而逃。

阿布哈兹之战后，加姆萨胡尔季亚也重新集结部队追击政府军残部，政府军又一次溃败，谢瓦尔德纳泽只得向叶利钦紧急求援。叶利钦原本就痛恶加姆萨胡尔季亚，更不喜他与车臣往来，于是邀请亚美尼亚、阿塞拜疆共同出兵。亚美尼亚及阿塞拜疆虽然一向敌对，但都是内陆国，都不希望加姆萨胡尔季亚在格鲁吉亚执政后控制黑海的出海港，限制本国的发展，因而也同意出兵。

但三国一同出兵另有一个先决条件：格鲁吉亚必须立即加入独立国协，成为会员国之一，谢瓦尔德纳泽也同意了。 加姆萨胡尔季亚无法抵挡三国同时出兵，大败而逃，但遭到围捕，举枪自尽。

● 谢瓦尔德纳泽贪腐政权下台及其后的俄乔关系

谢瓦尔德纳泽在 1995 年被选为总统，又在五年后连选连任。由于他曾是欧美各国政要的座上客，明显亲西方，甚至表示有意加入欧盟及北约，引起叶利钦极端不满，开始支持他的政敌。车臣战争爆发后，叶利钦又指称谢瓦尔德纳泽提供车臣游击队庇护，进一步介入格鲁吉亚境内的分离主义运动。

不过谢瓦尔德纳泽最令人非议的是放任妻子、儿子及亲信贪腐，以致国家经济始终混乱，犯罪猖獗，人民无不痛恨切齿。2003 年，格鲁吉亚举行国会选举，执政党又一次大胜，但人民普遍认为选举不公，引爆前所未有的大规模示威游行，史称"玫瑰革命"。谢瓦尔德纳泽早年曾以打贪着称，又具国际名声，在复出时原本是格鲁吉亚人希望之所系，最后竟背负家族贪腐的恶名而被迫辞职下台。

谢瓦尔德纳泽下台后，格鲁吉亚人选出的新总统也是亲美，也同样倾向加入欧盟及北约；普京更是不安，全力阻止。2008 年 8 月，俄罗斯同时出兵到格鲁吉亚境内的南奥塞梯及阿布哈兹，支持当地的自治政权发起对格鲁吉亚政府军的战争，又不顾西方国家反对，宣布承认两个地区独立。格鲁吉亚为此宣布退出独立国协，又对俄罗斯断交，但还是决定不加入欧盟及北约。

阿塞拜疆与亚美尼亚的冲突及和解的循环

关于阿塞拜疆与亚美尼亚之间的仇恨及冲突，我在先前已经多次指出与納卡地区的独立运动有关。不过我在此还要引述已故的萨卡罗夫发表过的一次评论。他说："对于阿塞拜疆人来说，夺取納卡只是为了领土野心；对納卡的亚美尼亚人来说，却是生或死的问题。"因而，不仅是住在納卡的亚美尼亚人全民皆兵，在亚美尼亚本土也有许多人自愿到納卡参战。

阿塞拜疆及亚美尼亚在 1991 年 9 月几乎同时分别宣布独立。亚美尼亚选出的第一任总统彼得罗相（Levon Ter-Petrosyan）正是长期以来纳卡独立运动的领导人。阿塞拜疆选出的第一任总统却是原共产党第一书记穆塔利博夫（Ayaz Mutallibov）。苏联这时既已解体，双方的冲突无人阻挡，自然升高。

由于亚美尼亚人口及武力都远远不及阿塞拜疆，彼得罗相极力拉拢叶利钦，并获得允诺支持。1992 年春天，亚美尼亚突然出兵占领纳卡的一个重要据点，并驱逐其中的阿塞拜疆人。穆塔利博夫为此被迫辞职。一位一向从事反苏活动的学者埃利奇别伊（Abulfaz Elchibey）被选为总统，立刻下令出兵纳卡，企图收复失土，结果却大败。埃利奇别伊大怒，下令将前线指挥官侯赛因诺夫（Surat Huseynov）撤职。不料侯塞因诺夫不服，竟叛变而回师向首都巴库前进。埃利奇别伊被迫逃亡。这时刚被选为阿塞拜疆国会议长的阿利耶夫与侯赛因诺夫谈判，以同意让他担任总理为条件，成功地阻止他继续叛乱。

阿利耶夫在苏联时代原本是 KGB 的官员，后来担任阿塞拜疆共产党第一书记，长达十三年，但如第 13 章所述，被戈尔巴乔夫强迫退休。苏联瓦解后，阿塞拜疆先后两任总统都想阻止阿利耶夫复出，却还是阻止不了。1993 年 10 月，七十岁的阿利耶夫经由选举当选为总统。当时全民投票率超过 97%，而其得票率几近 99%，一般认为足证选举造假，而完全操控在他的手中。

阿利耶夫当选总统后，仍然让侯赛因诺夫继续担任总理，同时下令出兵到卡拉巴克。但一如萨卡罗夫的评论，阿塞拜疆军队节节败退，到最后亚美尼亚人不只收复整个纳卡，又占领部分阿塞拜疆的土地，竟将纳卡与亚美尼亚连成一块。阿利耶夫不得不接受美国及俄罗斯联合调停，于 1994 年 5 月与亚美尼亚签署停火协议。侯赛因诺夫这时却因为不满签订停火协议而又一次发动政变，结果失败而被捕，遭到判刑。

此后，阿利耶夫仍然不断地经由谈判及外交努力企图拿回纳卡地区，但一直到他在 2003 年病死之前仍是无法达成愿望。不过在此期间两国基本上没有重大冲突，因而都能致力于经济建设。

阿塞拜疆由于产油，发展尤其迅速。阿利耶夫与外国油公司合作，开发国内丰富的石油蕴藏，陆续兴建三条大输油管，分别经由苏联、乔治亚及土耳其在黑海边的海港出口到欧洲各国。阿塞拜疆有了丰厚的石油收入，便能用以支持社会及经济建设计划，此后每年经济成长都达到 10%以上。阿利耶夫后来连选连任，又安排儿子接棒，所以在他死后阿塞拜疆仍是掌控在他的家族手中。

相对而言，亚美尼亚不产油，经济发展速度自然不如阿塞拜疆，其人口又不及阿塞拜疆的三分之一，因而两国国力越差越远。阿塞拜疆于是在 2020 年及 2023 年两度大举出兵，成功地收复整个纳卡地区，迫使当地的 10 万名亚美尼亚人弃家逃回本国。

亚美尼亚人至此明白，俄罗斯由于深陷于俄乌战争之中，已不再是可以仰仗的支持力量。美国总统特朗普这时虽然无法如愿促使俄乌停战，却希望削弱俄罗斯在高加索地区的控制力量，于是在阿塞拜疆与亚美尼亚两国之间介入调解。2025 年 8 月，阿塞拜疆总统与亚美尼亚总理在特朗普见证之下，于白宫草签一项和平协议，两国同意结束数十年来的敌对关系。这是历史性的一刻。不过两国是否能如协议所拟，与美国合作，顺利地共同发展经济，犹未可知。

苏联解体后的中亚五国

本章最后要讨论的是哈萨克斯坦、乌兹别克斯坦、土库曼斯坦、吉尔吉斯斯坦及塔吉克斯坦等中亚五国。这五国的人民原本都是以游牧为生，除了哈萨克斯坦及土库曼斯坦由于发现石油及天然气蕴藏，相对稍微富有，其余三国人均收入都很低。五国人民大多信仰伊斯兰教，但共产党的势力都非常强大。1991 年苏联八一九政变失败后，五国都解散共产党，放弃一党专政，又宣称将实施多党制。然而，五国之中有三国实际上并没有真正的反对力量出现，大多只是由共产党改名（如社会党、祖国党、人民民主党等），然后又继续执政；选出的总统大多也是原先的共产党领导人，并且实施总统制，以便独裁统治。

具体地说，哈萨克斯坦的纳扎尔巴耶夫（Nursultan Nazarbayev），乌兹别克斯坦的卡里莫夫（Islam Karimov）及土库曼斯坦的尼亚佐夫（Saparmurat Niyazov）在当选总统之前都是该国的共产党第一书记，根本没有人敢和他们竞选。他们后来也都连选连任，实际上是终身总统，在任都超过二十年，这三国的情况因而与先前一党专政的时代没有什么不同。

塔吉克斯坦及吉尔吉斯斯坦的情况却不同，以下分述。

● 塔吉克斯坦的战乱

塔吉克斯坦和前面提到的三个国家一样，共产党第一书记纳比耶夫（Rahmon Nabiyev）在 1991 年该国举行大选时也当选为总统。但许多反对势力认为选举舞弊，拒绝接受，并在发起强烈示威抗议后，共组一个联合反对派（United Tajik Opposition，UTO），内战立刻爆发。交战双方的背后都有不同的国外势力（政府军的背后是苏联及中亚其他四国，反抗军的背后是阿富汗圣战士及盖达组织等）、不同的伊斯兰教派及各种不同背景的民兵组织，十分复杂。

第二年，纳比耶夫遭到反抗军拦截捕获，被迫辞职下台，政权转到一位强悍的民兵领袖拉赫蒙诺夫（Emomali Rahmonov）手中，但内战仍然继续，一直打到 1997 年才由联合国及俄罗斯出面调停。由于内战惨烈，据估计至少造成十万人死亡，一百二十万人流离失所，境内遍地焦土，残垣断壁。

停火的条件之一是拉赫蒙诺夫同意让出一部分内阁部长的职位给联合反对派，不过联合反对派从此无法阻止拉赫蒙诺夫一再连任，担任终身总统至今。

关于塔吉克斯坦，还有一事必须一提。2007 年，拉赫蒙诺夫将自己的姓氏中的"诺夫"拿掉，回复为原来的姓"拉赫蒙"；不久后，塔吉克斯坦政府官员也纷纷跟着他一样改回塔吉克式的姓氏。拉赫蒙之所以能结束内战，又成为长期的国家领导人，无疑是靠俄罗斯的支持，却做如此动作，其背后的意义值得读者细细咀嚼。

● 吉尔吉斯斯坦的曲折演变

中亚五国当中，吉尔吉斯斯坦的演变最为不同，也最为曲折。该国在 1991 年选举总统时，原共产党第一书记和部长会议主席竞争激烈，互不相让，以致最高苏维埃无法决定，最后各方同意选一位经济学者兼大学校长，也不是共产党员的阿卡耶夫（Askar Akayev）为总统。令人惊讶的是，阿卡耶夫竟也能连续担任三届总统，一直到 2005 年才因为反对者指责他在国会议员选举中舞弊，又用人唯亲，意图培植儿女接棒，被迫辞职下台。在四个月后的总统直选中，由代理总统巴基耶夫（Kurmanbek Bakiyev）胜出。然而，吉尔吉斯斯坦在 2010 年又爆发第二次革命，将巴基耶夫赶下台。

一般认为，吉尔吉斯斯坦在五年内接连发生两次革命，都是由两位关键人物，奥通巴耶娃（Roza Otunbayeva）及阿坦巴耶夫（Almazbek Atambayev），领导反对人士发动的。奥通巴耶娃曾任驻美、驻英大使及外交部长，是中亚地区极不寻常的一位女性政治人物。阿坦巴耶夫是吉尔吉斯斯坦社会民主党（SDPK）的领导人。两人都痛斥巴基耶夫比前任的阿卡耶夫还要腐败，搞裙带政治，全家老小和亲戚都在政府中担任要职。

事实上，国际社会多年来早已认定吉尔吉斯斯坦贪腐成风，是全世界最糟糕的国家之一，但巴基耶夫下台的原因并不只是贪腐，而与外国势力关系更大。当时俄罗斯几乎完全控制吉尔吉斯斯坦的经济、技术及金融，包括供应石油、配置电力系统及提供钜额贷款，甚至控制了吉尔吉斯斯坦的新闻媒体。巴基耶夫从俄罗斯的贷款里中饱私囊，普京要求他停止将马纳斯空军基地（Manas Air Base）租借给美国（主要用于支援对阿富汗的战争），他却迟迟无法办到。

普京大失所望，决定不再支持巴基耶夫，下令瞬间大幅提高卖给吉尔吉斯斯坦的石油价格，迫使巴基耶夫不得不宣布油、电双涨，公共运输票价也齐涨，百姓群起抗议，引发暴动；同时，吉尔吉斯斯坦的媒体奉命铺天盖地报导有关巴基耶夫政府的负面新闻。两星期后，巴基耶夫就被迫下台了。

第二次政变后，奥通巴耶娃担任代理总统，在两个月内举办公投修宪，获得九成人民赞成将总统制改为半总统制，以增加议会的权力，同时把总统任期延长为六年，但限制不得连任。2011 年，阿坦巴耶夫代表吉尔吉斯斯坦社会民主党参选，当选为总统。一般认为，阿坦巴耶夫正直、廉洁，重视民主、自由、人权及司法独立，又大力拓展吉尔吉斯斯坦与欧美国家之间的外交及合作关系，明显企图减少对俄罗斯的倚赖。

2017 年，阿坦巴耶夫六年总统任期即将届满，有人建议他修宪以便连任，但他拒绝，转而支持担任总理的热恩别科夫（Sooronbay Jeenbekov）代表社会民主党参选。不料后来他发现，热恩别科夫比先前的两位总统更加贪腐。阿坦巴耶夫失望至极，与其公开决裂。2020 年，吉尔吉斯斯坦爆发第三次大规模抗争，热恩别科夫被迫辞职下台，但国家也越来越纷乱。

在混乱中，有一位扎帕罗夫（Sadyr Japarov）领导其所创立的一个民粹主义保守政党，名为"爱国"（Mekenchil），趁势而起，在 2021 年初重新举行的总统大选中获胜，取得政权。扎帕罗夫善于利用社群网路媒体宣传造势，有无数的支持者。与总统大选同时，扎帕罗夫也推动进行一项公投，获得压倒性的多数票同意改回总统制；后来，他又将总统任期改为五年，可以连任一次。自此以后，吉尔吉斯斯坦就逐渐走回极权独裁体制。在外交上，扎帕罗夫明显亲俄。许多西方观察家认为，俄罗斯之所以在侵略乌克兰之后而能躲过西方国家的一部分制裁，就是因为有一些极权国家在暗中提供协助，其中包括中亚五国。

不过就在 2025 年 12 月，日本新当选不久的首相高市早苗与中亚五国的领导人在东京举行峰会，发表"东京宣言"，宣布日本将在 5 年内投资 3 兆日圆，以共同发展各种商业合作计划。必须指出，自从苏联解体以来，中亚五国都与俄罗斯及中国保持密切关系，但因缺乏资金援助，无法突破经济发展瓶颈。一般认为，"东京宣言"将是中亚五国减少倚赖俄罗斯和中国，拉近与西方国家关系的开始。

第 18 章

1989 年后的中国——从"大国崛起"到新冷战

1991 年 8 月，就在苏联"八一九政变"发生后几天，邓小平在北戴河过八十七岁生日，和同志们谈论苏联问题，说："戈尔巴乔夫看上去聪明，实际上很笨；先把共产党搞掉了，他凭什么改革？"

后来有很多人赞同邓小平的看法，但也有很多人不同意，认为戈尔巴乔夫决定停止共产党一党专政是正确而必要的决定，因为共产党一党专政正是改革最大的阻碍；只是可惜他犯了很多错误，如在第 14 章及第 15 章所述，在用人、决策、赏罚、决断、思虑不周等等方面；也有人指出，戈尔巴乔夫在犯了这么多错误之后，如果不是在 1991 年的立陶宛一月事件及后来的八一九流产政变的过程中又犯了许多致命的错误，苏联最终也还是不会解体。

但无论如何，当时东欧已经完成民主化，苏联看来也即将解体，确实使得许多中共保守派心惊肉跳，担心同样的事情将会在中国重演，因而主张停止改革开放。但邓小平在同一天讲话时，却又说道："苏联的教训证明，中国走自己有特色的社会主义道路是正确的。这个特色的关键是以经济建设为中心，离开了这一条，什么口号也不灵。"这就意味，邓小平虽然不赞成政治改革，却坚持继续经济改革。

六四后中国经济发展的困境及邓小平第二次南巡

邓小平为什么坚持要继续经济改革呢？

回顾 1978 年，邓小平在开始推动改革开放时曾经说要让人民收入翻几番，早日脱离贫困，让中国迈向富强之路；然而，中国的改革开放虽然取得部分成功，到这时人均所得只有美金 320 元，是台湾的二十分之一，更只有美国的六十分之一。今后中国每年的经济成长率即使能维持在 10%，至少也要三、四十年后才能赶上美国，更何况在当时来看，中国的经济成长必定是迟缓，因为存在双重的阻力：其一，是欧美国家在六四事件之后仍然在抵制中国，并阻止世界银行及亚洲开发银行贷款给中国；其二，以陈云为首的保守派仍然在抗拒资本主义，坚持社会主义的计划经济。对于后者，邓小平心中尤其不满。

1991 年春节，邓小平到上海视察，发现上海的市容陈旧，连一栋摩天大楼也没有，更是不满。上海市委书记兼市长朱镕基向他简报，主张加速开发上海，又建议开发当时还是一片荒烟蔓草的浦东地区。邓小平大表赞同，到处参访，并发表讲话，说："改革开放是强国富民的唯一道路。""如果我们仍然囿于'姓社还是姓资'的诘难，那就只能坐失良机。"

1991 年春节邓小平（前左二）在上海会见朱镕基（前左一），杨尚昆（前右一）随行

　　邓小平离开后，上海《解放日报》又奉命继续刊出邓小平的讲话，但保守派不以为然，起而反驳。此后左、右两派围绕在"姓社或姓资？"的议题进行论战，而改革派很快就占了上风：4 月，中共中央宣布朱镕基升任为国务院副总理；9 月，原本夹在两派之间左右为难的总书记江泽民突然要求《人民日报》删改一篇明显批评改革开放的社论稿，被认为是借此表态向邓小平靠拢。

　　1992 年春节，邓小平又带领全家老小，由国家主席兼军委副主席杨尚昆陪同到深圳视察。杨尚昆的弟弟军委会秘书长杨白冰在接受访问时，脱口而出："中国人民解放军要为改革开放保驾护航。"回顾 1984 年初，邓小平曾经大举南巡，结果引领全国的经济发展风潮迅速地炽热起来，这第二次南巡对于中国的未来无疑又将发生重大的影响。

　　在深圳，邓小平目睹当年的一个小小渔村如今已是一片高楼大厦，又参观数家极为成功的民生用品及高科技公司，不禁欣喜万分，说："谁坚持改革开放，谁就上台；谁不搞改革开放，谁就下台"；"特区'姓社'，不'姓资'"；"要警惕'右'，但主要是防'左'"；"广东要力争用二十年的时间赶上亚洲四小龙。"

　　他又暗讽陈云，说："有的人，中国搞特区这么大的事，自己从来就不来看看，站在老远处指手划脚。"香港及国外媒体这时都大幅报导邓小平南巡之旅，江泽民也下令中共中央发出文件传达他的"南巡讲话"。到了 5 月初，陈云突然出现在上海的电视萤幕上，说非常赞成开发浦东。

　　中共接着在 10 月召开十四大，确立邓小平提出的"建设有中国特色的社会主义"理论。这时朱镕基又获得升任为七名政治局常委之一。朱镕基曾经长期在国家计委工作，熟悉工业及财经，头脑敏捷清晰，有大局观，行事大胆而果决。当他刚上任副总理时，全国各地的企业由于相互连环拖欠，形成"三角债"，总共达到三千多亿人民币，严重影响市场资金运转，但他只花一年就清理了其中的大部分，由此树立其权威，也因此被邓小平赋予财经重任。

另有一件大事必须指出，西藏自治区党委书记胡锦涛也在十四大之后被升任为政治局常委，又被邓小平指定为江泽民的接班人。这种隔代指定接班人的安排空前绝后，江泽民却无法不接受，日后也无法改变。不过由于邓小平这时坚持退休，并要求中央顾问委员会解散，包括陈云在内的成员和他一样也全部退休，江泽民因而既是掌握党政军，又免于老人干政，权力大增。

朱镕基与中国经济的发展

邓小平南巡后，中国的经济发展果然重新加速，但由于各省市的领导纷纷决定"大干快上"，唯恐落后，全国各地很快就出现过热的现象：到处都在兴建铁路、公路，盖高楼大厦，建新机场；地方银行又无限制地放款，用于设立经济开发区，设立新公司，盖新厂房；结果是导致严重的通货膨涨。1993 年 6 月，朱镕基不得不祭出"宏观调控"，发布《十六条》，其重点是控制货币发行，控制信贷，控制房地产市场，控制政府部门"乱"采购，禁止非法集资。朱镕基自兼中国人民银行行长，召集全国各地银行行长到北京，限令在四十天内收回所有非法的贷款，否则严惩不贷。

朱镕基下令于 1994 年元旦取消物价及汇率双轨制，更是一件大事。回顾 1988 年邓小平企图取消双轨制，结果引起全国抢购、抢兑风波，被迫收回成命；朱镕基这时宣布并轨，又宣布将人民币对美元汇率大幅贬值为 1:8.7，一锤定音，有利于出口，同时使得企业有了更公平的竞争环境。朱镕基雷厉风行推动"宏观调控"后，通膨终于趋缓，物价指数上涨率从 1994 年的 21.7%降到 1995 年的 14.8%，1996 年又降为 6.1%。

统计朱镕基从 1991 到 1998 年担任副总理期间，中国的 GDP 平均成长率约为 12%，出口成绩尤其耀眼，成长三倍，达到年出口额 1,800 亿美元；外汇存底也因年年大幅贸易顺差而快速累积。1998 年初亚洲爆发金融危机时，已经升任为总理的朱镕基公开宣称，要承担"稳定亚洲金融环境的大国责任"，因而被外国媒体称为中国的

"经济沙皇"。

不过当时朱镕基也面临一个严重的国有企业存废问题。自从改革开放以来，国企明显不敌乡镇企业，节节败退，其中很多濒临破产边缘，国家已经不可能继续支持，必须考虑长远之计。1992 年起，朱镕基选定诸城市（在山东省的一个县级市）为试验点，允许卖掉一部分亏损严重的中小国企。结果诸城的市长陈光竟把所属的两百七十几家国企全部卖掉，其中大多卖给企业的员工，因而被谑称为"陈卖光"。朱镕基后来总结"诸城经验"，决定此后将重点放在扶持大型国企，放弃中小型国企。

第二年，政府又提出一项"国退民进"的新政策，说在"抓大放小"原则之下预备放弃的国企仅限于具有市场竞争性质的民生工业；至于和能源、金融及国家安全相关的产业，例如石油、煤炭、银行、保险、电力、电信、军事及尖端科技工业等，仍将由国家垄断。全国三十几万家中小型国企有一部分于是被关闭，数以千万计的员工被遣散（通称为"下岗"）；其中有一部分由乡镇企业或私营企业接手。

"国退民进"？——企业家的宿命

然而，在"国退民进"的过程中却有无数备受争议的事件发生。

由于国企的股权从一开始就没有清晰的规范，许多人受命接办老旧的国企，或在政府支持之下转型到新事业，负责的领导人及其团队拥有的股份却很少，股权实际上大多仍留在地方政府手上；等到这些人披荆斩棘，建立起庞大的企业版图，才想要请求增加，或购买持股，机会已经不大。企业越是成功，赚钱越多，地方政府就越不肯放手，并且开始插手企业的决策及经营，双方冲突于是不可避免，而谁胜谁负不问可知。

举一个例。广东顺德有一家科龙集团，原本只是一个乡镇企业创办的小电冰箱厂，在厂长潘宁的领导之下却一路成长为名列销售量全国第一的品牌。1992 年邓小平南巡时去参访，惊叹不已，脱口而出："发展才是硬道理。"不料当潘宁向其所属乡镇党委力争在企业改制时增加经营团队的持股之后，竟在 1998 年底突然"被辞职"，最后只得移民到国外。

本书第 13 章曾经提到过的全国第一品牌运动饮料"健力宝"，是由李经纬在广东三水创办发展的，但他也曾多次向三水地方政府要求分配部分股权给经营团队，或出资购买股份，结果不但失去董事长兼总经理的职位，又在 2002 年与其创业团队多人一起以"贪污罪"被捕。李经纬遭判十五年徒刑，最终死在医院里。

另有一家创办于辽宁沈阳的"华晨汽车"，与多家外国知名汽车厂合作，由董事长仰融主导，于 1992 年在纽约证券交易所上市，是中国第一家成功地在海外融资的国企，也曾是排名全国第三的汽车厂（仅次于上海大众及一汽大众）。然而，仰融也因为股权纠葛、政治斗争问题及对集团未来发展策有不同看法而与辽宁省人民政府发生冲突，被迫于 2002 年逃到美国，资产被没收，又遭到海外通缉。

中国有一位作家吴晓波先生曾写一本《激荡三十年》，其中详述 1978—2008 年之间改革开放的历史，并为数十位曾经赫赫有名的企业家写小传，前述的潘宁、李经纬及仰融只是其中的三位。这本书里提到的其他人，大多也是在与地方政府官员力争的过程中经历痛苦的煎熬，最后多半境况悲惨，有人称之为"宿命"，真正有机会名利兼得的只是少数。

总之，中国在国企改革当中虽然声称"国退民进"，实际上，虽然大多数的国企被关闭，少数成功的仍由政府控制，至于不属于市场竞争性的产业则由国家垄断；因而，有人认为，所谓的"国退民进"并非事实。

日本政府提供的开发援助对中国改革开放的贡献

另有一事必须指出，中国在八〇及九〇年代经济之所以能够迅速发展，关键的因素之一是获得外国资金，包括对外借款（来自外国政府、世界银行、IMF 或亚洲开发银行）及引进外商直接投资，以下分述。

关于对外借款，最重要的无疑是来自日本。如前所述，早在邓小平第一次改革开放时，日本政府就已经开始对中国提供开发援助（称为 Official Development Assistance，ODA），包括低利贷款、无偿援助及技术援助。据日本政府统计，在 1980 到 1989 的十年间，其中最主要的低利贷款（年利率大多为 1-2%）实际金额达到 8,700 亿日圆。1989 年六四事件后，欧美国家都抵制中国，但日本政府对中国却还是继续提供援助，其中低利贷款总金额 1990 年到 2004 年间达到约 2 兆 2,600 亿日圆。2007 年之后，由于中国经济实力已经转强，日本政府基本上停止低利贷款给中国，但仍继续提供无偿援助及技术援助，到 2022 年才全部停止。

总之，日本政府在将近三十年间提供给中国的低利贷款至少美金 300 亿元，超过此一期间中国对外贷款的六成以上；这些钱除了用于引进各种重化工业项目之外，最主要是从事基础建设（如机场、铁路电气化、地铁、港口）。至于无偿援助，主要是用于兴建现代化的医院及协助进行环境保护项目；技术援助的重点则是在于接受中国人员赴日本进修，派日本专家到中国传授技术，以协助中国培养人才。后两者加总也在美金 25-30 亿元之间，对于中国的经济发展而言也至关重要。

港商及台商对中国改革开放的贡献

其次讨论外商直接投资。根据中国国家统计局的资料，在 1985 年及 1990 年的实际利用外资（Foreign Direct Investment, FDI）金额分别只有美金 20 亿及 35 亿，其后五年的成长却极为惊人，到 1995 这一年已达到美金 375 亿元。

那么这些外商直接投资究竟从哪里来呢？直接地说，主要是港商及台商。回顾中国于 1979 年决定试办四个经济特区后，其后 10 年间主要的投资者正是港商及台商；六四事件后，由于西方国家严厉抵制中国，欧美外商大多也不到中国投资，港商及台商却没有停止；邓小平第二次南巡后，港商及台商更是增加投资，是外资的主干。由于港商及台商的直接投资对中国改革开放的影响甚至比日本政府的开发援助的影响还要大，因而更有必要详细说明。

以 1998 年（朱镕基在这一年升任为总理）为例，同样根据中国国家统计局的资料，中国的外商直接投资总金额是美金 455 亿，其中港商投资 185 亿，欧美商合计 82 亿，维京、开曼及萨摩亚群岛（Virgin、Cayman、Samoa）合计 45 亿，日商和新加坡都是 34 亿，而台商只有 30 亿，其余来自其他国家。

但实际上，这些数字只有总数是可靠的，各国分别的投资金额却与实际不符，主要是台商的投资数字不正确。由于台湾政府一直在尽力阻止，或减缓台商到中国投资（其原因将在本章后面叙述），当时台商大多极力隐瞒到中国大陆投资之事，所以无论台湾政府或大陆政府的统计数字都与台商真正在中国大陆投资的金额相差甚远。有一部分台湾的经济学者认为，在港商的投资里有大约三成是台商转投资，而维京、开曼、萨摩亚（即是所谓的避税天堂）的投资里有七成以上是台商转投资，其他各国在大陆的投资多少也有台商转投资，只是比例无法确定。总之，台商 1998 年在大陆的投资绝对不是美金 30 亿元，至少超过美金 150 亿元，甚至可能比港商在中国的投资还要多。

台商违反台湾政府禁令及劝告而经由第三地踊跃到中国投资的情况，从另一现象可以清楚地看见：九〇年代初起，在中国大陆华南及华中地区，如深圳、东莞、珠海、苏州、昆山等地，已有无数的台商工厂聚集；另外，在上海、北京，以及广东、福建、江苏各省许多城市里，也有许多台湾人居住的聚落形成；而当时在中国任何一地很少有香港人或其他国家的人形成类似的聚落。

港商及台商为什么要到中国投资？主要是因为当时香港及台湾都名列亚洲四小龙之一，但在多年成功发展经济后，土地、人工、环保问题等都成为瓶颈；而同时，中国大陆制订优惠的招商政策，提供开发工业区的土地，廉价的人工，庞大的内需市场，以及公共建设机会，对港商及台商有极大的吸引力。至于两者投资的行业，港商大多以公共建设、开发工业区及服务业为主，台商则是以盖工厂从事生产制造及外销为主。台商当时面临的瓶颈更是严重，因而，台湾政府无论如何阻挡，其实无法阻止台商经由第三地迁回"西进"。

港商、台商除了协助中国经济迅速成长之外，另有一项极重要的贡献。如前所述，中国当时有三十几万家国企正在面临被关闭中，因而有数以千万计的员工"下岗"，引发严重的社会问题；同时也有来自内陆各省，数以亿计的农民工涌向沿海城市，都要寻找工作。上述台商、港商所投资的正是劳力密集的制造业，或是需要大批人手的服务业、土木建筑业，正好提供庞大的就业机会。

外商进入中国后所制造的产品大多转出口，使得中国的出口迅速成长。1994 年起，中国出口首次超过一千亿美元，进出口顺差首次超过一百亿，此后不再有逆差，每年都能赚取大量外汇。2001 年底，中国获得允许加入世界贸易组织（World Trade Organization, WTO），进出口更是大增，贸易顺差在 2005 年首次超过一千亿。2006 年底，中国的外汇存底超过一兆美元，超越日本，位居世界第一。

中国农民工遭到的双重剥削

但必须指出，中国经济之所以能迅速发展成功，另有一个关键；若无数以亿计的农民工，中国就不可能制造出各种价格低廉的产品，并大量出口，发展成为所谓的"世界工厂"。

农民工只有少数来自工厂所在地，大部分是从乡村移动到城市，更多是从内地移动到沿海地区，并且随着中国的经济迅速成长而迅速成长。根据中国政府的统计资料，以农民工为主的流动人口在 1982 年只不过 657 万人，到 2000 及 2010 年已经分别增加到 1.4 亿及 2.6 亿。根据一位台湾学者吴介民在中国深入调查、研究后所写的一本《寻租中国》，这些农民工虽然对中国的经济发展做出巨大的贡献，却无法分享到成功的果实。吴介民说："中国外向型劳力密集工业化的'奇迹'，说穿了就是奠立在对农民工的剥削之上。"

农民工遭遇到什么样的剥削呢？首先，是在身份歧视上。从毛时代起，中国就开始严格执行一种"城乡二元体制"（rural-urban dualism）的户籍区分，农村居民被规定为"农业户口"，专司农业生产；工业生产则是专属于"非农业户口"的城镇居民。农民工虽然迁移到城镇从事工业生产，其身份仍然被认定是农民，而不是工人，更不是城镇居民，因而无法获得城镇居民应有的待遇。

举一个例，农民工由于被排除在城镇居民适用的社会保险制度（包括养老保险、医疗保险、工伤保险等）之外，只能接受次等的农民保险或综合保险，而两者的保障差距极大。农民工的子女教育也遭到歧视，经常被拒绝进入公立小学、中学就读，即使被接受，也常被要求额外收费；正因如此，农民工如果有子女（大多只有一个，因为中国从 1979 年起就实施一胎化政策），通常是留在老家（通称"留守儿童"），交由祖父母或其他亲人抚养。农民工遭到的歧视还包括迁徙、居住的自由权，不能登记工作地的户口。2017 年 11 月，北京市政府在天寒地冻时将所谓的"低端人口"（据估计达到三十万人）驱赶出城外，是其中最引人非议的案例。

农民工遭到的第二层剥削，是在工资上。根据吴介民所引深圳市政府的统计资料，2012 年当地的城镇就业人员及外来农民工的最低工资分别是人民币 4,963 元及 1,500 元，前者是后者的 3.3 倍。在中国其他城市两者比较也都在 3 倍以上，而以北京为最高，达到 5.6 倍。两者差距如此之大，并不是因为外资刻意歧视农民工，而是中国政府从改革开放之始就压抑农民工的工资，一方面借以吸引劳力密集型的外资厂商前来设厂，另一方面给地方及中央政府留下分润"经济剩余"的空间，从而得以向外资抽取各种费用，包括管理费、保护费、挂靠费、工缴费、特别费等等，以及所得税。

在此情形下，农民工如果希望赚更多钱，就只有超时加班，每周加班时数甚至有超过正常上班 40 小时的情况。超时加班当然是违法的，中方官员也知道，但默许而留下"灰色空间"，以便收取"灰色收入"。即便如此，农民工一个月所得与城镇工人所得还是相距甚远。

总之，如出身中国的美国著名经济学家许成钢在多次演讲及接受访问时指出，中国的农民工大多处于绝对贫困，是中共用户口制度制造出来的一个巨大的二等公民阶级。

台海两岸关系的演变及香港的九七回归

说到这里，读者或许要问一个问题：台商为什么要隐瞒他们赴中国大陆投资的事实呢？这问题非常重要，而其根源在于台湾和中国大陆两个政府之间的矛盾关系。事实上，由于台海两岸的关系在过去数十年间一直在不断地变化，因而必须从蒋经国的时代回溯，才能完整地讨论。

● 蒋经国时代的两岸关系

如前所述，美国总统卡特决定从 1979 年元旦起与中国建交，并与台湾断交。在此之前，美国虽然一再承诺必定会和台湾充分谘商有关与中国建交之事，这时却刻意保密，直到美、中共同宣布建交之前七小时，也就是在 1978 年 12 月 16 日清晨三点钟，才请驻台湾大使安克志（Leonard Unger）求见蒋经国。蒋经国在睡梦中被叫醒，听完安克志的口头照会，大怒，但无可奈何，只能召集重要官员开会，讨论如何应对，以防止发生恐慌及动乱。

在美、中联合发表的公报中，美国认知只有一个中国，台湾是中国的一部分，台美之间于 1954 年签订的《中美共同防御条约》将在一年后自动失效。中美建交的头一天，中共发表《告台湾同胞书》，提议两岸开始"三通"，也就是"通邮、通航、通商"，而最终目标是结束两岸的分裂，完成与台湾"和平统一"；蒋经国却发表声明，说不论在任何情况下绝对不与中共政权交涉。几个月后，蒋经国又宣称对中国将坚持"不接触、不谈判、不妥协"的"三不政策"。有人认为，这是他归结自己一生与苏共、中共接触、谈判、妥协失败的惨痛经验而得到的结论。

不过美国国会对卡特的作法不以为然，特别通过一个《台湾关系法》（*Taiwan Relations Act*），以保障台湾的安全。这是 1979 年 1 月起生效的美国国内法，其中规定，美国期望台湾的前途将以和平方式决定，"任何企图以非和平方式来决定台湾的前途之举——包括使用经济杯葛及禁运手段在内，将被视为对西太平洋地区和平及安定的威胁，而为美国所严重关切"；美国也将继续提供防御性武器给台湾，并与台湾维持非官方管道的联系。

但由于中国持续要求美国明订停止销售武器给台湾的日期，后来继任为美国总统的雷根不得不于 1982 年与中国签定《八一七公报》，承诺将逐步减少出售武器给台湾。但雷根又亲自拟了一份备忘录（后来被称为《六项保证》），发给国务卿及国防部长，用以解读《八一七公报》，其中说："任何减少对台军售要以台湾海峡和平，及中国维持其寻求和平解决台湾问题的基本政策为前提。"

● 香港回归问题及中共"一国两制，五十年不变"的承诺

就在《八一七公报》发布一个月后，英国首相撒切尔夫人飞到北京与邓小平谈判香港问题。中国在清朝末年，也就是在十九世纪后半，由于国家积弱，执政者又愚昧不堪，屡屡受列强欺凌，被迫将香港及九龙永久割让给英国，又将新界也租借出去，租期 99 年，预计在 1997 年即将到期。不过撒切尔夫人的想法是不谈香港、九龙，而希望中国同意新界的"九七大限"能再往后延长。

不料邓小平见到撒切尔夫人之后态度强硬，说此一问题事关主权，中国完全没有回旋的余地，1997 年不但要收回新界，也要收回香港和九龙；不收回就无法向人民交代，连他自己都必须下台。邓小平又说，中国收回香港后，将允许香港继续实行资本主义，保持现有的政治、经济、法律等制度；他也希望得到英国的合作，一同磋商制订方针和政策、以避免发生波动或混乱。邓小平甚至定下期限，说如果两国在两年内谈不成，中国只好单独宣布收回香港的办法；言下之意，是不排除以武力解决。

撒切尔夫人没有料到邓小平竟如此强硬，谈完之后出来时脸色凝重，心神恍惚，一不小心竟踩空一个阶梯，跌倒在地。全世界媒体

立刻大幅报导，都说大事不妙。此后双方谈判也不顺利，甚至因为谈判破裂而一度引发港股崩盘；一部分香港的大型企业因而决定转移到外地注册，更多市民想移民到国外。但英国最终还是在 1984 年 12 月与中国签署了《中英联合声明》，同意于 1997 年 7 月 1 日将新界、九龙及香港全部移交给中国。

1990 年，中国全国人民代表大会又根据《中英联合声明》的基本原则及政策，制订一个《香港基本法》，在其中的序言里就明白指出，中国政府对香港恢复行使主权时，决定设立香港特别行政区，并按照"一个国家，两种制度"的方针，不在香港实行社会主义的制度和政策。在其后的条文中，也明确规定，香港将由港人高度自治，享有行政管理权、立法权、独立的司法权和终审权；并将保障言论、出版、集会结社、旅行及宗教信仰等自由；私人财产、企业所有权及外来投资均受法律保护。最值得注意的是第一章第五条，其中重申香港特别行政区不实行社会主义制度和政策，保持原有的资本主义制度和生活方式，"五十年不变"。

香港回归后是否真的能维持五十年不变呢？以后来的结果看，答案是否定的，其详情我将在本章最后一节再叙述。不过在此必须说明，邓小平当时做出"一国两制，五十年不变"的承诺，其实也针对台湾。

回溯《中英联合声明》发布之前半年，邓小平在接见一个香港工商代表团时发表谈话，讲题是"一个国家，两种制度"，这是他第一次在对外的重要场合提出有关"一国两制"的说法。事实上，邓小平对台湾的重视程度甚至超过香港，所以"一国两制"并不是只针对香港、澳门，也是在向台湾喊话。后来他也曾透过各种管道（包括新加坡的李光耀）希望与蒋经国接触、谈判，以"一国两制"的方案达到和平统一。然而，蒋经国仍是坚持三不政策，对中共不予理睬，而只专注于台湾内部的改革。

● 蒋经国最后的改革及开放台湾人民赴大陆——台商西进之始

蒋经国后期在台湾的改革，基本上是他在执政前期的政策的延续，包括民主化、本土化及推动经济快速发展。然而，由于美台断交对台湾内部造成巨大的震撼，此后台湾又发生数件重大的贪腐案，以及侵害人权的重大命案，使得蒋经国备受国内外的压力。

1981 年，有一位在美国教书，名叫陈文成的台裔美籍博士回到台湾探亲，却被警备总部约谈；不料第二天早晨有人在台湾大学校园内发现他的尸体，明显是在生前遭到刑求致死。1984 年，蒋经国的第二个儿子蒋孝武被发现涉嫌指使台湾的情报单位及黑社会分子到美国刺杀一位台裔美籍作家刘宜良。这两个案件爆发后不仅震动整个台湾社会，更引起美国政府及国会震怒（因为两名受害人都有美国籍），使得蒋经国不得不先后将蒋孝武和一位他一向倚赖的情治首长王昇都贬放到国外当大使。同时，他也不得不开始放松对岛内反对势力的压制。

1986 年 9 月，蒋经国默许反政府人士公开集会，成立"民主进步党"（简称"民进党"，Democratic Progressive Party，DPP）；但一般认为，美国众议院在不久前以压倒性的票数通过一个敦促国民党开放党禁的决议案，也是促使蒋经国做此决定的关键因素之一。一个月后，蒋经国接受《华盛顿邮报》（Washington Post）发行人葛兰姆夫人（Katharine Graham）亲自采访时，宣布台湾即将解除戒严，尤其出人意外。不过台湾真正解严，已是八个月后；其所以延缓，与其后母，即是蒋介石的遗孀宋美龄于 1986 年底从美国回到台北长住，国民党内部保守势力重新集结有关。

蒋经国对中共虽然坚持三不政策，但自从大陆改革开放以来，台湾商人对沿海城市的巨大商机趋之若鹜，台湾政府只得允许两岸之间的间接转口贸易，但仍严禁台商到大陆投资。同时，基于人道的理由，台湾政府也不得不从 1987 年 11 月起开放 1949 年来台的老兵回到大陆探亲；而一旦开放老兵探亲，实际上也无法阻止台商假借名义到大陆直接经商或投资。从此以后，台商对大陆的投资就迅速追上港商，但大多是经由第三地转投资，所以不在两岸政府的统计数字里。

在蒋经国推动的本土化政策中，最值得注意是他在 1984 年举行大选时，邀请一位本土出身，当时担任台湾省主席的李登辉与他搭档参选，由大约一千名所谓的"万年国大代表"（大多从 1948 年起即开始担任此一职务，此后不曾改选）负责选举，分别当选为正、副总统。但蒋经国在晚年长期为糖尿病所苦，健康极差，在 1988 年 1 月突然大量吐血而去世，李登辉于是依法继任为总统，又在激烈的政争中获得国民党内改革派的支持，击败保守派的挑战，接任国民党主席，并两次赢得总统选举，担任总统，一直到 2000 年。

李登辉在执政期间获得党内的改革派、学生运动及社会舆论支持进一步推动台湾的民主化，包括废止国民党迁台之后数十年不曾改选过的"万年国会"（与前述的"万年国代"同时存在），重新全面改选立法委员；以及总统由间接选举改为直接普选。在野的民进党也因此获得更大的发展空间，但国民党内分裂更加严重。

不过对李登辉来说，更大的挑战是如何处理两岸关系。

● 李登辉与两岸关系

两岸关系其实牵涉极广，其中最重要的有两件：首先，自从台湾退出联合国，以及美中建交后，台湾不但被迫与大部分的邦交国断交，也被排除在几乎所有的国际组织之外，而是否能突破此一被孤立的状态，取决于美国及中国的态度；其次，由于台商不断西进，两岸人民互动也越来越频繁，台湾政府不能不与中国面对面讨论相关的问题。总之，李登辉已经无法再坚持蒋经国的三不政策，必须考虑逐步与中国进行官方交流。

1990 年 5 月，李登辉在第一次正式获选（经由间接选举）为总统之后发表就职演讲，说："如果中共当局放弃在台湾海峡使用武力，不阻扰我们在一个中国的前提下开展对外关系，则我们愿以对等地位，建立双方沟通管道，全面开放学术、文化、经贸与科技的交流，以奠定彼此间相互尊重，和平共荣的基础，期于客观条件成熟时，依据海峡两岸中国人的公意，研讨国家统一事宜。”

几个月后，李登辉发表一个《国统纲领》，其中说，大陆与台湾都是中国的领土，促成国家的统一应是两岸共同的责任；不过统一要分成三个阶段逐步进行，依次是互惠交流、互信合作及协商统一阶段。依此原则，台湾后来又成立“行政院大陆委员会”（陆委会）及由其指挥的民间组织“海峡交流基金会”（海基会），以处理两岸相关的事务；中国大陆也成立两个对口单位，即国务院台湾办公室（国台办）及由其指挥的“海峡两岸关系协会”（海协会）。

1992年7月，台湾政府又通过一项《两岸人民关系条例》，明订有关两岸人民之间的经济、贸易、文化交流的条文。在此之前，从台湾“偷跑”到大陆经商、投资的公司大部分是中小企业，稍具规模的大公司却不敢；至此，台商总算有明确的法律可以遵循。

中国大陆对此表示欢迎，对于台湾主张的分三阶段渐进却有不同的看法，要求双方在进行互惠交流和互信合作的同时，也必须早早协商如何统一。另有一个更大的问题：两岸虽然都说“一个中国”，却有不同的解读。例如，台湾代表认为，所谓的“一个中国”是指1912年就已经成立的中华民国，并不是1949年才成立的中华人民共和国；因而，统一并不意味台湾将成为中华人民共和国管辖下的一个特别行政区，两岸都只是中国的一部分，现状是由两个政治实体分别统治。但中共当局认定这种解释等于主张分裂国家，宣称：“坚决反对任何‘两个中国’‘一中一台’或任何形式的‘一国两府’”。

● “一个中国”及“九二共识”问题

两岸虽然对“一个中国”及交流的进程有不同看法，却同意由海协会及海基会的会长，汪道涵及辜振甫，于1993年4月在新加坡举行会谈；又为了替“汪辜会谈”铺路，决定各派处长、主任层级的代表于1992年10月在香港召开一个会前会。然而，在此一“九二香港会谈”中，双方最根本的差异在于，台湾坚持“一个中国，各自表述”，简称“一中各表”，而中国大陆只同意“一个中国”，不接受各自表述。台湾认为，如果同意中国单方面定义的“一中”大前提，又不容有不同的解读，等于还没有谈判就已经输了。因而，双方最后并没有签订任何协议。

“九二香港会谈”既是无法取得共识，六个月后的“汪辜会谈”虽然吸引世界各国的媒体大幅报导，注定也不会有结果。汪辜两人在会后所签订的其实都只是事务性的文书，而不是政治性的协议。

然而，在“九二香港会谈”中双方究竟是否有达成共识，后来竟成为一项极大的争议。中共坚持有“九二共识”，也就是双方都承认“一中”的原则。台湾内部却意见纷纭，大致来说，民进党及国民党内的李登辉派否认有“九二共识”，被归为“独派”；反之，国民党内反李登辉派大多倾向同意有“九二共识”，被归为“统派”。

“汪辜会谈”后，北京的领导人认定李登辉是在朝“台独”的道路上前进，无法容忍，两岸关系于是渐渐恶化。不料到了 1994 年 3 月底，中国浙江省杭州市一处景点千岛湖爆发一个大案，数名劫匪登上一艘游轮，将 24 名台湾游客及 8 名中国船员全数杀死，又纵火烧船。案发后，中国地方政府竟意图封锁消息，逃避追问，又百般阻挠台湾政府派员前往调查，协助罹难家属。台湾政府及人民至为愤怒，李登辉总统也强烈指责中共政权，称之为“土匪”。两岸经贸及民间交流在当年急速降温。

1996 年 3 月，台湾举行第一次全民直选总统，在选举之前，北京政府一方面发动媒体文宣大肆攻击李登辉，另一方面发射导弹到台湾附近海域，并举行大规模海陆空军事演习，即所谓“文攻武吓”，意图阻止李登辉当选，但以结果看，反而是帮助李登辉以高票当选。

经此之后，李登辉认为两岸政府基本上缺乏互信，中国大陆的法制又不健全，台湾政府已经无法保护台商在大陆的权益，因而提出“戒急用忍”的主张，希望减缓台商在大陆投资，同时避免台湾自己的经济发展受影响，甚至被淘空。但台商西进的趋势至此已经无法停止，许多台商又不愿得罪政府，于是继续采取间接投资前进大陆的作法，其中有越来越多的大企业及高科技产业。因而，台湾实际上是 90 年代中国最大的投资国，许多台湾人也跟着到大陆工作，有些人还携带家眷，据估计最多时达到 150 万人。而如李登辉所预见，此后二十几年间台湾确实有资金被"淘空"的现象，以致于经济发展明显迟缓，年轻人留在台湾更是难以找到好的工作。

● 后李登辉时代两岸关系的变化

1999 年 7 月，李登辉接受"德国之声"（Deutsche Welle）访问，在回答问题时说："两岸关系定位在特殊的国与国关系，所以并没有再宣布台湾独立的必要。"中共对此反应激烈，斥责此一"两国论"已暴露他一贯蓄意分裂祖国的意图，并下令停止两岸的交流对话，表示对李登辉已经不抱任何期待，只希望在他任满下台后国民党的新领导人能当选为总统，并遵守"一个中国"的原则。然而，在 2000 年及 2004 年两次被选为台湾总统的并不是中共属意的国民党候选人，而是民进党的陈水扁。

不过陈水扁之所以在 2000 年赢得总统选举，主要是因为李登辉无法阻止国民党内有两人（其副总统及前台湾省长）都执意要参选，使得陈水扁渔翁得利。陈水扁的本土意识极为强烈，不过这时美国的政策是以与中国合作发展经贸关系为优先，主张保持台海现状，陈水扁不得不同意配合，避免有过激的言论及行动引发两岸争端，但仍是发生不少争议事件。例如，他在 2002 年公开提出所谓的"一边一国论"，立即引发中共强烈表示不满，也使得美国视他为一个"麻烦制造者"。在他执政期间，民进党与国民党（以及国民党内更倾向统派的党员出走而成立的政党）之间的关系，即是所谓的"蓝绿对立"也不断地恶化。

陈水扁在第二任总统期间又涉及许多弊案，被普遍认为有贪腐之嫌，民进党因而失去民众支持，在 2008 年总统选举时大败。此后八年，轮由国民党马英九担任总统的"马政府"执政，两岸关系渐趋缓和，两岸高层举行多次会议，在经贸、文化、旅游也有突破性的发展。但在野党及越来越多的知识分子认为，马政府长期向中国大陆倾斜，将扩大对台湾自身经济、社会的损害，并增强中国对台湾的操控及影响力。

马政府与中国政府在 2010 年签订《海峡两岸经济合作架构协议》（简称 ECFA），在 2013 年 6 月又依此框架签定一项《海峡两岸服务贸易协议》，然后要求立法院审议通过；到了 2014 年 3 月，此一议案还在审议中，国民党立法院党团却宣称依法在 90 天后尚未通过即视为已经审议通过。由于此一服贸协议涉及允许中国人民在台湾投资进行金融、保险、证券，乃至商业、通讯、营造工程、运输、配销、观光旅游、娱乐及运动等行业，其影响巨大无比，因而引起大学学生、公民团体及民众强烈不满，起而占领立法院，是所谓的"太阳花运动"；同时，有数十万人在台北市参加反服贸游行示威。最后，马政府不得不搁置该协议。

太阳花运动之后，两岸关系开始冷却，马政府更是受到重创，导致国民党在 2016 年初的总统大选惨败，民进党再度上台，此后八年是由蔡英文担任总统的"蔡政府"时代。蔡英文在李登辉时代就被邀请为国统会的幕僚，据报导更是 1999 年李登辉提出"特殊的国与国关系"方案的起草人，又一向否认有"九二共识"，拒绝中国坚持的"一国两制"，中共自然失望。

不过就在 2016 年 11 月，美国大选揭晓，共和党候选人特朗普当选为总统，美中之间的关系开始发生天翻地覆的转变，台湾的国际地位及两岸关系更是受到极大的影响。那么中美关系为什么会发生如此巨大的变化呢？一般认为，其中一部分原因虽然与特朗普有关，但更大的原因与中国自认已经"大国崛起"，及其在国内外政策的改变有极重要的关连。

中国"大国崛起"及其背后的争论——兼述刘晓波及其遭遇

如前所述，中国从 1980 年代初期起经济就快速成长。据世界银行统计，中国的 GDP 在 1998 年首次超过 1 兆美元，在 2006 年以 2.7 兆美元超越英国；在 2010 年更是以 6.1 兆美元超越日本而成为世界第二大的经济体，只是与美国还有一段距离。

中国在经济实力大幅成长之际，在政治、军事及其他方面的力量也是大增，许多人民因而对中国的未来寄以厚望，但也有人发出自满及排外的言论。事实上，早在 1996 年就出现一本《中国可以说不》，由七位记者、作家共同撰写，引发社会巨大的回响。从这本书里的几篇标题，如："苍天当死、黄天当立""亚欧对话——西方不亮东方亮""美国的外交是不诚实和不负责任的""在台湾问题美国不要走火""日本正在加入遏制中国的大合唱"，就可以看出民族主义情绪及排外思想已经在升温。此后，中国国内不断有书籍、杂志、报纸及其他媒体讨论类似的内容，但也有表达不同的意见。

2006 年，中国中央广播电台播放一部电视影片《大国崛起》，分 12 集报导西欧、美国、日本、苏联共 9 个国家如何大国崛起的历史，以与中国在清朝末年如何因为傲慢、愚昧而导致落伍、衰败相对照，最后探索中国应如何借改革开放成功而走向复兴的道路。这部影片引起全国轰动，但同时也引发争论。一般来说，自由派的菁英知识分子大多表示赞赏，认为这部影片力图淡化意识形态，视角宽广、多元而客观；反之，党内有许多"新左派"却对该片猛烈抨击，甚至说这部影片是在"煽动政变"。

在《大国崛起》播出之前中共也曾指示拍摄另一部 8 集的电视影片《居安思危——苏共亡党的历史教训》，其中的重点是指出：苏联解体最重要的原因是赫鲁晓夫批判斯大林，到戈尔巴乔夫又公开背叛共产主义。中共中央指示这部影集不公开播放，却要求各级党员都必须看完，以坚定党员坚持社会主义道路的信念，提高党员的警惕性及危机意识。这两部影片的背后思想明显水火不容，为何会先后推出，详情不得而知，但前一部影片无疑是导致新左派对后一部影片反应激烈的重要原因。新左派甚至有人喊出"二十一世纪是中国的世纪""中美之间必有一战"；中国的一位知识分子领袖刘晓波因而指出，这显示出中共高层的思想正在出现分歧，并呼吁胡锦涛政权不可走到歧路上去。

刘晓波从六四天安门事件之后就已经是中国最著名的异议份子，曾多次被捕入狱。对于中国大国崛起，他不但不以为喜，反而引以为忧，这在他所发表的一篇《在大国崛起的背后》里可以清楚看出；其中说，中国在崛起后虽然大幅提高了经济、军事及政治力量，却回避了民主宪政，也不能保护公民的财产权、自由权，必将无法长治久安。他又说，独裁政府正在以狂热的民族主义误导，并绑架民心，又意图以战争威胁迫使台湾屈服，对日本不断地操控反日风潮，对美国也日趋强硬，企图对亚、非、拉丁美洲的落后、独裁国家进行"金钱外交"，以达到联合反美的目的，同时利用中国的市场经贸利益以分化西方国家。但他认为，中国独裁式的崛起如果不能遏止，不仅是中国人的灾难，对世界文明也将产生负面效应。

2008 年 12 月，刘晓波更邀集 303 位中国海内外各界人士共同签署一份《零八宪章》，其中的重点包括修改宪法、分权制衡，立法民主，司法独立、公职选举、城乡平等，保障人民的自由、财产，以及转型正义等。但中共立刻下令以"煽动颠覆国家政权"的罪名逮捕刘

刘晓波，2010 年获诺贝尔和平奖，2017 年在软禁中死于医院

晓波及多名其他的发起人。此后刘晓波长期被关在狱中，即使在 2010 年获得诺贝尔和平奖，也无法出国前往领奖；最后，终于在 2017 年因病死在被严密监管的医院中。

习近平接任中共总书记及其后中美关系的急速变化

2012 年 11 月，中共举行十八大，选举习近平为总书记，此后中国就开始走上不同的道路，逐渐进入多事之秋。

习近平生于 1953 年，在十三岁时正逢文化大革命爆发，由于他的父亲习仲勋与邓小平一样被打为走资派，遭到整肃，被划为"黑五类"，习近平被迫停止学业，多次被关押审查，又从 1969 年初起被下放，到陕西延安偏远的乡村里参加"上山下乡运动"。又由于父亲的问题，他不断地争取加入中国共产党，被驳回十几次之后才获得批准。1975 年，习近平经由特殊的工农兵学员推荐制管道（不经入学考试）进入北京清华大学化工系就读，于 1979 年毕业。不过当时的大学大多是从邓小平于 1977 年中第三次复起之后才逐渐恢复正常教学，有许多人因而对习近平真正的教育水平表示怀疑。

中共三代总书记：江泽民（前中）、胡锦涛（前右）及习近平（前左）

邓小平主政后，习仲勋担任广东省委第一书记，是改革派的一员大将，习近平经由父亲安排在国防部担任部长的一名秘书。不过从 1982 年起，他转到地方，从一名县委副书记做起，后来一帆风顺，历任各级地方党委书记，曾担任浙江省委书记、上海市委书记及政治局常委等要职。

● 习近平的"反贪腐""中国梦"及"一带一路"

习近平在出任总书记不久后就开始发起大规模的"反腐败"，雷厉风行；遭到罢黜惩处的人员层级极高，其中包括一名中央政治局常委及两名中央军委会副主席，这在江泽民及胡锦涛时代是从未发生的事，因而获得许多人民赞许。但也有人认为他是借整肃党、政、军内的山头，同时也清除政敌以巩固自己的统治地位。

习近平在上任不久后也发表讲话，提出所谓的"中国梦"，说"实现伟大复兴就是中华民族近代以来最伟大的梦想"。回溯东欧及苏联发生剧变时，邓小平曾经在中共内部讲话，说必须要冷静观察，处变不惊，韬光养晦；在改革开放期间，他也曾以同样的话告诫高层党员。所谓的"韬光养晦"，意思是要能善于藏拙，收敛锋芒，但同时也要能厚植自己的实力。一般认为，江泽民及胡锦涛主政时基本上是尊从邓小平的指示，因而，尽管新左派不断地高声叫嚣，挑衅以美国为首的西方国家，两人的言行还是十分低调；相对地，习近平的作风显得极为不同。

2013 年起，习近平又开始推动所谓的"一带一路"计划，是一项全球性的开发计划，目标是重建中国历史上的陆上及海上的丝绸之路，以加强与中亚、俄罗斯、东南亚、中东、非洲、欧洲及南美国家之间区域合作，并提供融资以协助这些国家进行铁路、高铁、公路、港口等基础建设，以及兴建发电厂、炼油厂、铜矿场等，总金额达到 1,000 亿美元。"一带一路"被视为习近平极为重视的"大国外交"策略的核心，在一开始获得许多国家支持，表示欢迎，最多时达到一百五十个国家，而但也有人认为中国是企图借此与以美国为首的西方国家抗衡，以取得在全球事务中的主导地位。

事实上，早已有人批评美国过于短视，花费四十几年及无数的金钱与苏联进行冷战，但在苏联解体之后对第三世界却几乎不闻不问，使得中国有机会，如前述刘晓波指出，能在亚、非、拉丁美洲地区的落后、独裁国家进行"金钱外交"，以达到联合反美的目的。以非洲为例，据国际知名的"惠誉评等"（Fitch Rating）统计，中国在 2001—2010 年之间贷款给非洲国家达到 627 亿美元，是世界银行提供贷款的 125 亿美元的五倍。

在一部分观察家看来，种种迹象显示中国是要借一带一路进一步扩大其国际上的影响力及控制力，因而引起美国极大的关注。在后来，更有一部分国家由于过度借贷用于缺乏效益的投资而无法偿债，只得又与中国签订若干牺牲国家权益的新合约，例如长期租借港口给中国，或出让煤矿、铜矿及其他矿藏的采矿权利，有人于是开始指称"一带一路"是一种"债务陷阱外交"，一种新殖民主义。中国政府对此至表愤慨，认为是一部分人不负责任的言论及西方国家恶意抹黑，但已无法阻止越来越多国家选择退出一带一路计划。

● 从"战狼外交"到川普发动中美贸易战

与此同时，中国与周边许多国家也日渐发生冲突，例如，在南海海域因为部分岛屿的主权归属及海洋权利声索问题而与越南、菲律宾、马来西亚、澳洲等国发生争端；与日本因钓鱼台（日本称为尖阁群岛）的主权归属问题而发生争执；与印度因多处边界争议问题日益发生严重的冲突。中国又意图封锁台湾的发展空间，如有国家对其警告不予理会而仍与台湾提升交流及互访，立即采取经贸报复措施。习近平自诩的"大国外交"因而又被批评为"战狼外交"（"战狼"是中国拍的一部前后两集的军事电影片名，具有强烈的民族意识）。

美国研究中国政策的主流意见原本是所谓的"拥抱熊猫派"（panda baggers），倾向于主张与中国发展经贸关系、商业往来的好处，又认为中国在经济发展起来之后极可能也会改变其政治体制，朝民主、自由的方向发展。然而，在奥巴马担任总统期间（2009—2017），持相反意见的声音越来越大，认为许多美国人过去对中国的解读极为错误，中国在经济繁荣之后不但不可能放弃马列主义的意识形态，反而将成为美国的竞争对手及头号军事威胁，美中之间不可避免将发生冲突。"痛击熊猫派"（panda bashers）阵营迅速壮大的结果，就是特朗普在 2016 年 11 月赢得美国总统大选。

特朗普在竞选期间就强烈抨击中美之间存在已久的钜额贸易逆差问题，认为中国人正在偷走许多美国人的就业机会，又指责中国人以不正当的方法偷窃美国的智慧财产权及商业秘密，强逼美国人技术转移到中国。特朗普出身商人，其实是一位极具争议性的人物，被认为有种族歧视，性别歧视的倾向，主张严格防止非法移民进入美国，又拒绝参加巴黎气候协议。2018 年 3 月，特朗普在美、中多次进行谈判而无结果之后宣布将对中国出口到美国，价值 600 亿美元的产品额外课征高额关税；中国在不久后也宣布采取反制措施，对美国输出到中国的产品（主要是农产品）征收高额关税。双方彼此也设置非关税壁垒，后来又都继续扩大征收关税的产品范围，中美贸易战于是无法停止。

中国回归毛路线

习近平在执政初期并未特别显现出他的意识型态，但在 2017 年 10 月，中共召开十九大通过习近平连任总书记，同时通过将"习近平新时代中国特色社会主义思想"写入党章之后，他企图效法毛泽东的个人崇拜就已经凸显了。此后，他又指示展开的一连串举措，被认为更有背离邓小平的改革开放政策，回到毛路线的倾向。

例如，2019 年，中国三家最知名企业集团的创办人兼董事长，阿里巴巴的马云，腾讯的马化腾，以及联想的柳传志，几乎同时"被退休"；与此同时，共产党地方党部也派出大批干部进驻数百家稍具规模的民营企业。2020 年，阿里巴巴旗下的金融服务公司蚂蚁集团在上海、香港两地预定公开募股筹资（IPO）计划又被叫停。

2021 年，中国政府又对全国各地的房地产业、补教业、外送业、电玩游戏业祭出"全面整顿"的命令。其中原本正规经营的补教业被以"减少学生及家长的负担"为由，勒令不准盈利，不准上市，不准外资投资，影响至少 300 万人立即失业，尤其震惊国内外。同时，习近平也提出为了要减缓贫富差距，要求企业协助国家达到全民"共同富裕"的目标；不久后，腾讯及阿里巴巴就分别承诺，将各自捐出 500 亿及 1,000 亿用于配合政府进行专项计划。外界由此更担心中共将以类似的手段胁迫企业不断地捐款。

新疆再教育营问题及香港反送中运动

除了西藏，中共在新疆的统治一向也被认为兼具种族歧视及宗教歧视。维吾尔人至为不满，多次发生抗争及暴乱事件而被镇压，最终导致有一部分人于 2004 年在美国成立"东突厥斯坦共和国流亡政府"，中共称之为"疆独"，严阵以待。自此之后，新疆地区的暴乱事件更是频繁发生。

习近平掌权之后，决定更严厉处置疆独，从 2014 年起指示在新疆设立许多"职业技能教育培训中心"（外界称之为"再教育营"），并逐年扩大，据估计到 2019 年已有 100 万人以上被送至营中。有媒体报导称，再教育营中存在强制教育爱国思想及无神论，语言、文化清洗，以及强制分离孩童父母等行为。西方国家纷纷表示关注"再教育营"侵犯基本人权的问题，并提出各种抵制措施，但中共否认相关的指控，并指责西方国家干涉中国的内政。

与此同时，香港特区也发生问题，并引起国际社会更大的关注。

回溯 1997 年 6 月 30 日深夜，中、英两国领导人依据双方于 1990 年签订的《联合声明》，在香港共同举行隆重的交接典礼，于 7 月 1 日零时完成；中国政府也再一次重申对"一国两制，五十年不变"的承诺。但香港人民由于对中国政府缺乏根本信任，许多人早已移民国外，留在岛内的人民对香港政府施政事事听从中共指示也不满，发生多次大规模的抗争事件，其中最具代表性的是发生在 2014 年的"占领中环事件"（或称"雨伞运动"），据报导参加人数超过 100 万，其主要诉求是为了要争取和台湾一样的真普选。

2019 年，香港发生一件更大的"反送中运动"，其原因是中国政府宣称为了要"填补国安漏洞"决定修改《基本法》，将加入一个新的《逃犯条例》，允许引渡香港人民到中国国内受审。香港人民大惊，从 6 月起开始上街游行抗议，港府命令警察以武力驱赶，人民却越聚越多，据报导在后来几个月间有三次游行的人数超过 150 万，其中最多的一次约有 200 万人，是香港人口总数的四分之一，与发生在 1988 年的"波罗的海之路"的情况相似。但中共命令香港政府强力镇压，逮捕数千人，又在 2020 年 6 月的全国人大会强行通过《香港国安法》，接着根据此一新法，下令以"勾结外国或境外势力危害国家安全"的罪名逮捕香港《苹果日报》集团的创办人黎智英及多位其他人士。

黎智英被认为是占中运动及反送中运动最重要的领导人之一，在他被捕之后，香港公民反抗运动等于已经划下句点。然而，《逃犯条例》及《香港国安法》的制订也等于宣告中国政府对英国及香港人民所做的承诺"五十年不变"已经名存实亡，对美国及西方国家与中国之间的互信也是极大的打击。

从新冠肺炎疫情爆发到新冷战

就在香港反送中运动抗争仍在进行而尚未落幕之际，中国与美国又因为"新型冠状肺炎"疫情而爆发更尖锐的冲突。

"新型冠状肺炎"（Coronavirus disease 2019，简称 COVID-19）是一种极为严重的特殊传染性肺炎，于 2019 年底在中国湖北省武汉市首次出现后，逐渐演变成一场大瘟疫，在一年后全世界每日确诊平均已达到 70 万人，在最高峰 2022 年初每日确诊超过 300 万人，到 2023 年初才被控制下来。据世界卫生组织（WHO）统计，至 2023 年底已有 7 亿 7,000 万确诊，将近 700 万人死亡；其中美国确诊超过一亿人，死亡达到 110 万人，属于重灾区，西欧也一样严重。美国政府认为中国是疫情的源头，又怀疑中国在一开始就刻意隐瞒，以致世界各国都未能采取防范措施，要求中国为导致疫情扩散负责，对中国的政策因而转趋严厉。

2020 年 6 月，特朗普政府发布命令，将 20 家由中国人民解放军"拥有或控制"的企业列入制裁的黑名单中，禁止美国人投资；此后又陆续增列有关人工智慧（AI）、网路，晶圆制造，以及与脸部辨识有关，明显违反人权的中国企业及机构，到特朗普任期结束前名单总数已达到 35 家，其中包括华为、中国移动、中国电信、中芯国际、海康威视等，无一不是中国产业的龙头。

2020 年 7 月 21 日，美国又突然要求中国在 72 小时内关闭其在休士顿的总领事馆，理由是中共利用该馆从事颠覆活动，以取得经济及军事情报，并监控、恐吓其在海外的人民。中国尚未完成撤馆行动，美国国务卿蓬佩奥（Mike Pompeo）又于 7 月 23 日，在位于加州的尼克森总统图书馆，以《共产中国与自由世界的未来》为题发表公开演说，列举中国在贸易霸凌、军事扩充、香港反送中运动、新疆集中营及"武汉病毒"等问题，说"中国今天在国内越来越威权，而且越来越咄咄逼人地敌视世界其它地方的自由"，更直接批评"习近平总书记是一个破产的极权主义意识形态的真正信仰者"。不过蓬佩奥也指出广大的中国人民是活跃而爱好自由的，与中共完全不同，因而美国及自由世界国家不只要对中共强硬，也必须团结、支持中国人民一起来反对中共。

第二天，中国外交部发言人驳斥蓬佩奥的演讲罔顾事实，颠倒黑白，同时宣布采取反制，要求美国在 72 小时内关闭其在四川成都的总领事馆。

英国广播公司（BBC）及其他国际媒体报导纷纷称蓬佩奥的演讲是"新铁幕演讲"及"新冷战演讲"，此后中美关系持续恶化。即使是特朗普在 2020 年 11 月举行的总统大选寻求连任而败给民主党的候选人拜登，美国民意大多反中共的情势已极为明显，拜登政府对中共因而一样强硬。新冷战对抗于是逐步升高，一方是美国及其盟友，另一方是中国、俄罗斯及其盟友。

特朗普二度当选美国总统及其影响

然而，如我在上一章所述，特朗普在 2024 年 11 月再次当选美国总统之后，美国的政策又发生了巨大的变化。特朗普认为，美国必须集中力量以对付他视为首要威胁的中共政权，因而有意缓和与俄罗斯的关系，要求俄、乌停战，又宣称将减少对乌克兰的援助，并要求欧盟国家承担支持乌克兰的主要责任。

事实上，特朗普之所以如此，另有一个重要原因：美国国债过去二十年来不断地快速攀升，到 2025 年已经超过 3.6 兆美元，意即平均每一国民背负超过 10 万美元的债务。而国债问题之所以如此严重，是因为美国长久以来流失制造业，导致每年出现庞大的贸易赤字；再加上美国政府效率不彰，又对外大幅援助等等问题所致。为了解决这些问题，川普誓言重建美国的制造业，又在 2025 年 4 月初宣布，将提高所有进口商品的关税，从原先平均不到 3%提高为 10%到 49%，视各国对美国的贸易顺差而定；至于中国商品的关税则将提高到 54%。

但由于美国宣布加税后引发全球股市暴跌，世界各国无不表示强烈关切，特朗普遂决定改而与各国分别协商。最终，美国和一些主要国家，包括欧盟、日本、韩国等达成协议，对一般产业课征 15%关税，但有一部分重要产业（如飞机、半导体设备、关键原物料、农产品）获得豁免关税；不过这些国家也承诺将对美国进行巨额投资，金额各为数千亿美元不等。印度承诺不再向俄罗斯购买石油，支持美国对俄罗斯进行抵制之后，也同样获得 15%优惠关税待遇。

至于美中之间，由于双方矛盾日深，又牵涉许多其他因素，以致于关税谈判始终不顺利，一延再延，关税税率一变再变。例如：特朗普认为中国是毒品芬太尼（Fentanyl）在美国泛滥的源头，对中共当局未尽力合作予以取缔至为不满，要求加征 20%关税；中国企图反制美国，宣称将管制攸关高科技发展的稀土产品及技术出口，并拒买

美国的黄豆及农产品，也使得特朗普暴怒，声言将对中国再征 100%
惩罚关税。

　　到了 2025 年 10 月底，双方总算达成协议，中国同意停止所有
反制措施，美国也同意将中国产品出口到美国的关税减至 47%；不
过这些都只是暂时的协议，为期一年。针对中国企图以控制稀土出口
来挟制西方国家，美国也积极寻求与澳洲、加拿大、日本及其他国家
合作，以共同开发稀土矿产及终端产品，目标是尽速创造一条不依赖
中国的替代供应线。

　　总之，美中贸易战只是暂缓，新冷战也仍在进行中。美中贸易战
未来将会如何发展？新冷战的结果究竟又会如何呢？事实上，其中
牵涉到的不仅是美中之间的问题，也与世界上其他地区发生的事态
息息相关。举两个最新的例子：2026 年 1 月，特朗普下令美军发动
突袭，直接抓捕委内瑞拉总统马杜罗至纽约受审（详见第 19 章叙述）；
到了 2 月底，也就是本书出版前不久，美国与以色列更联合对伊朗
政权发动剧烈的攻击，引发战争。一般认为，特朗普下令进行这两项
行动，其真正的目标其实是站在背后支持委内瑞拉、伊朗政权的中
共。然而，由于这许多事仍在发展中，未来会如何更是难以逆料，本
章的叙述因而到此为止。

第 19 章

共产主义在第三世界的退潮

如前所述，在东欧国家及前苏联所有加盟共和国的共产党都垮台之后，中国共产党也只得暂时放弃马列主义的意识形态，以解决经济困境为优先。在如此翻天覆地的变化之后，第三世界（包括亚洲、非洲及拉丁美洲地区的开发中国家）的共产党无不受到巨大的冲击。本章的主旨，正是要叙述这些国家的共产党如何对应如此巨大的冲击，以及其后各自发生的变化。

各国的变化当然会因为各自国情的不同而各异，不过也有脉络可寻，大致来说，可分为四类如下：

A 类国家：该国的共产党政权已经十分稳固，暂时没有被推翻的危险，但为了长保政权，选择和中国一样，在政治上仍然坚持马列主义及一党专政，在经济上则是设法推动改革，向资本主义靠拢。

B 类国家：该国的共产党虽已取得政权，但十分脆弱，很快就被推翻。

C 类国家：该国的共产党尚未取得政权，必须继续依靠苏联、古巴或中国的援助继续进行革命；但直接地说，由于苏共已经垮台，古巴、中国又自顾不暇，无法再继续输出革命，这些国家的共产党已无前景，只能衰败、解散，或覆灭。

D 类国家：该国的共产党的处境是介于 A 类及 B 类国家之间，虽然已经取得了政权，在巨变冲击之下，内外受到的压力，被迫选择放弃一党专政，或决定与反对势力妥协，走出一条不同的道路。

总之，大势所趋是共产主义在第三世界中急遽地退潮。本章以下将依序分别举例说明这四类国家里所发生的变化。

A 类国家：该国的共产党政权稳固，并且坚持继续一党专政

如果我们将"共产国家"定义为：宪法中规定共产党一党专政的国家，那么除了中国，就只有越南、老挝及古巴合于此一定义。北韩虽然曾经是一个共产国家，严格地说已经不能再称为共产国家，因为早在六〇年代，金日成就以其自创的"主体思想"取代马列主义，作为北韩劳动党唯一的指导思想，同时写入党章及宪法里。北韩在经济上也不曾改革开放，是另一不同之处。但北韩仍然由劳动党一党专政，其本质与共产党无异，所以在本章中将北韩仍列为这类国家。事实上，普京统治下的俄罗斯也是属于这一类，但由于俄罗斯在本书第 17 章中已经讨论过，本章就不再重复讨论。

以下分述越南、老挝、古巴及北韩的情况。

越南的"革新开放"及其与中、美关系的发展——兼述老挝

越南在 1975 年南北统一之后，由于共产党总书记黎笋坚持极左路线，又决定一面倒向苏联，与中共反目，以致在国际社会中陷入孤立，经济也越来越落后。邓小平在中国推动改革开放后，越共有一名政治局委员阮文灵也主张改革开放，大胆与总书记黎笋争论，却被逐出政治局。1986 年，黎笋病死，由另一位元老长征接任总书记。但这时越南经济已经疲弱不堪，戈尔巴乔夫又宣称将在苏联进行改革，长征自认年老体衰，在半年后决定让位给阮文灵，越南于是确立"革新开放"的政策。

越南踏出的第一步是允许私人企业，引入外资，此后又逐步放弃计划经济，学习中国走向"社会主义导向的市场经济"。此后三十九

年中，越南的外资来源以日本和台湾为主。不过越南的革新开放基本和中国一样，仅限于经济层面，政治体制仍然维持共产党一党专政。

越南曾入侵柬埔寨，并长期驻军，但阮文灵自知已经无力继续，于是邀请柬埔寨、老挝及东协各国派代表共同举行会谈，并于 1989 年 2 月签约，承诺在半年后完成从柬埔寨撤军。此举获得中国领导人表示欢迎。

阮文灵也急于与中国修好，因而携同总理杜梅于 1990 年 9 月飞到四川成都，与中共总书记江泽民及总理李鹏密会，并决定于第二年恢复正式邦交。在阮文灵之后，有杜梅及其后数任总书记也都致力于革新开放，并维持与中共的良好关系。

中国及越南共产党领导人 1990 年会于成都，前排左起：
李鹏、江泽民、阮文灵、杜梅、范文同

然而，越南与中国之间的关系并不容易完全改善，主要原因之一是越共在过去二十年来不断地对人民灌输仇恨中国的思想，一时无法淡化；其次是中、越之间对于南海的西沙、南沙群岛的主权归属有严重的争议，日后也常为此冲突，甚至引发多次排华事件。其中最严重的一次发生在 2014 年，遍布五省。又由于越南人大多无法分辨台湾人及中国人，所以台商开设的许多工厂也遭难，发生罢工及打、砸、抢、烧的暴力事件，受害者达到两百多家，据估计有二十几人死亡，数百人受伤。

由于革新开放亟需出口市场，越南对美国也主动示好，并表示愿意协助美国寻找越战时失踪的美军遗骸。美国对此表示欢迎，于是逐步解除对越南的经济制裁及其他禁令，最终同意于 1995 年与越南关系正常化。2007 年，越南在美国及欧盟国家支持之下加入世贸组织，此后经济更是快速成长。

值得注意的是，越南虽然在美国与中国之间维持平衡关系，但是当美、中关系开始紧张，中国对邻国又显现出"战狼外交"的姿态，越南明显地趋向配合美国。

以下简单地说老挝的改变。老挝人民革命党一向对越共亦步亦趋，因而在黎笋在世时不敢跟着邓小平的脚步走得太快，只是在 1979 年宣布放宽一部分对自由市场和商品流通的限制。但在阮文灵积极推动越南的革新开放后，老挝人民革命党总书记凯山·丰威汉立刻宣布跟着走向市场经济体制。但在一党专政体制下，老挝官员思想仍是僵硬，无法提出具体有效的改革措施，又地处内陆，所以贸易及外资来源大多倚赖其邻近的中国、泰国及越南三个国家。更严重的是，该国教育水准较高的人民大多选择移居到邻国或海外，所以始终无法有突破的发展。

古巴的改革及其与美国的关系变化

据估计，古巴与苏联来往最密切时每年从苏联获得美金 40—60 亿的援助，其中大部分是用于派兵到海外为苏联打仗。苏联在 1988 年开始从阿富汗撤军后，也要求古巴逐步撤回所有在海外的部队。卡斯特罗大怒，将党、政、军及情报机关中所有亲苏分子全部清除出去。但古巴二十几年来忙于输出革命，除了制糖及菸草工业之外，没有什么新的经济建设，年轻人因而这时大多失业，对国家已经不抱希望，纷纷乘船向北，冒险偷渡到美国的迈阿密。正在此时，古巴国内却发生了"奥乔亚事件"。

奥乔亚（Arnaldo Ochoa）从卡斯特罗开始革命起就是他的伙伴，也是推翻巴蒂斯塔政权及猪湾战役获胜的大功臣。后来，他又奉派到南美及非洲各国指挥战争，在海外有极高的声誉，更是古巴人民心目中的大英雄。卡斯特罗却怀疑奥乔亚阴谋反叛，指控他收贿，走私古柯碱，下令将他逮捕。奥乔亚在 1989 年 7 月受审时，卡斯特罗下令开放电视转播，全国民众都看见奥乔亚在法庭上认罪，又唾弃自己，说没有脸面继续活下去。有人说，其情景犹如当年斯大林一手操控三次莫斯科大审判。不久后，奥乔亚就被枪决了。

一般认为，奥乔亚事件真正伤害的是卡斯特罗本人在国内、外的形象。然而，对古巴更大的冲击是苏联在 1990 年通知将全面停止经济援助。卡斯特罗从这时起竟连糖也不容易卖出去，不得不开始推动市场经济，开放外国到古巴贸易及投资，又主动与邻国改善关系，亲自出访欧洲国家。国际社会对卡斯特罗的转变表示欢迎，只有美国仍然坚持继续对古巴经济制裁。

卡斯特罗曾在 1996 年访问梵谛冈，到了 1998 年 1 月，教宗约翰·保罗二世（Pope John Paul II）决定回访，在哈瓦那造成轰动。卡斯特罗一向秉持无神论，这时竟出席了教宗主持的弥撒，并接受教宗的要求大赦近三百名政治犯，不过仍然坚持马列主义及共产党一党专政。

卡斯特罗在晚年时已逐步把权力交给弟弟劳尔·卡斯特罗，又在 2011 年请劳尔担任古巴共产党第一书记，因而当他在五年后病死时，劳尔的地位已经十分稳固。劳尔在内部以推动经济改革为优先，又废除了共产党干部终身制，并致力于与美国改善双边关系，获得美国总统欧巴马同意把古巴从支持恐怖主义的名单中剔除，两国最终于 2015 年重新建交，是古巴外交上极大的突破。然而，由于美国总统特朗普于 2017 年上任后又再度认定古巴是共产极权国家，在签证、旅游、国际汇兑、外交关系等方面予以严厉制裁，使得古巴的经济受到极大的打击。

劳尔·卡斯特罗受到国内、外的巨大压力，不得不在 2019 年经由人民公投通过新宪法，承认私有财产制，进一步放宽外国投资。不过到了 2020 年，由于 COVIC-19 疫情肆虐，古巴又一次受到重创，经济更是跌入深渊之中。到了 2021 年 4 月，年已 89 岁的劳尔不得不引退，改由狄亚兹·卡内尔（Miguel Díaz-Canel）担任古巴共产党第一书记，卡斯特罗家族长达六十年的统治至此终于落幕。

然而，由于 2021 年初新上任的美国总统拜登对古巴仍是维持和特朗普同样的政策，狄亚兹·卡内尔所受的压力并未减轻。到了 7 月，古巴爆发群众抗议事件，要求获得食物供应及疫苗接种，同时要求结束共产党一党专政，大规模的抗争运动迅速蔓延全国。狄亚兹·卡内尔只得下令镇压抗议的群众，逮捕数千人，并指控美国政府在背后操纵；中国及俄罗斯也发表声明，对古巴政府表示支持。

2022 年起，拜登政府决定放宽对古巴的制裁，并在 2025 年 1 月中把古巴从"支持恐怖主义的国家"的名单中移除。不料只过了一个星期，特朗普第二次就任为美国总统，又立即将古巴列为"支持恐怖主义的国家"，又开始制裁古巴。

事实上，古巴的经济极度倚赖南美盛产石油的委内瑞拉左翼政府，而委内瑞拉之所以被左翼政府控制，与卡斯特罗的指导及支持有关。但委内瑞拉政权从 2014 年起开始面临巨大的危机，导致古巴也陷入危机。关于这部分，我将在本书后面说到委内瑞拉时一并叙述。

北韩的经济困境及其核武对世界的威胁

谈到北韩，不能不详细说明其核武及导弹的发展，因为这是攸关国际社会安全的大问题，对北韩与其他国家之间的关系也有极大的影响。

自从美国及苏联成功发展核武之后，世界各国纷纷跟进，掀起一股发展核武的热潮。但美、苏都担心核武器无限制地扩散将增加核战争的危险，因而号召全世界五十几个国家于 1968 年共同签署一项《禁止核武器扩散条约》（*Treaty on the Non-Proliferation of Nuclear Weapons，NPT*），此后又有一百多个国家陆续签约加入。该条约规定，除了已经拥有核武的美、苏、英、法、中五国之外，其余国家都不准研发或制造核武；并请国际原子能总署（International Atomic Energy Agency，IAEA）协助各国发展核能的和平用途，同时负有监督、检查的权力。不过印度、巴基斯坦及以色列都拒绝签署，连法国、中国也不签。北韩虽然国穷民困，却还是在暗中研发核武及导弹，但拒签 NPT。

1985 年，北韩突然同意签署了 NPT，不过当美国要求 IAEA 派员去检查时，北韩却拒绝，并在 1993 年初又宣布退出 NPT。到了当年 5 月，北韩突然进行一项"芦洞一号"导弹试射，导弹就落在日本海里。据研判，这枚飞弹的射程已经能打到部分日本国土，而飞弹如果携带核子弹头，后果就不堪设想，日本因而全国震动。美国也大惊，急忙邀北韩会谈，但双方谈判一年多而毫无进展。美国总统柯林顿（Bill Clinton）渐感不耐，倾向接受军方的建议，预备发起突击直接摧毁北韩的核武特区。但由于中国坚决反对，柯林顿只得请前总统卡特担任特使，于 1994 年 6 月飞往平壤。金日成与卡特会面后表示愿意重启对话。

不料金日成突然在 7 月初病逝，由儿子金正日接任。不过美国最终仍是说服金正日签订一项《核框架协议》，美国同意为北韩建造两座发电用的新式的轻水反应炉，以取代其原有的旧反应炉；美国、日本又共同承诺每年运送五十万吨重油给北韩，以满足其能源需求。美国签订此一协议的着眼点在于：轻水反应炉没有核废料可供提取浓缩铀以发展核武。然而，此后美国在限制北韩核武的进展仍是有限。

1995 年起，北韩连续三年发生饥荒，据估计至少有 250 万人饿死，约为北韩人口的十分之一。美国及世界各国基于人道理由，决定与中国合作，透过联合国粮农组织对北韩提供救援，于 1996 年送交大约五十万吨粮食，第二年又大幅增加。金正日却在此期间发动国家宣传机器，为自己塑造个人崇拜，再一次强调"主体思想"，并加速整肃异己，以确保其政权。

南韩政府原本对北韩采取强硬的态度，1998 年初开始担任总统的金大中却有不同的看法，认为更好的方法应当是积极协助北韩脱离困境，于是开始推动所谓的"阳光政策"。然而，北韩在当年 8 月突然又发射一枚"大浦洞一号"导弹，竟直接飞越日本上空，然后掉落在太平洋上。日本民众更加惊恐，美国也极度震惊。

北韩后来虽又与美国暂时达成协议，但双方的基本矛盾仍在，不免因故再发生冲突；冲突后北韩又试射飞弹，美国又与北韩谈判，然后又达成和解。如此的循环模式在后来二十几年中不断地上演，美、日、韩却都束手无策。

2011 年，金正日因心脏病去世，由其第三子金正恩继任，但金氏王朝依旧实施独裁统治，核武及导弹的威胁也依旧，在近几年间，情况更是严重。例如，根据南韩军方的统计资料，北韩在 2022 年全年一共发射了 92 枚各种不同种类，不同射程的飞弹，是有史以来最多的一年，其中 11 月 2 日一天之内竟发射了 23 枚，其威吓意味极为浓厚。南韩、日本对北韩提出严重抗议，但毫无作用。在美中对抗的新冷战中，金正恩明显地也站在中共的一方。2025 年 9 月 3 日，习近平在北京天安门举行阅兵，金正恩与普京分立于习近平的左右侧，被认为是对外展现中国、俄罗斯及北韩的三边联盟关系。但此一联盟关系究竟能维持多久，一般认为有待观察。

B 类国家：该国的共产党虽已取得政权，但十分脆弱，迅速被推翻

非洲的埃塞俄比亚、索马里及中亚的阿富汗是具有代表性的这类国家，以下分述。

埃塞俄比亚及索马里共产政权的覆灭及两国的后续发展

如前所述，埃塞俄比亚与索马里于 1977 年爆发欧加登战争时，苏联决定支持埃塞俄比亚，并空运古巴部队到非洲协助埃塞俄比亚击退索马里军队。

埃塞俄比亚虽然获胜，北方却出现分离运动，南方各部族也纷纷起而武装抗暴。古巴从 1988 年起开始撤军后，内战升高，南方各路反抗军合组"埃塞俄比亚人民革命民主阵线"（"埃革阵"），并与北方的"厄利特里亚人民解放阵线"（"厄人阵"）结盟，共同于 1991 年 5 月攻陷首都阿迪斯阿贝巴，结束共产政权的统治。埃革阵与厄人阵于是各自成立埃塞俄比亚及厄利特里亚的新政府。两国却在 1998 年因边界纠纷而爆发战争，不过在两年后还是接受国际仲裁，罢兵言和。

长久以来，埃塞俄比亚始终是世界上最贫穷的国家之一，不过根据世界银行的资料，其经济在共产政权下台后已逐渐成长，从 2004 年起十几年间更是非洲经济成长最快的国家，年平均实际 GDP 成长率达到 10% 以上，在不断有饥荒的情形之下实属不易。可惜的是，由于复杂的种族问题，埃塞俄比亚逐渐又发生武装冲突，并于 2020 年起爆发大内战，双方军力都达到数十万人，造成数百万人流离失所，至今仍无法结束。

索马里的情况与埃塞俄比亚类似，在欧加登之战后就已叛乱四起，各路反抗军同样在 1991 年共同推翻共产政权。不同的是，此后国家继续陷入各地军阀割据及内战中，南方战况尤其剧烈，北方因而在不久后宣布成立一个独立的"索马里兰共和国"，以避开南方持续的战火。

此后二十年间，联合国虽然派出维和部队，提供人道救援，美国也积极介入，并由各方协助成立过渡联合政府，但仍无法阻止战火继续燃烧，并有伊斯兰教派武装组织开始崛起。2012 年，各方政治势力终于同意成立一个"索马里联邦共和国"，但由于伊斯兰教派发生分裂，其中基本教义派组织（即圣战士），坚持继续武装反抗政府，并有基地组织及伊斯兰国（Islamic State, IS）的支持，因而，该国不幸至今也仍是处于内战中。

附带说明，索马里的长期战乱导致人民生活极度困难，其中有部分渔民转为海盗，劫持来往通过苏伊士运河的商船，引发全球航运危机。世界各国纷纷派军舰前往护航，打击海盗，但至今索马里海盗也还是继续出没。

从阿富汗共产党的覆灭到美国与塔利班之间的战争

苏联虽然在 1989 年 2 月已经完成从阿富汗撤军，但由于圣战士各自为战，并没有统一的组织，所以原先苏联扶植的纳吉布拉政府一直撑到 1992 年 4 月首都喀布尔被攻陷后才投降，阿富汗的共产政权至此灭亡。但当时有各种不同背景、不同外国势力支持的军队同时进入喀布尔，因而在成立一个联合新政府之后也同样继续炽烈的军阀内战。不过在这时突然有一支"塔利班"（Taliban）部队在阿富汗第二大城坎大哈（Candahar）突然崛起。

塔利班大部分是来自阿富汗难民营中的伊斯兰学校的学生，因而又称"学生军"或"神学士"。由奥马尔（Mohammed Omar Mujahid）领导，主张"消灭军阀，反腐败，重建国家"，获得无数的百姓支持。1996 年 9 月，塔利班攻占喀布尔，四年前就已经下台的纳吉布拉及其他前共产党员大多又被逮捕，惨遭酷刑而死。

塔利班奉行逊尼派伊斯兰原教旨主义，声称其所建立的"阿富汗伊斯兰酋长国"将是世界上最纯洁的国家。为了保持其纯洁性，塔利班规定恢复伊斯兰教传统的生活方式，例如：女性一律不准出外工作；禁绝西方的音乐、电影、电视；屠杀什叶派教徒及少数民族；又下令灭佛，竟连已有一千五百年历史的两座巴米扬大佛（Buddhas of Bamyan）也被爆破摧毁。其结果是对外完全封闭，经济上更是赤贫，全国的文盲人数快速增加。

2001 年 9 月 11 日，美国纽约贸易中心双塔突然遭到恐怖分子挟持的飞机撞击而起火倒塌，造成约三千人死亡或失踪。美国及全世界人民极度震惊。美国总统小布什要求阿富汗引渡涉有重嫌的基地组织领袖本·拉登，却被奥马尔拒绝。布什震怒，下令美军开进阿富汗，北约部队及北方联盟（一支在北方的反塔利班部队）也应邀一起出兵。塔利班政权在两个月内就被赶出喀布尔，转而像从前一样，继续打游击战。一场新的阿富汗战争于是又开打，但与先前不同的是美国取代苏联，支持阿富汗新政府对塔利班作战。

2011 年，美国发起一项行动击毙本·拉登，但仍继续与塔利班的战争，只不过是减低驻军的规模，一直到 2020 年特朗普政府才与塔利班签订撤军协议。第二年，当拜登政府完成撤出美军后，塔利班立即重新占领喀布尔，建立新政府。美国在阿富汗进行战争前后正好二十年，一般认为无异是在打另一场越战，也同样失败。

C 类国家：该国共产党尚未能取得政权，无法逃脱解散或覆灭的命运

如前所述，由于美国主导的兀鹰行动，在八〇年代末拉丁美洲几乎已经没有共产党还能继续活跃。在非洲情况也类似。值得叙述的，只有东南亚的马来西亚、缅甸及菲律宾三个国家的共产党。

马共、缅共的瓦解

本书在第 11 章也已叙述，邓小平决定停止输出革命后，陈平所领导的马共受到极大的冲击，不得不接受泰国政府居中协调，与马来西亚政府谈判。三方最后在 1989 年共同签署协定，马共同意自动解散。但由于马来西亚政府不欢迎陈平回国定居，陈平始终回不了国门，只能停留在泰国，一直到过世。

至于缅甸共产党，也就是由缅甸各邦少数民族分别组织的"新人民军"，由于大多种植、贩卖鸦片，不靠中共援助，所以受邓小平的决定影响较小。他们仍然有武力，只是多半已经厌战。

1988 年，缅甸爆发大规模的民主运动，有五十万名学生及民众

在首都仰光示威游行。缅甸国父昂山将军的女儿昂山素季（Aung San Suu Kyi）正好回国，并在演讲中表示支持和平抗争，民主运动因而更加风起云涌，却遭到奈温下令血腥镇压，造成数千人死亡，此后昂山素季被长期软禁。

如果是在以往，如此大规模的反政府运动，并且是由昔日革命的领袖昂山的女儿领导，共产党必定起而加入其中；各邦的"新人民军"却视如不见，反而都决定结束与政府对抗。1989 年 3 月，彭家声领导的果敢部队率先宣布脱离缅甸共产党，并与政府签定停战协议。此后半年内，掸邦、佤邦、克钦邦等十几个少数部族武装部队也纷纷退出共产党。缅甸共产党至此实质上已经瓦解。

不过缅甸的动乱并未就此停止。1992 年，年老的奈温将政权交给另一军事强人丹瑞（Than Shwe）继续独裁统治。丹瑞由于内部动乱不断，又遭到国际社会严厉制裁，在巨大的压力下不得不在 2010 年同意修宪，进行民主改革，并释放昂山素季。昂山素季在后来十年中领导反对党于历次选举中连续获得绝对胜选，军方却越来越无法忍受，在 2020 年选举大败后竟发动政变，并逮捕昂山素季。但少数民族这次不再坐视，全部起而反抗。第二年，缅甸又一次爆发大内战，而很不幸地，一直到本书出版时也还是在继续战乱中。

菲律宾共产党的衰败

菲律宾共产党从 1960 年代末就接受中共援助而成立"新人民军"，由西松及布斯凯诺领导，在农民支持之下反抗贪腐的马科斯政权。虽然西松和布斯凯诺都在七〇年代被捕入狱，新人民军仍然继续反抗马科斯政府。

不过菲律宾最主要的反政府力量并不是菲共，而是参议员阿基诺及其支持者。如第 11 章所述，阿基诺在 1983 年回国时遭到公然杀害，反对力量于是拥护阿基诺的遗孀柯拉松继续与马可仕对抗。1986 年，菲律宾举行总统大选时，柯拉松也参选，挑战马科斯。马科斯却又以贿选、作弊等手法操纵选举结果，然后自行宣布当选。但菲律宾全民激愤，群起包围总统府。马科斯最后只得自动下台，逃往夏威夷，柯拉松于是继任为总统。

科拉松上任后，决定与新人民军举行和谈，并下令将西松和布斯凯诺放出监狱。新人民军提出要求进行土地改革，又要求美军归还租借的苏比克海军基地（Subic Bay）及克拉克空军基地（Clark Air Base）。然而，由于菲律宾各省市有权有势的人物无一不是大地主，又控制了国会，科拉松没有可能答应迅速地进行土地改革。菲律宾这时国家穷困不堪，并且失业问题严重，而据估计，美国每年为上述两个基地付给菲律宾的租金及提供其他援助合计至少有九亿美元，同时有四万多名菲律宾人受雇为美军工作；因而，科拉松也没有可能立即停止与美国合作。

双方既无法达成协议，菲共就继续领导农民与政府对抗。不过从这时起，菲共内部开始发生重大的歧见，而在 1992 年达到顶点。菲共于是决定进行一次整风运动，要求党员都自我检讨，承认错误；凡是不愿承认错误者一律开除。这是仿效 1942—43 年间中共的延安整风运动，并且不是第一次，因为先前也曾进行过一次。但有一部分人坚决反对，因而造成内部分裂为"重申派"及"拒绝派"，两派开始互相残杀。

西松原本是一位教授兼作家，从 1987 年起就已移居荷兰，但美国 CIA 及菲律宾当局都怀疑他是重申派的背后指导者，在暗中发出指示恐怖活动的命令。西松始终否认，却因为涉嫌发生在菲律宾的数起命案而在 2007 年遭到荷兰当局逮捕及起诉，但最后因为证据不足而被释放。至于布斯凯诺，当年在获释出狱之后决定直接参选从政，却意外遭到枪击，几乎丧命，于是决定回乡务农，目标是以协助农民推动农业合作化及机械化而消除贫穷。他不再相信共产主义武装斗争有其必要，认为只是徒劳无功，终将自取灭亡。

据估计，菲律宾共产党及新人民军的成员至今只剩数千人，而仍然继续从事恐怖活动，甚至杀害平民及神职人员。2016 年当选菲律宾总统的杜特尔特（Rodrigo Duterte）自称曾是西松的学生，并深受其影响，因而在上任后邀请菲共进行和谈，但谈判还是破裂，只得宣布将菲共及新人民军都列为非法的恐怖组织，下令继续取缔。

D 类国家：该国的共产党选择，或被迫放弃一党专政

具有代表性的这类国家包括东南亚的柬埔寨、拉丁美洲的尼加拉瓜，以及非洲的刚果、几内亚比索、安哥拉。

柬埔寨洪森政权的演变

回溯 1978 年越南挥军入侵柬埔寨后，波尔布特领导的赤柬在中共支持之下继续反抗越共支持的柬埔寨韩桑林政权。流亡北京的西哈努克也自创一个奉辛比克党（FUNCINPEC），实际上是一个保皇党，由其子拉那烈（Norodom Ranariddh）主持。不过这两股势力最后由中共协调合作，成立流亡政府，以西哈努克为主席，其共同目标是推翻柬共。

1985 年，柬埔寨共产政权内部发生内部斗争，结果总书记兼总理韩桑林被迫让出总理职位给副总理洪森，洪森从此成为柬埔寨实质上最高的领导人。如前所述，越共总书记阮文灵后来决定从柬埔寨撤军，对洪森而言正是一个统一国家的机会，于是开始与西哈努克所领导的流亡政府谈判。双方最后在 1991 年 10 月签署了《巴黎和平协定》，同意各自逐步解除武装，并将择期在联合国的监督之下举行大选。洪森也宣布废除一党专政，改采多党制。协定签署后，洪森到北京迎接西哈努克返国。两人回到金边时，人民夹道欢呼迎接。

1993 年 9 月，柬埔寨如期举行大选，结果奉辛比克党击败洪森改组柬共而成立的柬埔寨人民党，但在议会中席次并未过半，拉那烈只得同意与洪森共组联合政府，分别担任第一及第二首相。柬埔寨又通过新宪法，采君主立宪制，请西哈努克第三度登基为国王。但洪森在不久后发动政变迫使那拉烈逃到国外，在那拉烈同意退让后才允许他回国。人民革命党于是经由另一次选举而获得过半数议会席次，洪森也顺利地成为唯一的首相；同时，拉那烈获任为国民议会议长。

此后洪森却越来越独裁，并肆意操纵选举。原先奉辛比克党及其他反对党在国会中还能占有不少席次，2018 年的大选所选出的议席却全数由柬埔寨人民党囊括，明显地既不自由，也不公正。2023 年，洪森更安排其长子洪马内出任为总理；一般认为，其企图效法北韩金氏政权家天下的作法已十分明显。

回来说赤柬。《巴黎和平协定》签订后，赤柬拒绝接受，坚持继续其武装斗争路线，但在柬埔寨新政府采取招安策略之后，赤柬官兵纷纷缴械投降。波尔布特大惊，怀疑赤柬前国防部长宋成（Son Sen）也意欲投敌，派卫队屠杀其全家十四口，结果引发众怒，被逮捕监禁，但在第二年就病死了。赤柬其余的领导人后来也纷纷投降或被捕。2003 年，联合国与柬埔寨政府合组特别法庭，以"谋杀罪""危害人类罪""种族灭绝罪"起诉乔森潘、农谢、英萨利等赤柬前领导人。不过审询拖到 2014 年才宣判，而这时英萨利已经死了，其他人大多被判处无期徒刑。 许多柬埔寨人无法忘记当年在赤柬暴政之下经历的惨痛，对此判决的程序及结果至表疑惑。

尼加拉瓜及委内瑞拉的政治演变及其相互关系

严格地说，尼加拉瓜不能称为共产国家，因为桑解阵的领袖奥尔特加是在 1984 年经由国际社会认同的民主自由选举而产生的总统，该国既没有实施一党专政，议会里反对党也极为活跃。然而美国总统里根仍然视尼加拉瓜为共产国家，授意 CIA 支持"康特拉"在尼加拉瓜进行内战，又实施严厉的经济制裁，欲除去桑解阵政权而后快。

尼加拉瓜后来的发展极为曲折而奇特，奥尔特加先被人民选下台，十七年后却又复起，其过程与委内瑞拉有极大的关连，而这两国后来的发展更是令人惊讶，因而有必要详细叙述如下。

● 奥尔特加败选下台及其再起

1990 年初，尼加拉瓜举行第二次大选，国际社会至为关注，有二千多名观察家到尼加拉瓜考察，结果由反对党"尼加拉瓜在野党联盟"推出的总统候选人查莫罗夫人（Violeta Chamorro）竟然一举获胜；在野联盟也在国会选举赢得过半席次。奥尔特加只能接受败选，黯然下台。

查莫罗夫人的丈夫在苏慕萨时代是尼加拉瓜一家著名的报社发行人兼总编辑，却不幸遭到暗杀，查莫罗夫人于是接管该报社，继续反抗苏慕萨政府。桑解阵推翻索摩查政权后，查莫罗夫人受邀加入联合政府，但在后来渐渐和奥尔特加不合，于是求去，转为反对势力的领袖。不过奥尔特加败选的主因是美国的制裁造成尼加拉瓜经济衰落，外债高筑，恶性通货膨胀，以及庞大的失业人口。许多选民担心如果奥尔特加连任将继续被制裁，决定支持反对党。

查莫罗夫人就任总统后，桑解阵及康特拉都同意立刻结束内战，放下武器。这时，美国不仅取消对尼加拉瓜的禁运，也与西方国家决定豁免尼加拉瓜的部分债务，又提供贷款使其能以新债抵偿旧债。但查莫罗夫人无法从美国取得足够的援助金额以重建满目疮痍的国家，甚至必须削减教育及社会福利支出，失业及通货膨胀问题也依然严重，因而也出现不少罢工及抗议活动。

查莫罗夫人在 1996 年任满下台（依新宪法规定总统不得连任），尼加拉瓜又在 1996 年及 2001 年分别举行两次大选，奥尔特加继续代表桑阵解参选，却还是都败给右翼的立宪民主党(Constitutionalist Liberty Party, PLC）的候选人。

然而，由于立宪民主党在此后发生严重的分裂，导致在 2006 年举行的大选时竟有两人出马竞逐总统，互不相让。这时桑解阵组织中也发生分裂，也一样有人坚持出马与奥尔特加同时竞选总统，但对奥尔特加的威胁不大。因而，奥尔特加最终虽然只得到 38% 的选票，却当选为总统，于是再一次取得政权。

值得注意的是，美国在此次大选中同样明白表示不希望奥尔特加当选，委内瑞拉总统查韦斯（Hugo Chávez）却公开表示支持奥尔特加，又提供大量的资金及其他支援，并且承诺将供应廉价的石油给尼加拉瓜，以免奥尔特加当选后尼加拉瓜又遭到美国制裁。

必须说明，由于美国不断干预，拉丁美洲各国的左倾政权在 1970 年代末大多转由右翼军人独裁统治。但美国在后来又不断地鼓励、引导各国走向民主化，因而各国的总统大多是经由民选产生；其中有偏右的，有中间派，也有偏左的，但值得注意的是以偏左的居多。其关键因素是由于中共、俄罗斯及古巴的介入与支持，而受到影响最大的国家莫过于委内瑞拉，但历任美国政府对此一发展并未警觉。

● 查韦斯及其"玻利瓦尔主义"对拉丁美洲的影响

回溯十九世纪初，委内瑞拉有一位革命家玻利瓦尔（Simon Bolivar）曾经领导南美几个国家的人民共同推翻西班牙的统治，获得独立，是历史上有名的英雄。查韦斯年轻时起就崇拜玻利瓦尔，并有强烈的反帝国主义及反美倾向，于是与若干同志一起创立一个"玻利瓦尔主义"（Bolivarianism），属于左派民族主义。

委内瑞拉的经济发展倚赖石油出口至深，国际石油价格虽然在 1970 年代居高不下，从 1985 年起起却大幅下跌，导致委内瑞拉国内长期政治及经济混乱。查韦斯于是利用人民的不满情绪在 1992 年发动军事政变，企图推翻政府，结果失败而被捕。不过他在两年后就获得特赦出狱，又在 1998 年参选总统，竟然当选。此后，他又逐步经由公投、修宪及操控选举等一连串的手法成立一个凌驾于现有的立法、司法机构之上的国家制宪会议，并取得绝对的控制权，于是转为独裁统治。必须指出，在查韦斯发动政变、夺权斗争的过程中，古巴卡斯特罗提供的指导及支持极为关键。

查韦斯接着强行推动土地改革、社会福利政策及财富重分配，但这些被称为"古巴化"的措施引起许多人激烈反对，导致 2002 至 2004 年之间爆发工会大罢工，军队政变，以及反对党发动罢免公投。不过查韦斯由于有广大的穷人支持，又掌控了政府及军队，不仅没有被推翻，反而更加强高压极权统治。

与此同时，由于国际原油价格又开始飙涨，委内瑞拉的油元收入暴增，查韦斯决定扩大社会福利政策，包括免费医疗、教育，并且出资将石油、电力、电信、银行等大型私营企业都收归国有，同时大量进口食品、衣物、医药、汽车等。然而，由于支出过于庞大，委内瑞拉也开始向国外大举借贷。

查韦斯也曾在 2004 年与古巴、玻利维亚及几个小国共同成立一个组织，称为"我们美洲人民玻利瓦尔联盟"（Bolivarian Alliance for the Peoples of Our America，ALBA），并积极拉拢、支持中南美洲各国里有同样理念的政治领袖。因而，当尼加拉瓜的奥尔特加处境困难时，查韦斯决定对他伸出援手。查韦斯同时也与俄罗斯、中国、伊朗密切往来，美国虽然极为不满查韦斯，却无可奈何。

在委内瑞拉总统查韦斯（前右）强力支持下，奥尔特加（前左）于下台十六年后在 2006 年再度当选为尼加拉瓜总统

● 委内瑞拉的危机

2013 年，查韦斯病死，其指定的接班人马杜罗（Nicolás Maduro）继任为总统之后，基本上维持与查韦斯同样的内政及外交政策。但从第二年起，由于国际原油价格暴跌，委内瑞拉的财政开始陷入困境，不但货币狂贬，所有的社会福利政策都被迫停止，包括水、食物及医

药在内的民生必需品也极度匮乏。查韦斯在位期间，委内瑞拉人民对于长久以来无法解决的贪腐问题、高犯罪率早有微词，更痛恶政府压迫，甚至杀害反对人士。这时，所有不满的情绪一起爆发，示威抗议于是大起，要求马杜罗下台，但马杜罗拒绝。

此后数年，委内瑞拉越来越深陷危机之中，外债竟超过一千亿美元，同时有数以百万计的人民大量外逃，使得中南美洲国家都不安；其中有十一国与加拿大的代表于 2017 年在秘鲁的首都利马集会讨论，决定成立一个利马集团（The Lima Group），支持委内瑞拉国内的反对力量采取和平的手段以结束危机，并提供人道救援，美国对此也表示支持。马杜罗却拒绝与反对派妥协，并继续操控 2018 年的选举，然后宣称胜选连任总统。

然而，由于马杜罗及其亲信涉嫌合谋将大量毒品走私到美国，以致每年竟有超过十万美国人因吸毒而死。川普总统认定这是针对美国的"毒品恐怖主义"，于是在 2026 年 1 月断然下令美军发动突袭，到委内瑞拉总统府直接抓捕马杜罗至纽约受审。美国此举被认为是川普版"门罗主义"的展现，此后不仅委内瑞拉不能不与美国充分配合，尼加拉瓜及古巴的未来将充满变数，中南美洲许多左倾国家也极可能被迫转向。

● 尼加拉瓜奥尔特加第二次执政后的独裁统治及困境

如前所述，在查韦斯的协助之下，奥尔特加于 2006 年当选为尼加拉瓜总统，重掌政权，于是决定和查韦斯采取一样的外交政策，远离西方国家而亲近俄罗斯、中国及伊朗。在国内，奥尔特加也改采独裁及高压政策，全面控制政府所有的部门及军队、警察，又严厉压制反对他的人，并指示最高法院进行修宪，取消有关总统不得连任的规定。2011 年尼加拉瓜大选时，奥尔特加不再允许国际媒体派员来观察，因而虽然获选连任为总统，西方国家大多拒绝承认选举的合法性。

然而从 2014 年起，由于委内瑞拉逐步陷入危机，尼加拉瓜失去其奥援，也开始面临困境。为了解决困难，奥尔特加曾经同意由一个中国公司出钜资兴建一条运河的计划，以开辟可以连通太平洋与大西洋之间的一条新航线，而与巴拿马运河竞争，但交换条件之一是给予该公司 50 年独家特许权。不料国内反对的声浪大起，并爆发大规模的示威抗议事件，使得该计划不得不暂缓，最终又因该公司资金短缺而取消。

2018 年 4 月，尼加拉瓜的学生及市民又因为不满政府要求加税及削减社会福利而爆发更大的示威抗议活动，遍及十几个城市，达到三十万人，要求奥尔特加及副总统（即其夫人）下台，但都遭到血腥镇压。据统计，到当年底已有三百多人死亡，其他受伤及被捕入狱者达到数千人。

尼加拉瓜虽然不断出现反政府抗争、奥尔特加在 2021 年的选举时仍然与其夫人搭当参选，然后宣称获得高票当选为正、副总统。然而，所有被认为可能威胁到奥尔特加的其他候选人在选前不是被逮捕，就是逃亡国外，或被取消资格。国际社会指称尼加拉瓜的选举极为可耻，但对此无可奈何。然而如前所述，委内瑞拉的马杜罗被美军抓捕之后，倚靠其支持至深的尼加拉瓜也已摇摇欲坠了。

非洲刚果、几内亚比绍及安哥拉共产政权的转型

苏联及古巴都撤出非洲之后，刚果、几内亚比绍及安哥拉在全世界反共产主义的风暴之下都决定放弃一党专政，改采多党制。不过这些国家的政权最后仍然掌握在前共产党的手中，情况和中亚的五个前苏联加盟共和国类似。

以下先说刚果。军事强人恩格索在 1992 年决定开放大选，结果竟然惨败，只得下台；不过他无法忍耐，不等下一次选举就发动内战，击败政府军，于是被选为总统。此后又连选连任，实际上是终身总统。

再说几内亚比绍。该国原本是由一个九人军事执政团统治，由维埃拉（Joao Bernardo Vierra）领导，后来决定改采多党制，不过原来

的革命政党还是执政党，选出的总统也还是维埃拉。但由于军队内部派系斗争激烈，导致政变不断，甚至有流血政变发生，该国却没有中断民主选举，而原来的革命政党也还是继续执政。不过该党有一部分成员在 2018 年出走而成立新党，虽然在国会中只是第二大党，却赢得 2019 年的总统选举。此一新发展极为值得注意。

最后说安哥拉。回溯戈尔巴乔夫决定停止输出革命时，安哥拉仍是处于内战，但安人运政权的领导人多斯桑托斯（Jose Eduardo dos Santos）表示愿意接受联合国调停，并与其对手，安盟的领导人萨文比（Jonas Savimbi），一同坐上谈判桌。双方于 1988 年底签定协议，同意在联合国监督之下举行和平选举，以代替战争。在双方背后的古巴和南非也同意在两年内完成撤军；据估计，此时古巴及南非各自在安哥拉的军队还有数万人。

1992 年 2 月，由联合国派员监督的大选如期举行，由多斯桑托斯与萨文比竞选总统。不料萨文比在败选后竟拒绝接受结果，又发起武装斗争。此一内战时断时续，一直到萨文比于 2002 年在战场上被击毙，安盟才同意放下武器；历经二十七年的安哥拉内战至此也才结束。此后多斯桑托斯一直担任总统，直到 2017 年病逝。

曼德拉与南非共产党

本章对于第三世界各国共产党的结局大致已经叙述完毕，不过在此却要补述南非的共产党。其原因有三：首先，南非共产党创立于 1921 年，实际上是非洲最早的共产党；其次，南非共产党对于南非参加前述的安哥拉内战具有极大的牵制力量；第三，九〇年代后南非共产党虽然不是执政党，却是执政联盟中的重要成员，在南非有极大的政治影响力。

南非共产党虽然很早就成立，早期并不活跃。当时南非最大的人民组织是 1912 年成立的"非洲民族会议"（African National Congress），简称"非国大"（ANC），其成立的目的是为了要向白人政府争取黑人的政治、经济及教育的权力。不料白人政府极端歧视黑人，竟变本加厉，在 1948 年颁布实施种族隔离政策（Apartheid）。非国大发起非暴力抗争，却屡次遭到残酷地镇压。1960 年，非国大发动一次大规模的示威抗争活动，结果白人军警竟向群众开枪，导致六十九人死亡，两百人受伤。南非政府又在事后宣布非国大为非法组织。

非国大深受刺激，决定改采暴力武装斗争，因而在第二年与南非共产党结盟，共同成立一个军事组织，称为"民族之矛"（Spear of the Nation）。非国大的领袖曼德拉（Nelson Mandela）在两党合作初期兼任民族之矛的总司令，不料在 1962 年被捕，此后一直被关在狱中。南非共产党于是开始主导民族之矛的行动，但仍奉系在狱中的曼德拉为领袖。民族之矛也遵从曼德拉的指示，只采取破坏军事设施及公共设施（如发电站、运输系统及电话线），以对政府施压，但尽量避免造成人员伤亡。曼德拉出身南非大部落的酋长之家，始终否认自己是共产党员，但总是有人对此表示怀疑。

1969 年起，民族之矛开始派一部分部队前往安哥拉及莫三比克协助当地的共产游击队进行独立战争。安哥拉及莫桑比克在 1974 年分别获得独立后，都同意协助民族之矛，并提供训练基地，由古巴及苏联协助其训练，南非境内的武装斗争于是越来越激烈。南非政府从这时起却开始配合美国出兵到安哥拉及莫桑比克，因而是内外作战，备极煎熬。同时，南非由于种族隔离政策遭到国际社会的谴责及制裁也越来越严厉，更是痛苦不堪。

戈尔巴乔夫决定停止输出革命后，南非政府总算看见一条出路，并从 1989 年初起逐渐撤回国外的军队。同年 8 月，长期主张种族隔离政策的南非总统博塔（P. W. Botha）辞职下台，继任的德克勒克（F. W. de Klerk）立刻邀请被关在狱中已有二十七年的曼德拉会谈。1990 年 2 月，德克勒克宣布释放曼德拉，废止种族隔离政策，并回复非国大及南非共产党的合法地位。1994 年，曼德拉在大选中领导非国大一举击败长期执政的国民党，成为南非第一位黑人总统。

南非共产党的理念实际上与马列主义有相当大的差距，不过仍然保留共产党的名称不变，并与非国大及南非工会大会共同组成一个左倾的"三方联盟"。根据三方的协议，南非共产党员及南非工会大会的成员都不以其原本的组织成员的名义从政，而是以个人身份加入非国大，取得其党员身份，然后再参选公职。曼德拉任满离职之后，后来的南非总统也都是非国大的成员。

　　然而，南非的贫穷、犯罪及失业等问题依然严重，尤其必须指出的是南非的吉尼系数（Gini coefficient，是一个国家贫富收入差距的指标，数字越高表示越是贫富悬殊）始终是全世界最高的国家之一。非国大在南非历次大选中得到的票数因而越来越少，在国会中的席次也跟着不断地减少；更由于内部严重分裂，非国大在 2024 年选举所获的国会中席次剧降到只剩四成，以致于不得不与南非一直以来最大的反对党"民主联盟"（Democratic Alliance）及其他小党合组联合政府。值得注意的是，民主联盟的成员涵盖许多不同的族群，包括白人、有色人及黑人，其前身早在 1950 年代后期就已经存在，最先是由国会中（当时议员全部都是白人）主张反对种族隔离政策的一群人所组成的。

　　南非未来将会如何发展，尚未可知。

后　记

共产世界的过去、现在与未来

如我在自序里所说，我在写这本书时为自己订了一条规则：尽量只做"客观的"叙述或引述，而不跳进去表示我自己的"主观的"意见。如果我在书中把我的主观评论与客观叙述放在一起，我担心将会混淆读者，以致于妨碍其自行判断历史的是非曲直。我当然也知道，凡人都不免受到自己潜在的主观意识的影响，所以一个人要做到完全客观叙述是不可能的，但我总是要求自己尽可能客观。

我有一些朋友知道我在写这本书，都表示赞同我的做法，不过其中有一部分人说，这样一来他们就无法知道我对共产主义及共产党究竟有什么看法，那就可惜了，所以建议我在写完书后另外写一篇，以表达自己的观点及评论。我欣然同意，因为我也希望能与读者们分享我的心得，这篇后记就是为此而写。我的这些论点当然也都是根据史实而来，但相对可能比较主观，所以读者们如果有不同看法，我当然尊重。

但我并不想长篇大论，而只挑出三个我认为是极其关键的题目来和读者们一起探讨：

1. 马克思的理论究竟错在哪里？
2. 共产党的本质究竟是什么？而在马克思之后，经过列宁、斯大林、毛泽东等一代一代传递之后又是如何演变？
3. 中共将往何处去？中国又将往何处去？

马克思的理论究竟错在哪里？

马克思年轻时可以说是愤世嫉俗，但他是有理由的，因为他所看见的是一个不公不义的欧洲社会，不但有帝制的高压统治，有腐败的教会与王权狼狈为奸，还有为富不仁的资本家，造成社会极端的贫富不均。马克思因而誓言推翻现有的一切，以拯救被剥削的无产阶级，建立他理想中的共产主义世界。《共产党宣言》正是他在三十岁时（1848 年）和比他小两岁的恩格斯一起发表的。

马克思的立意无疑是良善的，他的聪明才智也远远超过一般人，但不幸的是他所提出的理论及主张充满了错误；这些理论及主张在后来又为野心家所用，其结果是为人类带来极大的祸害。

- **马克思、恩格斯为什么宣称其所提倡的共产主义是"科学的"？但为什么它不是？**

首先我要指出，马克思、恩格斯所提倡的共产主义并不是如其所宣称是"科学的"。我猜有很多读者可能不明白为什么科学或不科学会是一个大问题。实际上，这是一个核心问题。

在马克思的时代里，"科学"其实是欧洲社会流行、崇尚的一个词汇，代表"进步"的意思。马克思坚称其理论是科学的，事实上就是为了抬高自己，而贬低同时代其他的社会主义或共产主义，在《共产党宣言》里，他称之为"反动的""封建的""保守的"，或"空想的"。更重要的是，马克思唯有坚称共产主义是科学的，才能宣称共产革命埋葬资本主义乃是历史的必然，借此吸引青年人、知识分子及无产阶级为共产主义的历史使命抛头颅，洒热血。

然而，针对马克思的理论是否科学，历来有很多人提出质疑。例如，本书在第 2 章里已经说道，英国的著名学者波柏在其巨着《开放社会及其敌人》里指出，马克思的理论缺乏"可证伪性"，因而不能说是科学的，一般认为已经击中马克思主义的要害。本书第 10 章也引述了吉拉斯的批评，说："在人类的思想史上，要找到比自然辩证法更荒谬的东西是不容易的。"吉拉斯又说："马克思主义被当成'科学'，但没有一个有地位的马克思主义理论家是科学家。"

吉拉斯所提到的"自然辩证法"，是由恩格斯根据马克思的唯物辩证理论应用到自然科学（包括物理、化学、生物等）而发展出来，但在恩格斯死前并未发表，究竟是否科学的也没有人能确知。不过在恩格斯死后大约三十年，德国社会民主党的理论家伯恩斯坦曾经把他的手稿送交当时科学界的泰斗爱因斯坦（Albert Einstein），并询问他的意见。爱因斯坦看完后回了一封信，十分委婉，但明确地说，该手稿虽然是由历史上知名的人物写的，其内容无论是从当代物理学或物理学史的观点看都不重要。但在后来，苏联共产党却仍然把这些手稿整理后出版，并附一篇序，其中说："他（即恩格斯）指明了自然界中的一切都是辩证地进行的，因而认识自然界的唯一正确的方法便是唯物辩证法。"

我再举一例。列宁临死前曾预立遗嘱，其中批评了斯大林、托洛茨基、布哈林及其他三名苏共重要领导人。关于布哈林，列宁写道他是"党里最有价值，最重要的理论家"，但在后面又说布哈林"从来就没学会辩证法，我想也从来没有完全懂得辩证法。"我必须坦承，我自己也曾研究过辩证法，但自认没有完全读懂。不过当我读到列宁这一段遗嘱时，我已经释然。我不禁要问，假如连布哈林都被列宁批评从来没有完全懂得辩证法，那么当时布尔什维克党里究竟有几个人懂？这就说明了一件事：辩证法恐怕没有一个客观的标准，而是由最高领导人决定谁懂谁不懂。这种地位高低决定谁懂谁不懂的逻辑，在后世所有国家的共产党里屡见不鲜，但往往攸关当事人的生死。

• 错误而不科学的马克思主义为什么能吸引热血青年投入共产革命？

马克思的理论也有很多其他错误，更做了很多错误的预言。举一个例：《共产党宣言》里说无产阶级的统治将使得人对人的剥削随之消失。事实上，在后来所有的共产国家里，人对人的剥削及迫害只有更严重。至于说到在共产世界里不会有民族对民族的敌对关系，只要从后来南斯拉夫与苏联决裂，中苏决裂、中越之战，越柬之战等史实，就可以得出结论：马克思错了。

马克思又说，资本主义只能以暴力革命的方式推翻，那更是无稽。事实证明，英国的工党及德国的社会民主党都是由该国工人团体以和平渐进的方法，采取议会路线而建立的强大政党，其主张的社会福利政策大多也能逐步实现。

那么，马克思主义既是不科学，又错误百出，为什么能吸引那么多热血青年？这正是历史的悲哀之处。简单地说，那是因为我们今天说马克思主义错了，大部分是在列宁创立共产政权之后才提出的，而在此之前很少有人评论。实际上，当时人们所看见的只是资本主义之恶。二十世纪初，英国哲学家罗素曾经说："资本主义在今日已经不容于世界。人类文化的遗产，已不是资本制度所能保全。"人们只要细细地体会这句话，便能明白为什么共产革命会兴起。关于这方面，前述的卡尔·波普尔曾有一次谈到他自己年轻时的亲身经历，十分值得参考。

第一次世界大战结束时，只有十六岁的波普尔自愿到维也纳的共产党办公室去帮忙跑腿。波普尔说，当时共产党对年轻人有极大的吸引力，因为马克思说，共产主义成功地推翻资本主义乃是历史的必然，在那之后，人们就会享受美好的生活，人人互信互爱，永远没有战争。共产党员奋斗的目标，就是让此一梦想提早实现。

不过波普尔又说，这样的诉求及理想其实是一个陷阱，一个"捕鼠器"，而他就是那只被引诱到陷阱里的老鼠。但波普尔很快就发现，共产党人其实是为达目的不择手段，只顾党的利益，唯莫斯科的命令是从，无论是对事或对人，只隔一天态度就可以完全转变。共产党又善于挑拨群众的情绪，鼓动别人冒生命的危险。波普尔有六名朋友因而在 1919 年 6 月参加示威活动时被维也纳警察开枪射杀。波普尔认为，没有人有权力以这种欺骗的方法叫别人牺牲生命，于是决定脱离他所称的"捕鼠器"。

我在第 14 章里引述布哈林的遗嘱，在其中，我自己强烈地感受到他从年轻时起是如何地矢志于共产革命。然而，让我感受更强烈的却是布哈林近乎绝望的陈述，说自己并不是屈服在无产阶级"无情而纯洁"的斧钺之前，而是在一部让他感觉无力的"恶毒的机器"前面。我相信，很多读者必定和我有一样的感受，并且和我一样要问一个问题：这样一部恶毒的机器究竟是如何造出来呢？那正是我在后记中要讨论的第二个主题。

共产党的本质、传递及演变

关于这个主题，首先我们要讨论的是一党专政及一人独裁的体制究竟从何而来？其次是为达目的，不择手段的思想又是从何而来？最后是如此的体制及本质在后世又是如何经由传承而演变？

● 一党专政及一人独裁的起源

本书在第 1 章中就已经指出，早在法国大革命时期就有一位巴贝夫开始主张："必须建立一个有纪律的秘密组织以进行暴力革命，而由少数菁英领导。"巴贝夫的主张由巴黎公社事件中的主角之一布朗基承继。俄国的革命理论家特卡切夫也曾向恩格斯建议："革命谋反的工作必须由一个有组织、有纪律的中央集权化的政党指挥，而其领导人必须要有绝对权威。"但马克思及恩格斯一向都没有真正属于自己掌控的组织，这样的建议对他们也是无用。

然而如本书第 4 章所述，1903 年俄国社会民主工党在伦敦召开代表大会时做出一个重要决议。当时大会讨论一个问题："党的纪律究竟要支配党员的行为到什么样的地步？究竟党的基本民主原则和党的目标何者重要？"在党员们激烈地争辩之后，大会主席普列汉诺夫做出的最后裁决竟是："革命的成功是最高的法律。"这就等于说，为了革命的需要，民主、自由、人权，以及人的尊严都可以牺牲。这正是列宁一向的主张，而在写成白纸黑字后就成为布尔什维克派人人必须遵守的法则。

● 为达目的，不择手段——虚无主义者涅洽耶夫对列宁的启示

但列宁仅凭这样一个决议就能完全控制布派吗？当然不可能。

那么列宁还靠什么呢？如本书第 3 章所述，靠的是他领导布派党徒从事非法犯罪活动——包括抢劫、勒赎、诱拐及印假钞等——所得的金钱。举一个例，光是在第比利斯银行运钞车一案中，斯大林便已为列宁抢来三十四万卢布。布派在其他抢案、勒赎案、诱拐案，以及印假钞案中，所得更多。孟什维克派对此极为不齿，痛骂列宁抢来、骗来的都是"臭钱"，但列宁仍是我行我素。

列宁为什么行为若此？这就不能不提到虚无主义者涅恰耶夫。"虚无主义"从 1860 年代起在俄国流行，其特点是否认上帝，否认沙皇，否认旧社会、旧思想，主张抛弃一切传统，一切权威。涅恰耶夫是其中一个突出的代表人物，曾经写了一本小册子《革命者的教义问答》，主张采取恐怖行动和无所不用其极的手段以摧毁旧世界。列宁却赞美他，说他有"超人的组织天才，到处建立谋叛工作的特殊能力，以及使其思想永久深入人的记忆中的才能。"

《革命者的教义问答》里面表达的，是一种令人不寒而栗的邪恶思想，真正是为达目的，不择手段。由于该书全文只有二十六条，约三千字而已，也很容易上网找到，读者们如有兴趣可以自行去找出来研究。我相信读者们不至于误解我是在为这本小册子宣传；刚好相反，我是希望读者们在细读其中的文字后能够豁然明白，布哈林所描述的那一部恶毒的机器的本质究竟是怎么来的。

● 共产党本质的传递及其演变——从马克思、列宁、斯大林到毛泽东

有朋友问我：马克思、列宁、斯大林，以及毛泽东，究竟有什么不同？我第一个看法是，马克思虽然与其他三人都从事共产革命，却是唯一没有尝到权利滋味的人，所以也不曾有机会为了保持其夺得的权位而杀害无辜，或迫害同志。

列宁就不同了。当他终于发动十月革命而建立了世界上第一个共产主义国家而欣喜万分时，其旧日的革命同志及在不同阵营的社会主义者，如高尔基、普列汉诺夫、克鲁泡特金及考茨基等，对他都

十分不齿，也都发表极为负面的批评，或称其"缺乏崇高的道德理想，不能创造出一种奠基于自由和正义的新社会制度"，或预言俄国将会面临大屠杀、大黑暗、大灾难。不幸的是，这些预言在后来都成为事实。列宁虽然凶恶，但在建立"契卡"之后所镇压的对象很少是自己人，大多是真正的敌人。布党内即使有同志反对他的政策，列宁最多只是把他们撤职、降级或外派，很少有人被下狱，或遭到杀害。

斯大林却又不同，在他所发动莫斯科大审判、大清洗及其他无数的冤案之中惨遭杀害的同志就已经达到一百万人。斯大林又是为自己的发动"造神运动"的始作俑者。凡此种种，在他的后任者赫鲁晓夫所公布的报告里都已清楚地揭露。

毛泽东在整肃异己及造神运动方面比起斯大林更是青出于蓝，其所利用的工具就是发动前后十几次的政治运动，包括延安整风、反右运动、大跃进、文化大革命，等等；数百万人遭到迫害、处决或自杀，数千万人饿死。但我认为，毛的流毒对后世影响最大、最深的是"阶级斗争"的思想，诚如已故的中国学者高华在其名著《红太阳是怎样升起的？》中所言，不但植入中共的肌体，演化为党的性格的一部分，其不良影响至今也还是笼罩着整个中国社会。

中共往何处去？中国又往何处去？

如本书在自序及第 19 章所说，全世界如今只剩下四个能符合共产国家的定义：中国、越南、寮国和古巴；其中真正对世界有重要影响的是中国，因而，关于共产世界的未来，我将只聚焦于讨论中国。

那么我为什么同时问两个问题：中共往何处去？中国又往何处去呢？原因很简单："中共不等于中国"。中共若是等同于中国，至少要符合两个条件：第一、要能代表中华文化；第二，要能代表十四亿人民。事实上，自从文化大革命之后，无论是在中国国内，或是海外的中国人，早就认为中共把中华文化都丢掉了。当代最著名的美国华裔历史学家余英时先生（1930—2021）尤其多次公开指出，中共不能代表中华文化，也不等同于中华文化。至于中共政权是否能代表其人民，必须从两方面来看：中共政权究竟是如何产生的？中共执政后究竟又如何对待人民？

• 中共能否代表 14 亿中国人民？——从毛泽东的功与过说起

直接地说，今天中共之所以执政，原因是中共在国共内战中击败国民党之后，于 1949 年制订宪法时自行规定由共产党一党专政。换句话说，中共政权并不需要人民同意就能永远继续执政。

那么中共又是如何对待人民呢？这就有必要从毛泽东及邓小平说起。关于毛泽东，没有人能否认他是领导中共建立中华人民共和国的领袖，但也没有人能否认，毛在统治中国的二十七年间犯下无数的错误，却从来没有真正认错过。事实上，即便是在大饥荒中饿死三、四千万人，毛也不曾说过一次表示哀伤的话。毛之所以如此，实际上是因为他对于人命从来就是漠不关心。关于这一点，我在本书许多章节里所举的例子已经够多，我就不再赘述。总之，"伟大的毛主席"离伟大其实很远，如不是中共刻意掩盖事实，又不断地推动"造神"，毛的真正形象恐怕早已显露无遗。

不过中共也知道无法隐瞒全部，所以曾经在 1981 年发布《关于建国以来党的若干历史问题的决议》（简称《决议》），宣称毛确实犯了严重的错误。但《决议》只是着重于毛在文化大革命中犯错，对于他在其他的政治运动中所犯的错误却大多不提，而最后的结论是毛的"功绩是第一位的，错误是第二位的"。至于毛泽东思想，《决议》说今后仍然要高举。

邓小平曾经多次亲自参加《决议》起草小组会议，并指示说："毛泽东思想这个旗帜丢不得，丢掉了这个旗帜，实际上就否定了我们党的光辉历史。"叶剑英也曾在起草小组会议中发言，说："苏联人迁了史达林的墓，我们就对毛泽东来个鞭尸，这不就刺激人民提问，社会主义对在哪里，共产主义好在哪里吗？……。如果我们要追根究底，我们将发现，责任不在毛泽东一个人那里，我们全都有责任。"

这些发言记录清楚地说明了一件事，中共元老们之所以不肯丢掉毛泽东，其实只是为了要维持共产党的统治地位，也为了要避免自己为错误负责任，只是站在共产党的利益的角度出发，所以共产党如何能代表人民？

● 邓小平的功与过

不仅是毛，邓小平也有功与过的问题。没有人能否认，邓小平在文革后复出，拨乱反正，又主导中国的改革开放，奠定中国经济飞快成长的基础，对国家及人民立下大功。但邓小平的问题在于他掌权之后，一心要维护的，只是马列主义及中共一党专政，而不是国家与人民。

八六学潮及六四运动时，中国原本有机会依请愿的学生及人民的期望逐步进行重大的变革，邓小平却罢黜了胡耀邦，又把学生请愿定调为暴乱，再罢黜赵紫阳，最后下令出动坦克及军队，镇压、屠杀在天安门静坐、抗议的学生。

在上述的行动中，邓小平或许自认是为国家解除了危险，不至于像东欧国家那样倾覆。但我必须一再强调，如果从国家及人民的观点，东欧民主化革命其实是极为成功而必要的变革，戈尔巴乔夫也自认是他个人的极大成就。至于苏联解体，邓小平曾经说，戈尔巴乔夫之所以"失败"，是因为同时进行政治改革及经济改革，许多中共的理论家随之附和，有一部分西方学者并没有研究清楚，也人云亦云。但我相信，读者们如果详细阅读了本书第 13、14 及 15 章的叙述，能客观地比较邓小平与戈尔巴乔夫在进行改革开放时两国内在及外在条件的不同，并能透彻地了解苏联解体的整个过程，必定会同意，那是极为草率而片面的论点。不过从另一方面说，戈尔巴乔夫从第一天担任苏共总书记就决心放弃共产党一党专政，实是令人敬佩，只可惜他犯了许多不必要，不应该犯的错误，以至于功败垂成。

总之，邓小平虽然具有足够的威望及聪明才智，可惜是他的思想始终被"四个坚持"所禁锢，只是站在共产党的角度，而不是站在国家及人民的角度看。如果他在六四事件前后能采取稍微缓和的处理办法，并选择适当的时机逐步推动政治体制改革，相信有机会使得中国完全改头换面，并为自己建立完全不同的历史地位。中国后来虽然号称崛起，但由于始终无法进行政治体制改革，其实是问题越来越多，越来越大，如刘晓波所说，并非大国崛起，而是大国沈沦。

- ● **马列主义对中华文化的负面影响——论中共对宗教、人权的迫害**

必须指出，共产主义的根源是马列主义，对于中国来说是一种外来思想，并且与中国固有的文化不相容，所以造成的冲击尤其大。我在此特别要讨论《共产党宣言》里面的一段非常重要话："共产主义要废除永恒真理，它要废除宗教、道德，而不是加以革新。"所带来的负面影响。

读者们可能要问：究竟是什么原因让马克思和恩格斯主张共产主义不需要真理、宗教及道德，而主张将之废除呢？事实上，读者们如果把《共产党宣言》中这句话的前后文也都读了，就会发现原来马克思是因为认定在无产阶级的统治下，人对人和民族对民族的剥削及对立都将会消失，因而说"从宗教的、哲学的和一切意识形态的观点对共产主义提出的种种责难，都不值得详细讨论了。"然而，我必须再一次提醒读者们，《共产党宣言》里断言人对人，以及民族对民族的剥削及敌对关系都将永远消失，已经被证实是大错特错。那么如果基本假设错了，不需要真理、宗教及道德的结论还能成立吗？

但不论如何，令人遗憾的是后日的共产党政权都还是主张无神论。中共建政之后也同样粗暴地打压宗教。本书在部分章节已经叙述了有关中共对西藏人民及达赖、班禅喇嘛的所作所为，那不但是对宗教，也是对人权的迫害，当然也没有真理及道德可言。对于信仰伊斯兰教的新疆维吾尔人，中共也是从 1950 年代初起就开始着手对付，发起大量移民到新疆，使得新疆汉人的人数从 30 万增加到 1962 年的 530 万，与维吾尔人的人口数相当。维吾尔人因而不安，又自认遭受歧视，导致不断地发生抗争及暴力恐怖活动，中共却变本加厉，从2017 年起以反恐、去极端化、教导工作技能为名，强制将 100 多万名维吾尔人送入"再教育营"，给予汉语及思想教育，包括无神论的思想。

回溯文化大革命时，无数的庙宇、教堂、清真寺遭到劫难。文革后，五大宗教只是缓慢恢复，具有传统宗教色彩的各式各样气功门派却更迅速成长。其中成长最快的是法轮功，从 1992 年成立，到 1999 年已超过七千万人，达到西藏及新疆合计人口的数倍之多，于是成为中共打压的新对象。虽然中共内部有一部分高层持保留态度，江泽民却坚称法轮功是邪教，下令成立层级极高的专门机构以对付法轮功学员，其中包括集体逮捕、劳改、再教育、有期徒刑及死刑。而令人难以置信的是，有人在死后竟被摘取器官，供贩卖做为移植之用，有一部分人甚至有可能在死前被活摘器官。

更惊人的是，此后 15 年间，中国境内进行各种高收费的移植器官手术（包括换心，换肝、换肾、换眼角膜，等等）竟成为爆炸性成长的产业。据估计有超过 100 万人接受移植，其中包括许多蜂拥而至的外国人。但器官大多并不是出于自愿捐赠，而是来自大量的死刑犯，或非法被处死的人，其中包括法轮功成员、异议人士及维权人士。近年来，有消息指出，无辜被强取器官的来源可能已经扩充到一般民众，尤其是年轻人。

强摘器官移植已经成为一个巨大的产业，其中涉及庞大的商业利益，而中国的政、法、军、警、医等机构无疑都参与其中。一般相信，许多中共高层也从中得益，纷纷借由器官移植以延长其生命。2025 年 9 月 3 日，中共在北京天安门广场举行阅兵大典，邀各友邦元首参加。习近平和俄罗斯总统普京一同登上天安门城楼，在过程中私下谈话，竟然谈到人类可以经由器官移植活到 150 岁。但因翻译忘了关麦克风，结果谈话内容外泄，这使得外界更相信，中共强摘器官这种极其野蛮、可耻的集体犯罪行为，已经不是秘密了。

● 中共的选择及中国人民的选择——兼论中国的"圆桌会议"

关于习近平提出所谓的"中国梦"，我在第 18 章已经详述，这里不再赘述，不过我可以断言一件事：中共如果继续一党专政，中国绝对没有可能伟大复兴；中国人民如果希望国家走到一条更宽广的道路，只有设法脱离中共的统治。

中共究竟能往何处去？只有两条路，其一是坚持继续一党专政，用尽一切办法保住政权，一直到有一天终于被推翻；其二是主动下台。

不久前，仍然有很多学者专家认为中共政权极为稳固，又大到不可能倒。新冷战开始之后，却有越来越多的人认为中共政权终将垮台；但有人说快，有人说慢，究竟何时垮台说法不一。也有人问我这问题，但我所关心的并不是中共何时下台，而是中共会在何种情况之下下台；更明确地说，究竟是在混乱中，还是在有秩序的情况之下下台。

我相信，对于中共当局来说，三十几年前才发生过的东欧民主化革命及苏联解体应该是很好的借镜，而前者的过程尤其值得研究、参考。事实上，东欧八国的民主化过程当中有五国（波兰、捷克、匈牙利、东德、保加利亚）可说是极为顺利，另有三国（罗马尼亚、阿尔巴尼亚、南斯拉夫）却发生流血冲突、暴乱或内战，差别极大。那是为什么呢？简单地说，是因为前者执政的共产党在戈尔巴乔夫的鼓励及人民的期许之下，都已有心理准备，并且大多同意与反对人士举行"圆桌会议"，共同讨论国家的未来，以便有秩序地和平转移政权；反之，后者执政的共产党领导人如果不是抗拒改革，就是利用宣传民族主义以保护其政权，或为达到其个人的野心，或其他原因，以致于失败，导致国家陷入动荡，人民受苦。

圆桌会议至关重要，不过本书第 16 章已经详述，所以我在这里不再重复。但我认为，中共政权有必要考虑召开圆桌会议，在愿意放弃一党专政的大前提之下，邀请国内外各方有识之士来与中共一起讨论如何为国家的重大变革做充分的准备。这是邓小平当年能做应做，却没有做的事，习近平及其同志，或其接班人，或许还来得及做。

习近平及其同志如果无意愿做此选择，那么中国人民就有必要自己选择自己的路。不过由于中国整个社会及人民都受到中共政权严密监控，现在已经移居海外而仍关心祖国的中国菁英份子就有必要考虑担起责任，设法在境外召开没有共产党人参加的圆桌会议，集结各方人士，共同讨论中国的未来。

对此我也有一个附带建议：刘晓波曾在 2008 年提出一个《零八宪章》，至今已有超过 13,000 位知名人士在上面签名；刘晓波虽然已经过世，他所留下的《零八宪章》内容极为完整，或许值得召开圆桌会议时当作重要参考资料。

我也相信，世界上的民主、自由国家，包括美国、欧盟各国、日本、台湾在内，大多应当乐于看见有中国境外人士召开这样的圆桌会议，并给予适当的支持。毕竟，没有任何国家、任何人愿意看见有一天中共突然下台，中国却因为没有预先准备好而发生动乱。

附录一　地图

地图1：苏联的15个加盟共和国(1922-1991年)

注：俄罗斯仅显示核心部分，波罗的海的海三小国于第二次大战后并入。

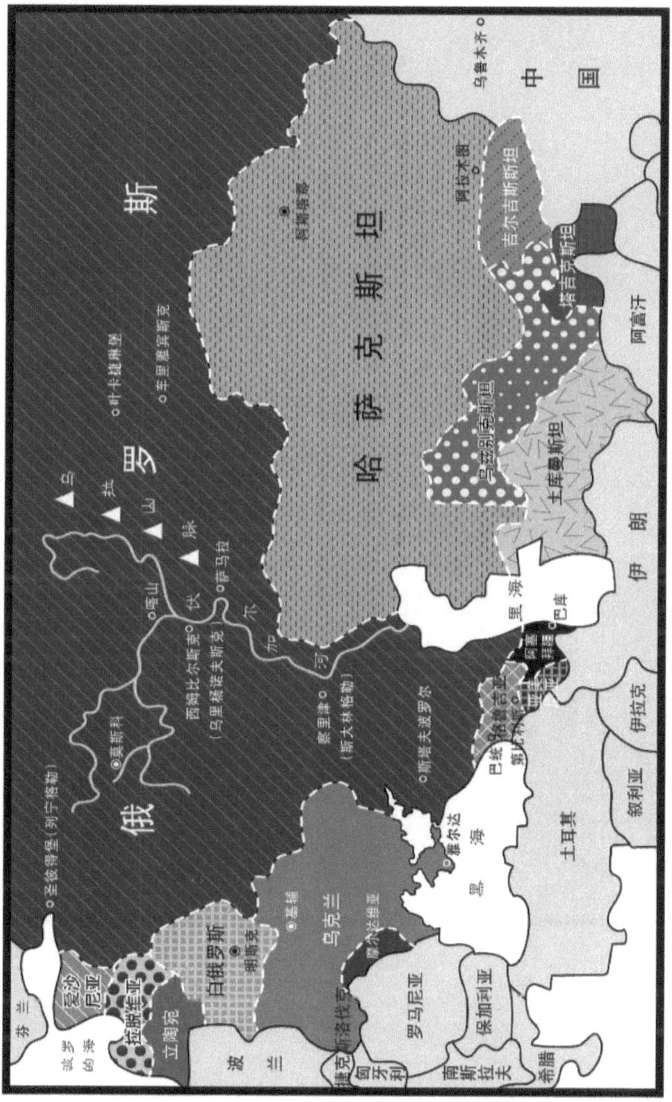

地图2：欧洲及部分苏联地图 （1945－1991）

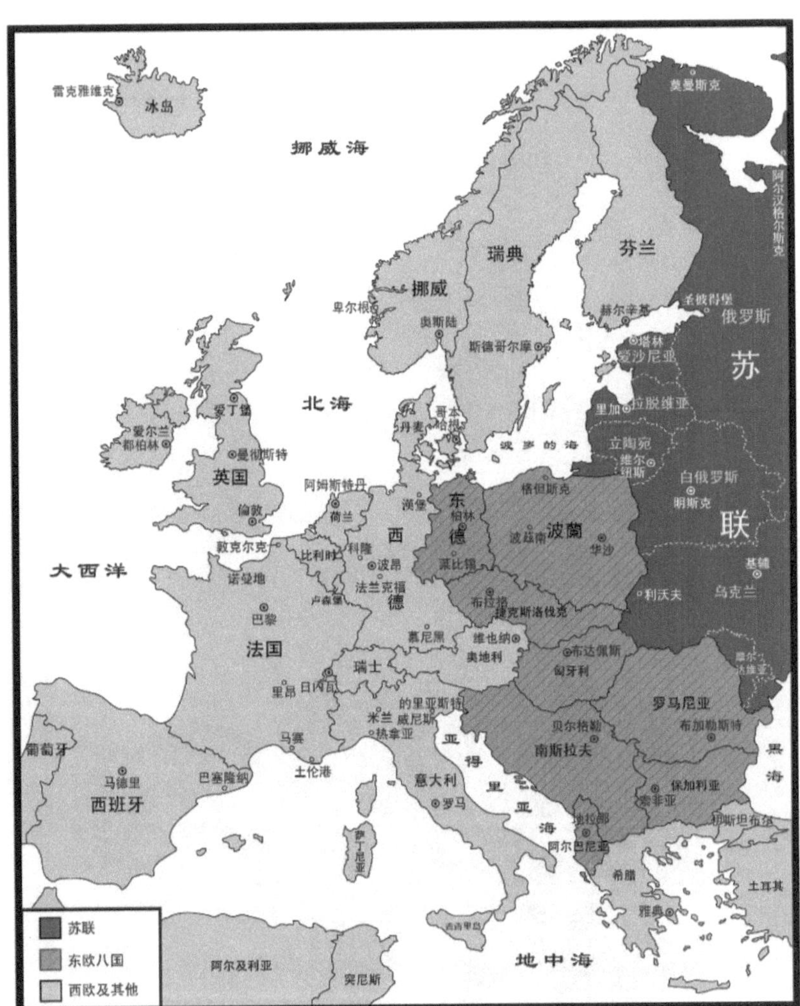

地图3：中、日、韩、台湾地图(1950年后)

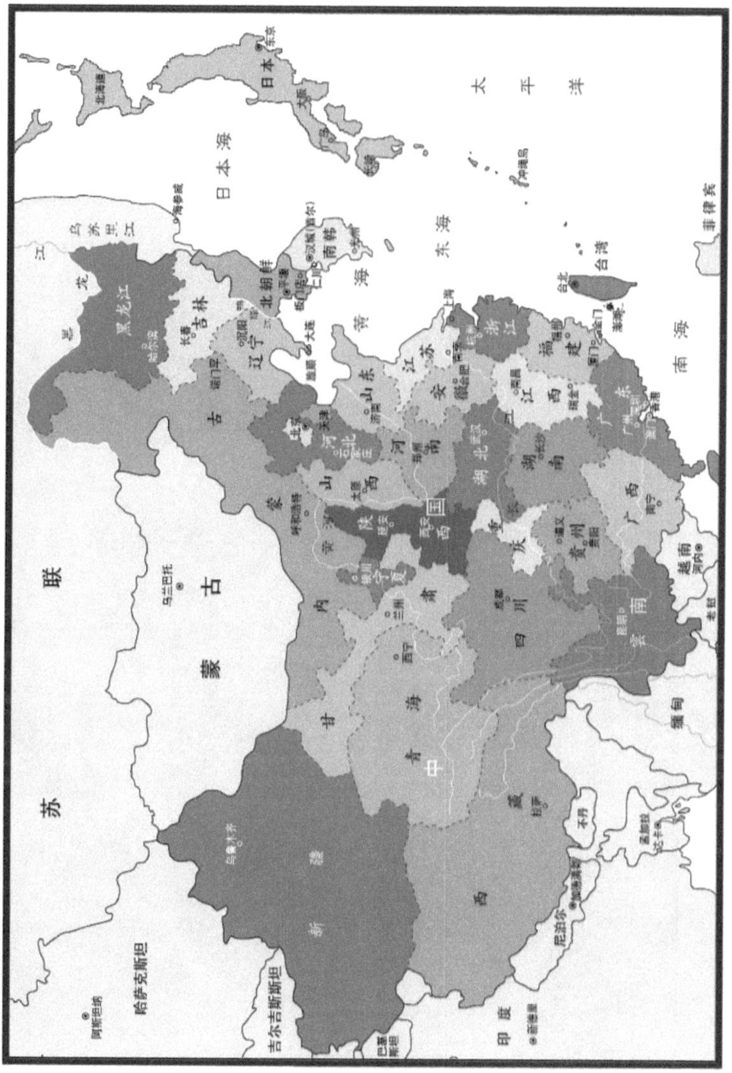

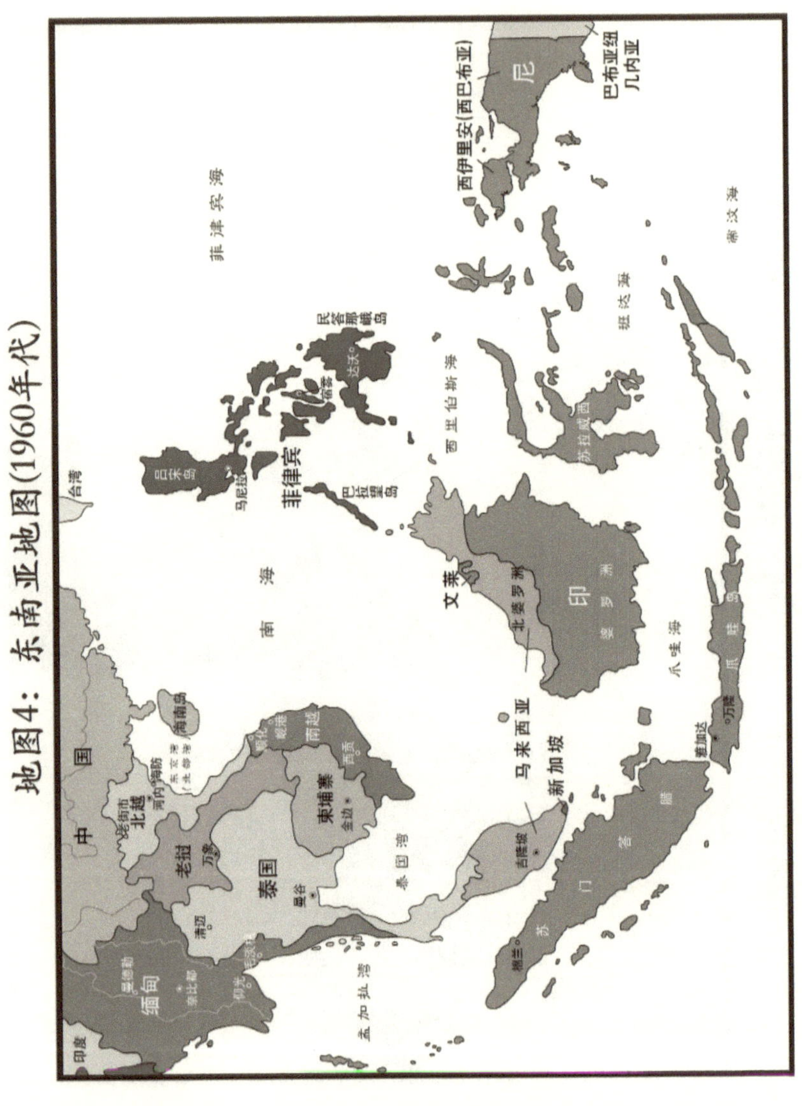

地图4：东南亚地图(1960年代)
中国
印度
缅甸
老挝
泰国
柬埔寨
北越
南越
西贡
金边
万象
清迈
仰光
曼谷
海南岛
台湾
菲律宾
吕宋岛
马尼拉
民答那峨岛
达沃
巴拉望岛
南海
菲律宾海
文莱
马来西亚
新加坡
吉隆坡
印度尼西亚
婆罗洲
北婆罗洲
苏拉威西
西里伯斯海
班达海
西伊里安(西巴布亚)
巴布亚纽几内亚
阿拉弗拉海
帝汶海
爪哇海
苏门答腊
万隆
雅加达
孟加拉湾
泰国湾

地图5：拉丁美洲地图

墨西哥
墨西哥市
古巴
哈瓦那
巴哈马
迈阿密
多米尼加
海地
波多黎各
牙买加
加勒比海
伯利兹
危地马拉
洪都拉斯
萨尔瓦多
尼加拉瓜
马那瓜
哥斯达黎加
巴拿马
巴拿马运河
加拉卡斯
委内瑞拉
圭亚那
苏里南
法属圭亚那
波哥大
哥伦比亚
厄瓜多尔
秘鲁
利马
玻利维亚
拉巴斯
巴西
巴西利亚
圣保罗
巴拉圭
亚松森
乌拉圭
蒙德维的亚
布宜诺斯艾利斯
智利
圣地亚哥
阿根廷
福克兰群岛
太平洋
大西洋
北大西洋

地图6：非洲及中东地图（1960年代）

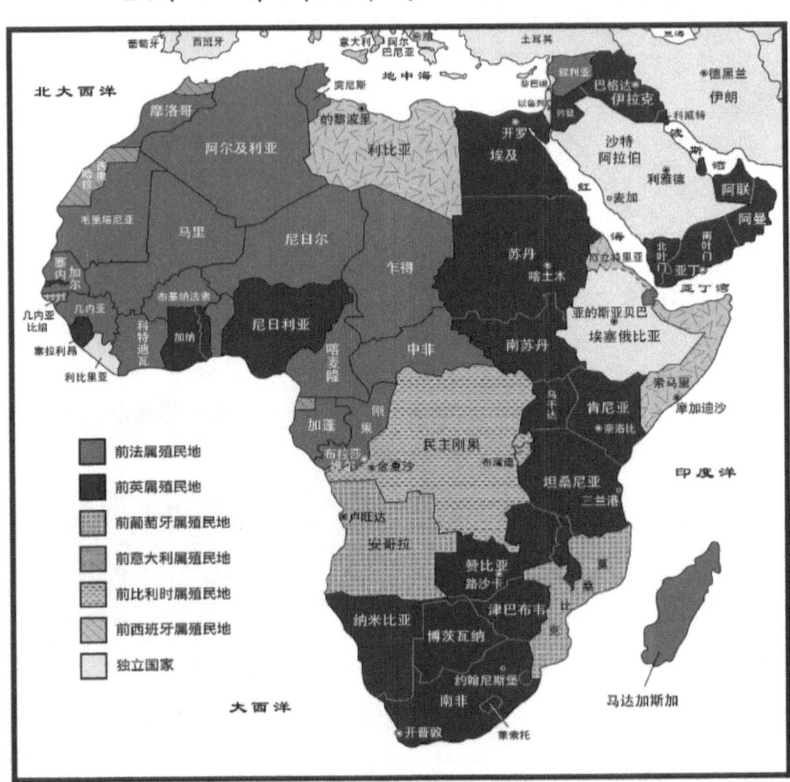

地图7：南斯拉夫联邦地图(1945-1991年)

附录二　共产世界大事年表

年份	亚　洲	沙俄、苏联及其 15 个加盟共和国	欧洲、美洲、非洲 及中东
1235			英国圈地运动开始
1516			托马斯．莫尔发表《乌托邦》
1760			工业革命开始
1776			亚当斯密发表《国富论》
1779			英国卢尔德运动起
1789			法国大革命爆发
1800			欧文开始试行社会主义工厂
1804			拿破仑颁布《民法典》并加冕为法兰西皇帝
1825		俄国十二月党人案	
1830			欧洲革命年，多国起义遭镇压
1836			德国正义者同盟成立
1839			布朗基巴黎革命失败。 英国宪章运动开始
1842	第一次鸦片战争		
1847			德国正义者同盟改名为共产主义者同盟
1848			《共产党宣言》发表。欧洲各国革命及英国宪章运动请愿

			皆失败。法国国民工厂屠杀事件
1852		赫尔岑流亡伦敦办《钟声》杂志	
1856		车尔尼雪夫斯基任《现代人》杂志主编	
1860	第二次鸦片战争		奥哲尔任伦敦工人联合会主席
1862		列宁格勒大火；车尔尼雪夫斯基遭流放	
1863			拉萨尔创立全德意志工人联合会
1864		第一国际成立于伦敦。	
1867	日本明治维新开始		马克思出版《资本论》第一卷
1869		涅洽耶夫着《革命者的教义问答》	德意志社会民主工党成立
1870		列宁生	普法战争
1871			巴黎公社事件
1874		俄国民粹主义「到民间去」运动	
1875			德意志社会主义工人党成立
1876		第一国际解散	
1883		俄国劳动解放社成立于日内瓦。马克思病逝伦敦	
1884			英国费边社成立
1887		列宁之兄刺杀沙皇未遂遭处决	
1889		第二国际成立于巴黎	
1890	中国义和团事件		德国社会民主党成立
1894	第一次中日战争		
1895		列宁遭流放西伯利亚	伯恩斯坦批判马克思主义，被批为修正主义者
1898		俄国社会民主工党明斯克大会，与会者多被捕	

1900		列宁开始主办《火星报》	英国工党成立
1903		俄国社会民主工党通过「党纪高于民主、人权原则」的决议。布尔什维克、孟什维克分裂	
1904	日俄战争，俄国战败		
1905		俄国流血星期日事件，革命爆发	
1906		斯托雷平改革，俄国革命陷入低潮	
1907		第比利斯银行运钞车抢案	
1911	中国辛亥革命推翻清朝	斯托雷平被黜，遭刺杀，革命再起	
1912	中华民国成立	列宁主办《真理报》。连纳金矿惨案	南非「非国大」成立
1914		萨拉热窝事件，一战爆发。第二国际分裂。列宁号召「变帝国主义战争为国内战争」	
1917		二月革命，十月革命	
1918	俄国取消对中国不平等条约	苏、德签《布雷斯特和约》。俄国内战起，一战结束。协约国出兵干涉俄国革命；德国社民党分裂，德国共产革命遭镇压	
1919	列宁成立第三国际。一战后各国签《凡尔赛和约》		
	中国五四运动	波苏战争爆发（次年以苏俄战败，双方议和结束）	
1921	中共第一次代表大会。里昂中法大学事件，104名中国学生被遣送回国	列宁推新经济政策。红军镇压喀琅斯塔得水兵及坦波夫农民	南非共产党成立
1922	日共成立；中共第二次大会	斯大林任苏共总书记。列宁两次中风。苏俄改称苏联	
1923	孙中山决定「联俄容共」	苏共十三大，列宁因第三次中风未参加	
1924	黄埔军校成立	列宁病死，托洛茨基、斯大林权力斗争	
1925	孙中山病死，国民党分裂	苏共将斯大林主张的「一国社会主义」列入党章	
1926	中国国民革命军开始北伐	苏联介入英国大罢工事件	

1927	上海 412 事件，国民党清共。中共开除总书记陈独秀，发动南昌、湖南、广州起义	苏共开除托洛茨基党籍，开始推农业集体化及重化工业	英国与苏联断交
1928	中共在莫斯科召开六大。　　济南事件；皇姑屯事件	苏联终止新经济政策。布哈林、李可夫被逐出政治局	
1929	纽约股市崩盘，世界经济大恐慌起		
1930	中共富田事变		
1931	九一八事变。台共谢雪红遭开除党籍		
1932		苏联三年大饥荒起。柳亭事件；斯大林妻自杀	纳粹跃升德国第一大党
1933	日本在中国东北成立满州国		希特勒任德国总理
1934	蒋介石第五次剿共，中共长征	基洛夫案	希特勒自任德国国家元首；尼加拉瓜革命领袖桑地诺遭杀害
1935	中共遵义会议		
1936	西安事变。蒋经国返回中国。日苏张鼓峰事件	第一次莫斯科大审判；斯大林大清洗同时开始	日德签防共协定
1937	七七事变，中日爆发全面战争，日军大胜，占领华北	第二次莫斯科大审判。图哈切夫斯基遭处决	托洛茨基成立第四国际于墨西哥
1938	共产国际承认毛泽东为中共领袖	第三次莫斯科大审判，布哈林、李可夫遭处决	慕尼黑会议
1939	日、苏诺门罕战役	德、苏签李宾特洛甫密约，瓜分波兰。欧战爆发	
1940	中共与日军百团大战	卡廷森林屠杀事件。敦克尔克大撤退。托洛茨基遭刺杀	
1941	新四军事件。胡志明成立越盟	美国通过租税法案。德国进攻苏联	
	日、苏签互不侵犯条约。珍珠港事变；美国参战		

1942	中共延安整风运动起，前后两年	
1943	意大利投降。斯大林解散共产国际。开罗会议。德黑兰会议	
1944	罗斯福撤换史迪威	盟军登陆诺曼底。红军坐视华沙波兰起义军被德军歼灭事件
1945	中共七大确立毛泽东领导地位。国共内战起，马歇尔来华调停，发布停战令。中苏签同盟条约。苏联阻国军接收东北	罗斯福病逝，杜鲁门继任
	雅尔塔会议。德国投降。波兹坦会议。美国在日投下原子弹，苏联出兵中国东北及朝鲜，日本投降。美日发布第一号命令。苏联接收中国东北、北韩；越盟反法战争、印尼反荷战争起	
1946	马歇尔年初来华调停国共内战，迫蒋停止追击共军，年底调停失败离华	凯南「长电报」。丘吉尔发表「铁幕演说」
1947	台湾二二八事变。马共总书记莱特叛逃，陈平继任。缅甸彬龙会议。昂山遇刺身亡	马歇尔计划、莫洛托夫计划分别推出。苏共成立共产情报局
1948	中国上海金融风暴；辽沪战役。印度尼西亚茉莉芬事件	捷共迫死外交部长马萨里克。铁托事件
1949	国民党败退台湾，中共建国。菲律宾政府剿虎克党	苏联在匈牙利、东德完成卫星化。北约成立
1950	中苏签友好同盟新约。韩战爆发，美国出兵，中国志愿军抗美援朝。毛岸英死于韩战。GHQ 弹压日共。马来亚剿共	
	中共推土改运动	斯大林整肃匈共
1951	二战战胜国与日本签旧金山和约。日美签安保条约	
	西藏抵抗中共入侵	斯大林整肃捷共
1952	印共艾地获中共同意支持革命	苏共十九大取消政治局，设中央主席团	埃及纳赛尔政变推翻法老王
1953	韩战结束	斯大林病逝。贝利亚被捕遭处决。赫鲁晓夫任苏共第一书记
1954	菲律宾虎克党解散。越共败法军于奠边府。马来华玲会议破裂	CIA 策划危地马拉政变
	日内瓦九国会议讨论东南亚问题	

年	中国	苏联/共产世界	西方/其他
1955	北韩金日成处死朴宪永。印尼万隆会议	华沙公约成立。赫鲁晓夫与铁托修好	
1956	邓小平任中共总书记。北韩劳动党宗派事件	赫鲁晓夫在苏共二十大作秘密报告，批判斯大林。波兰动乱。匈牙利革命。苏伊士运河事件	
1957	中共反右运动开始。北韩金日成清洗党内苏联派、延安派	苏联流产政变。苏联发射斯普特尼克人造卫星	吉拉斯出版《新阶级》
1958	大跃进开始。金门炮战	中苏开始交恶	
1959	达赖出逃印度。庐山事件，反右倾运动起	赫鲁晓夫受邀访美。苏联停止协助中共发展核武	古巴卡斯特罗革命成功
1960	黎笋任越共第一书记	苏联停止与中国合作项目	肯尼迪获选美国总统。非洲革命年
		U2 高空飞机事件。四方会议流会事件	
1961	蒋介石拒两个中国案。南韩五一六政变。新加坡人民行动党分裂	中苏在苏共二十二大公开决裂	尼加拉瓜桑解成立。南非「民族之矛」成立
		猪湾事件。东德建柏林围墙	
1962	中国大饥荒累计死四千万人。中共七千人大会		南非曼德拉被捕入狱
		古巴飞弹危机事件	
1963	越南政变总统吴廷琰遇害	中苏论战开始	美国总统肯尼迪遇刺
1964	中共罗布泊试爆原子弹成功	赫鲁晓夫被黜，勃列日涅夫继任	约翰逊当选美国总统，增兵北越。巴西总统古拉特被迫下台
1965	〈评《海瑞罢官》〉出刊。印尼九三〇事件		莫里森事件，美国反战风潮起
1966	中共发布「五一六通知」，文革及红卫兵运动开始	苏共二十三大重设政治局，设总书记，回复斯大林路线	加纳政变，恩克鲁玛下台。格瓦拉死于南美
1967	上海一月风暴。武汉事件。红卫兵火烧英国代办处事件		麦克纳马拉辞职。以阿六日战争

1968	停止红卫兵运动。刘少奇、邓小平遭停职。上山下乡运动	布拉格之春，苏联入侵捷克。卡斯特罗向勃列日涅夫输诚。	美军在越南达五十万人。尼克松当选美国总统
1969	中俄珍宝岛事件及新疆冲突；美国制止苏联核武攻击中国。美国开始越战越南化。		
	胡志明病逝。菲共复起		苏丹、利比亚、索马里政变
1970	中共庐山会议。林彪失势。柬埔寨政变，朗诺推翻西努哈克		埃及纳赛尔死，沙达特继位。智利阿叶德成立左派政府
1971	林彪逃亡事件。		沙达特驱逐苏联顾问
	季辛吉密访中国。中国入联合国，台湾被迫退出		
1972	尼克松访中国，签「上海公报」。中日建交，台日断交	尼克松访苏联，签《反弹道飞弹协议》	第四次中东战争。
1973	美、北越签《巴黎协议》。邓小平第二度复出		智利政变，阿叶德死。阿富汗政变
1974	邓小平在联合国演讲「三个世界」。中共批林批孔运动		美国水门案。葡萄牙康乃馨革命。埃塞俄比亚共产革命
1975	柬共、越共、寮共分别攻陷金边、西贡、永珍，展开大屠杀		安哥拉内战起。美国与南美国家启动兀鹰计划
		欧、美、苏三十七国签《赫尔辛基协议》	
1976	毛泽东病逝，华国锋代主席。四人帮被捕。文革结束		卡特当选美国总统。阿根廷政变推翻左派政权
1977	邓小平三度复出，重开大学，试行包产到户。越柬边境冲突		捷克哈维尔发表七七宪章。索马里、埃塞俄比亚战争
1978	中共平反右派分子，确立改革开放政策。越共出兵逐赤柬	苏联、越南签友好条约。戈尔巴乔夫初任苏共政治局委员	阿富汗四月革命

1979	蒋经国宣示「三不政策」。北京之春。邓小平出兵「惩罚」越南。中共决定试办经济特区，引入外资。	美、苏签 SALT II，遭美国国会延搁后取消。苏阿十年战争起	美中建交，美台断交。美国通过《台湾关系法》。尼加拉瓜桑解阵推翻索摩查政权
1980	日本开始对中国提供经济及技术援助（ODA）。邓小平决定停止支持马共。胡耀邦任中共总书记，赵紫阳任总理		铁托病逝。波兰团结工会成立。里根当选美国总统。
1981	中国乡镇企业大起，与国企竞争激烈		CIA 支持康特拉反尼加拉瓜政府。团结工会领袖瓦文萨被捕入狱。埃及总统沙达特遭刺杀
1982	八大王事件。十二大邓小平报告「建设有中国特色的社会主义」。陈云提「鸟笼理论」	勃列日涅夫死，安德洛波夫任苏共总书记。	美、中签《八一七公报》；里根拟定对台《六项保证》。撒切尔访北京与邓小平谈香港问题
1984	邓小平第一次南巡	安德洛波夫死，契尔年科任苏共总书记。	里根连任美国总统。中、英签九七回归《联合声明》
1985	上海宝钢完成第一期工程。全年 FDI 合计 20 亿美元。柬埔寨内斗，洪森夺权。	戈尔巴乔夫任苏共总书记，首提「改革」，发动反酗酒运动失败。叶利钦任莫斯科市委书记	里根、戈尔巴乔夫日内瓦会晤谈判。伊朗门事件。奥尔特加就任尼加拉瓜总统
1986	中国八六学潮。黎笋死，阮文灵任越共总书记，推动革新开放。	戈尔巴乔夫在苏共二十七大首提「公开性」。沙卡洛夫获释。苏共政治局决定从阿富汗撤军。车诺比核灾事件。	里根、戈尔巴乔夫再会冰岛
1987	胡耀邦下台，赵紫阳接任中共总书记。	戈尔巴乔夫批判斯大林。叶利钦遭解任莫斯科市委书记	里根、戈尔巴乔夫在白宫签《中程导弹协议》

1988	中国通货膨胀严重。 蒋经国病逝，李登辉接任台湾总统及国民党主席。	安德烈耶娃投书事件。苏共党代表会议通过政体改革。戈尔巴乔夫联合国演讲。亚美尼亚大地震。苏联开始从阿富汗撤军	布什当选美国总统。波共与团结工会同意将召开圆桌会议。安哥拉停战协议签定
1989	西藏动乱。胡耀邦病逝。六四天安门事件。江泽民继赵紫阳任中共总书记。越南承诺从柬埔寨撤军。缅甸各族游击队脱离缅共。马共结束武装斗争。	第比利斯毒瓦斯事件。戈尔巴乔夫当选最高苏维埃主席。戈尔巴乔夫访北京。波罗的海之路和平示威运动。立陶宛废共产党一党专政。	波兰、匈牙利等东欧六国共产党下台，改采多党制。波兰采休克疗法改革经济。柏林围墙倒塌。罗马尼亚齐奥塞斯库遭处决。古巴奥乔亚事件。苏联、古巴军队撤离非洲
1990	中国通过《香港基本法》，承诺香港九七回归后五十年不变。中国全年 FDI 合计 35 亿美元。越南阮文灵、杜梅密会江泽民、李鹏于成都。	苏联终止一党专政；「500 天市场经济计划」未通过。戈尔巴乔夫当选总统。叶利钦当选俄罗斯最高苏维埃主席。苏共二十八大，叶利钦率众退党	南斯拉夫、阿尔巴尼亚停止共产党一党专政。南斯拉夫酝酿内战。东、西德合并。尼加拉瓜奥尔特加败选。苏联停止援助古巴。南非曼德拉获释出狱
1991	中越复交。柬共废除一党专政	立陶宛一月事件。苏联公投通过。叶利钦当选俄罗斯总统。苏联八一九流产政变。苏联及各共和国共产党全部下台，苏联解体。	华沙公约解体。克罗地亚战争爆发。阿尔巴尼亚社会党胜选。埃塞俄比亚及索马里共产政权遭推翻，分别爆发内战
1992	邓小平二次南巡。台海两岸九二香港会谈。菲共分裂及斗争。	俄罗斯采休克疗法改革经济失败。俄罗斯介入格鲁吉亚内战。塔吉克内战起。亚美尼亚、阿塞拜疆战争起	波斯尼亚战争爆发。阿尔巴尼亚前总统阿利雅败选遭起诉入狱。刚果、安哥拉皆放弃共产党一党专政。

1993	朱镕基宏观调控。北韩退出 NPT，试射导弹。柬埔寨洪森败选，发动政变夺权。台海两岸汪辜会谈，千岛湖事件	俄罗斯宪政危机。阿利耶夫任阿塞拜疆总统。阿布克兹战争。俄罗斯介入格鲁吉亚第二次内战	捷克、斯洛伐克丝绒分离
1994	中国出口首次超过 1000 亿美元。金日成死，金正日继任。美、朝签《核框架协议》。洪森在柬埔寨重新大选中胜选	卢卡申科、库奇马分别当选白俄罗斯、乌克兰总统。第一次车臣战争爆发	匈牙利社会党击败民主党派而组阁。南非曼德拉当选总统。几内亚比绍放弃一党专政
1995	中国 FDI 达 375 亿美元。中、越复交。北韩三年大饥荒起	谢瓦尔德讷泽获任格鲁吉亚总统	波兰、罗马尼亚政权皆更替。波斯尼亚战争结束。
1996	朱镕基决定「抓大放小」，国企破产，员工下岗问题严重。中共发动对台文攻武吓	俄罗斯、车臣签停战协议，结束战争。	科索沃战争爆发。罗马尼亚推动私有化经济改革。阿尔巴尼亚内战后社会党上台，两党和解。卡斯特罗访问梵蒂冈。塔利班攻陷喀布尔，建立政权
1997	香港九七回归交接。	塔吉克斯坦内战结束	恩格索发动政变，获选刚果总统
1998	朱镕基升任总理。北韩再发射导弹。亚洲爆发金融危机	普京任俄罗斯总理。第二次车臣战争	教宗回访古巴。查韦斯当选委内瑞拉总统。匈牙利大选，青民盟获胜
1999	李登辉接受德国之声访问，提「两国论」	叶利钦辞总统，普京代理	北约介入科索沃战争，轰炸塞尔维亚。波兰、捷克、匈牙利加入北约
2000	中国农民工流动人口达 1.4 亿	普京获选俄罗斯总统，整肃十寡头，扶植新寡头	
2001	中国获准加入 WTO	普京促「统一俄罗斯」党成立	美国 911 事件。保加利亚前沙皇西美昂二世胜选组阁

2002			匈牙利社会党再次执政。
2003		格鲁吉亚革命，逐谢瓦尔德讷泽下台	
2004	日本贷款中国二十余年累计 3.3 兆日币。越南爆发排华事件	东欧及前苏联加盟国陆续加入北约及欧盟，对苏联渐成威胁	委内瑞拉、古巴、玻利维亚等国组玻利瓦联盟
2005	中国贸易顺差首次超过 1000 亿美元	乌克兰总统库奇马任满下台，亲美派尤先科当选总统，俄罗斯不满。吉尔吉斯斯坦政变	保加利亚大选，社会党获胜，前沙皇西美昂二世下台
2006	中国外汇存底超过一兆美元		奥尔特加获查韦斯支持当选尼加拉瓜总统，改采独裁统治
2008	刘晓波发表《零八宪章》被捕。	普京总统任满，梅德韦杰夫继任，普京改任总理	奥巴马当选美国总统
2010	中国 GDP 超越日本，成为世界第二大经济体。中国流动人口达 2.6 亿。台湾马政府与中国签 ECFA 协议	雅努科维奇当选乌克兰总统，违反选前诺言，拒绝加入欧盟。吉尔吉斯斯坦二次政变，总统巴基耶夫下台	欧班领导匈牙利青民盟击败社会党，重新执政
2011	北韩金正日病逝，金正恩继位		劳尔·卡斯特罗任古巴共产党总书记。奥尔特加续任尼国总统
2012	习近平获选中共总书记，开始打贪，提倡民族复兴	普京回任俄罗斯总统	
2013	习近平提「一带一路」计划。台湾马政府与中国签服贸协议	乌克兰爆发反雅努科维奇示威	委内瑞拉总统查韦斯死，马杜罗继任

2014	中共在新疆广设再教育营。香港占中运动。台湾「太阳花运动」反服贸。越南排华暴动	雅努科维奇逃入俄罗斯。普京出兵占领克里米亚	委内瑞拉危机。尼加拉瓜大规模示威抗议
2015			美国奥巴马政府恢复与古巴邦交
2016	蔡英文当选台湾总统		特朗普当选美国总统，翻转奥巴马政策，以中共为首要威胁
2017	习近平连任中共总书记。刘晓波于软禁中病死。北京低端事件。菲律宾杜特尔特政府邀菲共和谈破裂	吉尔吉斯斯坦总统阿坦巴耶夫任满下台，新总统吉贝可夫贪腐	美国再对古巴制裁。美洲十二国成立「利马组织」以协助结束委内瑞拉危机
2018	柬埔寨国会选举，人民党操纵选举，囊括所有席位		特朗普发动美中贸易战
2019	香港反送中运动。武汉发现新冠肺炎		
2020	中国人大通过《香港国安法》		埃塞俄比亚内战爆发
	全世界爆发严重新冠肺炎疫情，每日确诊达 70 万人。特朗普宣布制裁中国企业，国务卿蓬佩奥发表「新铁幕演讲」，新冷战开始		
2021	中共提「共同富裕」，整顿多种行业，回归毛路线	吉尔吉斯斯坦民粹主义者扎帕罗夫当选总统	拜登就任美国总统，继续制裁中国企业。古巴劳尔辞共党第一书记，迪亚斯-卡内尔继任。古巴爆发大规模群众抗议事件
2022	中共二十大废除总书记连任限制规定，习近平第三次连任。北韩全年发射92枚导弹。日本亲美派首相安倍遇刺身亡	普京出兵乌东，俄乌战争起，G7支持乌克兰，制裁俄罗斯。 美国拜登政府逐渐放宽对古巴的制裁	

2023	WHO 统计，因 Covid-19 疫情至本年底全球 7.7 亿人确诊，700 万人死亡；其中美国确诊超过一亿人，死亡超过 110 万人	
		阿塞拜疆出兵收复亚美尼亚占领的纳卡地区
2024	特朗普二度当选美国总统后，认定美国必须集中力量以对付中共，意欲缓和与俄罗斯的关系，要求俄、乌停战，并要求欧盟国家增加国防预算，承担支持乌克兰的主要责任	
2025	日本亲美派高市当选首相。美中同意暂缓关税战一年，中国商品出口美国关税暂订 47%，中国同意暂停反制措施	拜登任满下台前把古巴从「支持恐怖主义的国家」的名单中移除，特朗普上台后又将古巴列为「支持恐怖主义的国家」。特朗普促成阿塞拜疆与亚美尼亚签和平协议。特朗普宣布提高进口关税，经谈判后对主要国家商品课征 15%

附录三　主要参考书目

中文或日文、韩文翻译中文著作（依作者姓氏笔画排列）

1. 卜大中、王切女、王明在、许光泰等，《东欧各国共党》《西欧各国共党》，《亚太地区共党》，政治大学国际关系研究中心（台北），1978

2. 千家驹，《从追求到幻灭：一个中国经济学家的自传》，时报出版（台北），1993

3. 王建勋，《国际共党与拉丁美洲》，政治大学国际关系研究中心（台北），1976

4. 王觉源，《留俄回忆录》，三民书局（台北），1969

5. 毛毛，《我的父亲邓小平》，三联出版社（香港），2013

6. 毛泽东，《毛语录》，卫城出版（台北），2012

7. 毛泽东，《毛泽东选集》第 1-4 卷，人民出版社（北京），1991

8. 半藤一利（日本），《昭和史》，林铮顗译，玉山社（台北），2011

9. 李光耀（新加坡），《李光耀回忆录》，世界书局出版（台北），1998

10. 李锐，《三十岁以前的毛泽东》，时报出版（台北），1993

11. 李璜，《留法勤工俭学运动与中共在法组织、扩张及鼓动斗争的回忆》，《传记文学》杂志，第 97-100 号（台北），1970

12. 何亮亮，《普京传——从克格勃到叶利钦的接班人》，明镜出版社（香港），2000

13. 何清涟、程晓农，《中国：溃而不崩》，八旗文化（台北），2017

14. 巫宁坤，《一滴泪——从肃反到文革的回忆》，允晨文化（台北），2007

15. 沈志华，《无奈的选择——冷战与中苏同盟的命运》，中国社科文献出版社（北京），2012

16. 沈志华，《最后的天朝——毛泽东金日成与中朝关系（1945-1976）》（上、下册），香港中文大学出版社，2017

17. 宋强、张藏藏等，《中国可以说不》，中华工商联合出版社（北京），1996

18. 吴介民，《寻租中国——台商、广东模式与全球资本主义》，台大出版中心（台北），2019

19. 吴晓波，《激荡三十年——中国企业 1978-2000》，中信出版社（北京），2014

20. 李志绥，毛泽东私人医生回忆录》，时报出版（台北），1996

21. 林蕴辉，《国史札记——史论篇、人物篇、事件篇》，东方出版中心（上海），2009-2012

22. 金大中（南韩），《金大中自传》，李仁泽、王静、高恩姬译，北京：中国人民大学出版社，2012

23. 和田春树（日本），许乃云译，《北韩——从游击革命的金日成到迷雾笼罩的金正恩》，联经出版（台北），2015

24. 周德高自述，朱德渊撰，《我与中共和柬共》，田园书屋出版（香港），2008

25. 原彬久（日本），高詹灿译，《吉田茂，尊皇的政治家》，台湾商务印书馆（台北），2007

26. 师哲，《在历史巨人身边》，中央文献出版社（北京），1991

27. 唐德刚，《李宗仁回忆录》，李宗仁口述，南粤出版社（香港），1986

28. 唐德刚，《张学良口述历史》，张学良口述，远流出版（台北），2009

29. 张明贵，《费边社会主义思想》，联经出版（台北），1983

30. 张盛发，《斯大林与冷战》，淑馨出版社（台北），2000

31. 张栋材，《野坂参三与毛共》，中华民国国际关系研究所（台北），1969

32. 许成钢，制度基因，《中国制度与极权主义制度的起源》，国立台湾大学出版中心（台北），2024

33. 郭岱君（主编），《重探抗战史》共三册，联经出版（台北），2015-2022

34. 郭廷以，《近代中国史纲》，中文大学出版社（香港），1979

35. 梁英明，《东南亚史》，人民出版社（北京），2010

36. 梅汝璈，〈《拿破仑法典》及其影响〉，中国法学会法学期刊研究会，2016（系转刊作者旧文）

37. 曹聚仁，《蒋经国论》，人民出版社（北京），2009

38. 章诒和，《往事并不如烟》《一阵风，留下千古绝唱》《伶人往事》《这样事和谁细讲》，时报出版（台北），2004-2011

39. 陈予钦，《周恩来与黄埔军校》，《黄埔》杂志（北京），2018

40. 陈布雷，《陈布雷回忆录》，传记文学出版社（台北），1967

41. 陈永发，《中国共产革命七十年》，联经出版（台北），2001

42. 陈芳明，《谢雪红评传》，麦田出版（台北），2009

43. 陈翠莲，《重探战后台湾政治史》，春山出版公司（台北），2021

44. 费德林（Nikolai T. Fedorenko，俄罗斯人，本人以中文著作），《费德林回忆录——我所接触的中苏领导人》，新华出版社（北京），1995

45. 彭德怀，《彭德怀自述》，人民出版社（北京），1981

46. 邓小平，《邓小平文选》第 1-3 卷，人民出版社（北京），1994

47. 杨天石，《找寻真实的蒋介石：蒋介石日记解读》，共四册，三联书店（香港），2008-2017

48. 杨奎松，《革命》，四卷本，广西师大出版社（北京），2012

49. 杨继绳，《中国改革年代的政治斗争》，天地图书（香港），2011

50. 蒋介石，《苏俄在中国》，中央文物供应社（台北），1956

51. 蒋永敬，《孙中山与胡志明》，台湾商务印书馆（台北），2011

52. 郑学稼，《中共富田事变真相》，国际共党问题研究社（台北），1976

53. 郑学稼，《斯大林真传》，亚洲出版（香港），1954

54. 郑学稼，《列宁评传》，黎明文化（台北），1978

55. 郑学稼，《第三国际兴亡史》，亚洲出版（香港），1954

56. 刘晓波，《大国沈沦》，允晨文化（台北），2010

57. 阎明复，《亲历中苏关系（1957-1966）》，中国人民大学出版社，2015

58. 卢跃刚，《赵紫阳传——一位失败改革家的一生》，印刻出版（台北），2019

59. 龙应台，《大江大海一九四九》，天下杂志出版（台北），2009

60. 严家其、高皋，《文化大革命十年史》，远流出版（台北），1990

英文或其他外文原著之中译本（依作者姓氏英文字母先后排序）

1. Allison, Graham.《注定一战：中美能否避免修昔底德陷阱？》，格兰姆·艾利森著，包淳亮译，八旗文化出版（台北），2018

2. Avtorkhanov, Abdurakhman.《勃烈日涅夫的力量和弱点》，阿夫托尔汉诺夫著，杨春华、张道庆译，周爱琦校，新华书局出版（北京），1981

3. Berlin, Isaiah.《自由四论》，以赛亚·伯林著，陈晓林译，联经出版（台北），1986

4. Berlin, Isaiah.《卡尔·马克思》，以赛亚·伯林著，李寅译，译林出版社（南京），2018

5. Bonnin, Michael.《失落的一代——中国的上山下乡运动》，潘鸣啸著，欧阳因译，中文大学出版社（香港），2009

6. Byler, Darren.《新疆再教育营：中国的高科技流放地》，戴伦·拜勒著，阎纪宇译，春山出版公司（台北），2023

7. Chang, June, and Jon Halliday.《毛泽东：鲜为人知的故事》，张戎、哈利戴著，张戎译，开放出版（台北），2006

8. Chernyaev, Anatoly S.《在戈尔巴乔夫身边六年》，车尔尼亚耶夫著，徐葵、张达楠等译，世界知识出版社（北京），2001

9. Churchill, Winston S.《二战回忆录》（共六卷），丘吉尔著，吴万沈等译，左岸文化（台北），2002-14

10. Crozier, Brian.《苏联帝国兴亡史》（上、下册），布莱恩·科罗齐著，林添贵译，智库文化（台北），2003

11. Cumings, Bruce.《朝鲜战争》，布鲁斯·康明思著，林添贵译，左岸文化（台北），2013

12. Deutscher, Issac.《先知三部曲——托洛茨基 1879-1940》，（共三册），艾萨克·多伊彻著，中央编译出版社（北京），1998

13. Dikotter, Frank.《毛泽东的大饥荒——1958-1962 的中国浩劫史》，冯客著，郭文襄、卢蜀萍、陈山译，印刻文学出版（台北），2012

14. Dikotter, Frank.《文化大革命：人民的历史 1962-1976》，冯客著，向淑容、尧嘉宁译，联经出版（台北），2016

15. Djilas, Milovan.，《新阶级：共产主义制度的分析》，吉拉斯著，居浩然译，联合报出版（台北），1957

16. Djilas, Milovan.arcourt.《不完美的社会》，吉拉斯著，叶仓译，今日世界社出版（香港），1970

17. Fairbank, John King. 《费正清中国回忆录》，费正清著，闫亚婷、熊文霞译，五南图书（台北），2014

18. Fisher, Louis.《斯大林的生与死》、刘易斯·费希尔著，彭志毅译，张金鉴校，中国政法大学出版社（北京），1989

19. French, Howard D.《中国的第二个大陆》，傅好文著，李奥森译，麦田出版（台北），2015

20. Haffner, Sebastian.《从俾斯麦到希特勒》，赛巴斯提安·哈夫纳著，周全译，左岸文化（台北），2009

21. Halberstam, David. 《最寒冷的冬天——美国人眼中的朝鲜战争》，戴维·哈伯斯塔姆著，王祖宁、刘寅隆译，重庆出版社（重庆），2006

22. Herzen, Alexander.，《往事与随想》，赫尔岑著，巴金、臧仲倫译，译林出版（北京），2009

23. Hsu, Immanuel C.,Y. 《中国近代史》，徐中约著，计秋风、郑会欣译，茅家琦、钱承旦校，中文大学出版社（香港），2019

24. Hsu, Kai-Yu.《周恩来传》，许芥昱著，张北生译，香港明报出版，1976

25. Judt, Tony. 《战后欧洲六十年》（共三卷），东尼·贾德著，黄中宪译，左岸文化（台北），2012

26. Khlevniuk, Oleg V. 《斯大林——从革命者到独裁者》，Oleg V. Khlevniuk 著，陈韵聿译，左岸文化（台北），2018

27. Khrushchev, Nikita.《赫鲁晓夫回忆录》，赫鲁晓夫著，述弢、王尊贤等译，社会科学文献出版社（北京），2006

28. Kropotkin, Peter.《克鲁泡特金自传》，巴金译，三联书局（北京），1985

29. Krupskaya, Nadezhda.《列宁回忆录》，娜·康·克鲁普斯卡娅著，哲夫译，人民出版社（北京），1960

30. Lilley, James. 《李洁明回忆录》，李洁明著，林添贵译，时报出版（台北），2003。

31. MacFarquhar, Roderick, and Michael Schoenhals. 《毛泽东最后的革命》，关心译，唐少杰审定，左岸文化（台北），2010

32. Marx, Karl and Friedrich Engels. 《共产党宣言》，马克思、恩格斯著，中共中央编译局译，人民出版社（北京），1992

33. Marx, Karl ānd Fredrich Engels, Vladimir Lenin, Joseph Stalin. 《论巴黎公社》，中共中央编译局编，人民出版社，（北京），1971

34. Medvedev, Roy A.《赫鲁晓夫》，罗伊·麦德维杰夫著，王德树、李家禄译，人民出版社（天津市），1986

35. McLellan, David.《马克思》，戴维·马克里兰著，王珍译，五南出版（台北），2012

36. McNamara, Robert S., and Brian VanDemark.《麦纳马拉越战回顾》，麦纳马拉著，汪仲、李芬芳译，智库文化（台北），2004

37. Montesquieu.《论法的精神》，孟德斯鸠著，张雁深译，台湾商务印书馆（台北），1998

38. Pantsov, Alexander V.《蒋介石：失败的独裁者》，亚历山大·潘佐夫著，梁思文、张淑娟译，联经出版（台北），2023

39. Pantsov, Alexander V. and Steven I. Levine.《毛泽东真实的故事》，亚历山大·潘佐夫、梁思文著，林添贵译，联经出版（台北），2015

40. Pei, Minxin.《出卖中国：中国贪腐分析报告》（全新修订版），裴敏欣著，梁文杰译，八旗文化（台北），2022

41. Popper, Karl.《二十世纪的教训：卡尔·波柏访谈录》，卡尔·波柏口述，Giancarlo Bosseti 采访，王凌宵译，猫头鹰出版社（台北），2000

42. Popper, Karl.《开放社会及其敌人》，卡尔·波柏著，庄文瑞、李英明编译，桂冠出版（台北），1992

43. Remnick, David.《列宁的坟墓：一座共产帝国的崩溃》，戴维·雷姆尼克著，林晓钦译，八旗文化（台北），2014

44. Rousseau, Jean-Jacques.《社约论》，鲁索著，徐百齐译，台湾商务印书馆（台北），2006

45. Saint-Paul, Patrick.《低端份子》，派屈克·圣保罗译，联经出版（台北），2018

46. Schulzinger, Robert D.《鏖斗的年代》，罗伯特·史丘钦格著，席代岳译，麦田出版社（台北），2001

47. Smith, Adam.《国富论》，亚当·斯密著，谢宗林、李华夏译，先觉出版（台北），2000

48. Snow, Edgar.《西行漫记》，董乐山译，东方出版（北京），2015

49. Spencer, Jonathan D.《追寻现代中国》，温恰溢译，时报出版（台北），2001

50. Snyder, Timothy.《到不自由之路：普丁的极权逻辑与全球的民主危机》，提摩希·史奈德著，林俊宏译，联经出版（台北），2023

51. Taylor, Jay.《蒋经国传》，陶涵著，林添贵译，时报出版（台北），2000

52. Thomas, D. A. Lloyd.《洛克与政府论》，洛伊德·托马斯著，黄煜文译，五南出版（台北），2015

53. de Tocqueville, Alexis.《旧制度与大革命》，托克维尔著，李焰明译，时报文化出版（台北），2015

54. Trotsky, Leon.《托洛茨基自传》，托洛茨基著，胜利译，问学出版社（台北），1988

55. Truman, Harry.《杜鲁门回忆录》（上、下卷），杜鲁门著，李石译，东方出版社（北京），2007

56. Weber, Max.《新教伦理与资本主义精神》，韦伯著，康乐、简惠美译，远流文化（台北），2007

57. Wilson, Dick.《周恩来传》，迪克·威尔逊著，封长虹译，国际文化出版公司（北京），2011

外文原著，暂无中译本

1. Borkenau, Franz. *World Communism.* University of Michigan Press, 1971

2. Brown, Archie. *The Rise and Fall of Communism.* Ecco, 2009

3. Deutscher, Isaac. *Stalin: A Political Biography.* Oxford University Press, 1974

4. Gaddis, John Lewis. *The Cold War. A New History*, Penguin, 2006

5. Halberstam, David. *The Best and the Brightest.* Ballantine Books, 1993

6. Harding, Harry. *A Fragile Relationship: The United States and China since 1972.* Brookings Institution Press, 1992

7. Kotkin, Stephen. *Armageddon Averted: The Soviet Collapse, 1970-2000.* Oxford University Press, 2003

8. Kotkin, Stephen. *Stalin: Paradoxes of Power, 1878-1928.* Penguin Books, 2014

9. Kotkin, Stephen. *Stalin: Waiting for Hitler, 1929-1941.* Penguin Books, 2018

10. Lizarralde, Carlos. *Venezuela's Collapse: The Long Story of How Things Fell Apart,* kindle edition, 2024

11. Payne, Robert. *The Life and Death of Lenin.* Simon & Schuster, 1964

12. Schell, Orville and John Delury. *Wealth and Power : China's Long March to the Twenty-first Century*, Random House, 2013

13. Smith, Stephen A.（editor）. *The Oxford Handbook of the History of Communism.* OUP Oxford, 2013

14. Taubman, William. *Gorbachev: His Life and Times,* W.W. Norton & Company, 2017

15. Taubman, William. *Khrushchev: The Man and his Era,* W. W. Norton & Company, 2003

16. Tuchman, Barbarra. *Stilwell and the American Experience in China, 1911-45,* Random House, 2001

17. Zubok, Vladislav M. *Collapse: The Fall of the Soviet Union.* Yale University Press, 2021